Für meinen Sohn Alexander Semjon
Joachim Kobuss

Für Kim und Margit,
die beiden konstruktivsten Menschen,
die ich kenne
Alexander Bretz

Joachim Kobuss
Alexander Bretz

Erfolgreich als Designer
Designleistungen bewerten und kalkulieren

BIRKHÄUSER
Basel

Inhalt

13		Vorwort
17		Einführung

Teil I Selbstwert

23	1.0	**Identitätswettbewerb als Paradigmenwechsel**
23	1.1	Globaler Wettbewerb
25	1.2	Nachhaltigkeit
27	1.3	Identitätswettbewerb
35	2.0	**Wettbewerb philosophischer und soziologischer Werte**
35	2.1	Gesetze der Nachahmung
45	2.2	Bewertung von Begehren und Überzeugungen
54	2.3	Kapitalsorten
55	2.4	Unterscheidung der Ordnungen
57	2.5	Preis der Wahrheit
61	3.0	**Identität durch Positionierung und Haltung**
61	3.1	Identität
63	3.2	Positionierung
65	3.3	Haltung
66	3.4	Ethik als Wert
69	3.5	Corporate Identity (CI)
72	3.6	Personal Identity (PI)
75	4.0	**Subjektiver Selbstwert und objektiver Leistungswert**
75	4.1	Fähigkeiten und Kompetenzen
80	4.2	Selbsteinschätzung
82	4.3	Persönlichkeitsprofil
85	4.4	Subjektiver Selbstwert
87	4.5	Leistungen in Entwicklungsprozessen
90	4.6	Objektiver Leistungswert
95	5.0	**Klassifizierung, Übertragungseffekte, Innovation und Politik**
95	5.1	Branchenklassifizierung und Berufsbilder
102	5.2	Übertragungseffekte (Spillover)
105	5.3	Innovationsrelevanz der Designer
109	5.4	Designer und Politik

117	6.0	**Kooperation als Wertschöpfung**
117	6.1	Kooperative Realität
119	6.2	Grundlagen der Kooperation
123	6.3	Kooperation als handwerkliche Kunst
126	6.4	Möglichkeiten der Kooperation
		Teil II Leistungs- und Nutzenwerte
131	7.0	**Wettbewerber bewerten und konkurrieren**
131	7.1	Mitbewerber als Bewerter und Konkurrenten
134	7.2	Berufsverbände vermessen
137	7.3	Berufsverbände empfehlen, ordnen, systematisieren und tarifieren
151	8.0	**Ansichten über Design- und Markenwerte**
151	8.1	Der Design-Wert
155	8.2	Die Schönheit des Mehrwertes
158	8.3	Design Value
163	8.4	The Value of Design
167	8.5	Design als Investition
171	8.6	To Do
175	9.0	**Awards als Business oder Förderinstrument**
175	9.1	Wirkungsunschärfen
177	9.2	Wirkungsbeispiele
184	9.3	Wirkungsrelevanz
186	9.4	Wirkungsinstrumente
191	10.0	**Crowdworking und Pitchs als Illusionen**
191	10.1	Crowdworking
192	10.2	Neue Heimarbeiter
195	10.3	Neue Illusionen
199	10.4	Neue Realität
203	10.5	Alte Pitchs
207	11.0	**Auftraggeber / Kunden aus ihrer am Nutzen orientierten Sicht**
207	11.1	Nutzenorientierung versus Leistungsorientierung
209	11.2	Prozessnutzen
210	11.3	Ertragsnutzen
212	11.4	Kommunikationsnutzen
213	11.5	Gebrauchsnutzen

217	12.0	**Preismanagement (Pricing)**
217	12.1	Preismanagement für Produkte
219	12.2	Preismanagement für Dienstleistungen
220	12.3	Behavioral Pricing
225	13.0	**Akquisition von Angeboten und Verhandlung von Aufträgen**
225	13.1	Akquisition als Suche und Kontaktanbahnung
229	13.2	Akquisition zur Vorbereitung von Bedarfsfällen
231	13.3	Voraussetzungen für Leistungsangebote klären
233	13.4	Angebote zur Erstellung von Angeboten
234	13.5	Angebotsstrategien von einfach bis komplex
240	13.6	Verhandlungsstrategien zur Sicherung von Aufträgen
245	13.7	Strategien zur nachhaltigen Wertschöpfung
246	13.8	Perspektiven zukünftiger Wertschöpfungsmöglichkeiten

Teil III Kalkulationswert

253	14.0	**Das große Rechnen**
253	14.1	Kostenrechnung
255	14.2	Vollkostenrechnung
257	14.3	Teilkostenrechnung
259	14.4	Zielkostenrechnung
260	14.5	Relative Einzelkostenrechnung
265	15.0	**Die Fünf-Schritt-Kalkulation für Designer**
265	15.1	Schritt 1 – zum realistischen Angebot
267	15.2	Schritt 2 – zum realistischen Angebot
269	15.3	Schritt 3 – zum realistischen Angebot
270	15.4	Schritt 4 – für Differenziertere
272	15.5	Schritt 5 – für Unternehmer
275	16.0	**Zum Beispiel: Objekte**
275	16.1	Entwurfs-/Gestaltungsleistungen
276	16.2	Beratungs-/Planungsleistungen
278	16.3	Besonderheit Mode und Möbel
281	17.0	**Zum Beispiel: Kommunikation**
281	17.1	Entwurfs-/Gestaltungsleistungen
285	17.2	Beratungs-/Planungsleistungen
286	17.3	Besonderheit Corporate Identity

289	**18.0**	**Zum Beispiel: Umwelt**
289	18.1	Grundleistungen im Bereich der Objektplanung
290	18.2	Denkbare Leistungen im Bereich der Objektplanung
295	**19.0**	**Zum Beispiel: Systeme**
295	19.1	Infrastrukturen und Prozesse
296	19.2	Kalkulation als Grenzziehung
301		**Interviews**
303		Jan-Erik Baars
305		Michael Erlhoff
307		Gerald Jude
309		Uli Mayer-Johanssen
313		Florian Pfeffer
315		Stefan Sagmeister
317		Michael Söndermann
319		Erik Spiekermann
321		René Spitz
323		Peter Vetter
325		Christian Zimmermann
329		Peter Zizka
332		Autoren
333		Dank
335		Literatur
343		Personen-Index
345		Sach-Index
349		Impressum

Vorwort

Der Soziologe *Armin Nassehi* hat sehr schön definiert, was er als Lösung für die kompliziert gewordene Welt vorschlägt. Seine Anmerkungen passen auch gut zu Designern, denn schließlich entwerfen und verwerfen sie nicht nur die Welt – sie sind auch Teil von ihr.

Es ist ihre Fähigkeit zum vernetzten Denken, »das mit Instabilitäten rechnet und Abweichungen liebt, das Komplexitäten nicht vermeidet oder wegredet, sondern versteht und entfaltet und sie mit ihren eigenen Mitteln schlägt.« (*Die letzte Stunde der Wahrheit* (2017))

Wir denken, dass dazu eben auch gehört, Widersprüche, die sich immer wieder auftun, auszuhalten und die Offenheit aufzubringen, immer wieder neue Wege zu suchen. Genau das macht die Designer aus, und genau das macht sie letztlich auch erfolgreich.

Unser Anspruch an dieses Buch *Designleistungen bewerten und kalkulieren* geht deshalb auch weit über das übliche Maß einschlägiger Honorarempfehlungen und Kalkulationshilfen im Designbereich hinaus. Denn wir verknüpfen hier nicht nur designtheoretische, ökonomische, politische, philosophische und soziologische Fragen miteinander – neben der üblichen Leistungsorientierung aus der Designerperspektive arbeiten wir auch die Nutzenorientierung aus der Auftraggeberperspektive heraus, die ergänzt wird durch die individuellen Positionen unserer Interview-Partner. Mehr dazu finden Sie in der *Einführung*.

Erstmalig erscheint mit diesem Buch *Designleistungen bewerten und kalkulieren* zeitgleich die dritte (vollständig überarbeitete und erweiterte) Auflage von *Designbusiness gründen und entwickeln*. Beide Bücher sind parallel entstanden und beinhalten daher direkte Verweise aufeinander. So konnten wir das Gründen und Entwickeln enger mit dem Bewerten und Kalkulieren verknüpfen (ein Grund dafür, dass es etwas länger gedauert hat als ursprünglich geplant).

Es ist der fünfte Titel für Designer (das siebte Buch inklusive der Zweit-/Drittauflagen), den ich mit meinem Koautor *Alexander Bretz* (*AB*) realisiert habe (bei zweien davon mit *Michael B. Hardt* (*MH*) und auch *Arian Hassani* (*AH*). Wieder einmal profitiere ich von der Zusammenarbeit mit *Alexander*. Er hat die Kapitel *14.0* bis *19.0* im Teil *III* geschrieben – ich die Kapitel *1.0* bis *13.0* in den Teilen *I* und *II*.

Seit dem ersten Buch (2008) sind nunmehr fast zehn Jahre vergangen. Im Laufe dieser Zeit waren nicht nur die ökonomischen und politischen Rahmenbedingungen einem tiefgreifenden Wandel ausgesetzt, sondern auch die Berufsbilder der Designer. Diese Entwicklung wird sich in Zukunft weiter fortsetzen, und sie birgt sowohl Risiken als auch Chancen. Der Markt für Dienst- und Werkleistungen im Design ist ein Wachstumsmarkt – seit mehr als zehn Jahren. Während Umsätze und tätige Designer in der Designwirtschaft (und darüber hinaus) in dieser Zeit zugenommen haben, stieg gleichzeitig auch die Anzahl der wirtschaftlich prekären Verhältnisse. Letzteres ist die beklagenswerte Folge einer bereits lange andauernden strukturellen Veränderung der Arbeitsmärkte, aber auch der ökonomischen und politischen Schwächen vieler beruflich aktiven Designer.

Vor diesem Hintergrund sind die Bücher für Designer entstanden:

> *Designbusiness gründen und entwickeln* (2008 · 2010 mit *AB* · 2017 mit *AB*)
> *Designleistungen bewerten und kalkulieren* (2017 mit *AB*)
> *Designrechte international schützen und managen* (2009 mit *AB*)
> *Protect and Manage Your Design Rights Internationally* (2013 mit *AB* und *AH*)
> *Designzukunft denken und gestalten* (2012 mit *MH*)

Die Titel bauen zeitlich versetzt aufeinander auf und sind mit wechselseitigen Verweisen versehen.

Ein gedrucktes Buch kann – wenn es fertiggestellt ist – nur durch Neuauflagen aktualisiert werden. In dem Moment, in dem ich dieses Vorwort kurz vor Drucklegung verfasse, ist mir bewusst, was wir alles noch hätten in dieses Buch einbeziehen können. Damit Sie als Leser/in nicht allein auf gedruckte »Updates« warten müssen, unterhalte ich für mein Büro und mein Institut zwei Websites, auf denen aktuelle Informationen zu designökonomischen und designpolitischen Fragen und Kritiken, aber auch zu den Büchern dieser Reihe veröffentlicht werden:

> www.designersbusiness.de
> www.unternehmendesign.de

Zu unseren Klienten und Studenten gehören Designerinnen und Designer. Überall, wo wir von Designern allgemein sprechen, verwenden wir die international gebräuchliche Form Designer. Immer wenn wir Sie als Designer/in und Leser/in direkt ansprechen, verwenden wir diese Form.

Alexander und ich haben wieder die Wir-Form eingesetzt. Sein Beitrag liegt im *Kalkulationswert* und meiner im *Selbstwert* sowie *Leistungs- und Nutzenwert*.

Es gibt zahlreiche *Literatur*-Hinweise (Autorennamen, Buchtitel mit Erscheinungsjahr), die alle im *Anhang* aufgelistet sind. Ebenso finden Sie dort einen *Personen-Index* und einen *Sach-Index*.

Auch dieses Buch ist (wie alle anderen Titel aus dieser Reihe) unser Angebot, mit dem wir unsere Haltung auf der Basis unserer Erfahrungen und Überzeugungen wiedergeben. Das können Sie – ganz oder teilweise – mit uns teilen oder ablehnen. Wie auch immer, wir sind offen für Anregungen und freuen uns über jede Kritik.

Joachim Kobuss, Berlin, Januar 2017

Einführung

Drei Fragen möchte ich für Sie als Designer/in zur Einführung in dieses Buch ansprechen:
Warum können Sie das Buch so lesen, wie es Ihnen gefällt?
Was wäre, wenn Designleistungen subjektiv definiert würden?
Wie bewerten Sie es, »Erfolgreich als Designer« zu sein?

Sie finden in diesem Buch, im Gegensatz zu vielen Kalkulationshilfen, wenige Formeln und Zahlen. Aus der langjährigen Zusammenarbeit mit Designern wissen wir, dass Sie die Kulturtechnik der Grundrechenarten beherrschen. Wir konzentrieren uns deshalb hier auf analytische, konzeptionelle und strategische Aspekte der Bewertungen und Kalkulation – also auf Mente- und Soziofakte, eher weniger auf Artefakte. Wir haben daher ganz bewusst auf Rechenbeispiele verzichtet, da diese erfahrungsgemäß vom Wesentlichen ablenken und die Gefahr besteht, unreflektiert per »copy-and-paste« übernommen zu werden. Die Vielzahl der Berechnungsmöglichkeiten ist groß – ein paar Beispiele dazu finden Sie in den Kapiteln *7.0* und *8.0*.

Lesen, was interessiert

Sie können ganz nach Ihrer derzeitigen Interessenlage in dieses Buch einsteigen – müssen also nicht Kapitel für Kapitel lesen. Lassen Sie sich vielmehr von dem leiten, was Sie als Designer/in gerade ganz persönlich beschäftigt, worauf Sie neugierig sind. Was ist für Sie gerade wichtig?

> *Akquisition* – Falls Sie sich für die Frage interessieren, wie Sie potenzielle Auftraggeber / Kunden suchen, finden und für sich gewinnen können, dann ist Kapitel *13.0* für Sie der richtige Einstieg.
> *Auftraggeber-Werte* – Für diejenigen, die wissen möchten, wie die Perspektive der Auftraggeber / Kunden aussieht und welche Auswirkungen sie auf die Bewertung von Honoraren / Preisen hat, sind die Kapitel *11.0* und *12.0* genau richtig.
> *Designpreise / Crowd / Pitchs* – Wer etwas über die Wirkung von Design-Wettbewerben, über Crowdworking und Pitchs erfahren möchte, der ist mit den Kapiteln *9.0* und *10.0* bestens bedient.
> *Identität* – Geht es Ihnen zuallererst um Sie selbst, dann sind die Kapitel *3.0* und *4.0* Ihr persönlicher Start in dieses Buch.

> *Kalkulation* – Wenn Ihnen gerade Kalkulationsmethoden und Kostenrechnung wichtig sind, dann überschlagen Sie die ersten Teile (*I* und *II*) und steigen gleich in Teil *III* (Kapitel *14.0* bis *19.0*) ein.
> *Kollegen-Konkurrenten* – Ist für Sie die Frage wichtig, was Ihre Kollegen und Mitbewerber oder Ihre Berufsverbände über den Wert Ihrer Leistungen denken, dann passen die Kapitel *7.0* und *8.0* für den Einstieg in dieses Buch.
> *Kooperation* – Sollten Sie sich zunächst mehr für die Chancen und Möglichkeiten der Zusammenarbeit mit Berufskollegen oder anderen Berufen interessieren, dann passt Kapitel *6.0*.
> *Meinungen* – Sind Sie an den Wertungen von erfahrenen Fachleuten aus dem Designbereich interessiert, dann finden Sie diese in den *Interviews* nach Teil *III*.
> *Philosophie / Soziologie* – Alle, die sich die Welt über philosophische und soziologische Fragen erschließen, sollten mit Kapitel *2.0* starten.
> *Politik* – Gehören Sie zu denjenigen, die sich politisch engagieren wollen, dann steigen Sie mit Kapitel *5.0* ein.
> *Wettbewerb* – Und wer wissen will, wie sich der Wettbewerb wandelt, der sollte mit Kapitel *1.0* beginnen.

Sie können also kreuz und quer durchs Buchs gehen oder auch zwischen den einzelnen Themen hin und her springen. Überall finden Sie Querverweise zu anderen Quellen – nicht nur innerhalb dieses Buches, sondern auch zu den anderen Büchern aus dieser Reihe.

Designleistungen

Nach meinen (nun über 40 Jahren) Erfahrungen in der Zusammenarbeit mit beruflichen Designern werden Designleistungen unterschiedlich definiert. In der Regel verstehen die meisten Designer darunter ein Artefakt (Produkt / Medium et cetera). Sie sehen Designleistungen in erster Linie als Entwurfs-/Gestaltungs-Leistungen und bewerten diese vom Ergebnis her – wie sie sind!

Daraus resultiert in den meisten Fällen eine von äußeren Anforderungen und Notwendigkeiten abhängige Bewertung. In deren Folge werden die Möglichkeiten, vorab Einfluss auf die Entwicklung von Artefakten zu nehmen, eher begrenzt wahrgenommen (was für Autoren-Designer selbstverständlich nicht gilt; sie spielen gesamtwirtschaftlich aber eine untergeordnete Rolle). Nicht selten führt diese enge Sichtweise dazu, dass die Chancen in der Akquisition / Bewertung / Kalkulation als begrenzt empfunden und komplexere Strategien als unrealistisch eingeschätzt werden. Man wählt dann den scheinbar sicheren, weniger riskanten Weg und begnügt sich mit einer einfachen Strategie.

In gewisser Weise ist dieses Verhalten irritierend. Schließlich gilt es doch als eine zentrale Fähigkeit der Designer, sich an Idealzuständen zu orientieren (anstatt – wie typisch für Manager – nur auf die Ressourcen zu achten). Diese Fähigkeit (der Orientierung an Idealzuständen) habe ich in diesem Buch aufgegriffen und mich daran orientiert – wie es sein müsste, wenn sie voll ausgeschöpft würde!

Sie finden hier also in erster Linie Ansätze für potenzielle Möglichkeiten, die es gilt zu nutzen. Auch wenn Ihnen der eine oder andere Ansatz unrealistisch erscheint, verwerfen Sie ihn nicht gleich, sondern denken Sie darüber nach, was Sie mit Ihren Fähigkeiten und Kompetenzen als Designer/in für sich nutzen können – Schritt für Schritt.

Nun, Sie ahnen sicher schon, dass meine Definition von Designleistungen eine erweiterte ist. Es geht um Mente- und Soziofakte (gedankliche und soziale Gestaltung). Dieser Ansatz versucht nicht die Welt zu erklären wie sie ist, sondern die Welt zu gestalten, wie sie sein müsste. Daher finden Sie in den beiden Teilen *I Selbstwert* und *II Leistungs- und Nutzenwerte* dieses Buches in erster Linie Sensibilisierendes und Motivierendes, immer im Vergleich zu den aktuellen Gegebenheiten. Im Teil *III Kalkulationswert* konzentrieren wir uns auf die derzeitigen Gegebenheiten und Rahmenbedingungen, ohne jedoch auf einen Hinweis zu den Möglichkeiten zu verzichten.

Erfolgreich als Designer

Als verbindende Klammer ist den Untertiteln aller Bücher aus dieser Reihe *Erfolgreich als Designer* vorangestellt (beim amerikanisch-englisch-sprachigen Titel *Becom a Successful Designer*).

Während *Designbusiness* und *Designrechte / Design Rights* in erster Linie Handbücher für die Praxis mit Beschreibungen der jeweiligen Rahmenbedingungen und daraus abgeleiteten Handlungsempfehlungen sind, orientieren sich *Designzukunft* und *Designleistungen* am Kognitiven, entsprechen demnach eher »Kopfbüchern« mit grundsätzlichen Fragestellungen, daraus abgeleiteten Thesen zur Zukunft des Berufsbildes und sinnfälligen Denk- und Handlungsempfehlungen. Die Handbücher beziehen sich direkt auf die Praxis, die beiden »Kopfbücher« gehen von der Theorie aus und führen in die Praxis. Unabhängig davon, dass die Theorie (in ihrer Eigenschaft als strukturelle Erkenntnishilfe für die Praxis) der Praxis folgt, stellt sich hier die Frage nach der Sinnfälligkeit des *Erfolgreich als Designer*.

Was bedeutet »erfolgreich sein« für Sie als Designer/in? Mit Erfolg wird allgemein das Erreichen von Zielen bezeichnet, die ein Handelnder durch Anwendung von Mitteln erstrebt. Das setzt jedoch ein gewisses Maß an Handlungserfahrungen voraus, die im Laufe der Zeit bewusst oder unbewusst gemacht werden. Ziele können affektiver, kognitiver oder sozialer Natur sein; sie sollen handlungsbezogen, wirklichkeitsnah und erreichbar sein:

> Kognitive Ziele beispielsweise setzen Handlungen voraus, deren Ergebnisse quantitativ messbar sind: monetäres Kapital (Umsätze, Einkommen).
> Affektiv-motivationale Ziele dagegen beschreiben Aspekte und Motive, die Handlungen bestimmen und den Menschen bewegen. Dazu zählen auch das Erleben, Wahrnehmen und Bewerten: Identität, Haltung, Persönlichkeit, kulturelles Kapital.
> Soziale Ziele schließlich setzen Kooperationsbereitschaft voraus und beziehen sich auf das »Miteinander« in der Gruppe; sie beschreiben Verhaltens- und Kooperationsformen in der Gruppe: soziales Kapital.

Um individuelle Ziele zu erreichen, bedarf es der Kompetenz zur Umsetzung und Folgenabschätzung (Erfahrung), also der Fähigkeit, erarbeitetes Wissen in Handlungen und daraus entstehende visuelle oder haptische Artefakte zu überführen, die dem gesetzten Ziel entsprechen. Das beginnt damit, dass zunächst definiert wird, welche Art von Zielen angestrebt wird:

> Kognitive Ziele erfordern eine eher quantitative Herangehensweise – man sammelt so viele Informationen wie möglich, um – auf einer sich quasi aufdrängenden, weil offensichtlichen Faktenlage und Analyse – Entscheidungen zu treffen. Dieses Vorgehen ist vom Wesen her rational – es liefert Antworten!
> Affektive und soziale Ziele hingegen erfordern eine eher qualitative Herangehensweise – man konzentriert sich auf die Entwicklung der persönlichen oder gemeinsamen Fähigkeiten, um – auch bei unzureichender Faktenlage und Analyse – Entscheidungen zu treffen. Dieses Vorgehen ist vom Wesen her intuitiv – es stellt Fragen!

Problematisch dabei ist – vor allem in Zeiten zunehmender Komplexität –, dass bestimmte Fragestellungen die gewonnenen Erkenntnisse zwar nicht unbedingt festlegen, zumindest aber die Anzahl möglicher Antworten begrenzt ist. Wie ich eine Frage formuliere, ist also entscheidend und nicht unabhängig von der Antwort, die ich suche und (gegebenenfalls schon vor der Frageformulierung) vermute. Geleitet werden sollte man hier von *Albert Einstein's* Erkenntnis: »Das Problem zu erkennen, ist wichtiger, als die Lösung zu erkennen, denn die genaue Darstellung des Problems führt zur Lösung.«

Die Antworten sollten sicherstellen, dass vorhandene Ressourcen optimal gemanagt und genutzt werden können und dass – orientiert am Idealzustand – innovative Lösungen für die anstehenden Problemstellungen gefunden werden können.

Unterschieden werden müssen die sachorientierten, emotionalen und sozialen Ziele aber auch in ihrer Wirkung – einerseits in ihrer Quantität von zeitgemäß oberflächlichen Likes und andererseits in ihrer Qualität von zukunftsfähig begründeter Wertschätzung!

Sie sehen, dass Hand und Kopf hier gut aufeinander abgestimmt agieren müssen, um erstrebenswerte Ziele erreichen zu können. Deshalb: Wer *Erfolgreich als Designer* sein will, muss sich mit der volatilen, zunehmend netzbasierten Praxis ebenso auseinandersetzen wie mit der Theorie, die von diesem permanenten Wandel bestimmt wird. Es liegt an Ihnen als Designer/in, worin Sie Ihren ganz persönlichen Schwerpunkt sehen, um Ihre Ziele zu realisieren. Wie auch immer Sie sich orientieren, bedenken Sie, dass beides relevant ist und in einem ausgewogenen Verhältnis zueinander stehen sollte.

Auf dieses und unsere anderen Bücher bezogen heißt das, dass Sie sich die Wertschätzung des einen wie des anderen am besten erarbeiten können, wenn Ihre Zielsetzungen im Gleichgewicht stehen. Was das praktisch und theoretisch konkret bedeutet, erfahren Sie hier.

Joachim Kobuss, Berlin, Januar 2017

Teil I
Selbstwert

1.0 Identitätswettbewerb als Paradigmenwechsel

In diesem ersten Kapitel definieren wir den Ausgangspunkt und die ökonomischen / politischen Rahmenbedingungen für Bewertungskriterien. Die historische Entwicklung des globalen Wettbewerbs führt uns zu den Fragen der Nachhaltigkeit, die ein wesentlicher Motor des Identitätswettbewerbs sind:
Warum und wie hat sich der wirtschaftliche Wettbewerb in den letzten 70 Jahren entwickelt?
Welche Relevanz und Brisanz hat die Nachhaltigkeit und inwieweit beeinflusst sie unser Denken und Handeln?
Was kennzeichnet den Identitätswettbewerb und welche Wirkungsrelevanz hat dieser auf Sie als Designer/in?

1.1 Globaler Wettbewerb

Der globale Wettbewerb seit Mitte des letzten Jahrhunderts ist vom Preis über Qualität und bis zur Gestaltung geprägt. Die verschiedenen Wettbewerbsformen existieren nebeneinander und wechseln sich in ihrer Dominanz ab.

Der Gestaltungswettbewerb scheint auch in dieser Dekade noch immer im Vordergrund zu stehen – allerdings nur scheinbar, denn er hat längst an Bedeutung verloren und wird durch eine neue, dominierende Form abgelöst – der Identität. Doch bevor wir auf die Identität eingehen, schauen wir uns zunächst die Folgen der letzten Wettbewerbszyklen an.

Preiswettbewerb

Die 1950er- und 60er-Jahre waren geprägt von den Folgen des Weltkrieges, unter anderem auch von den daraus resultierenden Produktionsüberkapazitäten aus der Rüstungsindustrie. Diese Überkapazitäten versuchte man zunächst einmal durch damals neuartige Konsumprodukte (Autos, Fernseher, Waschmaschinen et cetera) auszulasten. Hinzu kam dann noch der durch die Kriegszerstörungen in *Europa* bedingte Wiederaufbau. Die Märkte waren gekennzeichnet durch Nachfrage, die einen Preiswettbewerb in Gang setzten. Durch die starke Nachfrage nach Konsumgütern dominierte fast ausnahmslos der Preis vor der Qualität, zumal es an qualitativen Produktmerkmalen meist mangelte. Die Folge: Der Wert bemaß sich am Preis.

Qualitätswettbewerb

In den 1970er- und 80er-Jahren wandelte sich der Nachfrageüberhang in einen Angebotsüberhang. Plötzlich wurden immer mehr Produkte angeboten, und die daraus resultierende Bedarfssättigung lenkte den Fokus vom Preis hin zur Qualität. Produkte mussten nun nicht nur preislich, sondern vorwiegend durch qualitative Eigenschaften überzeugen. Qualität bedeutete seinerzeit vor allem: bessere Funktionen, Materialien und Verarbeitung. Nur die Produkte, die mehr Komfort, Neuheit und Sicherheit versprachen, konnten sich am Markt durchsetzen.

Gestaltungswettbewerb

Durch die zunehmend verbesserten Produktqualitäten drängte sich in den 1990er- und 2000er-Jahren die Gestaltung der Produkte in den Vordergrund. Neben dem Preis und der Qualität wurde die äußere Formgebung im Wettbewerb immer wichtiger. Demzufolge entwickelten die Konsumenten langsam ein Bewusstsein für Gestaltung, das ihre Konsumentscheidungen immer öfter beeinflusste. Natürlich nahmen auch die Produktanbieter diese Entwicklung wahr, und deshalb wurde – vor allem im ausgehenden Jahrhundert – Design als dominierender Wettbewerbsfaktor eingesetzt.

Um die Jahrtausendwende herum überwog die Überzeugung bei den Unternehmen, dass ohne Design nichts mehr geht. Studien aus den 2000er-Jahren belegen eindeutig, dass Design der dominierende Wettbewerbsfaktor geworden war. Zweifel darüber waren nahezu verschwunden. Allerdings war man schon damals unsicher (und ist es noch heute), wie und mit wem gutes und professionelles Design geschaffen werden kann. Darauf kommen wir im Zusammenhang mit der Nutzenorientierung der Auftraggeber im Kapitel *11.0* zurück.

Insbesondere infolge des Gestaltungswettbewerbs hat der Konsum immer stärker zugenommen. Und das lag nicht nur am Design der Produkte, sondern auch am intensiver und erfolgreicher eingesetzten Kommunikationsdesign. Das sich in den 2000er-Jahren entwickelnde Servicedesign hat diesen Effekt noch einmal deutlich verstärkt.

Diese Entwicklung hat der Designwirtschaft – und den darin aktiven Designern – zu einem außerordentlichen und bis heute anhaltenden Wachstum verholfen. Infolge dieses Wachstums ist auch die öffentliche Wahrnehmung gestiegen und sogar die Politik ist aufmerksam geworden. Das hat unter anderem dazu geführt, dass die *deutsche Bundesregierung* eine *Initiative der Kultur- und Kreativwirtschaft* in 2008 gegründet hat, in der auch die *Kulturwirtschaftsbranche Design* eine exponierte Rolle spielt. Wir werden im Kapitel *5.0* noch einmal darauf zurückkommen.

Wettbewerbsfolgen

Aus der Sicht des industriekapitalistischen Wirtschaftssystems und seiner Überschussproduktion war und ist der Gestaltungswettbewerb ein voller Erfolg. Das könnte – je nach politischer Überzeugung – positiv bewertet werden, denn schließlich hat er unseren Industrie-Gesellschaften einen noch nie da gewesenen Lebensstandard beschert. Zu keiner früheren Zeit gab es ein solches Überangebot an verfügbaren Gütern und Dienstleistungen. Auch unser Lebensstandard war noch nie so hoch.

Negativ zu bewerten ist jedoch – unabhängig von der politischen Überzeugung –, dass die Kollateralschäden durch Ressourcenausbeutung, Energieverschwendung, Umweltverschmutzung und Klimaveränderung so weit fortgeschritten sind, dass sie nicht mehr rückgängig gemacht werden können und – das müssen wir uns eingestehen – zunehmend außer Kontrolle geraten. Die mangelnde Fairness gegenüber den in der Wirtschaft abhängig tätigen Menschen und die zunehmende extreme Spaltung zwischen Armen und Reichen tun ihr Übriges. Das zwingt uns zur Auseinandersetzung mit Fragen der Nachhaltigkeit.

1.2 Nachhaltigkeit

Durch die vorgenannte problematische Entwicklung ist Nachhaltigkeit heute zu einem der dringlichsten Themen geworden. Ungeachtet einer gewissen Müdigkeit, sich damit auseinanderzusetzen, sind die erwähnten Kollateralschäden der letzten Wettbewerbszyklen ohne nachhaltiges Handeln nicht mehr zu bewältigen. Hier stellt sich nun die Frage, wie und mit welchen Mitteln die zahlreichen Probleme, die aus nicht nachhaltigem Verhalten entstanden sind, gelöst werden können. Entscheidend ist dabei eine methodische Vorgehensweise. *Albert Einstein* hat dazu eine ganz eigene Einsicht, der wir uns gerne anschließen:

> »Das Problem zu erkennen ist wichtiger, als die Lösung zu erkennen, denn die genaue Darstellung des Problems führt zur Lösung.«

Im Sinne dieses Bonmots ist also das Wissen über Ursachen und Auswirkungen des Problems eine unbedingte Voraussetzung dafür, um sich mit den Fragen zur Nachhaltigkeit und ihren dimensionalen Auswirkungen überhaupt lösungsorientiert auseinandersetzen zu können.

Insbesondere für Designer haben *Michael B. Hardt* und ich *(Joachim Kobuss)* in dem Buch *Designzukunft denken und gestalten* (2012) die Historie und die politische Relevanz ausführlich beschrieben.

Dort weisen wir auch auf den Bericht der *Brundtland-Kommission* für die *Vereinten Nationen* (UN) hin und dessen Grundlage für das Drei-Säulen-Konzept, wonach Ökologie, Ökonomie und Gesellschaft als gleichwertige Partner zusammenarbeiten müssen.

Dimensionen der Nachhaltigkeit

Darauf aufbauend definieren wir Nachhaltigkeit und ergänzen diese um eine weitere – auf vier Dimensionen:

> Ökologie
> Ökonomie
> Soziales (Fairness)
> Wandel

Dimension Ökologie

Die Dimension Ökologie dominiert die öffentliche Diskussion, denn hier werden die erwähnten Kollateralschäden vor allem deutlich und mittlerweile auch immer offensichtlicher. Allerdings ist der einseitige Bezug auf die Ökologie problematisch, weil die relevanten Veränderungspotenziale und die wesentlichen Einflussgrößen dabei nicht ausreichend beachtet werden: Es reicht nicht aus, die Lösung der Probleme einfach nur in Bio und Recycling zu sehen.

Dimension Ökonomie

Die Kollateralschäden wirken sich auch unmittelbar negativ auf die Dimension Ökonomie aus – und hier liegt das eigentliche Problem! Führen die Schäden doch dazu, dass unser bisheriges wirtschaftliches Handeln nicht mehr finanzierbar ist. Die Prozesse sind so nicht mehr beherrschbar, was aus ökonomischer Sicht aber unbedingt notwendig wäre. Nur die Tatsache, dass die Kosten für die Umweltbelastung auf die Allgemeinheit (makroökonomisch) übertragen, ja abgewälzt werden, macht es den nicht nachhaltig tätigen Unternehmen und Institutionen überhaupt erst möglich, mikroökonomisch erfolgreich zu sein. Viele Marktakteure sind nur durch das Outsourcen von Umweltkosten ertragreich.

Dimension Soziales

Die Dimension Soziales (Fairness) ist zum unkontrollierbaren Zündstoff geworden: Die zunehmende Unfairness produziert einen politisch motivierten Protest, der mehr und mehr in der Lage ist Systeme zu stürzen. Nicht nur totalitäre Systeme geraten hier unter Druck, sondern zunehmend auch unsere demokratischen. Es ist offensichtlich, dass sich die Politiker mit diesen basisdemokratischen Entwicklungen schwertun und deshalb auch nur sehr zögerlich darauf eingehen. Der in *Deutschland* und *Europa* zunehmende Populismus und die dadurch immer stärker werdende Radikalisierung unserer Gesellschaft ist eine Folge dieser sozialen Problematik, die in ihrer politischen Brisanz nicht unterschätzt werden darf.

Dimension Wandel

Eine in der Wahrnehmung vernachlässigte Dimension ist der Wandel. Sie betrifft alle anderen Dimensionen – quasi als Querschnittsfunktion. Hier geht es darum, das Wertvolle durch steten Wandel wertvoll zu erhalten. Nachhaltigkeit ist also weder Stillstand, also Festhalten am Status Quo, noch Rückschritt. Es ist das ausgewogene Verhältnis zwischen Akkumulation und Innovation aller natürlichen und technischen Ressourcen.

Wandel hat damit eine Schlüsselfunktion in der Nachhaltigkeit, weil es die größte Triebkraft für den Paradigmenwechsel im globalen Wettbewerb ist. Und der zeichnet sich bereits seit geraumer Zeit ab.

1.3 Identitätswettbewerb

Der zuletzt vorherrschende Gestaltungswettbewerb wird mehr und mehr durch den Identitätswettbewerb abgelöst. Deutlicher gesagt: Wir befinden uns bereits mitten im Identitätswettbewerb! Oberflächlich betrachtet scheint einiges dagegen zu sprechen, wird die Gestaltung im Wettbewerb doch immer noch hochgelobt, ausgezeichnet und ins Rampenlicht gerückt. Bei genauerer Betrachtung muss man jedoch konstatieren, dass es sich hier um einen Hype vor dem Kollaps handelt. Es ist typisch für kollabierende Systeme, dass kurz vor dem Absturz noch einmal ein rasanter Aufstieg erfolgt.

Um nun die These des Identitätswettbewerbs zu untermauern, ist es hilfreich, dass wir uns etwas genauer mit der Dimension Ökonomie beschäftigen. Aber keine Angst, es folgt jetzt kein Grundkurs über Ökonomie. Doch um die Relevanz der Identität aufzuzeigen, möchten wir im Folgenden ein paar interessante, die Ökonomie betreffende Aspekte ansprechen.

Ehrbarer Kaufmann

Die bereits mehrfach erwähnten Kollateralschäden erfordern breitere Perspektiven. Schäden und Ungerechtigkeiten, die infolge einer unerbittlichen Ausbeutung von Mensch und Umwelt entstanden sind, können nur durch ehrbares Verhalten und gutes Haushalten wieder einigermaßen behoben werden. Überzogene Renditeforderungen von Wenigen gehen zulasten der Lebensqualität von Vielen. Einstellungen und Mentalitäten, die einen sogenannten Kasino-, Raubtier- oder Turbo-Kapitalismus erzeugt haben, sorgten so für massive Störungen der gesellschaftliche Ordnung und haben sie in Krisen geraten lassen, die sich mehr oder weniger regelmäßig wiederholen.

Der deutsch-britische Soziologe, Politiker und Publizist *Lord Ralf Dahrendorf* (1929–2009) hat sich in seinem letzten Essay *Die verlorene Ehre des Kaufmanns* (*Der Tagesspiegel* 12.07.2009) mit dieser Problematik auseinandergesetzt. Er definierte darin zwei Maximen:

Die eine betrifft die Abkehr von der Bevorzugung des Shareholder Value (der Kapitaleigner) und die Berücksichtigung der Interessen der Stakeholder (der Beschäftigten, Kunden, Lieferanten und des Umfeldes). Die andere Maxime ist die Verantwortung, und die sah er nicht nur als ein moralisches Ideal, sondern ganz praktisch in Bezug auf die Zeitspanne, in der und für die alle Entscheidungsträger denken und handeln: Verantwortung verlangt Nachhaltigkeit, also das Denken in zumindest mittleren Fristen.

Dieses Denken in zumindest mittleren Fristen erfordert ebenfalls Haltung von uns – Haltung als ein relevanter Aspekt unserer Identität. Und damit befinden wir uns ebenfalls im Wettbewerb.

Identity Economics

Der amerikanische Ökonom und Wirtschafts-Nobelpreisträger *George A. Akerlof* und seine Kollegin *Rachele E. Kranton* haben in ihrem Buch *Identity Economics – How our Identities shape our Work, Wages, and Well-Being* (2010) (deutsch: *Identity Economics – Warum wir ganz anders ticken, als die meisten Ökonomen denken* (2011)) ihre Erkenntnisse über die Arbeit mit Identität und Ökonomie zusammengefasst.

Identität, Normen und soziale Kategorien wurden hier in die Wirtschaftswissenschaften integriert. Die Identität einer Person bestimmt, wer sie ist und beeinflusst damit ihre wirtschaftlichen Entscheidungen. Ihre soziale Kategorie wiederum ist mit sehr unterschiedlichen Verhaltensnormen verknüpft, die bestimmen, was für richtig oder falsch gehalten wird, welcher Gruppe man sich zugehörig fühlt und ob man Vorbilder hat und – wenn ja – welche.

Entscheidungen werden also in Abhängigkeit vom Identitätsnutzen gefällt. Dabei wird der Nutzen nicht nur monetär bewertet, sondern auch nach kulturellen und sozialen Kriterien. Preise, finanzielle Anreize (Boni, Prämien, Rabatte et cetera) spielen hier eine untergeordnete Rolle.

Für eine Identitätsökonomie bedeutet dies, dass sich zum Beispiel die Beschäftigten eines Unternehmens / einer Institution, mit diesem / dieser identifizieren können (sich also als Insider und nicht als Außenstehende fühlen). Erst dann bringen sie ihre volle Leistung ein. Der Verlust von Identitätsnutzen hingegen muss immer mit hohen Lohnanreizen entschädigt werden. Allerdings werden diese finanziellen Anreizsysteme bei mangelnder Identifizierung in der Regel unterlaufen.

So finden verhaltensökonomische Aspekte über diese Erkenntnisse mehr und mehr Einzug in die Wirtschaftswissenschaften. Unsere Ökonomie wird dadurch übrigens nachhaltig gewandelt. Und dieser Wandel führt uns – unterstützt durch die technische Entwicklung – zu einer neuen Ökonomie.

Ökonomie 3.0

Der Schweizer Journalist und Kommunikationsexperte *Oliver Fiechter* hat in seinem Buch *Die Wirtschaft sind wir! – Die Entstehung einer neuen Gesellschaftsordnung im Zeitalter der vernetzten Märkte* (2012) die Ökonomie »3.0« beschrieben. Darin geht es unter anderem um die Möglichkeiten der sozialen Netze (wie *Facebook*, *YouTube* et cetera) und wie diese als Einflussgrößen auf die Dezentralisierung von Gesellschaft, Politik und Wirtschaft wirken. Daraus leitet er die These ab, dass sich die Strukturen des kapitalistischen Systems auflösen und ein neues Gedanken- und Wertesystem entsteht, in dem jeder mehr Freiheiten besitzt, aber auch mehr soziale Verantwortung.

Neben der Beschreibung unseres Wirtschaftssystems bietet er einen Überblick der Entwicklungsstufen von der Ökonomie »1.0« über »2.0« bis zu »3.0«. anhand folgender Beispiele:

> Bedürfnisarten vom physischen Überleben (1.0) über den materiellen (2.0) zum immateriellen Wohlstand (3.0)
> Kapitalformen vom Boden – natürliches Kapital (1.0) über Maschinen – materielles Kapital (2.0) bis zu Menschen – immaterielles Kapital (3.0)
> Kunden als Massenwesen (1.0), Empfänger (2.0) und Co-Produzenten (3.0)
> Politischer Imperativ von der Demokratisierung (1.0) über die Liberalisierung (2.0) bis zur Intellektualisierung (3.0)

Nach *Oliver Fiechter* ist das Wirtschaftsleben nicht länger ein Wettkampf zwischen Verkäufern und Käufern, sondern ein Kollaborationsprojekt zwischen Gleichgesinnten. Statt eines Gewinner-Verlierer-Modells steigert demnach das Wohlbefinden der anderen das eigene, und es dominieren dann Gewinner-Gewinner-Modelle. Er weist jedoch auch darauf hin, dass dabei alle Ökonomiestufen (1.0 bis 3.0) gleichzeitig vorkommen und daher global (nach wie vor) große Unterschiede in puncto Wohlstand existieren.

Über die Stichworte Wertesystem, Identität und Management durch Marken kommt er auch auf die Nutzenökonomie zu sprechen. Dieser Punkt scheint uns der wesentliche zu sein. Hier schreibt er unter anderem: »Die Nutzenökonomie relativiert die monetäre Beurteilung des Unternehmenserfolgs und richtet ihre Aufmerksamkeit an den Ursprung der Entstehung des monetären Erfolgs. [...] (sie) vergrößert die Cockpits des Managements, indem sie für alle Anspruchsgruppen prüft, wie viel Nutzen diese wahrnehmen und wie diese Nutzenwahrnehmungen zusammenhängen. Dies zielt auf eine nachhaltige Verwaltung und Wahrung einer identitätsorientierten

Lebensqualität. Hier geht es um Qualität und nicht um Quantität, also um besser statt um mehr.«

Ein weiterer relevanter Aspekt ist die Frage, wem die Werte gehören. *Oliver Fiechter* meint – uns! Durch die Dezentralisierung, die digitale Transparenz und die abnehmende Bedeutung des Finanzkapitals führt die Ökonomie »3.0« nach seiner Meinung zu neuen Besitzverhältnissen. Und das würde auch unsere Vorstellungen von Wissenseigentum verändern – also mehr Copyleft als Copyright. Zu den Gewinnern der Ökonomie »3.0« zählt er die Digitalen und die Kreativen, versäumt aber auch nicht, auf den Kampf um die Zukunft zwischen den Kräften der Zentralisierung und denjenigen der Dezentralisierung hinzuweisen.

Dieser Kampf erfordert ebenfalls Haltung von uns, Haltung als ein relevanter Aspekt unserer Identität. Auch damit befinden wir uns im Wettbewerb. Und nicht nur das – wir sind auch in einer politischen Verantwortung.

Zivilkapitalismus

Der Journalist und Autor *Wolf Lotter* (bekannt durch seine Leitartikel für das Wirtschaftsmagazin *brand eins*) hat in seinem Buch über Konsum, Selbstverwirklichung und Zivilgesellschaft (*Zivilkapitalismus – Wir können auch anders* (2013)) den Kapitalismus als Bürgerpflicht bezeichnet.

Ausgehend davon, dass der Kapitalismus ein Kind der Aufklärung ist, hat nichts die Menschheit so aus ihrem kurzen und brutalen Leben herausgeholt wie er. Als einzig bekannte Methode zur Erzielung von Wachstum hat er Gerechtigkeit und Teilhabe für viele möglich gemacht und sich in nahezu allen Gesellschaften und Kulturen durchgesetzt. Dennoch ist der Kapitalismus in einer Krise, weil die durch ihn entstandenen Kollateralschäden kaum mehr zu beherrschen sind und das mit ihm verbunden Wohlstandsversprechen für immer mehr Menschen nicht eingehalten wurde und wird.

»Darum gilt es jetzt – mehr denn je – die Ökonomie als ein Werkzeug der Befreiung zu begreifen, ein Instrument der Autonomie, ein Mittel zur Selbstständigkeit und Wahrung der Menschenwürde.« So *Wolf Lotter*. Aus seiner Sicht bedeutet Zivilkapitalismus, sich als verantwortungsvoller Bürger die Ökonomie als Gestaltungsmittel und Instrument der Weltverbesserung anzueignen: »Von der Ohnmacht zur Marktmacht des Einzelnen.«

Er spannt zunächst einen weiten Bogen von den Systemfragen über die Krise bis hin zur Moral des Kapitalismus. Ohne dabei ökonomisches Expertenwissen vorauszusetzen, macht er das in gewohnt lockerer Weise, aber vor einem ernsthaftem Hintergrund.

Sein Buch ist damit auch eine sehr gute, kurze Einführung in die Geschichte und in Wirkungszusammenhänge des Kapitalismus und der Ökonomie.

Der eigentliche Höhepunkt in seinem Buch aber ist »Die Entdeckung des Zivilkapitalismus« im letzten Kapitel. *Wolf Lotter* geht hier von der demokratischen Selbstverständlichkeit der Selbstverwirklichung aus. Denn: »Je mehr Menschen es gibt, die sich selbst verwirklichen, die selbstbewusst sind, die gelernt haben, dass sie tun sollen, was sie und nicht andere für richtig halten, desto bedrohter ist das Geschäftsmodell der Politiker und Machthaber, der Manipulation und all der dummen Kerle [und Frauen], die sich vor den Karren der Bevormundung spannen lassen. [...] Selbstverwirklichung, die größtmögliche Umsetzung der eigenen Talente, Fähigkeiten und Neigungen ...«

Wolf Lotter bezieht sich unter anderem auf den amerikanischen Psychologen *Abraham Maslow* (1908–1970) und die von ihm entwickelte »Bedürfnispyramide«. *Maslow's* fünfstufiges Modell beschreibt die »Hierarchie der Bedürfnisse« des Menschen und liefert das Verständnis für die Entwicklung von Gesellschaft und Wirtschaft. Ausgehend von der untersten Stufe der physiologischen Bedürfnisse über die darüberliegende Stufe der Sicherheitsbedürfnisse bis zu den darauf aufbauenden sozialen Bedürfnissen sind hier die fundamentalen Bedürfnisse definiert, in denen alle Menschen gleich sind. Es ist insgesamt das klassische Existenzminimum. Die höheren Stufen sind die der Individualbedürfnisse: auf der vierten nach Erfolg und Freiheit, nach Anerkennung und Respekt, nach sozialem Prestige und Wertschätzung und nach Selbstachtung, und auf der fünften und höchsten Stufe: die Selbstverwirklichung.

Doch diese Selbstverwirklichung setzt Freiheit voraus und bringt die Verpflichtung mit sich, diese als Selbstunternehmer auch zu gestalten. Sie erfordert Individualität, Kreativität und Lernbereitschaft/-fähigkeit – und wir möchten hier ergänzen: Identität, also Persönlichkeit und Haltung.

Immer mehr Menschen wird in unserer zivilkapitalistischen Gesellschaft bewusst, dass es eine Grundvoraussetzung ist, ökonomische Methoden anwenden zu können und sich über die eigenen Fähigkeiten und den eigenen Wert im Klaren zu sein. Nur daraus resultiert eine befreiende Selbstständigkeit, die zwar nicht zwangsläufig als freies Unternehmertum wahrgenommen werden muss, aber Freiräume lassen sich schließlich auch in Organisationen nutzen (vorausgesetzt diese sind zivilkapitalistisch und nicht industriekapitalistisch).

Wolf Lotter weist zudem darauf hin, dass ausgerechnet die allseits umstrittene Konsumgesellschaft Voraussetzung für die Selbstverwirklichung ist. Denn gerade der Massenkonsum sei es doch, der die fundamentalen Bedürfnisse erfüllen könne, und erst dadurch ließe sich Selbstverwirklichung realisieren. Wir glauben, darin steckt die eigentliche Herausforderung: Konsum sollte so weiterentwickelt werden, dass es unter nachhaltigen Bedingungen möglich wird, sich selbst zu verwirklichen – selbst wenn damit die Ablehnung der Konsumgesellschaft verbunden ist. In allererster Linie ist das eine Gestaltungsaufgabe, weil das »Primat der Masse in ein Primat der Qualität« transformiert werden muss.

Wolf Lotter sieht die Lösung in Zugängen, die seiner Meinung nach eine entscheidende Rolle spielen werden. Er versteht darunter einen »barrierefreien Kapitalismus«, also die »Usability« des Systems, in dem sich komplexe Prozesse und Technologien einem »Gebrauchstauglichkeits-Test« unterziehen. Das ist im Besonderen eine Gestaltungsaufgabe. Wir denken, zukünftig gibt es da viel zu tun für Sie als Designer/in!

»Die Zivilgesellschaft baut auf den sich einmischenden, den selbstbewussten und selbstaktiven Menschen, [der in der Lage ist] selbst mitzugestalten […]. Darauf läuft die Entwicklung der Netzwerke und der Gesellschaften, ihrer Ökonomie und letztlich auch ihres politischen Systems hinaus.« *Wolf Lotter* verbindet das mit der Forderung, mehr Demokratie zu wagen. Das heißt aus unserer Sicht: sich politisch betätigen – in der Gesellschaft im Allgemeinen und im Beruf im Speziellen. Das bedeutet unternehmerisches Denken und Handeln!

Die Essenz von *Wolf Lotter* ist, dass »für die Zivilgesellschaft gilt, was der amerikanische Philosoph *John Rawls* als Wesensmerkmal […] an sich definierte, nämlich ein Unternehmen der Zusammenarbeit zum gegenseitigen Vorteil zu sein. Dazu müssen wir den Kapitalismus als Werkzeug anwenden.« Er schließt mit zehn Punkten, die den Kern des zivilen Kapitalismus beschreiben:

1. Wir sind erwachsen
2. … sind selbstbestimmt
3. … ermöglichen Zugänge
4. Zivilkapitalisten gehören sich selbst
5. Zivilkapitalismus ist eine Graswurzelbewegung
6. … ist Realwirtschaft
7. … ist Interesse am Anderen
8. … stärkt die Übersichtlichkeit

9. Zivilkapitalisten sind fortschrittlich
10. Was zu tun ist

Sie als Designer/in werden dadurch nicht nur ein besseres Verständnis zum zivilen Kapitalismus und seinen Möglichkeiten entwickeln, sondern auch eine Vorstellung davon bekommen, welchen Nutzen Sie davon haben und was Sie dafür tun können.

Mit unseren Identitäten stehen wir im kooperativen Wettbe‑ **Identitätswert**
werb – im Identitätswettbewerb. Daraus ergibt sich die Frage nach dem Wert unserer Identität – unserer Persönlichkeit, unserer Leistungen – und dem daraus resultierenden Nutzen für unsere Auftraggeber, Klienten, Kunden und die Gesellschaft.

    Wie das alles bewertet und kalkuliert werden kann, wollen wir in diesem Buch herausarbeiten. Sehen Sie sich vorher aber den Wettbewerb philosophischer und soziologischer Werte an – im nächsten Kapitel *2.0*.

Kapitel 1.0 zusammengefasst

Der Gestaltungswettbewerb scheint auch in dieser Dekade noch immer im Vordergrund zu stehen – allerdings nur scheinbar, denn er hat längst an Bedeutung verloren und wird durch eine neue, dominierende Form abgelöst – der Identität.

Nachhaltigkeit und die vier Dimensionen: Ökologie, Ökonomie, Soziales (Fairness) und Wandel.

Der zuletzt vorherrschende Gestaltungswettbewerb wird mehr und mehr durch den Identitätswettbewerb abgelöst. Deutlicher gesagt: Wir befinden uns bereits mitten im Identitätswettbewerb!

Teil I
Selbstwert

2.0 Wettbewerb philosophischer und soziologischer Werte

In diesem Kapitel werden philosophische und soziologische Grundlagen behandelt, die grundlegend für die Bewertung der eignen Persönlichkeit und der eigenen Arbeit sind. Ja, sie dienen geradezu der Erkenntnis der persönlichen und gesellschaftlichen Identität, denn sie bieten die Argumentationsgrundlagen für den subjektiven Selbstwert und den objektiven Leistungswert:
Welche Relevanz haben die Gesetze der Nachahmung?
Wie lassen sich Begehren und Überzeugungen bewerten?
Welche Rolle spielen die unterschiedlichen Kapitalsorten?
Wie kann der Kapitalismus in seinen Ordnungen unterschieden werden?
Was ist der Preis der Wahrheit?
Wir besprechen und zitieren hier die Theorien einiger Soziologen, Philosophen und Ethnologen, damit grundlegende Wertmaßstäbe erkannt werden können. Falls Sie der Meinung sind, das alles nicht so genau wissen zu müssen, dann überblättern Sie dieses Kapitel.
Wenn Sie es sich erschließen wollen – dann los. Es lohnt sich!

2.1 Gesetze der Nachahmung

Der französische Jurist und Philosoph *Gabriel [de] Tarde* (1843–1904) hat mit seinem Buch *Les lois de l'imitation* (1890) (deutsch: *Die Gesetze der Nachahmung* (2003)) ein Meisterwerk der Soziologie geschaffen – quasi eine Pflichtlektüre für Designer! Als eine Form der Nachahmung von Denk- und Handlungsweisen ist es zum grundlegenden Verständnis dessen, was Sie als Designer/in im Entwurf oder in der Gestaltung von Prozessen, Produkten und Medien tun, existenziell erhellend.

Umso erstaunlicher ist es, dass sein Buch in der Designszene nahezu unbekannt ist. Nun muss man allerdings berücksichtigen, dass *Gabriel Tarde* lange im Schatten seines Wissenschaftskollegen *Émile Durkheim* (1858–1917) stand. Und obwohl er neben *Georg Simmel* (1858–1918) und *Max Weber* (1864–1920) einer der Begründer der wissenschaftlichen Soziologie war, gewann er – selbst unter Soziologen – erst in den letzten beiden Dekaden (also 100 Jahre nach seinem Tod) wieder mehr an Bedeutung. Sicher ist das auch dem französischen Soziologen *Bruno Latour* zu verdanken, der sich in seiner Arbeit vor allem auf *Gabriel Tarde* bezieht. Auf *Bruno Latour* kommen wir unter 2.2 zurück.

Ungeachtet dessen ist es nach wie vor nicht nachvollziehbar, dass die geisteswissenschaftliche Disziplin der Soziologie von Designern relativ wenig beachtet wird. Dabei bietet sie – neben der Philosophie – doch gerade eine der wichtigsten und umfassendsten Grundlagen für die Designtheorie. Speziell die Akteur-Netzwerk-Theorie bietet eine Fülle von Erkenntnissen zur Subjekt-Subjekt-Beziehung und Subjekt-Objekt-Beziehung. Wenn Sie sich als Designer/in dafür interessieren, dann können wir Ihnen die Arbeit von *Bruno Latour Reassembling the Social. An Introduction to Actor-Network-Therory* (2005) (deutsch: *Eine neue Soziologie für eine neue Gesellschaft – Einführung in die Akteur-Netzwerk-Theorie* (2007)) sehr empfehlen.

Der Begriff der Nachahmung

Zurück zu *Gabriel Tarde*. In seinem Vorwort zur zweiten Auflage (1895) stellt er zu Beginn fest, dass es sich, wenn man die Meinung anderer wiedergibt oder man sich von anderen zu einer Handlung anregen lässt, nicht trennen lässt, ob die Übernahme von Denk- und Handlungsweisen ohne oder mit Wissen und Absicht erfolgt ist. Ein scharfer Bruch zwischen dem Willentlichen und dem Unwillkürlichen, dem Bewussten und dem Unbewussten ist wissenschaftlich nicht zu begründen. Er fragt: »[...] geht man nicht in unmerklichen Schritten vom reflektierten Wollen zur fast mechanischen Gewohnheit über? Aber ändert sich durch diesen Übergang tatsächlich die Natur ein und derselben Handlung vollständig?« Er stellt weiter fest: »Ich bestreite nicht die Wichtigkeit der daraus erwachsenen psychologischen Veränderung; in sozialer Hinsicht jedoch ist das Phänomen das gleiche geblieben.«

Er fährt fort, indem er darauf hinweist, dem Begriff der Nachahmung stets einen sehr präzisen wie eigentümlich Sinn gelassen zu haben, »nämlich den der Fernwirkung eines Geistes auf einen anderen, die in quasi fotografischen Reproduktionen eines zerebralen Negativs durch die fotografische Platte eines anderen Gehirns besteht. Wenn die fotografische Platte sich nun plötzlich dessen bewusst würde, was in ihr vor sich geht, würde sich die Natur des Phänomens dann wesentlich ändern?« Er versteht unter Nachahmung »jeden Abdruck zwischengeistiger Fotografie, sei sie nun gleichsam gewollt oder nicht, passiv oder aktiv.« Ausgehend davon, dass »Nachahmung in diesem Sinne überall dort stattfindet, wo es eine wie auch immer geartete soziale Beziehung zwischen zwei Lebewesen gibt«, wird man ihm zustimmen, dass ein Soziologe die Aufmerksamkeit zu Recht auf diesen Begriff lenken kann.

Er verweist auf zwei Arten der Nachahmung: »Genau das Gleiche zu tun wie das Vorbild oder das genaue Gegenteil. [...] Es lässt sich in einem wie wenig komplexen sozialen Umfeld auch immer nichts behaupten, ohne mit der behaupteten Idee zugleich auch deren Negation hervorzurufen.« Und er fährt fort, dass starke Behauptungen nicht nur »mittelmäßige und blindlings folgende Herdengeister« animieren, sondern in einem »aufrührerischen Hirn« auch diametral entgegengesetzte Negationen gleicher Kraft wecken. Dabei ist zu unterscheiden zwischen der nachahmenden Verbreitung von Fragen und der von Lösungen – da das Problem nicht daran gehindert wird, sich auf beiden Seiten zu verbreiten. Und beide Seiten lassen es nicht zu, dass man sich mit etwas anderem als der ihnen so gestellten und auferlegten Frage beschäftigt. »Nur einige wilde und außenstehende Geister grübeln hier und dort unter ihrer Taucherglocke inmitten der Wogen des gesellschaftlichen Ozeans über seltsame Probleme nach, die jeder Aktualität entbehren. Das sind die Erfinder von morgen.« Zeitgemäß formuliert, handelt es sich hier um die (zum Beispiel für Designer) typische Orientierung an Idealzuständen, anstatt sich nur auf die offensichtlichen Ressourcen und Machbarkeiten zu konzentrieren.

Auch darf man nicht die Gegen-Nachahmung mit der systematischen »Nicht-Nachahmung« verwechseln, die nicht immer nur eine negative Tatsache ist. Dass man sich nicht nachahmt, wenn kein Kontakt besteht, ist einfach nur eine »nicht-soziale« Beziehung.

Gabriel Tarde schreibt dann noch, wenn man »von hunderten, tausend oder zehntausend Menschen einen bestimmten Aspekt, Teile einer Idee oder Handlung übernimmt und diese dann kombiniert, sind die Natur selbst und die Wahl dieser Nachbildungen genauso wie ihre Zusammensetzung Ausdruck unserer ursprünglichen Persönlichkeit und betonen diese.« Das betrachtet er als den deutlichsten Nutzen der dauerhaften Einwirkung von Nachahmung. Auf Sie als Designer/in übertragen heißt das: Sie kommen ohne Nachahmung zwar nicht aus, aber alles, was sie nachahmen, trägt ihren eigenen Stempel als Urheber/in und ist deshalb neu und individuell.

Wiederholung

Jede Wiederholung – im Organischen, Physikalischen oder Sozialen –, die durch Vererbung, Schwingung oder Nachahmung stattfindet, entspringt einer Neuerung, »so wie jedes Licht einer Quelle«.

Jedes soziale Wesen ist grundsätzlich von Nachahmung bestimmt. Zwischen der Rolle der Nachahmung in den Gesellschaften besteht eine Analogie zur Vererbung in den Organismen und den Wellen in unbelebten Körpern. Für die Sozialwissenschaften bedeutet eine Erfindung, durch die eine Nachahmungsgattung eingeführt und eine neue Serie eröffnet wird – »wie zum Beispiel das Schießpulver, die Windmühlen oder der Morsetelegraph« – genauso viel wie die Entstehung einer neuen Pflanzen- oder Mineralart in der Biologie oder die Erscheinung eines neuen Bewegungsmodus in der Elektrizität oder des Lichts in der Physik oder die Bildung einer neuen Substanz in der Chemie. So *Gabriel Tarde*.

Er führt weiter aus, dass uns jeder Fortschritt im Wissen in der Überzeugung bestärkt, dass alle »Ähnlichkeiten« den »Wiederholungen« geschuldet sind. Alle Ähnlichkeiten:

> in der Chemie, Physik und Astronomie sind allein aus periodischen und grundsätzlich schwingenden Bewegungen zu erklären und finden nur darin ihre Ursache.
> lebendigen Ursprungs beziehungsweise aus der Welt des Lebendigen sind erblich und werden durch geschlechtliche oder ungeschlechtliche Fortpflanzung übertragen.
> sozialen Ursprungs, die der sozialen Welt angehören, sind Früchte jedweder Art der Nachahmung – von Gebräuchen oder Moden, durch Sympathie oder Gehorsam, Belehrung oder Erziehung, der naiven oder überlegten Nachahmung.

Ein weiterer sehr interessanter Aspekt ist *Gabriel Tarde's* Überlegung, dass, »...wenn mir eine Vermutung [einfällt], die ich für recht wahrscheinlich halte, in dem Moment [...], in dem ich eine Tatsache, die ich für fast sicher halte, lese oder mich vage erinnere, und sollte ich dann plötzlich bemerken, dass diese also aus jener hervorgeht, ([das heißt] dass der besondere Satz, in dem sich diese Tatsache ausdrückt, in den allgemeinen Satz, der meine Annahme ausdrückt, mit eingeschlossen ist), dann wird für mich auf einmal diese Annahme viel wahrscheinlicher, und diese Tatsache scheint mir vollkommen sicher. Meine Überzeugung ist in jeder Hinsicht gewachsen. Die Wahrnehmung dieses logischen Einschlusses ist eine Entdeckung«. Vor allem für Designer, die beim Entwerfen / Gestalten ja auch auf bereits Gesehenes, Geformtes, Gesagtes oder Gedachtes zurückgreifen und so zum Urheber werden.

Und noch ein Aspekt: »Die Fortpflanzung ist eine freie Welle, die sich von den anderen trennt. Die Nachahmung geht noch weiter: Sie findet nicht nur über weite Entfernungen, sondern auch über große Zeiträume statt. Sie zieht eine fruchtbare Verbindung zwischen einem Erfinder und einem Nachahmer, die Tausende von Jahren trennen. [...] Die Nachahmung ist eine Fortpflanzung über Entfernung.«

Soziale Ähnlichkeiten

Gabriel Tarde verweist im Zusammenhang mit sozialen Ähnlichkeiten und der Nachahmung auf die geniale Idee, die in den Fabriken benutzte Dampfmaschine zur Befriedigung der Bedürfnisse nach Fernreisen anzuwenden. Letzteres war ein Bedürfnis, das aus allen früheren Schiffserfindungen und deren Verbreitung entsprang. In der Idee, die Dampfmaschine zur Fortbewegung zu nutzen, ist die Kreuzung einer Nachahmung mit anderen zu erkennen. Gleiches gilt für die Idee, den Propeller am Dampfer anzubringen, denn beide waren schon länger bekannt / erfunden.

Er schließt daraus, dass »aus diesen Erfindungen und Entdeckungen, die [...] aus Elementen früherer Nachahmungen aufgebaut sind und aus diesen Zusammensetzungen von komplexeren Zusammensetzungen werden, [...] es einen Stammbaum dieser gelungenen Initiativen gibt, eine wenn auch strenge, so doch irreversible Folge ihres Auftretens, das an das von den alten Philosophen erträumte Ineinandergreifen von Ursachen erinnert.« Denn jede Erfindung ist ein realisiertes Mögliches von vielen möglichen oder sogar notwendigen Erfindungen, die die »Muttererfindung [das heißt Ur-Erfindung], aus der jene Erfindung kommt, in ihrem Schoß trägt«. Diese macht einerseits »den Großteil« möglicher Erfindung unmöglich, andererseits viele andere Erfindungen möglich, die bisher nicht möglich waren. Von den realisierten Erfindungen überdauern jedenfalls nur die nützlichsten, also die, die am besten auf zeitgemäße Probleme antworten – da jede Erfindung und Entdeckung eine Antwort auf ein Problem ist.

Vor diesem Hintergrund bestreitet *Gabriel Tarde* die wirkliche Ähnlichkeit von zwei Werken, die sich nur im Detail unterscheiden. Und hier wird es für Sie als Designer/in besonders interessant. Er begründet dies damit, dass ein Werk der Industrie oder der Kunst, das durch seine industriellen Merkmale anderen Erzeugnissen fremder und unabhängiger Herkunft ähnlich ist, sich in seinen ästhetischen Aspekten von diesen unterscheidet. Diese Unterscheidungs-Details sind der Stil und die Darstellungsweise im Kontext verschiedener Kulturen, also die charakteristische Nuance, die Formulierung, die spezifische Färbung et cetera. Das sichtbarste und tiefgründigste Merkmal einer Gesellschaft ist vergleichbar mit morphologischen Merkmalen, »durch welche die Lebensformen einander erkennen und welche über den Funktionen stehen«.

Zusammenarbeit in Gesellschaften

Gabriel Tarde geht in seinem Kapitel »Was ist eine Gesellschaft?« auf einen sehr interessanten Aspekt zur Zusammenarbeit ein und wiederholt, dass man »in einer viel größeren gesellschaftlichen Verbindung mit Personen« steht, »die einem beruflich und durch ihre Erziehung am ähnlichsten sind, auch wenn sie [...] Rivalen sind, also mit Personen, die man am nötigsten braucht«. Das zeigt sich bei allen Berufen, bei Anwälten, Beamten, Journalisten et cetera. Daraus begründet sich auch der umgangssprachliche Gebrauch von »Gesellschaft für eine Gruppe von ähnlich erzogenen Menschen, die zwar vielleicht über gewisse Ideen oder Gefühle miteinander im Streit liegen, die aber eine gemeinsame Grundlage haben und sich ohne vorbestimmten Zweck treffen und gegenseitig beeinflussen«.

Er verweist in diesem Zusammenhang auch darauf, dass Anwälte und Ärzte um ihre Kunden konkurrieren. Weil Anwälte »aber gezwungen sind, gewohnheitsmäßig zusammenzuarbeiten und sich täglich im Justizpalast zu treffen«, mildern sich in ihnen »die Leidenschaft ihres Kampfes gegeneinander und die Bissigkeit ihrer eigennützigen Gefühle durch ihr kollegiales Verhältnis, das sich unvermeidlich in dieser Arbeitsgemeinschaft entwickelt. Bei den Ärzten hingegen dämpft nichts die Rivalität und die Schärfe der Konkurrenz, da sie gewöhnlich jeder für sich arbeiten.« Daher ist der »berufsmäßige Hass gegeneinander, die kollegiale Feindseligkeit bei den Ärzten oft am größten« – also bei allen Berufen, bei denen die Arbeit die Konkurrenten isoliert.

Die hier angesprochene Isolation der »Konkurrenten« lässt sich im Prinzip auf die heute immer noch vorherrschende Situation der meisten Designer übertragen. Daraus ließe sich ableiten, dass die Designer es den (hier angesprochenen) Anwälten gleichmachen und sich täglich im Design-»Palast« (oder einer wie auch immer gearteten Location) treffen sollten: Also mehr Arbeitsgemeinschaft praktizieren und kooperieren – das bedeutet ein zeitgemäßes intelligentes Konkurrieren! Was intelligentes Konkurrieren und sinnvolles Kooperieren in diesem Zusammenhang bedeuten, darauf kommen wir im Kapitel 6.0 noch einmal zurück.

Auch wenn die Kooperation unter Konkurrierenden und persönlich so unterschiedlichen Charakteren scheinbar mühsam und schwierig ist, so ist sie – vor allem in der heutigen Zeit – die einzig Erfolg versprechende Form. Und was die Unterschiedlichkeit – das Heterogene – angeht, hat schon *Gabriel Tarde* darauf hingewiesen, dass »das Heterogene im Herzen der Dinge ist« und nicht das Homogene. »Man ist nicht gleich geboren, man wird gleich. Und ist nicht letztlich die angeborene Unterschiedlichkeit der Elemente die einzige Begründung für ihre Verschiedenartigkeit?« Schließlich gäbe es ohne diese anfänglichen Unterschiede niemals »das es zudeckende und auflösende Homogene, noch hätte es je existieren können«. Jede Homogenität ist die Ähnlichkeit, die »sich aus der durch freiwillige oder erzwungene Wiederholung entstandenen Angleichung einer zunächst individuellen Neuerung« ergibt.

Im gleichen Kapitel geht *Gabriel Tarde* dann noch der Frage nach, was Nachahmung in diesem Kontext ist. Er spricht hier von der Funktion des Gehirns, die das Denken hervorruft und unterschiedliche Wahrnehmungen erzeugt. Diese bilden die Erinnerungen und Gewohnheiten. »So setzt jede Wahrnehmungshandlung, sofern sie eine Erinnerungshandlung mit einschließt – also immer –, eine Art Gewohnheit voraus, die eine unbewusste Nachahmung seiner selbst durch sich selbst ist.« Wenn eine »erinnerte Idee [oder ein Bild]« ursprünglich durch eine Lektüre oder Unterhaltung im Geist »abgelegt« wurde; oder wenn eine »gewohnte Handlung ursprünglich bei anderen gesehen wurde beziehungsweise von entsprechenden Handlungen anderer her bekannt ist, dann sind die Erinnerung und diese Gewohnheit soziale und zugleich psychologische Tatsachen«. Es handelt sich um eine Nachahmung und es ist »keine individuelle, sondern eine kollektive Erinnerung oder Gewohnheit«.

Archäologie und Wahrnehmung

Die Archäologie zeigt uns, dass die Menschen weit weniger originell waren, als sie sich einbildeten. »Man nimmt schließlich das, auf das man nicht mehr achtet, nicht mehr wahr, und auf das, was man immer sieht, achtet man nicht mehr.« So *Gabriel Tarde*. Daher nehmen wir die Gesichter der Menschen unseres Kulturkreises durch ihre Unterschiedlichkeit und ihre Unterscheidungsmerkmale wahr, ihre gemeinsamen Züge löschen wir quasi in unseren Augen aus. Aus dem gleichen Grund haben wir den Eindruck, dass sich Menschen aus anderen Kulturkreisen (mit deutlich anderen physiognomischen Merkmalen) alle gleichen.

Im Sozialen fallen uns aus dem beschriebenen Grund allgemein immer nur die scheinbaren Unterschiede auf – beim Besichtigen von gegenwärtigen Kunst-Artefakten, beim Lesen zeitgemäßer Schriftsteller oder beim Beobachten der Verhaltensweisen unserer Freunde / Bekannten. Ihre Übereinstimmungen »sehen« wir nicht. Wenn wir uns aber Kunst-Artefakte aus anderen Kulturen und anderen Zeiten zum ersten Mal ansehen oder »mittelalterliche Handschriften überfliegen«, dann erscheinen uns diese als »Kopien des gleichen Modells«, die für uns kaum zu unterscheiden sind. Es ist aber eine Illusion, dass sich in einem früheren Land zu einer Zeit alle Kunst-Artefakte, Schriften und Arten sozialen Lebens zum Verwechseln ähnelten. Daher sollte uns bewusst sein, »dass wir heute (uns) selbst unendlich viel mehr nachahmen, als wir Neuerungen einführen«.

Logische Gesetze der Nachahmung

Hier stellt *Gabriel Tarde* die Frage: »Warum breiten sich zehn von hundert unterschiedliche, zeitgleich erdachte Neuerungen – seien es nun sprachliche Ausdrücke, mythologische Ideen oder industrielle und andere Verfahren – nach dem Vorbild ihrer Urheber allgemein aus, während neunzig dem Vergessen anheimfallen?«

Um das zu beantworten, müssten die Einflüsse, die erfolgreiche Neuerungen begünstigen und andere in ihrem Erfolg behindern, in physische und soziale Ursachen unterteilt werden. Auf die physischen Ursachen geht er nicht ein und konzentriert sich auf die sozialen, bei denen er logische und unlogische Arten unterscheidet.

Die logischen (sozialen) Ursachen sind dadurch gekennzeichnet, dass Menschen Neuerungen deshalb wählen, weil sie diese für »nützlicher und wahrer« halten als andere. Allerdings ist eine solche vollkommen logische Handlung sehr selten. In der Regel spielen die nicht-logischen Einflüsse, »bei der Wahl der Vorbilder, denen man folgen möchte«, die entscheidende Rolle. Oft werden die, nach »logischem Gesichtspunkt schlechtesten Vorbilder wegen ihres Ursprungs oder [...] des Zeitpunkts ihres Erscheinen bevorzugt«.

Erfindungen und Nachahmungen stellen die elementaren sozialen Handlungen dar. Auf die Frage, was erfunden oder nachgeahmt wird, ist festzustellen, dass »das, was erfunden und nachgeahmt wird, und das, was nur nachgeahmt wird, [...] immer eine Idee [ist], ein Wille, ein Urteil oder eine Absicht, in denen sich eine gewisse Dosis Überzeugungen und Begehren ausdrückt«. Diese sind »die Subtanz und die Kraft, [...] die psychologischen Quantitäten«, die der Grund aller »Empfindungsqualitäten«, mit denen sie sich verbinden, sind. »Wenn erst die Erfindung und dann die Nachahmung sich ihrer bemächtigen, um sie zu organisieren und zu nutzen, sind diese ebenfalls echte soziale Quantitäten. Denn Gesellschaften organisieren sich durch Übereinstimmung oder Gegenüberstellung von Überzeugungen, die sich gegenseitig verstärken oder begrenzen. Daraus entstehen vor allem ihre Institutionen. Und diese funktionieren hauptsächlich über den Wettbewerb oder die Konkurrenz von Begehren und Bedürfnissen.« So *Gabriel Tarde*. Die funktionalen Kräfte einer Gesellschaft sind die ökonomischen oder ästhetischen Bedürfnisse.

Damit nun aber eine Erfindung in die Welt kommt, »eine gute Ideenkombination die Geister [...] erhellt«, muss diese »zuerst in einem einzelnen Gehirn aufleuchten«. Je häufiger sich einzelne Geister intellektuell austauschen, umso wahrscheinlicher wird es. Damit Widersprüche zwischen Institutionen oder Prinzipien stören können, müssen diese von einem »besonders scharfsinnigen Geist« wahrgenommen werden. Dieser »systematische Denker« muss bei der Zusammenfassung seiner Ideen von den Störungen behindert worden sein und andere darauf hinweisen. Je mehr sich die Geister »gegenseitig anregen und [...] Bewegung in die Ideen kommt, desto leichter wird eine solche Reibung bemerkt«. Ein weiterer Aspekt, der dafür spricht, zu kooperieren.

Wenn dann eine Erfindung oder Entdeckung in die Welt kommt, steigert sich auch der Glaube an ihre Verbreitung von einem zum nächsten. »Die Überzeugung von anderen Erfindungen oder Entdeckungen des gleichen Objekts beziehungsweise mit einer Antwort auf das gleiche Bedürfnis schwächt sich ab, sobald sie [diese] aufeinandertreffen.« *Gabriel Tarde* weist auf diese beiden Tatsachen hin und stellt fest, dass sich daraus ein »logischer Zweikampf« entwickelt. Anders formuliert – ein Wettbewerb.

Gabriel Tarde ergänzt allerdings auch, dass es neben dem Bekämpfen und Ersetzen von Erfindungen oder Entdeckungen eben auch solche gibt, die sich »unterstützen und ansammeln«. Wobei die Akkumulation, also das Ansammeln (von Ideen), der Substitution, also dem Ersetzen und Auswechseln, ursprünglich vorausgeht. Offensichtlich muss dieser Schritt dann auch folgen, um den Fortschritt überhaupt weiterzuentwickeln. Hier dürfen aber »die Akkumulation, die vor der Substitution durch logische Zweikämpfe stattfindet, nicht mit der Akkumulation danach verwechselt werden«. Denn schließlich ist das Anreichern von Dingen und Wissen die Voraussetzung für ihren qualitativen Ersatz, der dann wiederum zu weiteren Anreicherungen führt. Und wir wollen hier ergänzen: Aus der Quantifizierung können bei Störungen Qualifizierungen entstehen, die dann Grundlage für weitere darauf aufbauende Quantifizierungen sind.

Außerlogische Einflüsse

Bevor *Gabriel Tarde* auf die »außerlogischen Ursachen für die Zu- oder Abnahme der verschiedenen im Wettbewerb stehenden Nachahmungsarten« eingeht, betont er vorab, dass das soziale Leben auf Dauer immer und unweigerlich mit der Bildung einer Etikette – dem »Sieg des Konformismus über die individuellen Einfälle« – endet. Die (zum Beispiel) Architektur, Dichtung, Malerei, Musik, Politik, Sprache und das Recht »führen zu einem umso vollkommeneren Konformismus und einer umso anspruchsvolleren und tyrannischeren Etikette, je länger sie andauern und […] sich friedlich entwickeln konnten«.

Aus seinen umfangreichen Ausführungen dazu möchten wir noch zwei – aus unserer Sicht – relevante Aspekte herausgreifen.

Zu den »Künsten« bemerkt er, dass diese nicht »von den äußeren zu den inneren, also von der Architektur über Skulptur und Graphik zur Musik und Dichtung«, verlaufen, sondern im Gegenteil immer mit »einem Buch, irgendeinem Epos oder poetischen Werk von vergleichsweise sehr hoher Vollkommenheit, wie die Ilias, die Bibel oder *Dante*,« anfangen. »Das stellt die erste und höchste Quelle dar, der alle schönen Künste entspringen.« Dieser von ihm hier beschriebene Verlauf von innen nach außen bedeutet, dass die Nachahmung einer Idee vor der Nachahmung des Ausdrucks geschieht, und dass die Nachahmung von Zielen der Nachahmung der Mittel vorangeht. Ideen und Ziel stellen also das »Innen« dar, die Mittel und der Ausdruck das »Außen«.

Er greift unter anderem noch einen weiteren Aspekt auf: In demokratischen Ländern etwa sind die Massen angesehen. »Die Geneigtheit, an die Massen zu glauben, nimmt zu, und die Welt wird immer mehr von Meinungen beherrscht.« Die Menschen glauben in egalitären Zeiten nicht mehr aneinander, weil sie sich zu ähnlich sind, und sie vertrauen daher mehr dem öffentlichen Urteil. Und weil alle »die gleiche Einsicht haben, kommt es ihnen unwahrscheinlich vor, dass die Wahrheit nicht auf der Seite der Mehrheit steht«. Es ist jedoch eine Illusion zu glauben, dass, wenn die Menschen ähnlich sind, ihre Mehrheit auch Recht haben muss, weil die Nachahmung dabei eine wesentliche Rolle spielt. »Man wäre viel weniger bereit, sich einer Idee, die bei einer Abstimmung siegt, zu beugen, wenn man bedenken würde, dass 999 [von 1000] der erhaltenen Stimmen nur Echos sind.«

Dieser Gedanke weckt Zweifel an der heute gelegentlich bemühten sogenannten Schwarmintelligenz. Vielmehr hat uns die Geschichte doch gelehrt, dass kollektive Ideologien oder Moralvorstellungen nicht zwingend die besten oder wahrsten sein müssen. Auch bewegt man sich dann überwiegend im Mainstream (eben in der Nachahmung) und in der Imitation, die mit Innovationen nicht verwechselt werden darf.

Logische Folgen

Im letzten Kapitel seines Werks rekapituliert *Gabriel Tarde*, dass das »Nachahmungsbedürfnis [...] niemals die vorangehenden noch die folgenden Veränderungen [hätte] bewirken können, wenn nicht bestimmte Erfindungen und Entdeckungen gemacht worden wären«. Ohne Maschine gäbe es vielleicht noch (mehr) Sklaven unter uns. »Nur die wissenschaftlichen [...] Entdeckungen ermöglichen der individuellen Vernunft, [überlegen] gegen die Autorität des Dogmas [...] anzukämpfen. Allein die juridischen Entdeckungen oder Erfindungen, die neuen, von den Journalisten oder Schriftstellern bekanntgegebenen Rechtsformen brachten die nationale Souveränität dazu, die königliche [...] durch Vervielfachung ersetzen zu können.«

Der »notwendige und nicht umkehrbare Übergang vom Monopol zum freien Handel, von der Sklaverei zu gegenseitigen Diensten [und so weiter] (ist) eine notwendige Folge der Gesetze der Nachahmung [...]. Diese Gesetze können nun teilweise oder ganz außer Kraft gesetzt werden, wodurch eine Gesellschaft teilweise oder ganz stirbt. Sie können sich jedoch nicht ganz umkehren.« So *Gabriel*

Tarde, und er ergänzt: »[…] die historische Umkehrbarkeit oder Nichtumkehrbarkeit [ist] in einem wichtigen Punkt nicht allen durch die Gesetze der Nachahmung zu erklären […]. Denn die nacheinander auftauchenden Erfindungen und Entdeckungen, derer sich die Nachahmung bemächtigt, um sie bekannt zu machen, folgen nicht zufällig aufeinander. Ein rationales Band verbindet sie. […] Im Großen und Ganzen kann man nicht davon ausgehen, dass ihre Reihenfolge hätte umgekehrt werden können, zum Beispiel die Reihenfolge der mathematischen Entdeckungen von *Pythagoras* bis zu uns. Hier liegt die Unumkehrbarkeit in den Gesetzen der Erfindungslogik begründet und nicht in denen der Nachahmung.«

Schlussendlich: »[…] jede Erfindung und Entdeckung (besteht) aus dem Zusammentreffen von schon vorhandenen, meist von anderen übernommenen Kenntnissen in einem Gehirn.« Dies lässt den in kulturellen und kreativen Bereichen oft bemühten »schöpferischen Akt« eher als kollektive Leistung erscheinen als eine allein individuelle Leistung und hinterfragt, ob der »schöpferische (kreative) Akt« als Branchendefinition überhaupt geeignet ist.

Schluss

Die hier aufgeführten Aspekte und Bewertungen aus dem Werk von *Gabriel Tarde* sind subjektiv und ein unvollkommener Versuch, diesem umfangreichen Werk halbwegs gerecht zu werden. Wir empfehlen Ihnen als Designer/in bei tiefer gehendem Interesse die Lektüre seines Buches. Für diejenigen unter Ihnen, denen das möglicherweise immer noch nicht genug ist, empfehlen wir seine konsequenteste wissenschaftstheoretische Weiterentwicklung der *Gesetze der Nachahmung*, seine Programmschrift *Monadologie et sociologie* (1893) (deutsch: *Monadologie und Soziologie* (2009)).

Er begründet darin sein Bonmot: »Existieren heißt differieren« und bietet eine wissenschaftliche Verbindung zu seinem zweiten Hauptwerk, einer ökonomischen Theorie. Und die beschreiben wir im direkten Anschluss unter 2.2.

2.2 Bewertung von Begehren und Überzeugungen

Aus der Sicht der ökonomischen Anthropologie ist in der Ökonomie nichts objektiv, sondern alles subjektiv und gerade deshalb quantifizierbar. Werte sind im hohen Maße psychologische, von Begehren und Überzeugungen abhängige Dimensionen. Werte sind eine den Dingen von uns zugeschriebene Qualität, die in Wirklichkeit jedoch nur in uns mit einer völlig subjektiven Wahrheit existieren. Diese subjektive Wahrheit besteht in Übereinstimmung von kollektiven Urteilen einer mehr oder weniger großen Anzahl von Personen über die Brauchbarkeit der Objekte, an die mehr oder weniger geglaubt wird.

Wenn wir uns zum Beispiel zur *Apple*-Community zählen und (fast) alles als das formal und funktional Beste bewerten (also jegliche Konkurrenz negieren), dann sind wir quasi kritiklos bereit, alles von *Apple* zu akzeptieren und jeden Preis dafür zu bezahlen. Diese Qualität muss dann als Quantität bezeichnet werden, weil sie geeignet ist, zahlreiche Abstufungen – nach oben und unten – aufzuweisen, ohne sich wesentlich zu verändern.

Diese für unser allgemeines Verständnis von Ökonomie umgekehrte Sicht ist auf *Gabriel Tarde* zurückzuführen. Er war überzeugt, dass man aus der Sozialwissenschaft nur dann eine wahrhafte Wissenschaft machen kann, wenn es gelingt, das Quantifizierbare in ihr zu entdecken, und das liegt pardoxerweise in den Subjektivitäten.

Subjektivität

Subjektivität ist die ansteckende Natur der Begehren und Überzeugungen, die von Individuum zu Individuum überspringen, ohne dabei einen Zusammenhang oder eine gesellschaftliche Struktur zu durchlaufen. Diese Ansteckung von einem zum anderen bezeichnete *Gabriel Tarde* als Nachahmung – wie unter 2.1 bereits näher beschrieben.

Nach *Gabriel Tarde* umfasst der Begriff des Werts zunächst alle Bewertungen von Begehren und Überzeugungen – zitiert von *Bruno Latour* und *Vincent Lépinay* in *L'Économie, Science des Intérets Passionnés. Introduction á l'anthropologie économique de Gabriel Tarde* (2008) (deutsch: *Die Ökonomie als Wissenschaft der leidenschaftlichen Interessen* (2010)): »Diese abstrakte Quantität teilt sich in drei große Kategorien, welche die ursprünglichen und wichtigsten Begriffe des Zusammenlebens sind«:

> Wahrheitswert
> Nützlichkeitswert
> Schönheitswert

Wenn wir diesen Kategorien Kulturbegriffe zuordnen, dann wären das:

> Wahrheit = Mentefakte
> Nützlichkeit = Soziofakte
> Schönheit = Artefakte

(Wir setzen diese Fakte im Kapitel *3.6 Personal Identity (PI)*, *4.5 Leistungen in Entwicklungsprozessen* und *13.5 Angebotsstrategien von einfach bis komplex* noch in den jeweiligen Kontext.)

Quantität

Den quantitativen Charakter dieser Kategorien begründete *Gabriel Tarde* damit, dass jeder Mensch, jede Gesellschaft – als Lohn für geleistete Anstrengung – nach einem Wachstum des Reichtums oder Ruhms, der Wahrheit, der Macht oder der künstlerischen Vollkommenheit sucht und alles gegen die Gefahren tut, die diese Güter verringern könnten. In der wissenschaftlichen Ökonomie allerdings ist nur der Reichtum als Quantität erfasst worden. Denn aufgrund seiner monetären Eigenschaft eignet gerade er sich für Spekulationen mit mathematischer Genauigkeit, die manchmal allerdings illusorisch sind. Darauf begründete er seine Kritik, dass die Ökonomen nicht genug quantifizieren und nicht weit genug auf das Begehren und die Überzeugungen – als Grund der sozialen Materie – eingehen. Er schlug vor, die Ökonomie auf alle Bewertungen auszuweiten und nicht aus Bequemlichkeit nur in Geldeinheiten zu zählen.

Dieser Ansatz hat Parallelen zu *Pierre Bourdieu's* Differenzierung der Kapitalsorten (symbolisches, ökonomisches, kulturelles und soziales). Wir kommen darauf unter 2.3 noch einmal zurück.

Sozialer Wert

Bei der Ausweitung der Bewertungen sind zwei Arten von Maßen streng zu unterscheiden: Zum einen jenes Maß, das den realen Zustand erfasst und somit als gemessenes Maß bezeichnet wird; und zum anderen jenes, das die soziale Welt formatiert und als messendes Maß bezeichnet werden kann.

Der Ruhm eines Menschen ist eine soziale Quantität. Er kann sich vergrößern oder verkleinern. Sein gesellschaftlicher Status wird messbar – durch Auktionen, Auszeichnungen, Ehrungen, Klassifizierungen, Marktanalysen, Umfragen, Wahlen, Wettbewerbe et cetera. Die daraus resultierenden Werturteile können als Wertmesser sichtbar und lesbar gemacht werden.

Als Wertmesser von Kredit und Glaubwürdigkeit von Menschen dient die Gewichtung. Der wechselseitige Vergleich von Subjektivitäten wird über eine Kette von Gewichtungen immer akzentuierter und präziser. Damit dient dieser Wertmesser als Objekt philosophischer Spekulationen, die man Glaubwürdigkeit nennt. Hier geht es darum, differenzierte Grade von Überzeugungen zu schaffen.

Die Quantifizierung des Ruhms ist ebenso gut wie die Analyse von Reichtum, allerdings auf der Grundlage des Geldes als messendes Maß. Das Geld aber hat keinerlei Beziehungen zu dem, was es misst oder auf vereinfachte Weise registriert, um es leichter erfassbar zu machen. Diese scheinbar objektive Abstraktion von Empfindungen und Gefühlen über Arbeit, Dienst und Kredit als reale und materielle Objekte zu behandeln, ist das Ideal der alten Ökonomie. Das eherne Gesetz der Zahl wird hier gehuldigt und alles, wie zum Beispiel in der Chemie und Physik, über mathematische Formeln verarbeitet. Diese Formeln sind zwar korrekt, aber wesentlich ist der ihr zugrundeliegende Faktor und Algorithmus.

Leidenschaften

Der Wert, für den Geld lediglich als Zeichen steht, ist nichts anderes als eine Kombination von Dingen, die alle subjektiv sind: von Begehren und Überzeugungen, von Vorstellungen und Willen. Ihre Auf- und Abwärtsbewegungen lassen sich nur erklären, wenn man ihre psychologischen Ursachen berücksichtigt (wie Hoffnungen und Befürchtungen).

Bleiben wir beim Beispiel *Apple*: Fest steht, dass die Community für ihre Leidenschaft (im wahrsten Sinne des Wortes) alles »in Kauf« nimmt – es sei denn, sie ist enttäuscht von der einen oder anderen Neuheit beziehungsweise hat sich noch mehr Innovatives erhofft.

Gabriel Tarde stellt den Fortschritt der Vernunft infrage, die als angeblicher Begleiter des zivilisatorischen Fortschritts Pate gestanden haben soll, und zwar als die von den Ökonomen ersonnene Abstraktion, die den Menschen alle ihre Handlungsmotive nimmt – außer dem Motiv des persönlichen Interesses, also der unterstellt reinen Vernunft oder Rationalität. Nichts erlaubt diese Annahme, und er schreibt: »[...] es gibt keinen einzigen Aspekt des sozialen Lebens, in dem man nicht die Leidenschaften gleichzeitig mit der Intelligenz anwachsen und sich entfalten sieht.« Damit ist alles in der Ökonomie irrational, alles ist »extra-ökonomisch«.

Als die Ökonomen den sogenannten »homo oeconomicus« konzipierten, abstrahierten sie in zweifacher Hinsicht: Sie betrachteten den Menschen ohne irgendetwas Menschliches im Herzen und stellten sich das Individuum losgelöst von jeglicher Assoziation, Gruppe, Körperschaft, Partei und Sekte vor. Niemals jedoch haben sich ein Produzent und Konsument, ein Verkäufer und Käufer gegenübergestanden, ohne durch irgendeine sentimentale Beziehung verbunden zu sein (wie Kulturgemeinschaft, Mitbürgerschaft, Nachbarschaft oder religiöser Vereinigung) und ohne von einem unsichtbaren Gefolge von Freunden, Mitgläubigen und Verbundenen »begleitet« zu sein, deren Denken sie während der Diskussion über Lohn und Preis beeinflussten – und das oft zum Nachteil ihrer individuellen Interessen. Es sind die Bindungen, die quantifiziert werden müssen. »In jenem ›unsichtbaren Gefolge von Assoziierten‹ gibt es keinerlei Vorsehung und vor allem nicht die Vorsehung der harmonisierenden Vernunft.« (Außer man wertet das Verhalten der erwähnten *Apple*-Community als Vernunft, was allerdings ungemein unvernünftig wäre.)

Innovation vor der Akkumulation

Das »Gewimmel« der lebendigen Gesellschaft, so *Gabriel Tarde*, schafft Ausweitungen, Überlagerungen und Wiederholungen, sofern drei Etappen in diesem »Wuchern« unterschieden werden: »die Wiederholung einer ersten Differenz, die durch diese Wiederholung hervorgebrachte Opposition und schließlich die Anpassung, die erlaubt, dank neuer Differenzierungen provisorisch aus diesen Oppositionen herauszufinden.« Er stellt in seinem bereits erwähnten Buch *Monadologie et sociologie* (1893) (deutsch: *Monadologie und Soziologie* (2009)) fest: »Existieren heißt differieren«. (In Anlehnung an einen mittlerweile klassischen Werbeslogans von *Apple*: »Think different.«)

Für *Gabriel Tarde* ist das oberste Gesetz der Ökonomie die Invention. »Die Erfindung, die, sobald sie einmal wiederholt worden ist, unzählige Kämpfe auslöst, aus denen man nur durch andere Erfindungen herausfindet.« Er stellt die Innovation und das Verfolgen der Erfindungen ins Zentrum seiner Lehre – und das fünfzig Jahre vor dem österreichischen Nationalökonomen *Joseph Alois Schumpeter* (1883–1950) (und dessen »Schöpferischer Zerstörung« als treibende Kraft des Kapitalismus) und achtzig Jahre vor der Entwicklung der Ökonomie des technischen Wandels.

Gabriel Tarde will dem Ursprung der Inventionen und den Gesetzen der Nachahmung so dicht wie möglich »auf den Fersen bleiben«: »Zwei Dinge setzt der ökonomische Fortschritt voraus: einerseits eine wachsende Zahl unterschiedlicher Begehren; denn ohne Differenz in den Begehren gibt es keinen möglichen Austausch, und daher wird bei jedem neu auftauchenden unterschiedlichen Begehren der Tausch neu entfacht. Andererseits muss es eine wachsende Zahl ähnlicher Exemplare jedes Begehrens geben; denn ohne diese Ähnlichkeit wäre keine Industrie möglich, und je mehr die Ähnlichkeit sich erweitert oder die Dauer verlängert, desto mehr vergrößert oder festigt sich die Produktion.«

Als ein aktuelles Praxisbeispiel kann hier das innovative Produkt *iPhone* von *Apple* angesehen werden. Das erste Smartphone dieser Art hat zahlreiche Imitationen nach sich gezogen und damit das Begehren der Konsumenten erhöht und seinen eigenen Absatzerfolg maßgeblich unterstützt. Innovationen brauchen Imitationen (Nachahmungen), um sich im Markt entwickeln zu können.

Die Akkumulation (Vermehrung des Kapitals) ist damit nicht der relevante Ausgangspunkt zum Verständnis der Dynamik der Ökonomie. Die Überlagerungen und Überschneidungen der Begehren der Individuen sind dafür sehr viel geeigneter. Das Problem des Akkumulationsbegriffs ist, dass er über die Intensität der Ökonomie nichts sagt. Wenn in einem entscheidenden Moment die richtige

Einschätzung einer Situation eine Lösung generiert, »so ist diese der plötzlichen Idee geschuldet, nicht der Akkumulation der vorangegangenen Anstrengungen. Wenn unter tausend Forschern ein einziger in einer plötzlichen Intuition die Lösung des Rätsels entdeckt, das alle gleichermaßen beschäftigt, so sind es nicht die langen und unfruchtbaren Anstrengungen der anderen, noch nicht einmal die Länge und Intensität seiner eigenen – die oft geringer sind als die ihren –, denen das Verdienst der Entdeckung zuzuschreiben ist.« So *Gabriel Tarde*.

Um die Formen der Wirtschaft zu erklären, bleibt den Ökonomen nur das »Genie«. Eine Genie, das durch die Überlagerung aller Nachahmungslinien gewonnen wird. Dieses Genie kann nichts garantieren, es ist lediglich »eine Abkürzung für das, was man beobachtet hat, keineswegs jedoch das, was man voraussieht«. Das Genie ist ein Moment der »Weißglut«, der sich nur beschreiben lässt, jedoch niemals »von neuem geschaffen werden kann«. Ein Genie ist ein Individuum, »in dem die Vielheiten von Wiederholungen und Nachahmungen (jene Gewitter unter der Schädeldecke), [...] ihr eigenes Leben leben«.

Ein, wie wir finden, sehr gutes Beispiel hierfür ist *Steve Jobs* (1955–2011), der *Apple* zu dem gemacht / getrieben hat, was dieses Unternehmen heute (noch) ausmacht. In seinen beiden letzten Biografien lässt sich das sehr gut nachlesen: *Steve Jobs* (2011) (deutsch: *Steve Jobs – Die autorisierte Biografie des Apple-Gründers* (2011)) von *Walter Isaacson* und *Becoming Steve Jobs – The Evolution of a Reckless Upstart into a Visionary Leader* (2015) (deutsch: *Becoming Steve Jobs – Vom Abenteurer zum Visionär* (2015)) von *Brent Schlender & Rick Tetzeli*. Dazu empfehlen wir auch das Buch *Creativity, Inc. Overcoming the Unseen Forces That Stand in the Way of True Inspiration* (2014) (deutsch: *Die Kreativtäts-AG – Wie man die unsichtbaren Kräfte überwindet, die echter Inspiration im Wege stehen* (2014)) von *Ed Catmull* (dem Mitgründer von *PIXAR Animation Studios*), insbesondere das Nachwort »Der Steve, den wir kannten«. Das mit Abstand beste Managementbuch zum Thema Kreativität!

Gerechter Preis

Gabriel Tarde hält es in keinem Moment für möglich, sich auf ein Naturrecht des »gerechten Preises« zu berufen, um den Unterschied zum »realen Preis« festzustellen. Um diesen Preis zu bestimmen, sieht er auch niemals allein die Objektivität der Märkte: »Wenn alle Welt davon überzeugt ist, im Vertrauen auf frühere Ökonomen, dass der ›durch das freie Spiel von Angebot und Nachfrage‹ festgelegte Preis ›die Gerechtigkeit selbst ist‹, trägt ›diese allgemeine Überzeugung unzweifelhaft‹ dazu bei, dass sich ohne Protest, ja sogar mit allgemeiner Zustimmung, überhöhte Preise oder lächerlich geringe Preise durchsetzen, die das öffentliche Bewusstsein zu anderen Zeiten abgelehnt hätte.«

Dahinter steckt die Betrachtung der Ökonomen, die den als natürlichen und normalen Preis sehen, der durch die freieste und zügelloseste Konkurrenz entsteht. Damit rechtfertigen sie die realen Preise, oft Wucherpreise, die unter dem »tyrannischen« Einfluss des Stärkeren gebildet worden sind. Anders formuliert – der reine Kapitalist mag keinen Wettbewerb, er strebt, wann immer möglich, nach einem Monopol, mit dem er allein die Preise bestimmt.

Das Kapital

Beim Begriff des Kapitals muss nach Ansicht von *Gabriel Tarde* zweierlei unterschieden werden: »1. das wesentliche, notwendige Kapital: es besteht in der Gesamtheit der vorherrschenden Erfindungen, den ersten Quellen jedes aktuellen Reichtums; 2. das Hilfskapital, das mehr oder weniger nützlich ist: Es besteht im Anteil der Produkte, die aus jenen Erfindungen hervorgegangen sind und dazu dienen, mittels neuer Dienste andere Produkte zu schaffen.«

Er vergleicht beide Kapitalbestandteile mit dem Keim eines pflanzlichen Samenkorns und den diesen Keim umhüllenden Keimblättern. Daraus leitet er ab, dass »jene Ökonomen, für die das Kapital einzig im Sparen und in der Akkumulation früherer Produkte besteht«, Botanikern gleichen, »für die das Samenkorn gänzlich aus Keimblättern […]« besteht. Er bezeichnet das als »Keimblattkapital«!

Das »Hilfskapital« jedoch unterscheidet sich vom »wesentlichen Kapital« dadurch, dass das Einzige, was streng genommen für die Produktion »einer neuen Lokomotive« unerlässlich ist, die detaillierten Kenntnisse der Lokomotiv-Teile, ihrer Produktionsweise und zuvor noch die Gewinnung der Materialien, aus denen sie bestehen, ist. »Dieses Bündel von Ideen, von denen jede eine kleine oder große Erfindung ist, die zurückgeht auf einen bekannten oder unbekannten Erfinder, dieses Bündel von Inventionen vereint in einem Gehirn: Das ist der einzige Anteil früherer Produkte – denn dies ist ein geistiges Produkt, die Frucht schulischen Unterrichts –, der in strenger Notwendigkeit für den Bau einer Lokomotive erforderlich ist.«

Dieser Ansatz von *Gabriel Tarde* begründet die sinnvolle Kooperation derjenigen, die über detaillierten Kenntnisse verfügen. Und das sind nicht nur Designer, sondern alle relevanten Spezialisten, auch Auftraggeber / Kunden. (Wir gehen auf diesen Aspekt im Kapitel *6.0 Kooperation als Wertschöpfung* in Bezug auf Designer näher ein und erweitern diesen Gedanken dann auch noch auf Auftraggeber / Kunden im Kapitel *13.8 Perspektiven zukünftiger Wertschöpfungsmöglichkeiten*.)

Ein Individuum, das auf sein geistiges Erbe reduziert bliebe und nicht über Samen, Vorräte und Werkzeuge verfügte, befände sich »in beklagenswerten Bedingungen, um ein landwirtschaftliches oder industrielles Werk zu vollbringen«. Es wäre ihm aber nicht vollkommen unmöglich, früher oder später zu produzieren. Wäre es aber mit üppigen »Vorräten an Samen oder Materialien ausgestattet, die durch Sparsamkeit zusammengetragen und akkumuliert wurden und mit dem perfekten Werkzeugen ausgerüstet«, aber gleichzeitig in »Unkenntnis der Geheimnisse der Industrie« oder »Methoden des Anbaus, [...] so bliebe es trotz all seines angeblichen Kapitals unvermögend zur Produktion«. (Ein typisches Beispiel für dieses Unvermögen sind die von nichtberuflichen Designern benutzten Programme und Werkzeuge der beruflichen Designer.)

Um den Keimcharakter des Kapitals zu definieren unterscheidet *Gabriel Tarde* zwischen Kapital und Arbeit, die sich auf den Unterschied zwischen »Modell und Kopie« zurückführen lassen. »Das Kapital ist das Modell und die Arbeit seine Kopie«, weil er »die Arbeit in ihrem dürftigen Sinn versteht«. Damit will er, »was zur Wiederholung gehört, von dem unterscheiden, was zur Erfindung gehört«. Er sieht die Arbeit als »eine rohe Kraft, eine Trägheit ohne spezifische Qualität und unfähig, in ihrer eigenen Bewegung Differenzen hervorzubringen. Eine Veränderung kann sie nur von außen erfahren«. Die Arbeit als rohe Kraft ähnelt dem »Keimblattkapital« – dem »Hilfskapital«.

Das bedeutet bezogen auf Ihre Fähigkeiten und Kompetenzen als Designer/in, dass Sie als »Keim« Ihrer Ideen fungieren und Ihre Auftraggeber / Kunden als »Keimblätter« (»Hilfskapital«) einbeziehen, damit diese Ihre Ideen nutzen können (selbstverständlich nur auf Basis einer angemessenen Wertschätzung und Honorierung Ihrer Dienst-/Werkleistungen).

»Während das Keimkapital stets die Erfindung (oder die Anpassung) provoziert, zieht das Keimblattkapital die Opposition auf sich. Der Keim [das wesentliche, notwendige Kapital] überlebt nur durch seine Unbeständigkeit und sein Vermögen, nicht zur statischen Formel zu gerinnen, sondern immer neue Verzweigungen zu erkunden und durch eine fortgesetzte Anpassung die Opposition zu durchkreuzen. Das fixe, das materielle Kapital hat diese Chance nicht, es zieht die Opposition an wie der Blitzableiter den Blitz.« So die Interpretation von *Bruno Latour* und *Vincent Lépinay*.

Das bedeutet für Sie als Designer/in, dass Ihr Keim / Ihre Idee die Voraussetzung dafür ist, Ihren Auftraggebern / Kunden immer neue »Blitzableiter« zur Verfügung zu stellen.

Das »Adam-Smith-Problem«

Wie lässt sich erklären, dass der Verfasser von *An Inquiry into the Nature and Causes of the Wealth of Nations* (1776) (deutsch: *Der Wohlstand der Nationen* (1978/2005)) ebenfalls die *Theory of Moral Sentiments* (1759/1790) (deutsch: *Theorie der ethischen Gefühle* (2010)) verfasst hat, ohne dass er irgendeine Verbindung zwischen den beiden Werken hergestellt hat? »Man könnte fast sagen, dass eine nahezu undurchdringbare Trennwand diese beiden Reihen von Forschungen bei ihm voneinander isoliert.« So *Gabriel Tarde*.

Er ist erstaunt, welche geringe Rolle die Psychologie in der ökonomischen Schrift von *Adam Smith* (1723–1790) spielt, dass eine »kollektive Psychologie« völlig fehlt. Hat *Adam Smith* doch als erster die »Sympathie« studiert, als Quelle und Grundlage der »intermentalen Psychologie«. Es bleibt die Frage, wie es kommt, dass *Adam Smith* »nie die Notwendigkeit oder Gelegenheit gespürt hat, seine feinsinnigen Bemerkungen über die gegenseitige Anregung der Sensibilitäten zu verwenden, um die ökonomischen Beziehungen der Menschen zu erklären«.

Gabriel Tarde antwortet darauf theologisch. Er versteht, dass ein Mensch, der »einen göttlichen Künstler« hinter den menschlichen Ereignissen und eine ebenso »göttliche Weisheit« hinter der »menschlichen Narrheit« sieht, den Egoismus und die Selbstliebe mit einer »geheiligten Funktion« versehen betrachtet, geeignet dafür ist, die gesellschaftliche Harmonie zu »weben und zu festigen«. Auch als *Adam Smith* die politische Ökonomie und den »Homo oeconomicus« auf das Eigeninteresse reduzierte, von jeglicher Zuneigung und Selbstlosigkeit absah, war dies »eine natürliche Folge seiner Frömmigkeit und seines Glaubens an Gott«.

Damit ist der Egoismus quasi heilig und wird sakralisiert. Entfernt man Gott, fällt das Ganze in sich zusammen. Die Nachfolger von *Adam Smith* in unserem Jahrhundert sind Atheisten; ihre Spekulationen tragen – falls sie an Gott glaubten – keinerlei Spuren dieses Glaubens mehr. Indem sie »die Idee der Vorsehung getilgt haben, haben sie, ohne es zu bemerken, […] das Licht der Laterne gelöscht, welche nun nichts mehr erhellt und nichts mehr erklärt«. So *Gabriel Tarde*.

Schluss

Gabriel Tarde verlangt nicht, zwischen der kalten Ökonomie und der heißen Subjektivität zu wählen. Im Gegenteil – er erwartet vom freien Spiel leidenschaftlicher Interessen mehr Quantifizierung, also mehr soziale Beziehungen, um »das Chaos zur Welt zu krempeln«.

Bruno Latour und *Vincent Lépinay* fassen zusammen: »Es ist gar nicht so leicht, auf dem Gebiet der Ökonomie agnostisch zu sein.« Womit beide meinen, dass das klassische Ökonomie-Verständnis eine »unsichtbare« (quasi göttliche) Hand voraussetzt.

Wenn wir die ökonomische Theorie von *Gabriel Tarde* auf Ihre Belange als Designer/in hin zusammenfassen, dann ist die Subjektivität die Grundlage der Quantität und Qualität Ihrer Dienst-/Werkleistungen. Diese Subjektivität bewertet Ihre Leistungen nach Wahrheit, Nützlichkeit und Schönheit und das, ohne Ihre Arbeitszeit-Leistung einschätzen zu können (beziehungsweise sich dafür überhaupt zu interessieren) und Ihren damit verbundenen Aufwand in die Bewertung einzubeziehen. Es kommt hier also allein auf die subjektive Sicht Ihrer Auftraggeber / Kunden an, (auf die wir im Kapitel *11.0 Auftraggeber / Kunden aus ihrer am Nutzen orientierten Sicht* analysierend eingehen).

Und noch ein weiterer Aspekt erscheint uns hier wichtig: die Kooperation – mit Ihren Berufskollegen aller Designdisziplinen einerseits und Ihren Auftraggebern / Kunden andererseits.

2.3 Kapitalsorten

Der französische Soziologe *Pierre Bourdieu* (1930–2002) entwickelte in seinem Buch *Raisons pratiques. Sur la théorie de l'action* (1994) (deutsch: *Praktische Vernunft – Zur Theorie des Handelns* (1998)) einen Ansatz der Kapitalsorten, indem er Individuen unterschiedlich viele Potenziale verschiedener Art zuordnete:

> symbolisches Kapital
> ökonomisches Kapital
> kulturelles Kapital
> soziales Kapital

Dabei galt, dass jeder mit seinem Einsatz spielen und der Erwerb kulturellen Kapitals beispielsweise zur Erhöhung des ökonomischen Kapitals führen kann.

Dieser Ansatz ist besonders interessant in Bereichen und Branchen, in denen das ökonomische (monetäre) Kapital unterrepräsentiert ist (wie zum Beispiel in der Designwirtschaft). Macht er doch deutlich, dass alle Kapitalsorten (materielle Ressourcen, professionelle Kompetenzen, soziale Beziehungen) zwar als Einheit begriffen, aber gegeneinander verrechnet werden können, um jeweilige

Mängel auszugleichen. Diese Verrechnung bringt eine Bewertung mit sich, die im Wettbewerb vor allem die Identität der Marktteilnehmer wichtig werden lässt.

Als Akteure in der Designwirtschaft haben Sie, nicht zuletzt aufgrund Ihres hohen kulturellen und sozialen Kapitals, einen strategischen Vorteil für den Identitätswettbewerb. Und Ihre visuelle Kompetenz als Designer/in verstärkt diesen Vorteil noch einmal. Wenn diese Kompetenz durch die Fähigkeit, sich verbal in der Sprache des monetären Kapitals auszudrücken, ergänzt wird, dann haben Sie als Designer/in die besten Chancen zum Erfolg.

Was es heißt, sich in der Sprache des monetären Kapitals auszudrücken, darauf gehen wir im Kapitel *4.1 Fähigkeiten und Kompetenzen* näher ein. Nur so viel vorab: Mangelnder Besitz von monetärem Kapital ist kein Hindernis, darüber sprechen zu können.

2.4 Unterscheidung der Ordnungen

Der französische Philosoph *André Comte-Sponville* hat in seinem Buch *Le capitalisme est-il moral?* (2009) (deutsch: *Kann Kapitalismus moralisch sein?* (2009)) darauf hingewiesen, dass viel über Komplexität geredet wird, weil sie kennzeichnend für unsere Zeit ist, sowohl intellektuell (Komplexitätstheorien) als auch wirtschaftlich und politisch (Globalisierung). Er will helfen, »klarer zu sehen, Entscheidungen zu treffen, […] Verantwortung zu übernehmen angesichts der vielfältigen Herausforderungen«. Sein Buch ist vor allem zukunftsgerichtet. Und genau hier treffen wir uns.

Er geht zunächst auf die Rückkehr der Moral ein und beschäftigt sich dann mit der Frage, was nicht erlaubt ist, womit sich das Problem der Grenzen und die Unterscheidung der Ordnungen stellt. Hier definiert er vier Ordnungen:

1. Die technowissenschaftliche Ordnung
2. Die rechtlich-politische Ordnung
3. Die Ordnung der Moral
4. Die ethische Ordnung

Bei der Frage, ob der Kapitalismus moralisch sein kann, sieht er uns alle gegenüber diesen vier gemeinsamen Ordnungen (ohne auf eine mögliche fünfte Ordnung des religiösen Glaubens einzugehen) in der Pflicht. Die erste Ordnung, die ihre innere Struktur aus dem Gegensatz zwischen dem Möglichen und dem Unmöglichen gewinnt, ist unfähig, sich selbst zu begrenzen. Daher wird sie von außen durch eine zweite Ordnung begrenzt, die ihre innere Struktur aus dem Gegensatz zwischen dem Legalen und dem Illegalen gewinnt, aber genauso unfähig ist, sich selbst zu begrenzen.

Daher wird diese von außen durch die dritte Ordnung begrenzt, die der Pflicht und des Verbots. Und diese wird ergänzt und von oben geöffnet zu einer vierten, der Ordnung der Liebe.

An dieser Stelle beantwortet er die Frage, ob Kapitalismus moralisch sein kann: »Vorzugeben, dass der Kapitalismus moralisch wäre, oder sogar zu wollen, dass er es sei, das hieße vorzugeben, dass die Ordnung Nummer »1« ihrer Natur nach der Ordnung Nummer »3« unterworfen wäre, was mir wegen der Art ihrer jeweiligen inneren Struktur ausgeschlossen erscheint.«

André Comte-Sponville geht auch auf die Verantwortung ein. Er sieht die Schwierigkeit darin, dass wir uns alle stets in den vier Ordnungen zugleich befinden und dass es keine Garantie für eine einheitliche Ausrichtung gibt. Natürlich kann es vorkommen, dass wir, wenn wir in der ersten Ordnung unsere Arbeit gut machen und viel Geld verdienen, auch vollkommen gesetzestreu handeln (zweite Ordnung), unsere Pflicht tun in der dritten Ordnung und die Liebe (vierte Ordnung) unser Beweggrund ist. Dann rät er: »Machen Sie das Beste draus ... weil es nicht von Dauer sein wird!«

Die vier Ordnungen können – wegen ihrer unterschiedlichen und unabhängigen inneren Strukturprinzipien – nicht immer und überall gleichgerichtet sein. Dann müssen wir zwischen den vier Ordnungen wählen – entscheiden, welche der vier Ordnungen wir in welcher Situation vorrangig berücksichtigen wollen. Unsere Verantwortung liegt dann bei uns und in unserer Wahl. Wir selbst müssen entscheiden. *André Comte-Sponville* sagt: »Es geht nicht darum, ein Problem zu lösen, sondern eine Wahl zu treffen, was nicht ohne Hierarchie und Verzicht geht.« Wenn wir – von einem technischen / wissenschaftlichen Weltbild geprägt – immer nur von einer Lösung ausgehen, übersehen wir, dass in mehreren heterogenen Ordnungen, die alle ihre eigene Logik haben, die eine Lösung nicht funktioniert.

Hier geht es eher um Verantwortung als um Kompetenz. Kompetent zu sein heißt, ein Problem lösen zu können. Verantwortlich zu sein heißt, eine Entscheidung treffen zu können, auch in unübersichtlichen und ungewissen Situationen, und ganz besonders, wenn diese Entscheidung, wie es fast immer der Fall ist, in mehreren Ordnungen zugleich gefällt werden muss. Die Verantwortung, uns von Fall zu Fall für die eine oder andere Ordnung zu entscheiden, liegt allein bei uns. Dazu müssen wir stehen. Auch das erfordert Haltung von uns, Haltung als ein relevanter Aspekt unserer Identität, mit der wir uns im Wettbewerb befinden.

2.5 Preis der Wahrheit

»Besteht eine Beziehung zwischen Wahrheit und Geld?« Mit dieser Frage beschäftigte sich der französische Ethnologe und Philosoph *Marcel Hénaff*, in seinem Buch *Le prix de la vérité. Le don, l'argent, la philosophie* (2002) (deutsch: *Der Preis der Wahrheit – Gabe, Geld und Philosophie* (2009)).

Ausgehend von seiner Feststellung, dass es allgemein für notwendig und folglich für sehr vernünftig gehalten wird, Lebensmittel und Kleider zu kaufen und die Arbeit des Handwerkers zu bezahlen, scheint es jedoch schwierig zu sein, einen Gelehrten, Künstler oder Schriftsteller zu entlohnen, Preisstufen festzulegen und eine Bezahlung überhaupt ins Auge zu fassen. Dies schien lange Zeit, historisch betrachtet seit dem Altertum, problematisch zu sein.

Daraus resultieren, zweieinhalbtausend Jahre nach *Platon*, weitere Fragen aus einer ganz anderen Perspektive: »Hat das Wissen einen Preis? Lassen sich Ideen verkaufen? Ist ein ›Kunstwerk‹ durch den Wert definierbar, den der Markt ihm verleiht?« Die Antwort: »Heute gilt es als normal, dass die Tätigkeiten der wissenschaftlichen Forschung, der Wissensvermittlung, der Inanspruchnahme jeder Art von Kompetenz nicht nur honoriert, sondern auch auf einem Markt bewertet werden müssen.«

Allerdings fällt es uns offensichtlich noch immer schwer, den Lohn eines Wissenschaftlers und die Förderung einer Gedichtsammlung in dieselbe Kategorie der Einkünfte eines Börsenspekulanten einzuordnen beziehungsweise auf dieselbe Stufe eines Industrieproduktes zu stellen. *Marcel Hénaff* unterstellt, dass Künstler, Schriftsteller und Wissenschaftler meinen, als solche einer anderen Welt anzugehören.

Übertragen auf den Designbereich, kann hier die Differenzierung zwischen Honorar und Vergütung gesehen werden:

> Honorare stehen allgemein für die Bezahlung der Angehörigen freier Berufe (wie zum Beispiel Ärzte, Rechtsanwälte, Schriftsteller), die diese für ihre Leistungen erhalten.
> Vergütung steht allgemein für den Ausgleich von finanziellen Nachteilen und den Ersatz von Auslagen, Schäden und Verlusten.

Vermutlich spielt hier auch bei vielen Designern eine bewusste oder unbewusste Abgrenzung zu anderen – eher juristischen, ökonomischen und technischen – Berufen und Dienstleistern eine Rolle. Aber gerade diese Abgrenzung ist es, die, neben anderen Gründen, von Auftraggebern eher negativ wahrgenommen wird und zu der weitverbreiteten Geringschätzung von Designleistungen führt.

Marktbedingungen

Marcel Hénaff hält es für »naiv und gefährlich zu behaupten, dass die Erzeugnisse des Geistes die üblichen Entlohnungsmittel und die Bedingungen des Marktes ignorieren müssen«. Allerdings sagt auch keiner, dass ihre Erzeugnisse in erster Linie dazu bestimmt sind, Gewinne abzuwerfen (im Gegensatz zu einem Hersteller von Konsumgütern zum Beispiel). Es besteht immer noch die Überzeugung dass, im Hinblick auf die Werke des Geistes, etwas im Blickfeld bleibt, was sich nicht bewerten lässt.

Das Geld (als zentraler Bewertungsmaßstab) steht im Widerstreit zu dem Wunsch nach Wahrheit und ist ein Hindernis für den, der sich dem Denken stellen will – so *Marcel Hénaff*. Zu dieser begrifflichen Schwierigkeit kommt eine weitere, nicht minder schwerwiegende hinzu: Geld soll das Talent des Fachmanns, Künstlers und Schriftstellers entlohnen. Doch jeder, der schreibt, nur um reich zu werden, hat nichts zu sagen und das gilt für jeden, der schreibt, um seinen Lebensunterhalt zu verdienen. »Das Werk verlangt die völlige Uneigennützigkeit, die bedingungslose Unentgeltlichkeit.«

Geld drückt eine Menge aus, setzt aber voraus, dass eine Bewertung der Sache selbst (des Produkts / der Dienstleistung) bereits stattgefunden hat. Das ist das Problem des Werts in der klassischen Theorie – was die Arbeit für *Adam Smith*, ist die Arbeitszeit für *Karl Marx*.

Entlohnung

Die Feststellung, dass sich Geld und Wissen nicht mit demselben Maß messen lassen, ist zunächst eine rein technische. Dasselbe trifft auf alles zu, was sich weder teilen noch quantitativ messen lässt. Die Lösung ist: Nicht das Wissen wird gekauft, sondern der Unterrichtende wird für seine Arbeit entlohnt.

Bemerkenswert ist auch die Art und Weise, wie sich die Philosophen und Schriftsteller – *Denis Diderot* (1713–1784), *Immanuel Kant* (1724–1804) und *Johann Gottlieb Fichte* (1762–1814) – für die Anerkennung der Urheberrechte eingesetzt haben. Ihr Ziel war es, die Einkünfte für ihre Veröffentlichungen zu sichern und vor allem die nicht autorisierten Nachdrucke zu unterbinden. Der Soziologe *Georg Simmel* (1858–1918) hat dies als einen »neuen Einsatz der Freiheit« definiert.

Marcel Hénaff weist ferner darauf hin, dass, wenn es darum geht, eine Arbeit zu entlohnen, gemäß den getroffenen Vereinbarungen gezahlt werden muss. Wenn es jedoch darum geht, Anerkennung und Hochachtung zu bekunden oder eine Beziehung zu stärken, die Gabe geboten ist, die sich strikt außerhalb des Kreislaufs des Nützlichen und Profitablen befindet. Es gibt eine Ökonomie des Vertrags, aber keine Ökonomie der Gabe.

Jahrhundertelang war die Entlohnungsweise der sogenannten »freien« Berufe (des Advokaten, des Arztes, der Gelehrten, des Künstlers) die Honorierung. »Wenn eine Leistung ›honoriert‹ wird, ist das Geld nur ein analoger Ausdruck dessen, was geschuldet und weiterhin nicht zu bewerten ist, in welchem Fall eine Schuld bleibt. Wenn der Terminus Honorar heute noch verwendet wird, dann in rein formalem Sinn.« So *Marcel Hénaff*.

Marktwerte

Abschließend stellt er fest, dass sich die Formel »Preis der Wahrheit«, wörtlich genommen, nicht mehr halten lässt. »Man verwechselt die Arbeit, die die Gelehrten oder die Künstler leisten (da diese Arbeit gemäß den Forderungen der Gerechtigkeit entlohnt werden muss) nicht mehr mit dem Inhalt ihrer Forschung, den Aussagen ihrer Reden oder der Qualität ihrer Werke. Wenn auf dieser Ebene das Geld ins Spiel kommt, dann geht es um Werte auf einem Markt, nicht um die Wahrheit des Gegenstands. Deshalb versteht man heute die Formel ›Preis der Wahrheit‹ zu Recht in rein metaphorischem Sinn: wie die im Geständnis geforderte Anstrengung (die Wahrheit zu sagen), die Schwierigkeit der Untersuchung (die Tatsachen [zu] ermitteln), die symbolischen Kosten des Irrtums (dessen Folgen [zu] tragen).«

Bemerkenswert ist auch noch, dass *Immanuel Kant* (1724–1804) in seiner Definition des Geldes – als Ausdruck des Preises – Wert darauf legt, auch die Kosten des übermittelten Wissens mit einzuschließen. Er verteidigte mit der größten begrifflichen Strenge »die legitimen Einkünfte […], die ein Autor aus seinen Veröffentlichungen ziehen konnte. Dieses sehr komplex gewordene Recht erstreckt sich nunmehr auch auf wissenschaftliche Erfindungen und alle Arten künstlerischer Produktion.«

Die Philosophin *Hannah Arendt* (1906–1975) bestand darauf, dass der »homo laborans« die ihm geboten Chance nutzt, von den Früchten auch seiner gewöhnlichsten Tätigkeit zu ernten: »Wichtig ist, dass jede Tätigkeit ihre öffentliche Anerkennung findet.«

Dieser letzte – von *Hannah Arendt* eingebrachte – Aspekt der Anerkennung ist eine zentrale Frage für Sie als Designer/in. Der Antwort darauf kommen Sie über Ihre Identität durch Positionierung und Haltung und über Ihren subjektiven Selbstwert und objektiven Leistungswert etwas näher. Mehr dazu in den beiden nächsten Kapiteln (*3.0* und *4.0*).

Kapitel 2.0 zusammengefasst

»[...] jede Erfindung und Entdeckung (besteht) aus dem Zusammentreffen von schon vorhandenen, meist von anderen übernommenen Kenntnissen in einem Gehirn.« Dies lässt den in kulturellen und kreativen Bereichen oft bemühten »schöpferischen Akt« eher als kollektive Leistung erscheinen als eine allein individuelle Leistung.

Gabriel Tarde verlangt nicht, zwischen der kalten Ökonomie und der heißen Subjektivität zu wählen. Im Gegenteil – er erwartet vom freien Spiel leidenschaftlicher Interessen mehr Quantifizierung, also mehr soziale Beziehungen, um »das Chaos zur Welt zu krempeln«.

Als Akteure in der Designwirtschaft haben Sie, nicht zuletzt aufgrund Ihres hohen kulturellen und sozialen Kapitals, einen strategischen Vorteil für den Identitätswettbewerb. Und Ihre visuelle Kompetenz als Designer/in verstärkt diesen Vorteil noch einmal.

Die Verantwortung, uns von Fall zu Fall für die eine oder andere Ordnung zu entscheiden, liegt allein bei uns. Dazu müssen wir stehen. Das erfordert Haltung von uns als ein relevanter Aspekt unserer Identität. Und damit befinden wir uns im Wettbewerb.

»Wenn eine Leistung ›honoriert‹ wird, ist das Geld nur ein analoger Ausdruck dessen, was geschuldet und weiterhin nicht zu bewerten ist, in welchem Fall eine Schuld bleibt. Wenn der Terminus Honorar heute noch verwendet wird, dann in rein formalem Sinn.« So *Marcel Hénaff*.

Teil 1
Selbstwert

3.0 Identität durch Positionierung und Haltung

*Wie sich die persönliche Identität, Positionierung und Haltung im Identitätswettbewerb authentisch und strategisch einsetzen lassen, sind die Fragen dieses Kapitels:
Wie definiert sich die persönliche Identität und was ist eine professionelle Positionierung?
Wie wird man sich der eigenen Haltung wirkungsrelevant bewusst und wie kann diese kommuniziert werden?
Warum ist Ethik als Wert eine Voraussetzung für Haltung?
Wie können die Werkzeuge Corporate Identity (CI) und Personal Identity (PI) sinnfällig angewandt werden?*

3.1 Identität

Identität ist geprägt von unserem inneren Wertesystem, das unsere ökonomischen Handlungen vorgibt. Unsere Identität ist die Summe unserer persönlichen Geschichte, entwickelt durch unsere Netzwerke und den gegenseitigen Einflüssen daraus. Interaktion ist das wesentliche Moment unserer Identität und nicht Transaktion. Die Wirkung unserer Positionierung ist das Relevante. Daher beschäftigen wir uns in diesem Kapitel mit der Wirkungsrelevanz unseres Denkens und Handelns.

Alte Denkweise

Für die früheren Wettbewerbszyklen war eine Denkweise typisch, die sich durch einen Glauben an unbegrenztes Wachstum auszeichnete: Immer mehr, immer schneller, immer höher. Ressourcen schienen unbegrenzt zu sein, Energie unendlich verfügbar, die Umwelt folgenlos verschmutzbar und das Klima problemlos belastbar. Doch das sind lediglich die ökologischen Aspekte.

In der Ökonomie hat sich ein hemmungsloser Finanzkapitalismus entfaltet, der unser Wirtschaftssystem an den Rand des Kollapses gebracht hat. Die Verschuldung der Staaten hat ein Ausmaß angenommen, das politisch äußerst brisant geworden ist. Die Folge: Der Handlungsfähigkeit von Staaten sind immer engere Grenzen gesetzt, sodass gleichzeitig Raum geschaffen wird, demokratische Systeme zu unterlaufen. Wer die Macht hat und politischen Einfluss ausübt, wird immer undurchsichtiger. Unsere Politiker orientieren sich immer mehr an den Bedürfnissen der Wirtschaft – unsere Wirtschaft hingegen immer weniger an den Bedürfnissen unserer Politik. Diese Entwicklung entfernt sich immer mehr von einer Demokratie und mutiert zu einer Oligarchie. Zusammengefasst ist das Neoliberalismus.

Ein Problem, das sich vor diesem Hintergrund vor allem in der letzten Zeit abzeichnet, ist die zunehmende Radikalisierung der Gesellschaft, wobei auch vor Gewaltanwendung nicht mehr zurückgeschreckt wird. Nicht nur, dass diese Entwicklung bereits Teile der Bevölkerung erfasst hat, sind ihre Auswirkungen verbal mittlerweile auch in den politischen Strukturen angekommen.

Ein weiteres und das vorgenannte mitbeeinflussendes Problem stellt die wachsende Verarmung breiter Bevölkerungsschichten dar. Die sozialen Ungleichverhältnisse haben dramatisch zugenommen. Die Lücke zwischen Arm und Reich wird immer größer. Der Teil der Gesellschaft, der vom Reichtum profitiert, wird immer kleiner. Die Zahl der Menschen, die weder Chancen noch Perspektiven haben – beziehungsweise diese für sich nicht erkennen können – wächst. Der für ein gut funktionierendes demokratisches System erforderliche Mittelstand befürchtet, zunehmend von diesem Sog mit nach unten gezogen zu werden. Ganz offensichtlich hat unser politisches und wirtschaftliches System hier versagt.

Die beschriebenen sozialen Verhältnisse haben mittlerweile auch die Designwirtschaft erreicht. Die Zahl der hier tätigen Designer, die in schwierigen wirtschaftlichen Verhältnissen leben, wächst. Die Situation wird dadurch insgesamt immer prekärer, und das trotz Umsatzwachstum der Branche.

Neue Denkweise

Aus Angst vor der ungewissen Zukunft halten wir überwiegend noch immer an der bekannten Vergangenheit und ihren Lösungsansätzen fest. Mit dieser Denkweise kommen wir allerdings nicht weiter. Das erkannte schon *Albert Einstein*:

> »Probleme kann man niemals mit derselben Denkweise lösen, durch die sie entstanden sind.«

Dieses Bonmot macht deutlich, dass wir mit den bisher praktizierten Wettbewerbsformen, die mehrfach erwähnten Kollateralschäden weder begrenzen noch beseitigen können. Wir brauchen deshalb ein neues Denken und Handeln, eine neue Form des Wettbewerbs – die sich erfreulicherweise bereits seit einigen Jahren auch immer deutlicher abzeichnet – den Identitätswettbewerb.

Neue Bewertungen

Im Identitätswettbewerb ändern sich zwangsläufig die Bewertungsmaßstäbe. Hier geht es nicht in erster Linie um immer mehr, immer schneller und immer höher.

Im Identitätswettbewerb steht der Selbstwert an erster Stelle. Also wie Sie sich als Marktteilnehmer/in selbst wertschätzen.

Davon abhängig ist Ihr Leistungswert. Also wie Sie Ihre Leistung / Arbeit (ein)schätzen. Und aus beiden lässt sich der Nutzwert ableiten. Also was Sie und Ihre Leistungen an Lösungen und Antworten liefern. Auf dieser Grundlage kann dann der Tauschwert definiert werden. Also das, was Sie als Gegenleistung erwarten und fordern können.

3.2 Positionierung

Eine professionelle Positionierung ist gekennzeichnet durch eine aktive Gestaltung, Kommunikation und Verhaltensweise. Als Designer/in können Sie sich allerdings nur durch eine aktive Positionierung erfolgreich durchsetzen. Die (weitverbreitete) passive Positionierung hingegen ist, wenn überhaupt, weniger erfolgreich.

Dieser Gegensatz ist nicht zu verwechseln mit der im Marketing üblichen »Unique Selling Proposition (USP)« beziehungsweise der »Unique Buying Proposition (UBP)« oder der »Unique Benefit Proposition (UBP)«. Alle beziehen sich zwar auf den Kundennutzen und das Alleinstellungsmerkmal eines Anbieters gegenüber seinen Wettbewerbern, konzentrieren sich allerdings mehr auf den Aspekt des einzigartigen Verkaufsarguments.

Wir wollen uns hier aber auf die aktive versus passive Form Ihrer Positionierung als Designer/in konzentrieren, die die Beziehung zu Ihrem potenziellen Auftraggeber / Kunden herausstellt.

Unique Passive Position (UPP)

Eine »Unique Passive Position« bezeichnet die aktive Entscheidungsposition Ihres Auftraggebers / Kunden: Er wählt unter der Vielzahl von Designern aus, wer für ihn als Dienstleister und Auftragnehmer infrage kommt. Dass er dabei auf professionelle Erfahrungen und Kompetenzen im Design zurückgreifen kann, ist in der Praxis eher selten, wenn es auch oft den gegenteiligen Anschein hat.

In diesem Szenario bestimmt der Auftraggeber / Kunde die Konditionen und gibt die Bedingungen vor. Sie als Designer/in und Auftragnehmer/in sind durch Ihre passive Haltung im Nachteil und laufen Gefahr, unter Ihren Bedürfnissen und Möglichkeiten zu bleiben.

Alles in allem keine überzeugende Position für Sie als Designer/in, aber auch für Ihren Auftraggeber / Kunden nicht. Doch dieser hat immerhin die Möglichkeit, das Kompetenzgefälle Ihnen gegenüber auszugleichen – durch ein eher niedriges Honorar.

Unique Active Position (UAP)

Eine »Unique Active Position« bezeichnet Ihre aktive Entscheidungsposition als Designer/in: Sie wählen unter der Vielzahl von Auftraggebern / Kunden aus und entscheiden, wer für Sie infrage kommt. Sie bauen dabei auf Ihre professionellen Erfahrungen und Kompetenzen im Design auf.

In diesem Szenario bestimmen Sie als Designer/in die Konditionen und geben die Bedingungen vor. Durch Ihre aktive Haltung sind Sie im Vorteil und sichern sich so Ihre Bedürfnisse und Möglichkeiten.

Alles in allem eine überzeugende Position für Sie als Designer/in und auch für Ihren Auftraggeber / Kunden. Denn dieser ist durch das Erkennen und Anerkennen Ihrer Kompetenzen viel eher bereit, eine angemessene (höhere) Honorierung zu akzeptieren.

Relevanz

Was zu einer »Unique Active Position« gehört und was die wesentlichen Inhalte einer professionellen Positionierung sind, folgt hier in der Reihenfolge ihrer Relevanz:

> Person – Wie heißen Sie? Wer sind Sie? Was machen Sie?
> Haltung – Was ist Ihre Überzeugung? Was leitet Sie? Was wollen Sie verändern?
> Arbeitsweise – Wie arbeiten Sie? Was kennzeichnet Ihren Arbeitsstil? Welche Methoden wenden Sie an?
> Zielgruppe – Wer sind Ihre Idealkunden? Welche Voraussetzungen müssen diese mitbringen? Wie stellen Sie sich Ihre Zusammenarbeit vor?
> Dienstleistung / Produkt – Was bieten Sie Ihrer Zielgruppe? Welchen Nutzen hat Ihre Zielgruppe davon? Warum sollte sie Ihre Dienstleistung / Ihr Produkt von Ihnen kaufen?
> Referenzen – Was haben Sie bisher entworfen / gestaltet? Wie haben Sie dies entwickelt? Für wen haben Sie bisher gearbeitet beziehungsweise wen haben Sie beliefert?

Wie aus dieser Rangfolge und den Definitionen ersichtlich wird, steht Ihre Persönlichkeit an erster Stelle – also im Vordergrund. Nur sie ist das entscheidende Differenzierungsmerkmal im Wettbewerb – quasi Ihre »UAP«!

Die kurze und schlüssige Beantwortung der Fragen zu Ihrer Person ist der Einstieg in einen ersten Kontakt, in ein erstes Gespräch mit Anderen. Sind Sie sich dessen bewusst? Wie spontan können Sie die Fragen beantworten, und setzen Sie diese Vorgehensweise gezielt ein? Name, Beruf und Aktivitäten lassen sich scheinbar leicht benennen. Wie deutlich sind Sie aber in Ihrer Haltung?

Diesen zentralen Aspekt – die Haltung – wollen wir uns jetzt näher ansehen.

3.3 Haltung

Identität setzt Anerkennung voraus, als Kultur der Authentizität im chancengleichen und fairen Wettbewerb. Daher ist die Haltung in einer professionellen Positionierung entscheidend. Die Haltung drückt die eigene Überzeugung aus, die einen leitet und das, was man verändern will. Dadurch wird deutlich, was Sie als Designer/in und Unternehmer/in motiviert, für was Sie stehen und sich einsetzen. Damit Sie sich Ihrer eigenen Haltung bewusst werden, ist es hilfreich, die folgenden Fragen zu beantworten:

> Was ist Ihre Haltung, Ihr Ziel – allgemein und speziell?
> Was geht über Ihr Leistungs-/Produkt-Angebot hinaus? Was erweitert Ihr Angebot – aufbauend auf Ihrem Kern?
> Was liegt über Ihren monetären Zielen, was also spielt neben Ihrem Finanzziel eine besonders große Rolle in Ihren beruflichen / unternehmerischen Aktivitäten?
> Was sind Ihre Interessen, und zwar unabhängig von Ihren beruflichen / unternehmerischen Vorstellungen?
> Was ärgert Sie, was wollen Sie verändern und wie – in Ihrem Beruf und in unserer Gesellschaft?
> Was freut Sie, was wollen Sie fördern und wie – in Ihrem Beruf und in unserer Gesellschaft?
> Was möchten Sie unserer Gesellschaft, dieser Welt geben, was also ist Ihr Beitrag zur Allgemeinheit (regional, überregional, international)?
> Welche Wirkungsrelevanz möchten Sie erzeugen, was also soll wie und warum wahrgenommen werden und bleiben?

Die Wirkung Ihrer Philosophie, Ihres Verhaltens und Ihrer Gestaltung ist entscheidend. Nur daraus lässt sich Nutzen generieren. Es geht hier also – mikro- und makro-ökonomisch (betriebswirtschaftlich und volkswirtschaftlich) betrachtet – um Ihren Identitätsnutzen. Dieser hat zwei Dimensionen: den Eigennutzen (für Sie selbst) und den Fremdnutzen (für Ihren Auftraggeber / Kunden und die Gesellschaft).

Delle im Universum

Das bedeutet auch: vermessen sein, sich der Kritik stellen, Mut haben (für scheinbar Unmögliches) und die Welt relevant verändern wollen. Das kann im Großen liegen, um eine »Delle im Universum« zu hinterlassen (so wie sich die Gründer von *Apple* 1984 bei der Markteinführung des *Macintosh* positioniert haben – wie wir heute wissen, mit Erfolg) oder auch im Kleinen, um sein direktes Umfeld zu gestalten. Welche mögliche mittlere / kleinere (die große passiert nur sehr selten und entwickelt sich aus einer kleineren) Delle Sie auch anstreben, tun Sie es und teilen Sie es Ihrer Umwelt mit.

Was und wo ist Ihre Delle in welchem Universum?

Wie wichtig die Beantwortung dieser Frage für Sie ist oder wird, können Sie aus dem bereits beschriebenen Paradigmenwechsel im globalen Wettbewerb ableiten. Wir befinden uns mitten im Umbruch zum Identitätswettbewerb.

Für die Entwicklung und Wirkung Ihrer Haltung brauchen Sie angemessene und professionelle Werkzeuge. Das Marketing hilft Ihnen dabei nicht, denn es ist auf das Materielle orientiert und auf Artefakte (Produkte) fixiert. Hier hilft nur ein immateriell orientiertes Werkzeug, das auch Mentefakte (gedankliche Gestaltung) und Soziofakte (soziale Gestaltung) einschließt – Corporate / Personal Identity. Bevor wir unter 3.5 und 3.6 darauf näher eingehen, analysieren wir die Frage nach der Ethik als Wert.

3.4 Ethik als Wert

Als Designer/in entwerfen und gestalten Sie überwiegend Artefakte, die oft öffentliche Wirksamkeit entfalten und damit unsere Umwelt maßgeblich beeinflussen. Da diese Artefakte in unserer Gesellschaft unterschiedlich bewusst wahrgenommen werden und auf mehr oder weniger klischeehafte Vorstellungen von Design im Allgemeinen und den Designern im Speziellen stoßen, tragen Sie als Designer/in eine besondere Verantwortung. Diese Verantwortung ist darin begründet, dass Sie sich niemals von den von Ihnen entworfenen und gestalteten Artefakten losgelöst betrachten können.

Das heißt, auch wenn Ihre Entwurfs- und Gestaltungsleistung unter mehr oder weniger starkem Einfluss Ihrer Auftraggeber steht, lässt sich aus dem Maß dieses Einflusses keine geringere Verantwortung ableiten und schon gar nicht gänzlich ablehnen. Auch dann nicht, wenn Sie – im Extremfall quasi als Erfüllungsgehilfe, ohne jegliche Haltung und Überzeugung zu Ihrer Arbeit – nur dienen. Mit den Argumenten: »Ich hatte keine andere Wahl, ich war alternativlos, weil abhängig (vom Geld et cetera)« können Sie sich nicht von jeglicher Verantwortung für Ihr Tun freisprechen. Bei allem Respekt vor unverschuldeten Abhängigkeiten und finanziellen Notsituationen, was bleibt, ist immer noch die Verpflichtung – und die kann man nicht delegieren – zu dem, was und wie man es tut, zu stehen.

Kompromisse

Die Welt ist nicht schwarzweiß und die eigene Haltung / Überzeugung kann nicht immer zu hundert Prozent gelebt werden. Das wäre reine Perfektion und die ist unnatürlich. Der britische Schauspieler, Schriftsteller und Regisseur *Sir Peter Ustinov* (1921–2004) hat das einmal sehr treffend formuliert: »Persönlichkeit ist von Natur aus unperfekt, nur der Tod ist perfekt.« Das ist kein Freibrief dafür, die eigene Verantwortung zu ignorieren, erinnert aber daran, dass nicht immer kompromisslos gehandelt werden kann.

Entscheidend ist immer der Einzelfall, die konkrete Situation, der Kontext und die Zeit, ob und wie Kompromisse eingegangen werden – bewusst oder unbewusst, freiwillig oder gezwungenermaßen, mehr oder weniger. Es geht hier nicht um eine allgemeine Moral, sondern vielmehr um eine individuelle Ethik als Maßstab für das eigene Denken und Handeln.

Kompromisse sind der Spielraum, den man braucht, um in unterschiedlichen Situation angemessen und flexibel re/agieren zu können. Erlaubt ist das, was man als eigenen Maßstab für sein Handeln definiert, unter Berücksichtigung allgemeiner rechtlicher und moralischer Rahmenbedingungen. Wie auch immer die persönlichen Maßstäbe definiert sind, zu den daraus resultierenden Risiken muss man stehen und die Verantwortung dafür übernehmen.

Ethik versus Moral

Ausgehend von der persönlichen Haltung ist Ethik ein Antrieb von innen heraus, also als intrinsische Motivation zu definieren. Demgegenüber steht die Moral als extrinsische Manipulation, wird also von außen angeregt. Ohne beide in ihrer Bedeutung und Berechtigung höher oder niedriger zu bewerten, ist die wertneutrale Abgrenzung beider Begriffe sehr wichtig, da sie unterschiedliche Ausgangspunkte repräsentieren. Hier das Individuelle, dort das Kollektive. Hier das Egoistische, dort das Altruistische. Hier das Eigennützige, dort das Gemeinnützige. Hier das Eigenverantwortliche, dort das Gemeinverantwortliche.

Auf der Ebene der Identität ist allerdings auch zwischen den Personen als Ethiker und Moralist zu unterscheiden:

> Der Moralist sagt »Das müssen Sie so und nicht anders tun!«
> Der Ethiker sagt »Das tue ich so und nicht anders!«

Der wesentliche Unterschied liegt darin, dass der Moralist Forderungen stellt und direktiv agiert, der Ethiker hingegen macht Angebote und agiert nondirektiv. Der eine will befehlen, der andere möchte überzeugen. Der eine handelt hierarchisch, der andere heterarchisch.

Sozialer Egoismus

Egoismus ist zunächst einmal eine Handlungsweise, mit der man sicherstellt, eine bestimmte Ressource für sich zu gewinnen, die es wiederum möglich macht, Verantwortung zu tragen. In diesem Sinne ist Egoismus eine wichtige Voraussetzung, um verantwortungsvoll agieren zu können und daher nicht generell negativ zu werten. Die Grenze liegt dort, wo der Egoismus andere Personen bewusst schädigt oder sogar zerstört.

Daraus lässt sich ableiten, dass sich das eigene Handeln immer auch an allgemeinen Maximen des sozialen Verhaltens orientieren sollte – nach dem »Kategorischen Imperativ« des deutschen Philosophen *Immanuel Kant*: »Handle nur nach derjenigen Maxime, durch die du zugleich wollen kannst, dass sie ein allgemeines Gesetz werde.« (*Grundlegung zur Metaphysik der Sitten* (1785/1999))

Soziales Verhalten beruht auf dem Grundsatz des Respekts allen anderen gegenüber – auch den Andersartigen, Andersdenkenden und Konkurrenten. Soziales Verhalten beruht auch darauf, dass man das Öffentliche fördert, den Bedürftigen hilft, anstatt von ihren Schwierigkeiten zu profitieren. Soziales Verhalten entspricht einer Ausgewogenheit, einem Gleichgewicht und einer »Win-win-Situation« und ist nicht zu verwechseln mit allgemeiner Gleichmacherei – soziales Verhalten ist vielmehr die Akzeptanz des Unterschiedlichen.

Vertrauen

Design steht allgemein im Verdacht, eine Oberfläche nur vorzutäuschen, unter der sich versteckte Interessen und Funktionen befinden. Damit symbolisiert es die prekären Bedingungen im Umgang mit Komplexität, verursacht Ungewissheit und begründet damit ein allgemeines Misstrauen.

Der deutsche Soziologe *Dirk Baecker* hat vor diesem Hintergrund Designer wie folgt definiert: »Ein Designer ist jemand, dem man misstrauen darf und dessen Lösungen genau dann überzeugen, wenn dieses Misstrauen ernst genommen wird.« (Aus seinem Thesenpapier *Designvertrauen: Design als Mechanismus der Ungewissheitsabsorption in der nächsten Gesellschaft*, anlässlich des Symposiums *System: Design zwischen Chaos und Alltag* im *Museum für Angewandte Kunst Köln* am 15. Mai 2015.)

Anders formuliert: Designer sind immer mit Misstrauen konfrontiert (erkennbar an den oft überspitzten Klischees und Vorurteilen). Sie dürfen diesem Misstrauen aber nicht ablehnend begegnen, sondern müssen es vielmehr als Chance begreifen, vertrauensfördernd wirken zu können. Wenn es Ihnen als Designer/in gelingt, Ihrem Auftraggeber / Kunden dabei zu helfen, seine Unsicherheit zu überwinden und dafür bereit zu sein, Risiken (kontrolliert) in Kauf zu nehmen, um Möglichkeiten zu nutzen, dann schaffen Sie die Voraussetzungen für innovative Werte.

Werte

Wertschätzung entwickelt sich immer dort, wo Vertrauen erzeugt wird: Vertrauen in die Person, in die Leistung und in den daraus resultierenden Nutzen. Das setzt authentisches, offenes, neugieriges und ehrliches Verhalten voraus. Nur das wirkliche Interesse am Anderen kann das glaubhaft vermitteln. Rhetorik und Schauspiel sind hier fehl am Platz.

Emotionale Identität (statt funktionales Marketing) ist hier der Schlüssel zur angemessenen Beteiligung an der Wertschöpfung. Wie sich diese emotionale Identität strukturieren und anwenden lässt, dazu mehr in den folgenden Kapiteln 3.5 und 3.6.

3.5 Corporate Identity (CI)

Unternehmen müssen sich wie Dienste und Produkte an der Vielfalt der Menschen orientieren. Diese Vielfalt ist durch ein Abstimmungssystem zu koordinieren. Corporate Identity hat diese übergreifende Koordinationsaufgabe. Das gilt im übertragenen Sinne selbstverständlich auch für gesellschaftliche, politische und private Institutionen.

Corporate Identity ist – ähnlich wie das Marketing – strategisch ausgerichtet. Wirksame und nachhaltige Identität kann allerdings nur auf der Grundlage einer strategischen Positionierung entwickelt werden. Corporate Identity unterscheidet sich vom Marketing wesentlich, insbesondere durch die auf authentische Haltung aufbauende Identität. Sie geht vom Unternehmer / Unternehmen aus und richtet sich an die Gesellschaft im Allgemeinen, an die Mitarbeiter im Besonderen und an potenzielle Kunden in Form eines nützlichen und für alle Beteiligten sinnvollen und von Verantwortung getragenen Angebots.

Kein Marketing

Corporate Identity ist kein Bestandteil des Marketing, schon gar nicht in einer quasi untergeordneten Funktion, auch wenn das von Marketing-Vertretern oft so dargestellt wird oder diese einen derartigen Anschein erwecken. Corporate Identity ist ein völlig eigenständiges Instrument der Unternehmensführung und unterscheidet sich strukturell und sinnfällig vom Marketing – im Prinzip ist es das Gegenteil von Marketing. Denn Marketing ist rein materiell orientiert – Corporate Identity dagegen hat eine immaterielle Ausrichtung. Diese Unterscheidung ist auch deshalb von Bedeutung, weil Marketing ursächlich zur reinen Konsumorientierung beiträgt, in deren Folge wir heute mit den Kollateralschäden in der Nachhaltigkeit konfrontiert sind. Vor diesem Hintergrund wächst Corporate Identity eine besondere Rolle in der Entwicklung von Problemlösungen zu.

Klaus Birkigt, *Marinus M. Stadler* und *Hans Joachim Funk* haben in ihrem Standardwerk *Corporate identity – Grundlagen, Funktionen, Fallbeispiele* (1980/2000) definiert, dass Corporate Identity als System für die Unternehmensentwicklung von grundlegender Bedeutung ist. CI ist eine, in der wirtschaftlichen Praxis strategisch geplante und operativ eingesetzte, Selbstdarstellung und Verhaltensweise eines Unternehmens nach innen und außen. Die Basis dafür stellt eine festgelegte Unternehmensphilosophie, eine langfristige Unternehmenszielsetzung und ein definiertes (Soll-)Image dar. Dies ist mit dem Willen verbunden, alle Handlungsinstrumente des Unternehmens nach innen und außen in einem einheitlichen Rahmen zur Darstellung zu bringen.

Identitäts-Mix (CI)

Die Struktur der Corporate Identity setzt sich zusammen aus der Unternehmens-Persönlichkeit – als dem dynamischen Kern und Ausgangspunkt – und den Instrumenten:

> Unternehmens-Verhalten (Corporate Behavior)
> Unternehmens-Erscheinungsbild (Corporate Design)
> Unternehmens-Kommunikation (Corporate Communication)

Man nennt das Identitäts-Mix. Ähnlich wie beim Marketing-Mix im Mittelpunkt ein definierter Markt als Ziel steht, ist beim Identitäts-Mix die Unternehmens-Persönlichkeit der dynamische Kern und Ausgangspunkt. Als Instrumente der Selbstverwirklichung stehen ihr das Verhalten, das Erscheinungsbild und die Kommunikation zur Verfügung.

Die Unternehmens-Persönlichkeit – Corporate Identity (CI) – ist das manifestierte Selbstverständnis des Unternehmens in seinen mikroökonomischen (Ziele, Zwecke) und makroökonomischen (Markt, Wettbewerb, soziale Rolle) Funktionen. Hier geht es um Inhalte und um Haltung.

Das Unternehmens-Verhalten (CB) stellt sich durch Angebots-Verhalten (Dienstleistung oder Produkt), Preis-Verhalten, Vertriebs-Verhalten, Kommunikations-Verhalten, Finanzierungs-Verhalten und Sozial-Verhalten dar. Auch die visuelle Erscheinung und die Kommunikation gehören im weitesten Sinne zum Verhalten, sie sind jedoch so bedeutsam, dass eine gesonderte Definition sinnvoll ist.

Das Unternehmens-Erscheinungsbild (CD) wird zur optimalen Geschlossenheit durch das einheitliche Zusammenwirken von Architektur-, Grafik-, Marken- und Produktdesign als Corporate Design gebracht.

Die Unternehmens-Kommunikation (CC) ist die verbal-visuelle Botschaftsübermittlung, die Kommunikation im engeren Sinne. Im allgemeinen Sinne sind alle Faktoren des Identitäts-Mix Formen der Kommunikation, es ist jedoch analytisch und operational sinnvoll, dies zu unterscheiden.

Der Identitäts-Mix lässt sich daraus wie folgt definieren:

> Persönlichkeit – Selbstverständnis und Haltung
> Behavior – Verhalten des Einzelnen / der Gemeinschaft
> Design – Gestalt aller sichtbaren Artefakte
> Communication – Kommunikation des »Warum, Was und Wie«

Die Trennung der einzelnen Instrumente ist auch wichtig, um Ihre gestalterische Arbeit als Designer/in auf das Corporate Design (CD) zu konzentrieren. Die in der Praxis häufig verwirrende Verwendung des Begriffs CI als Leistungsangebot lenkt in eine falsche Richtung, weil CI in ihrer Komplexität weit über die gestalterische Arbeit (im engeren Sinne über konkrete Formen – Artefakte) hinausgeht. Falls Sie Ihr Leistungsangebot – im Sinne einer strategischen Ausrichtung um Beratung und Planung erweitern (also über die beratende und planende Tätigkeit, die Sie innerhalb Ihrer Entwurfs-/ Gestaltungsleistung ohnehin erbringen, hinaus), dann können Corporate Behavior (CB) und Corporate Communication (CC) als weitere Angebotsfelder dazukommen. Das heißt, ein Leistungsangebot meint niemals Corporate Identity (CI), sondern immer nur die einzelnen Instrumente Corporate Behavior (CB), Corporate Design (CD) und Corporate Communication (CC). Diese beeinflussen und entwickeln die Persönlichkeit, aus der die Corporate Identity (CI) resultiert.

Corporate Image

Neben der Corporate Identity steht das Corporate Image. Corporate Identity ist das Selbstbild des Unternehmens, Corporate Image das Fremdbild. Image ist die Projektion der Identity im sozialen Umfeld, also wie eine Persönlichkeit von außen gesehen bewertet wird. Das aus der Corporate Identity erzeugte Werteklima wirkt sich auf die Unternehmenskultur (Corporate Culture) aus. Dieser Aspekt steht in direkter Verbindung zur Wirkungsrelevanz einer professionellen Positionierung.

3.6 Personal Identity (PI)

Sie als Designer/in und Unternehmer/in müssen sich, ebenso wie Institutionen und Unternehmen, an der Vielfalt der Menschen orientieren. Diese Vielfalt kann durch das Abstimmungssystem Personal Identity (PI) koordiniert werden.

Der aus Deutschland stammende Designer *F. H. K. Henrion* (1914–1990), gilt als ein Pionier des Corporate Designs und der ganzheitlichen Corporate Identity-Politik. 1951 gründete er *Henrion Design Associates International*. Er war einer der ersten Designer, der sich nicht als operativer Gestalter, sondern als strategischer Berater verstand. Er vertrat das Konzept: Unternehmenphilosophie, -strategie und -kommunikation müssen aufeinander abgestimmt sein. Ein Erscheinungsbild zu entwerfen, ohne dass ein Unternehmen seine Philosophie definiert hat, hielt er für reine Fassade und »Potemkinsche Dörfer«. Wichtige Grundvoraussetzungen für den Erfolg von Design waren für ihn die Kultur eines Unternehmens, das Verhalten der Mitarbeiter untereinander und den Kunden gegenüber, aber auch ihre innere Einstellung zu den Produkten und / oder Dienstleistungen des Unternehmens.

Dieses Konzept und diese Voraussetzungen gelten nicht nur für Unternehmen, sondern in gleichem Maße für Personen. Also auch für Sie als Designer/in und Unternehmer/in.

Nehmen Sie deshalb immer Ihre Philosophie als Ausgangspunkt dafür, wenn Sie Aufträge ablehnen, bei denen Sie keine Chance sehen, wirklich etwas zu verändern. Wer Sie nur als Dekorateur beauftragen will, trifft Sie in Ihrem professionellen Stolz und Ihrer ethischen Grundhaltung, die Ihnen die Annahme eines solchen Auftrags verbieten. Begründen Sie aber Ihre Ablehnung in jedem Fall, etwa so: »Leider entspricht die von Ihnen gestellte Aufgabe nicht meinem Leistungsangebot. Ich sehe meine Kernfunktion nicht in der ästhetischen Ausgestaltung und damit dem Schaffen von Illusionen, sondern in der prozessbegleitenden Entwicklung, Planung und Formgebung innovativer Projekte.« Falls Sie jetzt denken »Wenn man sich das erlauben kann!«, bedenken Sie bitte auch die Konsequenzen, die eine unethische Grundhaltung nach sich zieht.

Was Sie alles tun können, um möglichst nicht in diese Verlegenheit zu kommen, davon handelt dieses Buch und weitere Bücher für Designer:

> *Designbusiness gründen und entwickeln* (2010/2017)
> *Designrechte international schützen und mangen* (2009)
> *Protect and Manage Your Design Rights Internationally* (2013)
> *Designzukunft denken und gestalten* (2012)

Identitäts-Mix (PI)

Die Struktur der Personal Identity setzt sich zusammen aus der Unternehmer-Persönlichkeit – als dem dynamischen Kern und Ausgangspunkt – und den Instrumenten:

> Unternehmer-Verhalten (Personal Behavior)
> Unternehmer-Erscheinungsbild (Personal Design)
> Unternehmer-Kommunikation (Personal Communication)

Vergleichbar ist dieser Identitäts-Mix der Personal Identity (PI) mit dem der Corporate Identity (CI), weil er im Prinzip die gleichen Funktionen hat und daher identisch definiert werden kann:

> Persönlichkeit – Selbstverständnis und Haltung
> Behavior – Verhalten der Person
> Design – Gestalt aller sichtbaren Artefakte
> Communication – Kommunikation des »Was, Warum und Wie«

Der Identitäts-Mix der PI lässt sich darüber hinaus auch mit den kulturbegrifflichen Definitionen der »Fakte« vergleichen:

> Behavior – Mentefakte und Soziofakte
> Design – Artefakte
> Communication – Mentefakte und Soziofakte

Aus dieser Definition lassen sich wiederum Dienstleistungen ableiten:

> Mentefakte – Beratung
> Soziofakte – Planung
> Artefakte – Gestaltung

Diese Dienstleistungen erläutern wir im folgenden Kapitel unter *4.5 Leistungen in Entwicklungsprozessen*.

Kapitel 3.0 zusammengefasst

Im Identitätswettbewerb steht der Selbstwert an erster Stelle. Also wie Sie sich als Marktteilnehmer/in selbst wertschätzen. Davon abhängig ist Ihr Leistungswert. Also wie Sie Ihre Leistung / Arbeit (ein)schätzen. Und aus beiden lässt sich der Nutzwert ableiten. Also was Sie und Ihre Leistungen an Lösungen und Antworten liefern. Auf dieser Grundlage kann dann der Tauschwert definiert werden. Also das, was Sie als Gegenleistung erwarten und fordern können.

Eine »Unique Active Position« bezeichnet Ihre aktive Entscheidungsposition als Designer/in: Sie wählen unter der Vielzahl von Auftraggebern / Kunden aus und entscheiden, wer für Sie infrage kommt.

Für die Entwicklung und Wirkung Ihrer Haltung brauchen Sie angemessene und professionelle Werkzeuge. Das Marketing hilft Ihnen dabei nicht, denn es ist auf das Materielle orientiert und auf Artefakte (Produkte) fixiert. Hier hilft nur ein immateriell orientiertes Werkzeug, das auch Mentefakte (gedankliche Gestaltung) und Soziofakte (soziale Gestaltung) einschließt – Corporate / Personal Identity.

Wertschätzung entwickelt sich immer dort, wo Vertrauen erzeugt wird: Vertrauen in die Person, in die Leistung und in den daraus resultierenden Nutzen. Das setzt authentisches, offenes, neugieriges und ehrliches Verhalten voraus.

Corporate Identity unterscheidet sich vom Marketing wesentlich, insbesondere durch die auf authentische Haltung aufbauende Identität. Sie geht vom Unternehmer / Unternehmen aus und richtet sich an die Gesellschaft und an potenzielle Kunden in Form eines nützlichen und für alle Beteiligten sinnvollen und von Verantwortung getragenen Angebots.

Sie als Designer/in und Unternehmer/in müssen sich, ebenso wie Institutionen und Unternehmen, an der Vielfalt der Menschen orientieren. Diese Vielfalt kann durch das Abstimmungssystem Personal Identity (PI) koordiniert werden.

**Teil 1
Selbstwert**

4.0 Subjektiver Selbstwert und objektiver Leistungswert

*Der subjektive Selbstwert wirft im Vergleich zum objektiven Leistungswert eine Reihe von Fragen auf, von denen dieses Kapitel handelt:
Welche Fähigkeiten und Kompetenzen brauchen Sie als Designer/in, um im Identitätswettbewerb zu bestehen?
Wie weit ist Ihre Selbsteinschätzung entwickelt?
Wie können Sie Ihr Persönlichkeitsprofil einschätzen?
Welchen subjektiven Selbstwert haben Sie entwickelt?
Wie können Sie Ihre Leistungen produktiv in Entwicklungsprozesse einbinden?
Wie lässt sich daraus ihr objektiver Leistungswert bemessen?*

4.1 Fähigkeiten und Kompetenzen

Wenn es um die Frage geht, welche persönlichen Voraussetzungen für eine erfolgreiche Berufspraxis – insbesondere für die Selbstständigkeit von Designern – wichtig sind, bieten Förderinstitutionen und Ratgeber unendlich viele Effizienzstrategien, leider aber auch Klischees. Vieles davon geht weit übers Ziel hinaus oder ist schlicht unnütz. Wir möchten hier etwas Klarheit schaffen und die Dinge in den Vordergrund rücken, auf die es wirklich ankommt.

Professionelle Intelligenz

Der Mathematikprofessor und Philosoph *Gunter Dueck* hat sich in seinem Buch *Professionelle Intelligenz – Worauf es morgen ankommt* (2011) für eine völlig neue Definition von Professionalität ausgesprochen. Es geht ihm um Exzellenz versus Mittelmäßigkeit. Also nicht darum, einem Elitedenken zu huldigen, sondern um das, was Professionalität heute bedeutet: Statt stupide abzuarbeiten, ist Professionalität für ihn, »sich stetig wandelnde Prozesse zu steuern und Probleme zu lösen«. Damit zielt er auf unsere unternehmerische Persönlichkeit ab, die immer mehr im Vordergrund stehen muss.
    Wir brauchen dafür viele verschiedene Intelligenzen, die insgesamt wiederum unsere »Professionelle Intelligenz« ausmachen. Und die stellt sich für ihn als integrierendes Dach aller Einzelintelligenzen dar, die er wie folgt definiert:

> IQ – die normale Intelligenz des Verstandes: für Methoden, Planung und Verwaltung (ist schon heute in vielen Maschinen drin!)
>
> EQ – die Emotionale Intelligenz des Herzens: für Kommunikation, Zusammenarbeit und Motivation

> VQ – die Vitale Intelligenz des Instinktes und des Handelns: für Führung und Durchsetzungsvermögen
> AQ – die Intelligenz der Sinnlichkeit, Sinn für Attraktion: für Werbung und Verkauf
> CQ – die Kreative Intelligenz, Sinn für Kreation (Creation): für Kunst, Forschung, Technologie, Innovation und intuitive Neugier
> MQ – die Intelligenz der Sinngebung: Sinn für Sinn und ein intuitives Gefühl (meaningful)

Seine These lautet: »Unsere Professionelle Intelligenz entscheidet über unsere Zukunft. Entweder wir werden professionell oder wir werden Teil eines automatischen Workflows – in einem Niedriglohnjob.« Er meint damit, dass sich durch die Industrialisierung des Einfachen alles in Gewöhnliches und Besonderes (Premium) trennt. Das Gewöhnliche ist Standard, Masse und billig – das Besondere geschätzt und höher bewertet. Wir müssen uns deshalb bemühen, als Premium-Mitarbeiter (-Dienstleister) beschäftigt zu sein und lernen, uns auch als solche vermarkten zu können!

Um diese Professionalität zu erreichen, reicht es nicht aus, Wissen anzuhäufen. Wir denken immer noch, dass, wer etwas weiß, es ja im Prinzip kann. Gewöhnlich ist das auch so. Doch im Premium-Bereich muss man agieren, fühlen, wollen, interessant sein, überzeugen – Neues bieten.

Gunter Dueck folgert daraus, dass Bildung und Vernunft entlang unseres IQ zu wenig ist. Um Professionalität zu erreichen, brauchen wir »Empowerment« – Strategien und Maßnahmen, die den Grad an Autonomie und Selbstbestimmung erhöhen; dabei muss man sich selbst ermächtigen oder bevollmächtigen. Und um den Zustand von Selbstverantwortung und Selbstbestimmung zu erreichen, brauchen wir Selbstkompetenz.

Er hat diese Thesen in einem öffentlichen Vortrag auf folgende notwendige Fähigkeiten verdichtet: »Lernen lernen, Verstehen lernen, Analysieren lernen, Erkennen lernen, Forschen lernen, Lehren lernen, Coachen lernen, Probleme und Konflikte lösen lernen, Menschen verstehen und lieben lernen, Verkaufen lernen, Managen lernen, Projekt leiten lernen, Organisieren lernen, Führen lernen, Erziehen lernen, Menschen Entwickeln lernen, Motivieren lernen, Unternehmen lernen, Initiieren lernen, Wollen lernen, Kreieren lernen, Politisches Durchsetzen lernen, Storytelling und Reden lernen, Überzeugen lernen. Selbsterkenntnis!«

Und die Selbsterkenntnis führt uns direkt zu Ihren Fähigkeiten als Designer/in.

Fähigkeiten

Um eine den eigenen Bedürfnissen angepasste Form für eine berufliche und selbstständige Tätigkeit als Designer/in zu finden, müssen Sie sich zunächst Klarheit über Ihre eigenen Motive und Fähigkeiten verschaffen. Entscheidend ist nicht die Art der Motivation, denn eine diffuse Vorstellung über die eigenen Motive macht eine selbstbewusste und klare Zielsetzung unmöglich. Entscheidend ist vielmehr, dass Sie sich dieser Motivation überhaupt bewusst sind, weil Ziele unabdingbare Voraussetzungen für ein Business-Konzept, eine effektive Strategie und daraus abgeleiteter Maßnahmen / Handlungen sind.

Ihr Selbst bildet Grundlage Ihrer Fähigkeiten mit diesen verschiedenen Aspekten:

> Selbstbild
> Selbsterkenntnis
> Selbstverständnis
> Selbsteinschätzung
> Selbstsicherheit
> Selbstkontrolle
> Selbstverantwortung
> Selbstständigkeit
> Selbstwirksamkeit

Ziel ist es, dass Sie – über Ihre Fähigkeiten – Ihre Selbstwirksamkeit einschätzen können. Denn nur dann sind Sie in der Lage, selbstbewusst und zielorientiert zu handeln.

Kompetenzen

Ihre Fähigkeiten sind Grundlage Ihrer Fach-Kompetenzen als Designer/in mit den verschiedenen Dimensionen:

> Handwerk (Arbeitsmittel und Arbeitsweise)
> Kulturtechniken (Bildung – allgemein und fachspezifisch)
> Sozial (Interaktion)

Diese sind zu ergänzen durch zusätzliche Komplementär-Kompetenzen nach beruflicher und unternehmerischer Relevanz:

> Ökonomie
>> Mikro (Betriebswirtschaft): Buchführung, Finanzen, Management, Marketing, Planung, Recht, Steuern – die quasi eigennützigen Aspekte
>> Makro (Volkswirtschaft): Geld, Märkte, Sozialsysteme, Wettbewerb, Zinsen – die quasi gemeinnützigen Aspekte

> Politik (Verfassungsformen, Regierungssystem – Demokratie (versus Oligarchie / Aristokratie et cetera), Macht – Statusfunktionen, Macht – Führungskompetenz, Hierarchie versus Heterarchie)

Wissen um gesamtwirtschaftliche (makroökonomische) Zusammenhänge ist zwingend notwendig, damit Sie sich nicht nur auf betriebswirtschaftliche (mikroökonomische) Gegebenheiten beschränken. Anderenfalls ist die makroökonomische Einbettung der Betriebswirtschaft schier unmöglich, ebenso wie die kulturelle Grundierung und soziale Rahmung wirtschaftlicher Lebensprozesse.

Auch die politischen Kompetenzen sind daher von Bedeutung – einerseits für ein ökonomisches Verständnis und andererseits für ein eigenverantwortliches Handeln. Gehen Sie nicht davon aus, dass andere Ihre Interessen als Designer/in wahrnehmen – berufs- wie branchenpolitisch. Sie können sich hier weder auf Berufsverbände noch auf Design-Institutionen oder Wirtschaftsförderungs-Institutionen allein verlassen.

Weitere Komplementär-Kompetenzen mit sozialwissenschaftlichem Hintergrund sind hilfreich, insbesondere in Bezug auf ihre zukünftige Bedeutung. Dies sind Disziplinen, in denen Menschen geübt darin sind, Erkenntnisse aus Befragungen und Beobachtungen zusammenzutragen und zu synthetisieren:

> Soziale Anthropologie
> Linguistik
> Kognitive Psychologie

Die beiden amerikanischen Brüder *David Kelley* (Mitbegründer des Design- und Innovationsberatungs-Unternehmen *IDEO* in *Palo Alto* und *London*, Gründer der *d.school* in *Stanford*) und *Tom Kelley* (Autor der Bestseller *The Art of Innovation* und *The Ten Faces of Innovation*, Partner bei *IDEO*) haben in ihrem Buch *Creative Confidence* (2013) (deutsch: *Kreativität und Selbstvertrauen* (2014)) beschrieben, was Designer, die bei *IDEO* eingestellt werden, mitbringen müssen: einen sozialwissenschaftlichen Hintergrund und Abschlüsse in Bereichen wie kognitive Psychologie, soziale Anthropologie oder Linguistik. Genau das sollten Sie als Designer/in als eine Definition Ihres Berufes und damit als eine Voraussetzung für Ihre zukünftige Entwicklung verstehen.

Wir möchte diese Kompetenzen noch um zwei weitere ergänzen:

> Philosophie
> Sozialpädagogik

Vor allem diese Disziplinen sind es, in denen die Formulierung von Fragestellungen und Kommunikationsmethodiken entwickelt werden. Das ist auch im Sinne einer humanen Bildung von Bedeutung, in der das Zusammenwirken von Denken, Empfinden, Muskeln und Nerven unseren Geist und unser Gewissen schulen.

Interpretationskompetenz

Ihr Informationswissen und Ihr Erfahrungswissen bilden eine wesentliche Grundlage Ihrer Kompetenzen. Dieser Wissensfundus ist allerdings nur dann sinnvoll und zielführend anwendbar, wenn Sie über die Kompetenz der Interpretationsfähigkeit verfügen. Das setzt voraus, dass Sie alles Wissen immer in einem Kontext betrachten, insbesondere auf die Frage hin, was es mit Ihrer Persönlichkeit zu tun hat.

Urteilsfähigkeit

Ihre Fähigkeiten und Fach- sowie Komplementär-Kompetenzen sind die Voraussetzung für Urteilsfähigkeit. Ohne Urteilsfähigkeit ist zielgerichtetes und selbstständiges Denken und Handeln nicht möglich. Ohne zielgerichtetes und selbstständiges Denken und Handeln ist professionelles Unternehmen weder machbar noch glaubhaft zu vermitteln. Nur professionelles Unternehmen verleiht Ihnen als Designer/in Selbstwirksamkeit.

Alleinstellungsmerkmal

Aus Ihren Fähigkeiten und Kompetenzen können Sie als Designer/in Ihr Alleinstellungsmerkmal ableiten:

> Erweiterte Wahrnehmung (emotional + rational)
> Interpretation – Folgenabschätzung (technisch + sozial)
> Visualisierung (!)
> Umsetzung (rational)

Die einzelnen Merkmale an sich sind noch nicht dazu geeignet, ein Alleinstellungsmerkmal zu definieren. Die Kombination ist die entscheidende Grundlage. Damit heben Sie sich von anderen Berufsdisziplinen ab und werden für diese interessant und wichtig.

Disziplin und Geduld

Weitere wichtige Eigenschaften sind Disziplin und Geduld. Beides Tugenden, die altmodisch erscheinen, aber durch die psychologische und experimentelle Wirtschaftsforschung als relevant eingestuft werden. So wichtig, dass sie für den Erfolg sogar entscheidender sein sollen als Durchsetzungsvermögen und Intelligenz. Das ist auch deshalb wichtig, weil wir in einer Zeit leben, in der Ungeduld als (angeblich) vorteilhafte Charaktereigenschaft und persönliche Stärke angesehen wird – Ungeduld dagegen erhöht das Risiko:

> durch vorschnelle Entscheidungen, Möglichkeiten ungenutzt zu lassen;
> durch rein dialektische Kommunikation ohne dialogischen Einstieg, die Zusammenarbeit ineffektiv zu gestalten;
> durch zu frühen Abbruch von Plänen / Projekten deren Chancen nicht zu nutzen.

Disziplin heißt nichts anderes, als dass man sich konsequent auf die eigenen Bedürfnisse und Ziele konzentriert. Unbeirrt seinen Weg zu gehen, darauf kommt es an. Das schließt aber nicht aus, sich immer wieder selbstkritisch zu hinterfragen und äußere, relevante Entwicklungen im eigenen Tun zu berücksichtigen.

Der Erfolg Ihres eigenen Business als Designer/in hängt also wesentlich von Ihrer Disziplin und Geduld ab. Wenn Sie diese Eigenschaften mit Ihren Fähigkeiten und Fach- sowie Komplementär-Kompetenzen verbinden, haben Sie die besten persönlichen Voraussetzungen.

Freiheit

Der deutsche Psychoanalytiker und Sozialphilosoph *Erich Fromm* (1900–1980) hat zur Freiheit in seinem Buch *Escape from Freedom* (1941) (deutsch: *Die Furcht vor der Freiheit* (1990/2003)) – treffend formuliert: »Freiheit von ist nicht das gleiche wie positive Freiheit, nämlich Freiheit zu.« Von Abhängigkeiten (oder Totalitärem, auf das sich *Erich Fromm* seinerzeit bezog) befreit zu werden oder sich davon zu befreien, bringt die Verpflichtung mit sich, Verantwortung für sich selbst zu übernehmen – sich die Freiheit zu nehmen, eine Haltung zu haben und Position zu beziehen. Das bedeutet auch, vermessen zu sein und sich bewusst zu werden, dass die kritische Masse der Veränderung kleiner ist als man denkt – nämlich Eins! Wir selbst (jeder Einzelne von uns) haben die Möglichkeit, die Zukunft zu verändern. Wir müssen es nur wirklich wollen. Das ist ein Teil unserer persönlichen Identität.

4.2 Selbsteinschätzung

In unserer Arbeit – als Coachs und Dozenten – haben wie die Erfahrung gemacht, dass sich die meisten Designer selbst eher unterschätzen. Selbstüberschätzung ist hier die Ausnahme – ganz im Gegensatz zu den gegenteiligen Klischees, die sich hartnäckig halten. Das ist auch eine Folge dessen, wie in unserer Gesellschaft Persönlichkeiten üblicherweise bewertet werden: In erster Linie ist man auf Fehler fokussiert, die dann den Eindruck von Unfähigkeit der Person hinterlassen. Dahinter steckt eine allgemeine Kontroll- und Allwissend-Illusion. Bei der Selbstunterschätzung werden persönliche Grenzen erst gar nicht getestet und Möglichkeiten bleiben ungenutzt, daher wird sie auch selten erkannt. Die Selbstüberschätzung hingegen ist relativ leicht auszumachen, weil sie Grenzen schnell deutlich werden lässt.

In jeder Persönlichkeit schlummert Potenzial, doch oft liegt es brach oder wird nicht optimal genutzt. Um dieses Potenzial zu erkennen, ist die genaue Überprüfung des eigenen Lebenslaufes sehr hilfreich. Hier geht es nicht nur um die Auflistung der Stationen schulischer und beruflicher Ausbildung und Praxis. Auch die Erfahrungen aus anderen Lebensbereichen sind sehr wichtig, etwa aus der Erziehung, den Hobbys und Nebentätigkeiten. Viele wertvolle Fähigkeiten können aus kulturellen, privaten, sozialen und sportlichen Erfahrungen resultieren. Wer sich in Schule und Studium in Theaterarbeit engagierte, hat gelernt, sich vor Publikum zu präsentieren. Wer aus einer Unternehmerfamilie kommt, hat einen Eindruck vom Unternehmer-Alltag mitbekommen. Wer in Familie oder Sozialdiensten Verantwortung für andere Menschen übernommen hat, ist im Umgang mit Mitarbeitern oder Partnern im Vorteil. Und wer sportlich aktiv ist, hat gewinnen und verlieren gelernt, gegebenenfalls auch im Team. Diese Beispiele machen deutlich, dass Erfahrungen prägen und konditionieren.

Lassen Sie sich als Designer/in also nicht einreden, dass Sie außerhalb Ihrer Gestaltungskompetenz nichts aufzuweisen haben. Das weitverbreitete Klischee, dass Designer nicht rechnen können und vermeintlich keine unternehmerischen Fähigkeiten haben, entbehrt jeder Grundlage. Ist doch gerade der Handwerker und Künstler der Urtyp des Unternehmers – und das war er lange vor der Aufklärung und Industrialisierung, in deren Folge das Bürger- und Unternehmertum entstanden sind.

Eigenschaften versus Stärken / Schwächen

Es ist eine weitverbreitete Praxis, die persönlichen Stärken und Schwächen gegenüberzustellen. In Bewerbungsgesprächen zum Beispiel gehört die Frage danach zum Standard, ungeachtet dessen, ob der Frager mit den Antworten – vor allem in Bezug auf Schwächen – etwas anfangen kann. Schließlich erfährt man so gefragt doch nie die Wahrheit, sondern allenfalls wie gut der Befragte darauf reagieren kann. Die Frage danach ist demnach wenig zielführend, da Stärken und Schwächen immer vom Kontext abhängen. Je nach Situation können soziale Kompetenzen, Motive und Einstellungen schnell zwischen positiv oder negativ wechseln.

Der deutsche Journalist *Harald Martenstein* hat diese Unsitte in Bewerbungsgesprächen in einem Beitrag für das *ZEITmagazin* (Nummer 39, 13.10.2015) einmal sehr treffend auf den Punkt gebracht: »Falls ich jemals im Leben noch mal ein Bewerbungsgespräch absolvieren muss, und ich werde nach meiner größten Schwäche gefragt, dann werde ich antworten: ›Meine größte Schwäche ist, dass ich auf blöde Fragen keine Antwort gebe.‹ Ich würde, als Personalchef, so jemanden einstellen.«

Das Fokussieren auf Stärken / Schwächen engt die Selbsterkenntnis unnötig ein, da man nur aus zwei Blickwinkeln an die Sache herangeht und die Zwischenabstufungen dabei übersieht. Persönlichkeit ist von Natur aus sehr komplex und ein radikal offenes System. Wer sich von vornherein auf Stärken festlegt, läuft Gefahr, sich zu überschätzen. Wer sich auf Schwächen festlegt, unterschätzt seine Möglichkeiten und sein Potenzial. Da Letzteres (wie bereits erwähnt) häufiger vorkommt, sind die Folgen prekär.

4.3 Persönlichkeitsprofil

Damit Sie sich als Designer/in ein Bild von Ihrer Persönlichkeit machen können, ist die Einordnung Ihrer sozialen Kompetenzen, Motive und Einstellungen in einer Werteskala von Eins (schwächere Ausprägung) bis Zehn (höhere Ausprägung) hilfreich. Bei der Interpretation Ihres Profils ist zu berücksichtigen, dass eine schwächere Ausprägung nicht immer negativ und eine stärkere Ausprägung nicht immer positiv ist. Es kommt vielmehr darauf an, ob ein bestimmtes Profil mit der jeweiligen Anforderung und Tätigkeit zusammenpasst – also im Kontext zu bewerten ist. Demnach geht es hier nicht um Stärken und Schwächen, sondern um die situationsrelevante Nutzung von Eigenschaften.

Um eine Selbstbewertung (oder auch Fremdbewertung) zu visualisieren, ist eine Tabelle geeignet. Sie finden hier eine Auflistung sozialer Kompetenzen und Motive / Einstellungen. Die einzelnen Aspekte erläutern wir im Anschluss.

Soziale Kompetenzen	1	2	3	4	5	6	7	8	9	10
> Ausgeglichehheit										
> Begeisterungsfähigkeit										
> Individualismus										
> Konfliktbereitschaft										
> Kontaktstärke										
> Soziale Sensibilität										
> Teamorientierung										

Motive / Einstellungen	1	2	3	4	5	6	7	8	9	10
> Einflussnahme										
> Flexibilität										
> Intiative										
> Leistungsmotivation										
> Pragmatismus										
> Risikobereitschaft										
> Taktik										

Bewertungen

Gehen Sie intuitiv und spontan mit Ihrer Selbstbewertung um. Sie werden durch die Erläuterungen feststellen, dass eine Einordnung auf der Skala nicht immer eindeutig ist. Auch werden Sie bei wiederholtem Durcharbeiten der Punkte möglicherweise zu unterschiedlichen Ergebnissen kommen. Das liegt am jeweiligen Kontext, den Sie vor Augen haben und auch daran, dass Sie sich weiterentwickeln, insbesondere dann, wenn Sie sich in einem Entwicklungsprozess – wie zum Beispiel einem Coaching – befinden.

Nutzen Sie die Werteskalierung auch für Fremdeinschätzungen von Personen, die Ihnen nahestehen (Familie, Freunde, Partner), um sie mit Ihrer Selbsteinschätzung vergleichen zu können. Vielleicht erleben Sie dabei die eine oder andere Überraschung.

Denken Sie in jedem Fall daran, dass eigene und fremde Einschätzungen immer relativ und situativ sind. Persönlichkeit ist derart komplex, dass eine exakte Messung weder möglich noch sinnvoll ist. Es geht nicht um Perfektion.

Soziale Kompetenzen

> Ausgeglichenheit – Personen, die hier hohe Werte zeigen, schätzen sich auch bei hoher Anspannung und großem Druck noch als ruhig und gelassen ein. Personen mit niedrigem Wert erleben sich als weniger ausgeglichen und fühlen sich in schwierigen Situationen stärker belastet.

> Begeisterungsfähigkeit – Hohe Begeisterung äußert sich in leuchtenden Augen, mit denen die betroffenen Personen über etwas berichten, mit dem sie sich gerade beschäftigen. Die Themen können unter Umständen wechseln, aber der Eifer bleibt gleich. Bei niedrigem Wert ist die Person eher beständig und etwas weniger temperamentvoll.

> Individualismus – Eigenheiten und Meinungen, zu denen eine Person zu stehen neigt, auch wenn sie das gelegentlich Sympathien kosten kann. Hoch individualistische Personen können sehr gut mit der Missbilligung anderer leben. Mit geringen Ausprägungen schätzen sie demgegenüber Harmonie und sind

bereit, sich an verschiedene Menschen und Situationen anzupassen.
> Konfliktbereitschaft – Personen mit hoher Konfliktbereitschaft setzen ihre Ziele auch gegen nachhaltige Widerstände durch und lassen sich nicht entmutigen, wenn sie unter Druck stehen. Personen mit niedrigen Werten sind eher zu Kompromissen bereit und verstehen sich als Moderator; sie sind bereit, von ihren Forderungen zugunsten einer konfliktfreien Einigung abzurücken.
> Kontaktstärke – Tendenz, sich aktiv um neue Beziehungen zu bemühen. Bei hoher Ausprägung fällt es leicht, auf unbekannte Menschen zuzugehen und sich mit ihnen auseinanderzusetzen. Bei geringer Ausprägung fällt es in einigen Situationen schwerer, andere forsch und selbstbewusst anzusprechen. Diese Personen wirken eher zurückhaltend.
> Soziale Sensibilität – Einfühlungsvermögen in andere (fremde) Personen; man wird von sich selbst und von Fremden häufig unterschiedlich wahrgenommen. Hier geht es um die Selbstwahrnehmung.
> Teamorientierung – Personen mit hoher Teamorientierung sehen den häufigen Austausch mit anderen als bereichernd und interessant an und werten Zusammenarbeit grundsätzlich als Vorteil. Enge Kooperation ist hier wichtig, auch wenn das gelegentlich zu Reibungsverlusten führt. Personen mit geringer Teamorientierung schätzen dagegen eher ein eigenständiges Arbeiten und meiden Aufgaben, die Ihnen immer wieder die Abstimmung mit anderen abverlangt.

Motive und Einstellungen

> Einflussnahme – Personen mit hohem Wert sehen sich selbst als Führungspersönlichkeit. Es motiviert sie, Prozesse gestalten zu können und dabei andere Menschen zu leiten und zu motivieren. Personen mit eher niedrigem Wert auf dieser Skala bevorzugen anspruchsvolle fachliche Herausforderungen. Es liegt ihnen nicht so viel an der Übernahme von Führungsverantwortung.
> Flexibilität – Personen mit hohem Wert sind vor allem offen für neue Erfahrungen und bereit für Veränderungen. Sie suchen aktiv immer wieder neue Situationen und schätzen es, wenn sich ihre Aufgaben und Tätigkeiten im ständigen Wandel befinden. Personen mit niedrigem Wert auf dieser Skala bevorzugen im Gegensatz dazu ein eher stabiles und berechenbares Arbeitsumfeld.
> Initiative – Personen, die gern neue Dinge anstoßen, dabei vielleicht manchmal zu Schnellschüssen neigen und bei einer

Aufgabe rasch aktiv mit der Umsetzung beginnen, erreichen hier einen hohen Wert. Personen, die eher abwarten und zurückhaltend mit dem Einbringen eigener Ideen sind, liegen im unteren Bereich der Skala.

> Leistungsmotivation – Personen mit hohem Wert fühlen sich dazu getrieben, ständig neue Höchstleistungen zu vollbringen. Für sie sind anspruchsvolle Ziele sehr wichtig; es befriedigt sie, bessere Leistungen als andere zu vollbringen, sie schonen sich nicht. Personen mit niedrigem Wert sind rascher mit einem erreichten Leistungsniveau zufrieden. Sie investieren nicht einen so großen Teil ihrer Energie in die ständige Optimierung ihrer Leistungsfähigkeit.
> Pragmatismus – Sehr pragmatische Personen haben eine Vorliebe für rasche und eher unkomplizierte Lösungen; sie schätzen es nicht, sich mit großer Detailgenauigkeit in ein Gebiet einzuarbeiten. Im Gegensatz dazu beschäftigen sich gewissenhafte Personen gern mit Aufgaben, die hohe Sorgfalt und Zuverlässigkeit erfordern.
> Risikobereitschaft – Personen mit hoher Risikobereitschaft gehen ein relativ hohes Risiko ein, wenn sie einen Erfolg erwarten. Gering risikobereite Personen haben ein höheres Sicherheitsbedürfnis und fühlen sich stärker belastet, wenn sie unter Unsicherheit agieren müssen.
> Taktik – Personen, die hier eine hohe Ausprägung mitbringen, sind politisch orientiert. Sie sind clevere und geschickte Verhandlungspartner und dosieren sehr genau, wem sie welche Informationen geben. Personen mit geringer Ausprägung in diesem Bereich schätzen taktische Erwägungen nicht. Sie bevorzugen eine offene Kommunikation über ihre Ziele.

4.4 Subjektiver Selbstwert

Die Frage zu Ihrem Selbstwert als Designer/in lautet: Was bin ich mir wert? Erst wenn Sie diese Frage für sich positiv beantworten, können Sie auch andere positiv überzeugen. Das klingt simpel und eigentlich selbstverständlich. Leider ist es in der Praxis aber nicht so einfach. Auch wenn Sie sich über Ihre Fähigkeiten und Fach- sowie Komplementär-Kompetenzen im Klaren sind, stehen diesen Wesensmerkmalen die bereits erwähnten allgemeinen Klischees über Designer entgegen.

Leider ist das noch nicht alles – leben wir doch in einer Gesellschaft, in der scheinbare Unzulänglichkeiten und Inkompetenzen pauschal und vorab unterstellt werden. Das vorschnelle Urteil darüber wird unreflektiert gefällt und führt tendenziell zu negativen Bewertungen. In allen Schulstufen werden Benotungen an Fehlern festgemacht (die überwiegend auf die Wiederholung von quantitativem Wissen fokussiert sind), anstatt Potenziale zu bewerten (die auf die Interpretation von qualitativem Wissen zielen). Warum also wird das Lernen aus Fehlern nicht unterstützt? Bekanntermaßen führen doch gerade diese zu nachhaltigen Erkenntnissen und Lerneffekten. Nicht wenige Innovationen sind aus Fehlern entstanden. Würden wir immer alles richtig machen, gäbe es keine Veränderungen! Und diese Art der Schulpädagogik wird dann in allen anderen Lebensbereichen fortgesetzt. Haltlose Unterstellungen sind an der Tagesordnung, negative Menschenbilder dominieren. Wie will man da zu einem positiven Selbstwert kommen und sich gegenüber der geballten Negation abgrenzen?

Unabhängig davon, dass Sie dies als Designer/in nicht allein betrifft, werden Sie darüber hinaus auch noch in die Schublade der Kreativen, Künstler und Spinner (mit eindeutig negativen Konnotationen) gesteckt. Im Ergebnis führt diese Sichtweise zur Geringschätzung und einer tendenziell niedrigen Bewertung.

Bedauerlicherweise wird das mehrheitlich auch noch von Designer-Berufsverbänden bestätigt, indem die angeblichen Unzulänglichkeiten und Inkompetenzen (vermutlich) unwillentlich von ihnen vermittelt werden. Wie sollen Aussagen wie »Designern fällt es schwer zu akquirieren, zu kalkulieren, zu verhandeln et cetera« sonst gewertet werden? Wie ist eine Formulierung wie »Wir (der Verband) erklären euch Designern jetzt mal, wie das funktioniert« einzuordnen? (Warum behandeln einige Berufsverbände ihre Mitglieder eigentlich wie Ungebildete?) Oder wie soll die Schuldzuweisung eines Verbandsvertreters bewertet werden, der allen Designern, die nicht in Berufsverbänden organisiert sind, unterstellt, dass sie verantwortlich sind für die politisch geringe Relevanz der Verbände? Der Grund dafür scheint – psychoanalytisch gesehen – vielmehr in einer Projektion zu liegen, die allerdings in der öffentlichen Wahrnehmung nicht selten zum Negativimage der Designer insgesamt beiträgt, für das die Berufsverbände letztlich die Verantwortung tragen.

Nichts, aber auch gar nichts spricht dagegen, Ihnen als Designer/in grundsätzlich alle wichtigen Voraussetzungen für die relevanten Fähigkeiten und Kompetenzen (wie vorab im Einzelnen beschrieben) zuzusprechen. Wir sind uns da ganz sicher. Und Sie?

4.5 Leistungen in Entwicklungsprozessen

Um von Ihrem subjektiven Selbstwert zu Ihrem objektiven Leistungswert zu kommen, befassen wir uns hier zunächst mit der strukturellen Grundlage Ihrer Leistungen als Designer/in.

In dem Buch *Designzukunft denken und gestalten* (Kapitel *14* (2012)) für Designer haben wir bereits anhand eines Entwicklungsprozesses phasenadäquate Leistungen beschrieben, die wir hier kurz noch einmal zusammenfassen und wie folgt unterscheiden:

> Beratung – für die beginnende Prozessphase
> Planung – für die weiterführende Projektphase
> Gestaltung – für die abschließende Produktphase

Grundlegendes und zu unterscheidendes Merkmal ist hierbei, dass die einzelnen Phasen aufeinander aufbauen. Das heißt, Beratung ist die Voraussetzung für Planung und Planung die Voraussetzung für Gestaltung. Anders formuliert: Gestaltung ohne Planung funktioniert nicht und Planung ohne Beratung ebenfalls nicht. Das eine bedingt das andere – zwingend. Wir sprechen hier von professioneller Beratung, Planung und Gestaltung – also nicht vom Kopieren und »Pixelschieben«! Um dies deutlich werden zu lassen, gehen wir im Folgenden auf die Struktur von Entwicklungsprozessen ein.

Entwicklungsprozess in Phasen

Entwicklungsprozessen liegt immer ein Problem oder eine Frage zugrunde. Ziel ist es, eine Lösung oder eine Antwort zu finden. Dieses Grundprinzip gilt für alle Prozesse, unabhängig von der Gestaltung im engeren Sinne, wie zum Beispiel für ein Produkt oder für eine Kommunikation. Wenn Sie sich als Designer/in zum Beispiel mit der Gründung oder Entwicklung Ihres Business beschäftigen, erstellen Sie dafür (wenn Sie es professionell angehen) einen Businessplan. Die Phasen, die Sie hierbei durchlaufen, entsprechen denen eines Entwicklungsprozesses. Das Gleiche gilt für jedes Unternehmen und jede Institution, die einen Businessplan aufstellen und kontinuierlich weiterentwickeln. (Sie können das in unserem Buch *Designbusiness gründen und entwickeln* (2010/2017) für Designer sehr gut nachvollziehen.)

Wie bereits unterschieden, besteht ein Entwicklungsprozess aus drei Phasen: Prozessphase, Projektphase und Produktphase.

Prozessphase

Die erste Phase eines Entwicklungsprozesses ist die beginnende Prozessphase. Sie hat ihren Ausgangspunkt in der Analyse der Problem- oder Fragestellung. Die Situation wird hinterfragt, es wird recherchiert, diskutiert, reflektiert, konkretisiert, strukturiert und formuliert. Die eigene Einstellung zur Situation, die Motivation zur Prozesseinleitung und die Zielsetzung werden hier bewusst gemacht und für alle am Prozess beteiligten Personen transparent dargestellt.

Dieser Öffnungsprozess sollte im Idealfall ein barrierefreies Denken fördern. Das offene Denken ist die Voraussetzung dafür, Ideen zu finden und zu entwickeln. Dieser kreative Schritt kann nur bei uneingeschränkter und non-direktiver Herangehensweise zu optimalen Ergebnissen führen. Jede Form von Direktion (So soll es sein!) oder Einschränkung (Das geht nicht!) mindert die Chance, zu innovativen Ansätzen zu kommen. Je unkonventioneller die Idee, desto höher der Innovationsgrad. Je höher die Bereitschaft Risiken einzugehen, desto geringer die Gefahr, potenzielle Lösungswege zu übersehen. Eine gute Idee ist die unabdingbare Voraussetzung für die Fortführung eines professionellen Entwicklungsprozesses und damit die Grundlage für die nächste Phase.

Projektphase

Die zweite Phase eines Entwicklungsprozesses ist die weiterführende Projektphase. Sie dient dazu, die entwickelte Idee zu konkretisieren. Deshalb wird zunächst ein Konzept erstellt. Das Konzept ist die Beschreibung dessen, wie die Idee umzusetzen ist. Neben der Beschreibung hilft diese Phase auch dabei, eine erste Grundlage für einen rechtlich schützbaren Rahmen zu schaffen. (Welche Relevanz das hat, haben wir in den Büchern *Designrechte international schützen und managen* (2009) und *Protect and Manage Your Design Rights Internationally* (2013) für Designer umfassend erläutert.)

Aus der konzeptionellen Ausformulierung wird in einem weiteren Schritt die Strategie abgeleitet und definiert. Diese dient dazu, das angestrebte Ziel zu erreichen, indem alle Faktoren, die die eigene Aktion beeinflussen können, einkalkuliert werden. Aus der Strategie werden dann die erforderlichen Maßnahmen bestimmt und detailliert beschrieben. Art, Form und Investitionen / Kosten müssen jetzt definiert, gewichtet und bewertet werden. Die Beschreibung der Maßnahmen ist quasi das Briefing für die folgende Phase: Produktgestaltung und -produktion.

Produktphase

Die dritte und abschließende Phase ist die Produktphase. Hier findet die Erstellung eines Entwurfes (oder mehrerer Entwürfe) statt. Es ist der Schritt der konkreten Gestaltung von Produkten, Kommunikation oder Dienstleistungen. Die Maßnahmen bekommen nun eine sichtbare und fassbare Form. Unter Produktion versteht man den Schritt, in der die Form realisiert wird. Das kann ein Industrieprodukt (welcher Art auch immer) sein, ein Manufakturprodukt, eine Einzelanfertigung oder ein Kommunikationsprodukt (welcher Medienart auch immer). Es kann aber auch ein immaterielles Produkt sein, wie das etwa im Dienstleistungs- und Servicebereich der Fall ist.

Ausgehend von den drei Phasen des Entwicklungsprozesses kommen wir nun wieder zurück auf die Dienstleistungen, die den einzelnen Phasen zugeordnet sind.

Dienstleistungen in Phasen

Unternehmen und Institutionen, die einen Entwicklungsprozess initiieren und durchführen, haben sehr häufig keine ausreichenden Kapazitäten und / oder Kompetenzen, diesen Prozess allein (ohne Hilfe und Unterstützung von außen) durchzuführen (oder wollen das aus verschiedenen Gründen nicht). In einem solchen Fall benötigen sie komplementäre Dienstleistungen, die auf die jeweiligen Phasen abgestimmt sind. Zu diesen Phasen lassen sich adäquate Leistungsarten, wie bereits erwähnt, zuordnen:

> Prozessphase – Beratung
> Projektphase – Planung
> Produktphase – Gestaltung

In der Prozessphase, die Analyse und Ideen-Entwicklung einschließt, ist Beratungskompetenz gefragt. Die Klärungs- und Findungsschritte erfordern neben dem Branchen- und Fachwissen vor allem auch Methodenkompetenz. Beides baut auf Erfahrungen, Fähigkeiten und Kenntnissen auf, die in den darauffolgenden Dienstleistungsarten, also in der Praxis, erworben werden. Nur diese Kompetenzen gewährleisten eine optimale Beratung und Vorbereitung auf die folgenden Phasen. Professionell kann eine Beratungsleistung daher nur mit entsprechender Berufs- und Praxiserfahrung erbracht werden.

Beratung

An dieser Stelle sei noch ein kurzer Exkurs erlaubt: Beratungsleistungen sind immer auf ein Objekt bezogen, also auf eine Sache – Coachingleistungen hingegen immer auf ein Subjekt, also auf eine Persönlichkeit. Das bedeutet für die Praxis, dass Coaching im Idealfall immer vor der Beratung liegt. Der Unterschied zwischen Beratung und Coaching wird in dem Buch *Designbusiness gründen und entwickeln* (Kapitel 21 (2010/2017)) für Designer näher erläutert.

In der Projektphase, in der Konzept, Strategie und Maßnahmen entwickelt werden, ist Planungskompetenz gefragt. Neben dem bereits erwähnten Branchen- und Fachwissen, erfordern diese Formulierungs-, Kalkulations- und Definitionsschritte ebenso Methodenkompetenz. Auf beides baut auch die letzte der drei Dienstleistungsarten auf – die Ausführung (Gestaltung) – und gewährleistet

Planung

so die bestmögliche Planung und Vorbereitung für die Gestaltungsleistung. Professionell kann eine Planungsleistung daher nur mit entsprechender Berufs- und Praxiserfahrung erbracht werden. Demnach können Designer mit wenig oder keiner Praxis- und Berufserfahrung nur als Subunternehmer eines planenden und beratenden Designers professionell arbeiten.

Gestaltung

In der Produktphase, die Gestaltung und Produktion einschließt, ist Entwurfs- und Umsetzungskompetenz gefragt. Diese form-/ gestaltgebenden und realisierenden Schritte erfordern nicht nur besondere handwerkliche Fähigkeiten, sondern ebenfalls Methodenkompetenz. Branchen- und Fachwissen sind von Vorteil. Eine Gestaltungsleistung kann daher nur mit einer guten praktischen und theoretischen Ausbildung erbracht werden. Berufs- und Praxiserfahrungen entwickeln die Leistungsfähigkeit entsprechend weiter.

4.6 Objektiver Leistungswert

Ausgangspunkt und Ziel eines Entwicklungsprozesses unterliegen einer logischen Abfolge. Ein Ziel kann ohne eine klare Standortbestimmung weder erreicht noch erkannt werden. (Wir haben das in dem Buch *Designzukunft denken und gestalten* (Kapitel 14 (2012)) für Designer bereits beschrieben, daher hier eine kurze Zusammenfassung.) Im Prinzip ist es vergleichbar mit Glück: Es ist immer, überall und jederzeit präsent – nur sehen wir es oft nicht. Wie sollen wir auch, wenn wir keine Vorstellung, kein Bild davon haben? Wir können es nur über eine Idee und ihre Strukturierung finden und wahrnehmen.

Der folgerichtige Prozessablauf macht deutlich, dass professionell nur von »vorne« begonnen werden kann. Das (in der Praxis weitverbreitete) Aufzäumen von »hinten« ist bestenfalls semiprofessionell, in den meisten Fällen aber einfach nur unprofessionell.

Regelfall Briefing

Dass Designer aufgrund der geringen Akzeptanz nur selten als Berater und Planer in die ersten beiden Prozessphasen einbezogen werden, führt dazu, dass Sie als Designer/in erst dann hinzugezogen werden, wenn die Maßnahmen bereits definiert sind. Damit Sie dann die letzte Prozessphase der Gestaltung überhaupt angehen können, ist ein Briefing notwendig.

Das Briefing soll der effizienten Kommunikation zwischen Auftraggeber und Ihnen als Designer/in dienen. Aber genau an dieser Effizienz hapert es. Wie sollen die Voraussetzungen für optimale Lösungen (Innovationen und Orientierung) geschaffen werden, wenn Sie als Designer/in an den ersten beiden Phasen nicht beteiligt sind? Wie will ein Auftraggeber ohne Gestaltungskompetenz die ersten Prozessphasen so wiedergeben und vermitteln, dass Sie als Designer/in optimal damit arbeiten können? Es ist nicht möglich! Effektivität ist hier völlig ausgeschlossen.

Daher folgt dem Briefing fast immer ein Rebriefing, das Sie verfassen müssen. Auf den ersten Blick scheint das ganz vernünftig zu sein. Genauer betrachtet ist es allerdings alles andere als effizient, ja geradezu ineffektiv. Denn zunächst kostet es Zeit und damit – ökonomisch betrachtet – Geld, und das in doppelter Hinsicht: Sowohl der Auftraggeber als auch Sie verlieren Zeit, und hinzu kommt – Sie als Designer/in bekommen kein Geld (Honorar) dafür. Außerdem bleibt immer etwas (oft auch sehr viel) auf der Strecke: Abläufe, Beteiligte, Hintergründe, Möglichkeiten. So wird dann eben fleißig gemutmaßt, spekuliert, interpretiert und irgendetwas ausgedacht.

Übrigens, die Ökonomen haben für ungenutzte Möglichkeiten einen Begriff: Opportunitätskosten – also entgangene Erlöse, die dadurch entstehen, dass vorhandene Möglichkeiten zur Nutzung von Ressourcen nicht wahrgenommen werden. Dieses Argument sollten Sie für die nächsten Verhandlungen mit Ihrem Auftraggeber / Kunden unbedingt parat haben (mehr dazu in Kapitel 13.0)!

Die meisten Designer wissen sich in solchen oben beschriebenen Fällen nur damit zu helfen, dass sie mehrere Entwürfe vorlegen, die oft derart unterschiedlich sind, dass eine professionelle (also nicht am Geschmack orientierte) Entscheidungsfindung unmöglich ist. Aber nicht nur das – eine fatale Nebenwirkung dabei ist, dass der Auftraggeber die einzelnen Entwürfe gering wertschätzt. Aber wie soll er sie auch wertschätzen, wenn er Entwürfe in so großer Zahl präsentiert bekommt? Die Menge der Entwürfe suggeriert schließlich die Wertigkeit und mit jedem zusätzlichen Entwurf verringert sich der Wert des einzelnen.

Geringe Wertschätzung

Außerdem entsteht beim Auftraggeber der Eindruck, dass sich der Designer offensichtlich selbst nicht entscheiden konnte, gar nicht genau wusste, um was es eigentlich geht und keine Verantwortung für seinen Entwurf übernimmt. Aus dieser Sicht eines Auftraggebers ohne Gestaltungskompetenz (meistens Betriebswirtschaftler, Juristen, Techniker) erscheint die Erstellung eines Entwurfs simpel und geringwertig. Er hat die ersten beiden Prozessphasen absolviert und glaubt nun, dass der Designer diese so »aus der Lamäng« nachvollziehen und in Formen und Farben umsetzen kann. Zunächst scheint das auch so zu funktionieren, bekommt er doch viele Farben und Formen vorgesetzt. Es wird ihm aber auch klar, dass die Vielzahl der (scheinbaren) Lösungsansätze zwar seine Wahlmöglichkeiten erhöhen, gleichzeitig aber auch die Qual seiner Wahl maximieren.

In dieser Situation entsteht sehr oft der Eindruck, dass der Designer ihn nicht verstanden hat (womit der Auftraggeber / Kunde meistens völlig richtig liegt). Dieses Nicht-verstanden-werden bewirkt beim Auftraggeber / Kunden die Geringschätzung seines Auftragnehmers. Psychoanalytisch betrachtet ist das zwar nur eine Projektion, die aber zu einer Enttäuschung auf beiden Seiten führt.

Idealfall Beratung Die Alternative zum Regelfall – und den damit verbundenen fatalen Nebenwirkungen und enttäuschten Erwartungen – kann nur Ihre Einbeziehung als Designer/in von Anfang an sein. Nur so bietet sich die Chance, zu optimalen Ergebnissen zu kommen. Und wenn schon ein Briefing für Designer als externe Dienstleister (für die Produktphase) gebraucht wird, dann aber doch bitte mit Gestaltungskompetenz – also unter Ihrer honorierten Einbeziehung als Designer/in.

Dienstleistungswert Da optimale Ergebnisse und Erfolgsmaximierung nur über die professionelle Durchführung eines Entwicklungsprozesses möglich sind, ist die kompetente Beratungsleistung nicht hoch genug zu bewerten. Mit anderen Worten: Hier muss in Spitzenhonorare investiert werden (was in den Bereichen Strategie, Technik, Recht und Steuern auch üblich ist). Designberater sind daher bemüht, ihren Einfluss auf viele Bereiche eines Unternehmens auszudehnen und die Nutzung von Design als strategischem Geschäftsinstrument zu etablieren. In diesem Zusammenhang ist auch der Hype der Methode »Design Thinking« zu betrachten. Das darf allerdings weder mit der Denk- und Arbeitsweise von Designern noch mit ihrer Gestaltungskompetenz verwechselt werden. Sonst müsste es auch »Designer Thinking« heißen. Aber nicht hinter allem, wo Design draufsteht, steht zwingend auch ein beruflicher Designer.

In der Designberatung geht es in erster Linie um die Fähigkeit, (interdisziplinäre) Gruppen zu moderieren. Nun ist die Moderation zwar nicht Ihre alleinige Domäne als Designer/in – in Verbindung mit ihrer Visualisierungskompetenz ist sie aber nur bei Ihnen als Designer/in in einer Person präsent. Das macht Sie als Designer/in unentbehrlich – und damit auch hoch bewertet und honoriert.

Die auf die Beratung aufbauende Planungsleistung ist dabei nicht minder zu bewerten, weil sie abhängig ist von der Beratung, zumindest aber in engem Zusammenhang mit ihr steht. Und damit ist sie hoch bis mittel bewertet. Die klassische Gestaltungsleistung steht somit nicht nur am Ende des Entwicklungsprozesses, sondern auch am Schluss der Bewertungsskala. Und daher wird sie in der Praxis überwiegend eher niedrig honoriert.

Die Mehrheit der Designer nimmt für sich in Anspruch, auch beratend und planend tätig zu sein. Wie sollte ein der Aufgabe entsprechendes Briefing und Rebriefing sonst auch umgesetzt werden? Ebenso mehrheitlich allerdings werden diese Leistungen nicht angemessen bewertet und honoriert. Eine Leistung, die nicht honoriert wird, kann auch nicht als professionelle Leistung gewertet werden. Nur eine honorierte Dienstleistung wird auch als solche anerkannt (zumindest in wirtschaftlichen Bereichen). Die Bereitschaft der Auftraggeber / Kunden, Beratungs- und Planungsleistungen (und selbstverständlich auch Gestaltungsleistungen) angemessen – also ihrer strategischen Bedeutung entsprechend – anzuerkennen und zu honorieren, hängt nicht nur von der Erkenntnis dieser Tatsache ab. Vielmehr noch müssen Sie als Designer/in selbst aktiv werden, sich über eine Aus- und Weiterbildung qualifizieren und mit einer kompetenten Positionierung professionalisieren.

Wie die Designer-Ausbildung und Weiterbildung der Zukunft diesem Anspruch genügen kann, dazu mehr in dem Buch *Designzukunft denken und gestalten* (2012) für Designer.

Damit nicht nur Sie als Designer/in selbst den Dienstleistungswert Ihrer Beratung, Planung und Gestaltung anerkennen, sondern vor allem Ihre Auftraggeber und die Öffentlichkeit, haben eine politisch relevante Branchenklassifizierung und Definition Ihrer Berufsbilder, die makroökonomischen Übertragungseffekte (Spillover) Ihrer Leistungen und Ihre Bedeutung für Innovationen entscheidende Bedeutung. Wie eine solche Klassifizierung und die entsprechenden Berufsbilddefinitionen analysiert und konkretisiert werden können, dazu mehr im nächsten Kapitel 5.0.

Kapitel 4.0 zusammengefasst

Ihre Fähigkeiten und Fach- sowie Komplementär-Kompetenzen sind die Voraussetzung für Urteilsfähigkeit. Ohne Urteilsfähigkeit ist zielgerichtetes und selbstständiges Denken und Handeln nicht möglich. Ohne zielgerichtetes und selbstständiges Denken und Handeln ist professionelles Unternehmen weder machbar noch glaubhaft zu vermitteln.

Lassen Sie sich als Designer/in also nicht einreden, dass Sie außerhalb Ihrer Gestaltungskompetenz nichts aufzuweisen haben. Das weitverbreitete Klischee, dass Designer nicht rechnen können und vermeintlich keine unternehmerischen Fähigkeiten haben, entbehrt jeder Grundlage.

Damit Sie sich als Designer/in ein Bild von Ihrer Persönlichkeit machen können, ist die Einordnung Ihrer sozialen Kompetenzen sowie Motive und Einstellungen in einer Werteskala von Eins (schwächere Ausprägung) bis Zehn (höhere Ausprägung) hilfreich.

Die Frage zu Ihrem Selbstwert als Designer/in lautet: Was bin ich mir wert? Erst wenn Sie diese Frage für sich positiv beantworten, können Sie auch andere positiv überzeugen.

Gestaltung ohne Planung funktioniert nicht und Planung ohne Beratung ebenfalls nicht. Das eine bedingt das andere – zwingend. Wir sprechen hier von professioneller Beratung, Planung und Gestaltung – also nicht vom Kopieren und »Pixelschieben«!

Da optimale Ergebnisse und Erfolgsmaximierung nur über die professionelle Durchführung eines Entwicklungsprozesses möglich sind, ist die kompetente Beratungsleistung nicht hoch genug zu bewerten. Mit anderen Worten: Hier muss in Spitzenhonorare investiert werden (was in den Bereichen Strategie, Technik, Recht und Steuern auch üblich ist).

Teil I
Selbstwert

5.0 Klassifizierung, Übertragungseffekte, Innovation und Politik

Dieses Kapitel geht den Fragen Ihrer designökonomischen und designpolitischen Relevanz als Designer/in nach:
Wie ist eine zeitgemäße Branchenklassifizierung und Zuordnung Ihrer Berufsbilder zu definieren?
Wie können die makroökonomischen Übertragungseffekte (Spillover) Ihrer Leistungen quantifiziert werden?
Wie lässt sich Ihre Innovationsrelevanz in einem technologisch dominierten Umfeld wirkungsrelevant vermitteln?
Wie stehen Sie zur politischen Macht?

Die *Wirtschaftszweigklassifikation* (*WZ*) ist eine ordnungspolitische Definition und ein statistisches Werkzeug zur Strukturierung unterschiedlichster Branchen und Berufe. Sie dient der einheitlichen Erfassung wirtschaftlicher Tätigkeiten sogenannter »statistischer Einheiten« in allen amtlichen Statistiken.

Unter Berücksichtigung internationaler Referenzklassifikationen ist die derzeit gültige *WZ* von 2008 im Rahmen einer fortschreitenden internationalen Harmonisierung von Wirtschaftsklassifikationen entwickelt worden, zu denen auch die Wirtschaftszweigklassifikationen gehören. Die Einbeziehung in ein international integriertes System ist unabdingbare Voraussetzung für eine zielgerichtete Wirtschafts- und Sozialpolitik in *Deutschland* und in der *Europäischen Union* – im Zeitalter der Globalisierung auch für unternehmerische Entscheidungen. Denn nur eine solche Politik baut rechtsverbindlich auf der statistischen Systematik der Wirtschaftszweige in der *Europäischen Gemeinschaft* auf. Und diese basiert auf der Internationalen Systematik der Wirtschaftszweige der *Vereinten Nationen* und wurde mit einer Verordnung des *Europäischen Parlaments* und des *Rates* veröffentlicht.

5.1 Branchenklassifizierung und Berufsbilder

In der praktischen Anwendung heißt das zum Beispiel: Wenn Sie sich als Designer/in selbstständig machen und beim *Finanzamt* oder *Gewerbeamt* anmelden, wird Ihnen ein Code zugeordnet, mit dem alle Ihre wirtschaftlichen Aktivitäten zahlenmäßig erfasst werden. Oder Sie stellen einen Förderantrag für Beratung (beispielsweise beim *Bundesamt für Wirtschaft und Ausfuhrkontrolle BAFA*) oder Finanzierung (zum Beispiel bei der staatlichen *KfW-Bank*),

Praktische Erfassung

dann werden Sie ebenfalls entsprechend der *WZ* mit diesem Code erfasst.

Die Erfassung Ihrer personen- und unternehmensbezogenen Daten und Ihrer quantitativen Aktivitäten (Umsätze, Gehälter sozialversicherungspflichtiger Mitarbeiter et cetera) finden sich zum Beispiel in den seit Jahren regelmäßig vom *Bundesministerium für Wirtschaft und Ernergie* (*BMWi*) und der *Beauftragten der Bundesregierung für Kultur und Medien* (*BKM*) im Rahmen der *Initiative Kultur- und Kreativwirtschaft der Bundesregierung* herausgegebenen Monitorings.

Dort finden Sie alle Daten zu den insgesamt elf Teilbranchen der *Kultur- und Kreativwirtschaft*, also auch die *Designwirtschaft* (die offiziell zu den neun *Kulturwirtschafts*-Branchen zählt). Darin sind unter den Klassifikations-Codes die Anzahl und Umsätze der Selbstständigen und Unternehmen erfasst. Ferner finden Sie dort die sozialversicherungspflichtig Beschäftigen. (Die Mikroselbstständigen, mit einem Anteil von fast 50 Prozent aller Selbstständigen und Unternehmen sowie die geringfügig entlohnten und kurzfristig Beschäftigen mit einem Anteil von fast 40 Prozent aller sozialversicherungspflichtig Beschäftigen (Stand 2014) werden hier nur zum Teil und auch nur am Rande erwähnt und nicht den Codes entsprechend differenziert den Teilbranchen zugeordnet.)

Die Designwirtschaft ist in der Klassifikation der »Code-Gruppe 74« untergeordnet, die wie folgt unterteilt ist:

  74.10.1 – Industrie-, Produkt- und Modedesign(er)
  74.10.2 – Grafik- und Kommunikationsdesign(er)
  74.10.3 – Interior Design(er) und Raumgestaltung
  71.11.2 – Büros Innenarchitektur
  73.11   – Werbegestaltung (anteilig 50 Prozent)
  32.12   – Herstellung von Schmuck, Gold-, Silberschmiedewaren
  74.20.1 – Selbstständige Fotografen

Die zugeordneten Teilbereiche dienen dazu, möglichst alle Disziplinen zu erfassen, die sich in den Kernbereichen ja oft weit überschneiden. Aber gerade diese Teilbereiche machen immerhin einen Anteil von insgesamt circa 55 Prozent an der Zahl aller Selbstständigen und Unternehmen aus; hinzu kommt, dass hier circa 85 Prozent der Branchen-Umsätze erzielt werden und circa 85 Prozent aller sozialversicherungspflichtig Beschäftigen arbeiten. Wobei einen Großteil die Werbegestaltung ausmacht (Stand 2014), mit circa 25 Prozent aller Selbstständigen und Unternehmen, circa 60 Prozent der Umsätze und der sozialversicherungspflichtig Beschäftigen.

So weit der zurzeit erfasste Stand im Rahmen der *WZ*. Wir wollen hier nicht näher auf die (politisch motivierten) Unschärfen der Erfassung und die offensichtlichen Auslassungen eingehen, sondern uns vielmehr mit den politisch relevanten Entwicklungsmöglichkeiten beschäftigen.

Entwicklung einer wirkungsrelevanten Klassifizierung

Vor dem Hintergrund der im Kapitel 4.5 beschriebenen Leistungen in Entwicklungsprozessen und dem daraus resultierenden objektiven Leistungswert (Kapitel 4.6) ist eine differenziertere und weiterentwickelte Klassifizierung notwendig. Wer sich auf Designleistungen beschränkt, die in erster Linie gegenständliche oder visuelle Artefakte hervorbringen, wird den heutigen Anforderungen, die weit über die klassischen Gestaltungsleistungen hinausgehen, nicht mehr gerecht. Bereits seit über zwanzig Jahren hat sich dafür die erweiterte Definition des »Service Design« durchgesetzt, und in den letzten Jahren gewinnt das »Social Design« eine zunehmende Bedeutung.

Daraus lässt sich eine erweiterte branchenspezifische Klassifizierung ableiten, der die Designerberufe zugeordnet werden können und die wir in fünf Klassen unterteilen wollen:

> Architektur-Designer
> Industrie-/Produkt-Designer
> Kommunikations-Designer
> Service-Designer
> Sozio-Designer

Die ersten drei Klassen sind bereits in der offiziellen Wirtschaftsklassifikation enthalten (teilweise mit etwas unscharfen Begriffen und Definitionen) und entsprechen im Kern der Gestaltung von Artefakten. Die neue Klasse »Service-Designer« grenzt den Prozess der Gestaltung von Dienstleistungen ab, indem hier neben den Artefakten auch Soziofakte teilweise mit eingeschlossen sind. Die neue Klasse »Sozio-Designer« geht noch einen Schritt weiter und setzt den Fokus – unabhängig von Artefakten – auf die Gestaltung von Mente- und Soziofakten – sie ist die Klasse, die eine zukunftsfähige Prozessorientierung mit Schwerpunkten in der Beratung und Planung mitbringt und den Nutzen des Auftraggebers / Kunden einbezieht. Nachfolgend schauen wir uns die einzelnen Klassifizierungen etwas näher an und ordnen ihnen entsprechende Designer-Berufe zu.

Architektur-Designer

Die klassischen Architektur-Disziplinen grenzen sich (nicht nur wegen der Kammern in Deutschland) von den Design-Disziplinen deutlich ab. Aus dem historischen Selbstverständnis der Architekten ist das durchaus nachvollziehbar. Aber ob ein solches Verständnis und die relative Geringschätzung der Designer noch zeitgemäß sind, muss bezweifelt werden.

Deutlich weiter ist hier das *UNESCO Rahmenwerk für Kulturstatistik* (*FCS*), das Kulturstatistiken auf internationaler und nationaler Ebene organisiert. Das in 2009 verabschiedete neue Rahmenwerk »Design und kreative Dienstleistungen« beinhaltet alle Aktivitäten, Güter und Dienstleistungen, die sich aus dem kreativen, künstlerischen und ästhetischen Design von Objekten, Gebäuden und Landschaften ergeben: Modedesign, Grafikdesign, Innenarchitektur, Landschaftsarchitektur, Architekten-Dienstleistungen und Werbung. Ohne auf die hier offensichtlichen Unschärfen – wie Modedesign statt Industrie-/Produktdesign und Grafikdesign statt Kommunikationsdesign, das Werbung mit einschließt – näher einzugehen, sind hier auf internationaler Ebene Rahmenklassifizierungen definiert. (Im Buch *Designzukunft denken und gestalten* (Kapitel 17.1 (2012)) für Designer haben wir das detailliert beschrieben.) Daher ordnen wir dem Architektur-Designer folgende vier Berufe zu:

> Architekten, Innenarchitekten, Landschaftsarchitekten und Städteplaner

Erwähnenswert ist in diesem Zusammenhang noch, dass nicht wenige Architekten auch als Produkt- oder Kommunikations-Designer tätig waren und sind. Andererseits gibt es auch einige Produkt- oder Kommunikations-Designer, die sich als Architekten betätigen.

Industrie-/Produkt-Designer

Die Abgrenzung zwischen Industrie-Designern und Produkt-Designern wird unterschiedlich gehandhabt: Industrie-Designer gestalten Investitionsgüter beziehungsweise Großserien-Produkte jeglicher Art; Produkt-Designer gestalten Konsumgüter beziehungsweise Kleinserien- und Einzel-Produkte jeder Art. In der Praxis haben sich immer mehr branchenspezifische Berufsbilder herausgebildet, denen sich folgende 21 zuordnen lassen:

> Industrie-Designer, Produkt-Designer, Interaction-/Interface-Designer, Automobil-Designer, Duft-Designer, Food-Designer, Interior-Designer, Möbel-Designer, Ausstellungs-/Exhibition-Designer, Museograf / Szenograf, Messe-/Shop-Designer, Set-Designer, Licht-Designer, Public-Designer, Mode-/Fashion-

Designer (Haute Couture, Prêt-à-porter), Corporate Fashion-Designer, Kostüm-Designer, Textil-Designer, Schmuck-Designer, Kunsthandwerker und Modellbauer

Diese Auflistung erhebt keine Anspruch auf absolute Vollständigkeit, da die rasante Entwicklung neuer Technologien immer mehr Differenzierungen ermöglicht.

Die größte Berufsgruppe, die Kommunikations-Designer, beschäftigt sich mit der Gestaltung von Medien jeder Art und differenziert sich in zahlreiche Detaildisziplinen. Auffallend ist hier, dass die Grenzen zum Industrie-/Produkt-Design fließend sind, da eine medienbezogene Kommunikationsgestaltung im Zuge der Digitalisierung immer mehr zum Bestandteil von Produkten wird. In der Praxis sind 28 branchenspezifische Berufsbilder bekannt:

Kommunikations-Designer

> Kommunikations-Designer, Grafik-Designer, App-Designer, Brand-Designer, Logo-Designer, Editorial-Designer, Information-Designer, Pictogramm-Designer, Interface-Designer, Screen-Designer, Web-Designer, Plakatgestalter, Packaging-Designer, Werbegrafiker, Kalligraph, Typograph, Illustrator, Cartoon-Designer, Comic-Designer, Foto-Designer, Fotograf, Broadcast-Designer, Film-Designer, Animation-Designer, Character-Designer, Game-Designer, Sound-Designer und Scent-Designer

Auch diese Auflistung erhebt keinen Anspruch auf absolute Vollständigkeit, nicht zuletzt aufgrund der bereits erwähnten Entwicklung neuer Technologien und den daraus zunehmend wachsenden Differenzierungen.

Die noch relativ junge Klassifizierung der Service-Designer ist aus den Ansprüchen an formale und funktionale Gestaltung von Dienstleistungen entstanden. Insbesondere der stark wachsende Markt der Dienstleistungen verlangt nach Gestaltungslösungen aus der Perspektive des Kunden beziehungsweise des Nutzers. Diese erweiterte Betrachtung der Interaktion zwischen Menschen und der zwischen Menschen und Artefakten ist wesentlich komplexer und entsprechend disziplinübergreifend vernetzt. Aus der bisherigen Praxis lassen sich drei branchenspezifische Berufsbilder zuordnen:

Service-Designer

> Service-Designer, Event-Designer und Interaction-Designer

Ebenso gibt es hier keinen Anspruch auf Vollständigkeit aufgrund der durch die Entwicklung neuer Technologien zunehmenden Differenzierungen.

Sozio-Designer

Diese neue Klassifizierung ist als Begriff nicht neu. Der deutsche Ästhetik-Professor, Künstler und Kunsttheoretiker *Bazon Brock* forderte bereits in den 1970er-Jahren eine Transformation des Designbegriffs in Form eines »Sozio-Designs«, da unter Design auch Gestaltung von »Lebensformen, Werthaltung, sprachlichem Gestus« bestimmbar sein sollte. Als Grund nannte er »zwischenmenschliche Beziehungen wie auch Prinzipien der Lebensorganisation sowie Eigentümlichkeiten sprachlicher Kommunikation«, die nicht getrennt von der Welt der Artefakte auftreten. Es ging ihm um die Gestaltung sozialer Beziehungen, die sich durch Gegenstände aufbauen und verändern. (Dieser Ansatz kommt der Akteur-Netzwerk-Theorie von *Bruno Latour* relativ nahe, auf die wir bereits im Kapitel 2.1 und 2.2 verwiesen haben.)

Als den bedeutendsten Steuerungsmechanismus sah *Bazon Brock* die Mode an, die ständig wechselt und den über lange Zeit geltenden Vorstellungen und Werten gegenübersteht. Die daraus resultierende Mobilität erstreckt sich auf alle Lebensbereiche – als Notwendigkeit zur Erhaltung wirtschaftlicher Leistungsfähigkeit und politischer Stabilität – und wird zur permanenten Veränderungspflicht. Er resümiert daraus: »Geplantes, bewusstes Sozio-Design muss also über die Beschreibung kurzfristiger Trendbildungen hinaus die Struktur und die Bedingungen modischer Trendbildungen erfassen, will das Konzept nicht selbst in der Beliebigkeit kurzfristiger Identitätsangebote untergehen.« (Aus *Ästhetik als Vermittlung – Arbeitsbiographie eines Generalisten* (1977). Zitiert aus *Weil Design die Welt verändert … Texte zur Gestaltung* (2013) von *Friedrich von Borries* und *Jesko Fezer*.)

Aus heutiger Sicht lässt sich dieser Ansatz als das Design von Mente- und Soziofakten (von Gedanklichem / Geistigem und von Sozialem) interpretieren. Der Begriff des Sozio-Designs beziehungsweise die Berufsbezeichnung Sozio-Designer kann daher als eigenständige Klasse definiert werden, weil nur ein Sozio-Designer die Dienstleistungen der Beratung und Planung innerhalb von Entwicklungsprozessen repräsentativ vermittelt. Aus der sich weiterentwickelnden Praxis lassen sich neun branchenspezifische Berufsbilder zuordnen:

> Sozio-Designer, Prozess-Designer, Beratender Designer, Planender Designer, Konzept-Designer, Strategischer Designer, Design-Manager, System-Designer und Critical-Designer

Ein Anspruch auf Vollständigkeit kann (auch hier) durch die rasante Entwicklung der Kooperation zwischen Auftraggebern, Beratern und Designern nicht erhoben werden.

In den dargestellten fünf Klassen haben wir hier insgesamt 65 verschiedene Berufsbilder der Designer aufgelistet. Da die Grenzen zwischen den Klassen fließend sind, bewegen sich die Berufsbilder folglich dazwischen. Ausgangspunkt ist in der Regel die Ausbildung in einer dieser Design-Disziplinen; Fähigkeiten und erlernte Fertigkeiten entwickeln sich in der beruflichen Praxis dann weiter bis hin zu einer möglicherweise völlig neuen branchenspezifischen Tätigkeit. So ist es üblich, dass ausgebildete Architekten als Produkt-Designer, Produkt-Designer als Kommunikations-Designer, Kommunikations-Designer als Service-Designer und Service-Designer als Sozio-Designer (beziehungsweise umgekehrt und übergreifend) tätig sind.

Designer-Berufe

Vor diesem Hintergrund drängt sich die Frage auf: Warum ist dann eine erweiterte Klassifizierung überhaupt nötig? Antwort: Die erweiterte Klassifizierung – insbesondere die der Sozio-Designer – vermittelt die Bandbreite und Vielfalt der Designer-Berufe. Sie macht vor allen Dingen deutlich, das Sie als Designer/in nicht nur Artefakte gestalten, sondern die dafür notwendigen wirtschaftlichen und sozialen Voraussetzungen professionell analysieren, konzeptionieren und umsetzen können.

Damit dies auch quantifizierbar, also in den Branchenstatistiken ablesbar wird, brauchen wir diese erweiterte Klassifizierung für die Designer-Berufe. Damit ließen sich nicht nur die tatsächlichen Unterschiede in den Dienstleistungen innerhalb der Designwirtschaft ermitteln, sondern es wäre auch eine differenzierte Darstellung der Anzahl von Akteuren, der Umsätze und der Beschäftigten möglich. Das wiederum würde nicht nur die Wirtschaft, sondern auch die Politik und ihren Förderinstitutionen ein klareres Bild liefern und damit erheblich zum Abbau der üblichen Klischees beitragen. Und im Ergebnis könnte eine derart qualifizierte Quantifizierung dabei helfen, die Wertschätzung Ihres Berufs als Designer/in insgesamt deutlich zu steigern.

Doch Designer sind nicht nur in der Designwirtschaft erwerbstätig. Es ist deshalb umso interessanter, wo sie darüber hinaus wirken und welche Übertragungseffekte sie generieren. Dazu mehr im folgenden Unterkapitel.

5.2 Übertragungseffekte (Spillover)

Von den vorgenannten Designer-Berufen sind in Deutschland insgesamt (selbstständig und angestellt) erwerbstätig circa 347 000 (2013). Davon arbeiten circa 242 000 (70 Prozent) in der Designwirtschaft und circa 105 000 (30 Prozent) außerhalb der Designwirtschaft. Die daraus resultierende makroökonomische Relevanz aller Designer-Berufe definieren wir hier näher und beschreiben die Übertragungseffekte (Spillover).

Messbarkeit

Die ökonomische Bedeutung der Designwirtschaft und der darin erwerbstätigen (selbstständigen und angestellten) Designer geht weit über die direkt messbare Wertschöpfung hinaus. Schließlich wird die technologische Leistungsfähigkeit einer Volkswirtschaft nicht nur durch die Entwicklung neuer Technologien vorangetrieben, sondern auch durch die forschungs-/wissensintensiven und gestalterischen Dienstleistungen.

Doch die Effekte der gestalterischen (kreativen) Dienstleistungen können noch nicht überzeugend in ökonomisch messbaren Kategorien erfasst werden – die üblichen Messkriterien für technologische Innovationseffekte greifen bei Designbüros einfach nicht, weil sie oft zu klein sind. Auch das Qualifikationskriterium einer akademischen Ausbildung, das innerhalb der wissensintensiven Dienstleistungen meist als Innovationsmerkmal gilt, steht nicht für besonders innovative Designleistungen. Die aber gelten gerade als innovative Treiber von Neu-Entwicklungen, sind jedoch noch nicht genügend messbar.

Hier sind zwei Ansätze, wie die Designwirtschaft zu mehr Anerkennung innerhalb der volkswirtschaftlichen Betrachtung gelangen kann. Sie beruhen auf Daten aus dem *Statistischen Bundesamt* und einer Analyse des Wirtschafts- und Sozialwissenschaftlers *Michael Söndermann* (*Büro für Kulturwirtschaftsforschung*) – den wir für dieses Buch interviewt haben (Seite *317*):

> Direkt messbare Effekte der Designwirtschaft
> Indirekte Effekte (Spillover) der Designwirtschaft (durch zusätzliche Erfassung aller Designer im Produktions-, Handels- und Dienstleistungssektor außerhalb der Designwirtschaft)

Direkt messbare Effekte

In der deutschen *Designwirtschaft* waren im Jahr 2014 insgesamt 235 000 Erwerbstätige (15 Prozent der gesamten *Kultur- und Kreativwirtschaft*) beschäftigt. Darin sind rund 137 000 Erwerbstätige enthalten, die als Selbstständige oder sozialversicherungspflichtig Beschäftigte in wirtschaftlich relevanten Designbüros arbeiten. Zusätzlich existiert eine nicht unerhebliche Anzahl kleiner Designbüros, die als »Mini-Unternehmer« (in *Deutschland* mit weniger als 17 500 Euro Jahresumsatz) oder als geringfügig Beschäftigte in der Designwirtschaft arbeiten. Diese »kleine Designwirtschaft« umfasst weitere 97 500 Erwerbstätige.

Im gleichen Jahr (2014) hat die deutsche *Designwirtschaft* insgesamt ein Umsatzvolumen von schätzungsweise rund 19 Milliarden Euro erzielt (13 Prozent des gesamten Umsatzes in der *Kultur- und Kreativwirtschaft*). Mit einem Beitrag von rund 7,6 Milliarden Euro trägt die *Designwirtschaft* damit zur Bruttowertschöpfung in *Deutschland* bei, das entspricht 40 Prozent des direkten Designumsatzes. Die Zahl der Selbstständigen und steuerpflichtigen Büros in *Deutschlands Designwirtschaft* liegt bei rund 55 600 in der Kategorie der wirtschaftlich relevanten Unternehmen. Die »Mini-Unternehmer« sind sogar mit schätzungsweise rund 49 100 Büros im Markt vertreten. Zusammen steigt die Gesamtzahl aller in der deutschen *Designwirtschaft* registrierten Selbstständigen und Unternehmer damit auf rund 105 000 (registrierte Steuerpflichtige bei den Steuerbehörden).

Indirekte Effekte (Spillover)

Designleistungen sind in vielfältiger Weise auch außerhalb der direkt nachweisbaren *Designwirtschaft* zu beobachten. Von der Automobilindustrie über die Druck- und die Textilindustrie, bis zum Groß-/Einzelhandel und der digitalen Wirtschaft werden Designleistungen genutzt, in ökonomischen Kategorien aber noch nicht eindeutig erfasst und gemessen.

Als vorläufige Methodik wird deshalb die Erfassung der Designer über eine statistische Berufsfeldanalyse vorgenommen. Auf der Basis einer Sonderauswertung der *Bundesagentur für Arbeit* konnten (2013) insgesamt 232 000 Designer erhoben werden, die innerhalb (127 000) und außerhalb (105 000) der *Designwirtschaft* in den unterschiedlichsten Branchen des Industrie-, Handels- oder Dienstleistungssektors arbeiten. Diese Gruppe (auch als »Inhouse-Designer« bezeichnet) bildet lediglich den harten Kern der sozialversicherungspflichtigen Designer. Darüber hinaus werden die Dienste einer mindestens ebenso großen Gruppe von freien Mitarbeitern genutzt, die nicht über Berufs- und Wirtschaftsstatistiken erhoben, sondern nur geschätzt werden können. Weitere Designleistungen werden über international agierende Designfirmen von deutschen Unternehmen, insbesondere von Großunternehmen eingekauft.

Zur Abschätzung der Größenverhältnisse von Designleistungen außerhalb der *Designwirtschaft* wurden die Umsätze je Designer in den wichtigsten Wirtschaftsbranchen der Volkswirtschaft ermittelt. Danach ergeben sich für die Gesamtwirtschaft in *Deutschland* folgende Anhaltswerte: Insgesamt wurden 222 Wirtschaftsgruppen und Branchen identifiziert, die sozialversicherungspflichtige Designer beschäftigen. Diese erwirtschafteten im Jahr 2012 einen Gesamtumsatz von knapp sechs Billionen Euro. Nach vorläufigen Schätzungen werden rund 84 Milliarden Euro Umsatz durch die Leistungen von Designberufen in den unterschiedlichsten Wirtschaftsbranchen erzielt. Das entspricht einer konservativen Schätzung von einem Prozent an der gesamtwirtschaftlichen Leistung der untersuchten Branchen / Gruppen. Unter Einbeziehung der Umsätze der Designwirtschaft (2013) mit rund 19 Milliarden Euro können die direkten und indirekten Designleistungen insgesamt auf 103 Milliarden Euro im Durchschnitt der Jahre 2012/2013 geschätzt werden.

Bewertung

Die *Designwirtschaft* verfügt über zahlreiche Schnittstellen innerhalb und außerhalb der *Kultur- und Kreativwirtschaft*. Die Berührungspunkte reichen von Sound Design (*Musikwirtschaft*), Grafikdesign (*Verlagsbranche* und *Werbemarkt*), visuellem Design (*Kunstmarkt*), Mediendesign (*Filmwirtschaft*), Bühnenbildgestaltung (*darstellende Kunst*), Leitsystemen und Interior Design (*Architekturmarkt*) bis zum Web- und Videodesign in der *Software-/Games-Industrie*. Daneben sind Designer aber auch für zahlreiche andere Wirtschaftsbranchen (Automobilindustrie, Druckindustrie, Handel, IT-Industrie et cetera) tätig.

Dem Designer kommt dabei zugute, dass ihm das Integrieren neuer Technologien in den Berufsalltag erheblich geringere Probleme bereitet als anderen Kultur- und Kreativbranchen. Digitalisierung wird prinzipiell als Vorteil gesehen, da Produkte und Dienstleistungen damit – anders als bisher – direkt an den Kunden gebracht werden können. Designer definieren sich zudem immer mehr nicht nur als Gestalter von Artefakten, sondern auch von Ideen und Konzepten (Mente- und Soziofakten). Diese Leistungen sind mehrheitlich unsichtbarer beziehungsweise immaterieller Natur. Deshalb werden sie – gemessen nach ökonomischen Kategorien – meist unterschätzt.

Welche Wirkungsrelevanz ergibt sich daraus für Sie als Designer/in? Erst wenn Ihre direkten und indirekten Designleistungen Berücksichtigung finden, wird Ihre tatsächliche wirtschaftliche Wertschöpfung sichtbar. Damit befinden Sie sich in einer Dimension, die weit über dem bisher wahrgenommenen Anteil an der gesamten quantifizierbaren Wertschöpfungskette liegt.

Berufspolitische Relevanz

Es handelt sich hier um einen Ansatz, den wir in diesem Buch im Zusammenhang mit der Nutzenorientierung der Auftraggeber / Kunden noch näher analysieren werden. Dazu mehr im Kapitel 11.0.

Die bereits kurz unter *Messbarkeit* angesprochenen Innovationseffekte sehen wir uns im folgenden Unterkapitel näher an.

Dass die Entwicklungs- und Gestaltungsarbeit von Designern eine kreative Leistung ist und innovative Elemente besitzt – und damit Voraussetzungen für Innovation schafft – sehen Sie als Designer/in sicher als selbstverständlich an. Außerhalb der Designwirtschaft und der Designerberufe wird diese Sichtweise allerdings nicht einhellig geteilt. Insbesondere die Politik und die Förderinstitutionen stehen dem eher noch unsicher und teilweise zweifelnd gegenüber. Ergo: In *Deutschland* wird nach wie vor allein die technologische Innovation als relevant und damit förderwürdig betrachtet.

5.3 Innovationsrelevanz der Designer

Innovation ist in wirtschaftspolitischen Kreisen ein zentraler Schlüsselbegriff und treibt die Wirtschaft voran, am stärksten in den Branchen: Auto, Chemie, Pharma und Maschinenbau. Dabei wird die Autoindustrie als geradezu innovationsgetrieben bezeichnet – ihre Technologiebesessenheit treibe die Innovation nach vorne – allein *BMW*, *Daimler* und *VW* bestreiten die Hälfte aller Forschungsausgaben der deutschen Wirtschaft.

Innovations-Förderpolitik

Wenn man diese Besessenheit allerdings aus einer anderen Sicht betrachtet, etwa am Beispiel des *VW*-Abgas-Skandals, dann drängt sich die Frage auf, ob dieses Problem durch weitere technologische Innovationen überhaupt lösbar ist. Wir glauben das nicht, weil ein Problem nicht mit der gleichen Denkweise, durch das es geschaffen wurde, gelöst werden kann (nach *Albert Einstein*). Wir sind sicher, dass hier nur »geistige / kreative / kulturelle« Innovationen helfen können. Ungeachtet dessen dominiert in der Wirtschaftsförderung noch immer der Begriffsdreiklang der »Innovation – Technologie – Forschungsausgaben«.

Was aber hat das nun alles mit Innovation und der *Kultur- und Kreativwirtschaft* zu tun? Nun, der Begriff Innovation wird sowohl hier als auch in der Kulturwirtschafts-Forschung oft und gerne verwendet. Als Designer/in sind Sie demnach Innovationstreiber:

»hidden Innovation, open Innovation, cross innovation« et cetera. Denn ein wesentliches Kernelement der *Kultur- und Kreativwirtschaft* ist die Produktion von Ideen, von Experimentellem und von Prototypen, und das ist nichts anderes als Innovation – zumindest Teil eines Innovationsprozesses. Aber wie kann bewiesen werden, dass die Innovationsaktivitäten der *Kultur- und Kreativwirtschaft* wirtschaftlich relevant sind? Als relevant gelten: Forschung- und Entwicklungsausgaben, viele Patente und Hochqualifizierte.

Hochqualifizierte hat die *Kultur- und Kreativwirtschaft* auch! Für Forschungs- und Entwicklungs-Ausgaben (F+E) sind sie meist zu klein und Patente melden sie nicht oder zumindest sehr selten an. Gemessen an diesen Kriterien ist die *Kultur- und Kreativwirtschaft* nicht innovativ!

Wo also ansetzen? An den Grundlagen der Innovationspolitik: das *Oslo-Manual* als Handreichung für Innovationsstrategien und das *Frascati-Manual* für F+E. Diese beiden Publikationen der *OECD* und *EU* gelten weltweit als die Bibeln zur Innovationsforschung.

Innovations-Forschung

Genau an diesen beiden Bibeln setzen zwei Studien an (*Design Issues in Europe Today – The White Book und European Design Report*), die im Auftrag der *EU-Kommission* (2004 und 2006) durchgeführt wurden. Daran waren neben Fachleuten der *Universität Cambrigde* etwa die Experten *Eusebi Nomen* (*Designcenter Barcelona*) und *Severin Filek* (*designaustria Wien*) beteiligt. Sie haben sich mit der Frage beschäftigt, wie das *Oslo-Manual* umgeschrieben werden kann, damit kreative Arbeit oder beispielhaft Design als ökonomisch messbare Aktivitäten erfasst werden. Zwei Fragen standen dabei im Mittelpunkt:
1. Wie definiere ich kreative Arbeit als ökonomisch relevante Kategorie? 2. Und wie kann ich diese empirisch messen?

Eusebi Nomen hat sich auf die Kreation des ökonomischen Werts (bestehend aus dem Unternehmens-Profit und dem Konsumenten-Gewinn) konzentriert, der, durch die ökonomischen Kosten ergänzt, als insgesamt wahrnehmbarer (sozialer, emotionaler und funktionaler) Nutzen darstellbar ist. Letzterer ist auch geeignet, die ökonomischen Kosten zu reduzieren. Daraus leitet er ab, dass Design von besonderer Bedeutung ist als anerkannte Schlüsseldisziplin und -tätigkeit, um Ideen auf den Markt zu bringen und diese dann in benutzerfreundliche und ansprechende Produkte umzuwandeln. Für ihn ist der Beitrag von Design als Styling für technologische Innovationen marginal, verglichen mit dem wirtschaftlichen und sozialen Beitrag systemischer Innovationen als Integrator von Emotionen, Leistungen und Erfahrungen.

Severin Filek hat sich mit der Messung des Designwertes auseinandergesetzt. Demnach steht Design für neue Produkte, neue Kommunikationsmittel, neue Lösungen, neues Denken (!), aber auch für Mehrwert durch Design. Er verbindet das mit Veränderung: vom Wettbewerb zur Zusammenarbeit, vom Unternehmen zur Kooperation, von Beschäftigung zum Engagement und von Kosten zu Investitionen. Daraus ist ein *communication toolkit* entstanden, das: auf bestehende und neue Innovationsplattformen im Umgang mit Unternehmen und anderen Organisationen anwendbar ist; darauf abzielt, Fähigkeiten und Fertigkeiten weiter zu verfeinern; Methoden zur Messung und zum Management von Design verbreitet; allgemein sensibilisiert und Einblicke in spezifische Stakeholder-Gruppierungen bereitstellt. Es soll helfen: konkrete Ergebnisse aus der Messbarkeit von Design-Auswirkungen zu ziehen; gute Service-, Marketing- und Prozessinnovation zu identifizieren; Vergleiche mit Produkten des Wettbewerbers auf dem Markt zu ermöglichen; die an einem Prozess beteiligten Fachleute zu identifizieren.

Vielleicht werden Sie sich als Designer/in fragen, was solche theoretisch-praktischen Denkspiele bringen sollen. Nun, sehr viel – wenn es gelingt, den Nachweis für »geistige / kreative / kulturelle« Innovationen am Beispiel des Designs zu erbringen, dann werden die beiden Bibeln – das Oslo- und Frascati-Manual – neu geschrieben werden müssen. Und vielleicht entsteht dadurch ein neuer Begriffsdreiklang: »Innovation – Kultur / Kreativität – Nützlichkeit!«

Innovations-Definitionen

Die erwähnten Unsicherheiten und Zweifel der Politik und der Förderinstitutionen haben in Anbetracht der hier geschilderten *EU*-Studien etwas in Bewegung gebracht. Denn das *Bundesministerium für Wirtschaft und Energie BMWi* hat eine Studie über »Ökonomische und verwaltungstechnische Grundlagen einer möglichen öffentlichen Förderung von nichttechnischen Innovationen« (2016) im Auftrag erstellen lassen, die sich mit der Abgrenzung von »technischen« und sogenannten »nichttechnischen« Innovationen beschäftigt.

Schon der Titel macht deutlich, dass sich die Autoren mit »geistigen / kreativen / kulturellen« Innovationen mangels Kompetenz schwertun und aus ihrer technischen Sichtweise heraus ein negierendes Adjektiv im Titel verwenden. Wäre es hier doch angebracht, von »ideellen / interaktiven / konzeptionellen / kontextuellen / multiplen / relationalen oder substanziellen« Innovationen zu sprechen. Da sich in jüngster Zeit auch der Begriff »sozialer« Innovationen eigenständig herausbildet, wäre es umso wichtiger, zu dem bisher ausschließlich verwendeten Begriff der »technischen« Innovationen auch die unabhängige Bezeichnung der »geistigen / kreativen / kulturellen« Innovationen zu verwenden.

Ein weiteres Manko der Studie stellt die sehr reduzierte Betrachtung von Software / Games und Industrie-/Produkt-Design dar. Beide decken nur einen geringen Teil des Designs insgesamt ab, ganz zu schweigen von den anderen Kultur-Wirtschaftsbranchen. Wie problematisch das Adjektiv »nichttechnisch« ist, lässt sich an der völlig unzureichenden und unpräzisen Abgrenzung und Definition von »geistigen / kreativen / kulturellen« Innovationen ablesen – so weisen beispielsweise Innovationen hier immer nur technische Merkmale auf (hier sind die Autoren offensichtlich über ihre Intention gestolpert).

Die aufgeführten Merkmale »Kontextabhängigkeit, Multideterminiertheit, Interaktiver Charakter und Objektivierungsgrad der Produkteigenschaften« weisen nämlich in die richtige Richtung und machen das selbst gemachte Definitionsproblem sogar deutlich. Auch der Hinweis auf den Artefakt-Charakter »technischer« Innovation ist richtig – woraus sich ableiten lässt, dass »geistige / kreative / kulturelle« (also »nichttechnische«) Innovationen einen Mente-/ Soziofakt-Charakter haben. Die aufgeführten Praxis-Beispiele sind reduziert und erscheinen eher willkürlich. Im Design fehlen dort zum Beispiel die Aspekte des vereinfachenden Zugangs zur Komplexität durch Ästhetik (Form) und / oder optimierter Lesbarkeit (Illustration, Layout, Typo).

Auch die Behauptung, dass die kommunikative Vermittlung des Nutzens von »nichttechnologischen« Innovationen im Vergleich zu »technologischen« Innovationen schwieriger sein soll, ist eher auf die mangelnde Kenntnis der Autoren zurückzuführen. Ebenso lässt die Aussage, dass Investitionen in das Equipment der Akteure in der *Kultur- und Kreativwirtschaft* als nicht notwendig einzustufen sind, erhebliche Zweifel am Einblick der Autoren in die Bedarfe und Befindlichkeit dieser Branchen aufkommen. Zudem ist mehr als fraglich, dass sie sich nicht mit der derzeitigen politischen Diskussion um das Urheberrecht beschäftigen, weil angeblich keine negativen Anreizseffekte davon ausgehen sollen.

In den Empfehlungen der Studie sind dennoch einige durchaus sinnvolle Ansätze enthalten. Zum Beispiel, dass: Detailanalysen in bestimmten Branchen notwendig sind; Geschäftsmodell-Innovationen besonders herauszustellen sind; Räume für Ideen bereitgestellt und Unterstützung von Netzwerken angeboten werden sollten; Erstberatung, Kommunikationsberatung und Mentoring für Gründer, Start-Ups und Kleinunternehmer wichtig sind; Beratungsangebote zu geschäftsstrategischen Elementen zu fördern sind; Förderinstrumente branchenspezifisch für alle Teilbranchen der *Kultur- und Kreativwirtschaft* ausgerichtet sein sollten, auch um die Zielgruppen zu erreichen; neue Methoden für die Evaluation der Fördermaßnahmen und -instrumente entwickelt werden müssen.

Leider fehlt die Abgrenzung zu den »disruptiven« Innovationen, die infolge der Digitalisierung eintreten, völlig. Die Digitalisierung wiederum hat wirkungsrelevante Auswirkungen auf vertikale und horizontale Vernetzungen. Und diese sind entscheidend, um die Voraussetzungen für Innovationen überhaupt zu schaffen. Wir glauben, dass dieser Aspekt für die Begriffs-Definition und die Unterscheidung zwischen verschiedenen Innovations-Formen und -methoden sehr hilfreich sein kann. (Wir werden darauf im Kapitel *13.8 Perspektiven zukünftiger Wertschöpfungsmöglichkeiten* unter *Digitale Transformation* noch einmal kurz eingehen.)

Bei aller Kritik an der einseitigen und damit unzureichenden Definition in dieser Studie, ist sie im Grunde sehr zu begrüßen, weil geeignet, Bewegung in die Förderpolitik zu bekommen. Allerdings ist es zwingend, die inhaltliche und methodische Begriffsabgrenzung sinnfällig weiterzuentwickeln. Dazu sollten Politik und Förderinstitutionen verstärkt die in den Teilbranchen aktiv tätigen Fachleute einbeziehen und mit den erforderlichen Definitionen beauftragen – anstatt nur Branchenfremde mit zum Teil spekulativen Vermutungen anzuhören.

Schlussfolgerung

Um die Förderpolitik, Forschung und Definition von »geistigen / kreativen / kulturellen« Innovationen für Sie als Designer/in politisch auch wirksam durchzusetzen, braucht es einen entsprechenden Willen – einen Willen zur Macht. Mehr dazu im folgenden Unterkapitel.

5.4 Designer und Politik

Die passive Suche der Designer nach Anerkennung und Bestätigung führt nicht nur zur Beteiligung am wirkungsunscharfen Award-Business und am illusionären Crowdworking (die wir in den Kapiteln *9.0* und *10.0* analysieren) – sie verhindert auch und insbesondere eine aktiv wirkungsmächtige Berufs- und Branchenpolitik. Was sind die Ursachen dieser Verhaltensmuster und der daraus resultierenden Probleme und Fragen? Wie ließe sich dieses Verhalten wirkungsrelevant verändern? Welche Chancen und Möglichkeiten könnten dadurch genutzt werden? Auf diese Fragen und eine Analyse der Hintergründe und Zusammenhänge gehen wir hier näher ein.

Passive Aktivitäten – Hoffnung auf Anerkennung

Es ist scheinbar ein Dilemma! Da gibt es eine zunehmende Geringschätzung, perfide Ausbeutung, soziale Benachteiligung und ein aus diesen Gründen wachsendes Prekariat. Jedes für sich genommen ist Grund für eine Klage und fordert zu Recht, anerkannt und behoben, zumindest aber ausgeglichen zu werden. Allerdings ist das Beklagen dieser Situation und das Fordern von Veränderung hier allein nicht überzeugend.

Der Grund der Misere liegt doch in der passiven Aktivität. Das heißt, wer sich ausnahmslos auf diese Missstände konzentriert, wird bestenfalls ein mehr oder weniger großes / kleines Zugeständnis bekommen und diese Zustände damit nicht völlig beseitigen.

Es steht außer Frage, dass die Bemühungen um die *Künstlersozialkasse* zwecks Absicherung von Krankheitskosten und Altersversorgung wichtig sind. Auch der Zugang zur Arbeitslosenversicherung für kurz befristet Beschäftigte (und auch Selbstständige) ist (wäre) wünschenswert, ebenso die Absicherung neuer Arbeitsformen im Zuge der Digitalisierung. Ob solche Sicherungssysteme aber auf Dauer tragbar und ausreichend sind, muss in Anbetracht global wirtschaftlicher Entwicklungen infrage gestellt werden.

Auch das Engagement für das Urheberrecht zur besseren Durchsetzung und Sicherung von daraus abzuleitenden Ansprüchen und angemessener Beteiligung der Kunst- und Kulturschaffenden an der Wertschöpfungskette ist notwendig. Wie das in der Praxis dann auch als Verhandlungsposition von den Urhebern durchgesetzt beziehungsweise bei Verwertungsverstößen geahndet werden kann, hängt insbesondere von ihrem Durchsetzungswillen, ihrer Durchsetzungskompetenz und ihren Durchsetzungsressourcen ab.

Ebenso ist die Wirtschaftsförderung und ihre Abstimmung auf die Bedarfe der *Kultur- und Kreativwirtschaft* von Bedeutung. Weil sie mit insgesamt elf Teilbranchen sehr vielfältig und unterschiedlich ist, wird es schwer, allen gerecht werden zu können. Ermäßigte Umsatzsteuersätze oder Buchpreisbindungen machen hier (nur) für vereinzelte Branchen Sinn. Und wie die Digitale Agenda der »Industrie 4.0« als zentrales Thema für die *Kultur- und Kreativwirtschaft* profitabel wirken soll, ist in Anbetracht von drohenden Arbeitsplatzverlusten und real digitaler Ausbeutung mit unübersehbaren Risiken verbunden und deshalb noch völlig unklar.

Die mediale und kulturelle Bildung ist eine der größten Herausforderungen, mit denen wir aktuell konfrontiert sind. Gerade vor dem Hintergrund unserer durch Neoliberalismus zunehmend ökonomisierten Gesellschaft werden nicht nur wirtschaftliche, sondern auch politisch tiefgreifende und nachhaltig zerstörende Veränderungen auf uns zukommen. Wie die offensichtlichen Gegensätze und die einseitige Entwicklung zugunsten einer ökonomischen / technischen im Verhältnis zu einer mehr und mehr vernachlässigten geisteswissenschaftlichen / humanen Bildung überwunden und wieder in ein Gleichgewicht gebracht werden können, ist zurzeit völlig offen.

Alle diese Missstände / Probleme können allein mit Klagen und Fordern nicht behoben / gelöst werden. Nur wenn es gelingt, die passive in eine aktive Aktivität zu transformieren, und das heißt Macht zu übernehmen und Verantwortung anzunehmen, lässt sich Wirkungsmacht erzeugen. Was heißt das? Bevor wir dazu konkret werden, ein kurzer philosophischer Exkurs. (Auch hier gilt, wie für Kapitel 2.0: Falls Sie meinen, dass Sie dies nicht so genau zu wissen müssen, überblättern Sie diesen Punkt und lesen Sie unter *Wille zur Macht und Anerkennung* weiter.)

Sklavenaufstand

Der Philosoph *Christoph Menke* hat sich in seinem Buch *Kritik der Rechte* (2015) mit dem Mechanismus von Rechten auseinandergesetzt, die zwischen Ausbeutung und Normalisierung schwankende Herrschaftsverhältnisse hervorbringen.

Unter »Das Recht der Passivität« geht er auf die »Selbstentmachtung der Politik« ein und bezieht sich auf der Suche nach einer Erklärung »aus dem Akt der Revolution« auf *Friedrich Nietzsche* (1844 – 1900). Dieser war ein Kritiker der bürgerlichen Gesellschaft und beschrieb die bürgerliche Revolution als das »rätselhafte Ereignis einer aktiv betriebenen Selbstentmachtung«. Die Selbstentmachtung erklärt er in Form einer Ursprungsanalyse mit Bezug auf die »Subjektgestalt des aufständischen Sklaven oder Knechts«.

Nietzsches Analyse des Sklavenaufstands bezieht sich auf den Begriff des »Rechts« in zwei einander entgegengesetzte Bedeutungen – der »Herren- und der Sklavenmoral« (*Erste Abhandlung* in *Zur Genealogie der Moral* (1887/2013)). Beide bestimmen den Begriff des Rechts auf entgegengesetzte Weise. Die Herren verstehen darunter ihr Recht, Werte zu schaffen und sie nehmen sich dieses Recht, indem sie es ausüben – als Ausdruck ihrer Macht.

»Dem stellt der aufständische Sklave sein Recht entgegen […], den anderen für das, was er tut, verantwortlich zu machen.« Damit beansprucht er nicht, »selbst zum Herrn zu werden« und wie die Herren, »auch Werte zu schaffen und darüber zu urteilen«. Vielmehr behauptet der Sklave, das »Recht des Schwachen, den Starken verpflichten zu dürfen, sich für sein Tun dem Schwachen gegenüber zu verantworten«. Mit diesem Rechtsanspruch definieren sich die Sklaven »als Schwache und Ohnmächtige, die die Handlungen eines Starken und Mächtigen erleiden und deshalb ihre Berücksichtigung einfordern müssen«. Damit hören sie nicht auf, Sklaven zu sein. *Nietzsches* zentrale These lautet: »Das Subjekt dieses Rechts, ist (und bleibt daher) ein Sklave; es definiert sich durch die Inanspruchnahme und die Ausübung dieses Rechts als ein Knecht: als einer, der der Berücksichtigung bedarf«. Die Ohnmacht der Sklaven wird somit festgeschrieben. Die Forderung nach Berücksichtigung, »sagt nein zum Leiden, [...] aber nicht nein dazu, ein Leidender zu sein«. Die Position des Leidenden ist die des Passiven. Der »Sklavenaufstand« bestätigt das Fortbestehen der Macht der Herren und der Ohnmacht der Sklaven. Der Sklave will nicht ändern, was er ist. Er will kein Handelnder sein oder werden. Er will lediglich eine rechtliche Berücksichtigung, die aber keine Form der Anerkennung ist.

Daraus lässt sich schlussfolgern, dass der »Sklavenaufstand« quasi scheitern musste, solange er sich lediglich auf Berücksichtigung (mit der Hoffnung auf Anerkennung) bezieht und nicht die Macht selbst fordert. Doch nur die Macht kann Anerkennung bewirken, weil derjenige, der sie fordert, sich nicht als Leidender, sondern als Handelnder begreift, als einer, »der etwas getan hat oder zu tun vermag, das deshalb Anerkennung verdient, weil es gut ist«.

Mit dieser philosophischen Analyse kommen wir zu einem Ansatz der aktiven Aktivität, verbunden mit dem Willen und der Fähigkeit zur Beteiligung an der Macht.

Wille zur Macht und Anerkennung

Wenn wir diese (philosophische) Analyse auf die konkrete Situation der Designer beziehungsweise der *Designwirtschaft* (innerhalb der *Kultur- und Kreativwirtschaft*) anwenden, müssen wir die Designer gewissermaßen als die »Sklaven« bezeichnen, die mit ihrer Forderung nach Berücksichtigung – statt ihrem Kampf um die Macht – niemals die erhoffte Anerkennung und damit angemessene Wertschätzung erreichen. Die passive Position all derer, die an den Missständen leiden, verhindert den aktiven Anspruch auf die Macht – doch allein durch Erlangung der Macht sind sie in der Lage, diese Zustände zu beseitigen oder zumindest ihre negative Wirkung abzuschwächen beziehungsweise auszugleichen.

Wer Missstände also lediglich beklagt und daraus abgeleitete Kompensationsforderungen – wie besondere Schutzmaßnahmen und Förderungen – fordert, vermittelt den Eindruck von Hilflosigkeit, ja Unfähigkeit. Das erzeugt bestenfalls Mitleid, aber keine Anerkennung. Denn die Botschaft lautet: Wir sind Bedürftige, die abhängig von Unterstützung sind. Bedürftige bekommen bestenfalls Almosen und werden oft wie willfährige Sklaven ausgebeutet.

Machtlosigkeit also ist das eigentliche Problem, das nur durch eine Machtergreifung gelöst werden kann. Das muss nicht zwangsläufig bedeuten, den Anderen die Macht zu entreißen – diesen Anderen muss vielmehr klar werden, dass sie die Macht von nun an teilen müssen. Eine solche Machtteilung setzt voraus, dass jene, die an der Macht sind, vom Nutzen – die Macht zu teilen – überzeugt werden müssen. Ein Ansatz wäre beispielsweise, die eigenen Fähigkeiten und Kompetenzen auf der Grundlage integrierter Kooperationen einzubringen und damit eine Wirkung zu erzielen, die über lediglich äußere Dienst-/Werkleistungen weit hinausgeht.

Aktive Aktivitäten – Praxis politischer Macht

Die praktische Ausübung von Macht ist eine absichtliche Handlung und setzt Willen, Eignung und Fähigkeit zur Macht voraus. Einfluss nehmen kann dann als eine Form von Macht angesehen werden, wenn ein einflussreicher und -nehmender Akteur das Verhalten von Menschen verändert, indem er sie dazu bringt, etwas zu tun, was sie sonst nicht getan hätten. Macht und Führungskompetenz müssen hier allerdings unterschieden werden, wobei eine Führungskompetenz nicht automatisch etwas mit »Führer sein« zu tun hat. So besitzen etwa viele Führer keine Führungsqualitäten, während viele mit Führungskompetenzen keine Führer sind, weil sie keine Machtposition besitzen. Die Erlangung von Machtpositionen setzt neben Führungskompetenzen auch die Fähigkeit zur wirkungsrelevanten Kommunikation voraus. Die Absicht, Macht anzustreben, muss deutlich werden und die Fähigkeit, Macht auszuüben, muss authentisch vermittelt werden.

Dazu braucht man Unterstützung von denen, deren Interessen man vertreten und durchsetzen will. Und man braucht gute und überzeugende Argumente bei denen, die man für eine Machtteilung gewinnen will: Man muss also diejenigen gewinnen, die bereits an der Macht sind – die aktiven und amtierenden Politiker.

Für Sie als Designer/in bedeutet dies, dass Sie selbst die Macht anstreben müssen, um Ihre Interessen auch tatsächlich vertreten und durchsetzen zu können. Wenn Sie selbst sich dazu (aus welchen Gründen auch immer) nicht in der Lage sehen, dann sollten Sie einen / mehrere dafür Geeignete aus dem Kreis der beruflichen Designer oder Ihnen nahestehender nichtberuflicher Designer dafür auswählen und sie in diesem Bemühen unterstützen.

Gerade weil diese Form der (politisch motivierten) Kooperation in den Designerberufen und -verbänden (wie im Kapitel *6.1 Kooperative Realität* kritisch analysiert wird) leider unterentwickelt ist, tut es Not, hier aktiv zu werden. Weil sich die deutschen Berufsverbände aber der passiven Aktivität verschrieben haben, sieht es nicht danach aus, dass sich hier in absehbarer Zeit etwas ändern wird. Um aktive Aktivitäten zu entwickeln, brauchen die Designer offensichtlich eine neue Form der Organisation.

Wie solche neuen Organisationsformen aussehen könnten, dazu mehr im folgenden Kapitel *6.0 Kooperation als Wertschöpfung*.

Kapitel 5.0 zusammengefasst

Die erweiterte Klassifizierung – insbesondere die der Sozio-Designer – vermittelt die Bandbreite und Vielfalt der Designer-Berufe. Sie macht vor allen Dingen deutlich, dass Sie als Designer/in nicht nur Artefakte gestalten, sondern die dafür notwendigen wirtschaftlichen und sozialen Voraussetzungen professionell analysieren, konzeptionieren und umsetzen können.

Erst wenn Ihre direkten und indirekten Designleistungen Berücksichtigung finden, wird Ihre tatsächliche wirtschaftliche Wertschöpfung sichtbar. Damit befinden Sie sich in einer Dimension, die weit über dem bisher wahrgenommenen Anteil an der gesamten quantifizierbaren Wertschöpfungskette liegt.

Es ist zwingend, die inhaltliche und methodische Begriffsabgrenzung von »geistigen / kreativen / kulturellen« Innovationen sinnfällig weiterzuentwickeln. Dazu sollten Politik und Förderinstitutionen verstärkt die in den Teilbranchen aktiv tätigen Fachleute einbeziehen und mit den erforderlichen Definitionen beauftragen – statt nur Branchenfremde mit zum Teil spekulativen Vermutungen anzuhören.

Die Erlangung von Machtpositionen setzt neben Führungskompetenzen auch die Fähigkeit zur wirkungsrelevanten Kommunikation voraus. Die Absicht, Macht anzustreben, muss deutlich werden und die Fähigkeit, Macht auszuüben, muss authentisch vermittelt werden.

Teil I
Selbstwert

6.0 Kooperation als Wertschöpfung

Dieses sechste Kapitel schließt den ersten Teil des Buches ab und geht auf Fragen zur Kooperation ein – als Mittel zur Entwicklung der Partizipation an der Wertschöpfung:
Inwieweit ist Kooperation in der Designwirtschaft und den Designberufen Realität?
Was sind die Grundlagen der Kooperation und wie ist Kooperation als handwerkliche Kunst zu definieren?
Welche Möglichkeiten der Kooperation bieten sich Ihnen als Designer/in?

Bei Durchsicht der Fachliteratur für Design und Designtheorie fällt auf, dass der Begriff Kooperation so gut wie gar nicht vorkommt. Weder im *Wörterbuch Design* (2008) von *Michael Erlhoff* und *Tim Marshall* noch im *Lesikon der visuellen Kommunikation* (2010) von *Juli Gudehus* oder in *Theorie des Designs* (2014) von *Claudia Mareis*, um nur ein paar Beispiele zu nennen.

6.1
Kooperative Realität

Ein naheliegender Grund dafür scheint zu sein, dass die Fachliteratur überwiegend von Design und Designtheorie handelt, sehr selten jedoch von den Akteuren – den Designern. Kooperation – also Zusammenarbeit – findet nun einmal zwischen den Menschen statt und nicht zwischen abstrakten Begriffen (bei denen es eher um Koordination geht – ein Begriff den man vergleichsweise häufig in der Design-Fachliteratur findet).
    Diese einseitige Auseinandersetzung im Kontext mit Design und Designern zugunsten des Designs (dessen Relevanz damit überhaupt nicht infrage gestellt sein soll) führt dazu, dass Kooperation unterschätzt wird, wenn überhaupt thematisiert. Daraus resultieren Probleme der geringen Wahrnehmung und nicht authentischen Kommunikation. Einer von mehreren Nebeneffekten ist zum Beispiel die Tatsache, dass wir in Deutschland nur eine Designförderung und keine Designerförderung haben.

Design-Fachliteratur

Auch die Berufsverbände tun sich schwer mit der Kooperation. Eigentlich ist es ihr ureigenes Anliegen, die Zusammenarbeit von Designern zu fördern und deren Interessen zu vertreten. Allerdings tun sie das mit nur mäßigem Erfolg, wenn man einen Blick auf die Organisationsquote wirft (die bei circa zwei Prozent von allen berufs- und erwerbstätigen Designern in *Deutschland* liegt). Es hat den Anschein, dass es auch hier einen Zusammenhang mit der Hervorhebung des

Design(er)-Verbände

Designs gibt. Die jüngste Neugründung (beziehungsweise Fusion des ältesten Dachverbands mit einer Initiative der Design[er]verbände) geht sogar so weit, dass aus dem ursprünglichen Namen der wesentliche Hinweis auf die Akteure gestrichen wurde – *Deutscher Designtag* statt *Designertag* (beim Design*er*tag wusste man wenigstens noch, mit wem man es zu tun hat und nicht nur mit was). Es bleibt abzuwarten, wie sich das auf die Bereitschaft und Fähigkeit zur Kooperation auswirkt.

Ein nicht unwichtiger Nebeneffekt ist, dass – durch die einseitige Konzentration auf den Begriff Design – eine Konkurrenzsituation ohne Not geschaffen wird, in der die Designer und ihre Berufsverbände etablierten Institutionen und Unternehmen gegenüberstehen, die sich mit dem Thema Design bereits seit Jahrzehnten auf hochprofessionellem Niveau beschäftigen. Weder die Designer noch ihre Berufsverbände sind solchen Unternehmen ökonomisch und politisch gewachsen.

Designer

Es spricht daher viel dafür, sich der Akteure zu besinnen und diese auf sich selbst. Nur wenn es Ihnen als Designer/in gelingt, sich selbstbewusst als Akteur zu positionieren und nicht hinter dem abstrakten Begriff Design zu verschwinden, werden Sie sich Ihrer Fähigkeit zur Kooperation nicht nur bewusst, sondern können diese auch glaubhaft und überzeugend nach außen kommunizieren. Leider scheint das in der Praxis nicht wirklich zu funktionieren. Ein Beispiel ist die im Sande verlaufene Initiative einiger führender Designbüros im Jahre 2010, die mit einer Veröffentlichung zum Widerstand gegen das kommerzielle »Award-Business« aufgerufen hatten. Auf die Hintergründe gehen wir im Kapitel *9.0 Awards* näher ein.

Wie Sie sich als Designer/in Kooperationen erschließen und diese als intelligente Form des Konkurrierens umsetzen können, das haben wir bereits in den Büchern *Designbusiness gründen und entwickeln für Designer* (Kapitel 5.5 (2010) / 3.5 (2017)) sowie *Designzukunft denken und gestalten* für Designer (Kapitel 12.2–12.3 (2012)) näher beschrieben. Wir wollen das hier vertiefen, indem wir die Grundlagen und Möglichkeiten näher erläutern. (Hier gilt, wie für Kapitel 2.0 und 5.4 unter *Sklavenaufstand*: Falls Sie meinen, dass Sie dies nicht so genau zu wissen wollen, überblättern Sie dieses Unterkapitel und lesen Sie unter *6.3 Kooperation als handwerkliche Kunst* weiter.)

6.2 Grundlagen der Kooperation

Aus anthropologischer Sicht gibt es zwei deutlich erkennbare Besonderheiten der menschlichen Kultur, die sie einzigartig kennzeichnet: Erstens die sogenannte kumulative kulturelle Evolution – menschliche Artefakte und Verhaltensweisen nehmen im Laufe der Zeit an Komplexität zu. Zweitens die Schaffung sozialer Institutionen, die aus einer Reihe von Verhaltensweisen – durch verschiedene, wechselseitig anerkannte Normen und Regeln – bestimmt werden. So der amerikanische Anthropologe *Michael Tomasello* in seinem Buch *Why We Cooperate* (2009) (deutsch: *Warum wir kooperieren* (2010)).

Diese Besonderheiten – kumulative Artefakte und soziale Institutionen – basieren auf artspezifischen Fähigkeiten und Motivationen zur Kooperation. In Anlehnung an die Handlungsphilosophie werden die zugrunde liegenden psychologischen Prozesse, die diese einmaligen Kooperationsformen ermöglichen, als »geteilte Intentionalität« bezeichnet. Darunter wird verstanden: »die Fähigkeit, mit anderen in kooperativen Unternehmungen gemeinsame Absichten zu verfolgen und Verpflichtungen einzugehen. Diese [...] werden durch gemeinsame Aufmerksamkeit und wechselseitiges Wissen geformt und basieren auf den kooperativen Motiven, anderen zu helfen und Dinge mit ihnen zu teilen«.

Es gibt hier zwei zusätzliche kooperative Prozesse von grundlegender Bedeutung: »Erstens bringen Menschen anderen aktiv Dinge bei, und sie beschränken ihre Lektionen dabei nicht auf Verwandte. Die Vermittlung von Wissen ist eine Art des Altruismus, bei der Individuen anderen helfen, indem sie ihnen nützliche Informationen zur Verfügung stellen. Zweitens haben Menschen die Tendenz, andere in ihrer Gruppe zu imitieren – sich also anzupassen –, einfach, um so zu sein wie sie (möglicherweise geht es dabei darum, zu zeigen, dass die Gruppe eine kollektive Identität hat). So weit *Michael Tomasello*.

Soziale Kooperation

Eine weitere Definition der Kooperation ist die der sozialen Kooperation – einer Vorstellung von der Gesellschaft als einem fairen und langfristig von einer Generation zur nächsten fortwirkenden System – und damit die fundamentalste Idee im Rahmen der Gerechtigkeitsauffassung. Das hat der amerikanische Philosoph *John Rawls* (1921–2002) in seinem Buch *Justice as Fairness. A Restatement* (2001) (deutsch: *Gerechtigkeit als Fairneß – Ein Neuentwurf* (2003/2006)) als Reaktion auf Einwände und Fragen der Kritiker seines Klassikers *A Theory of Justice* (1971) (deutsch: *Eine Theorie der Gerechtigkeit* (1975 / 1979)) formuliert. Er führt darin näher aus: »Dafür, dass eine demokratische Gesellschaft oft als System der sozialen Kooperation angesehen wird, spricht auch der Umstand, dass ihre Bürger bei der Betrachtung von einem politischen Standpunkt und im Kontext der öffentlichen Diskussion über Grundfragen des politisch Rechten die soziale Ordnung ihrer Gesellschaft weder als eine feststehende, naturgegebene Ordnung ansehen noch als eine institutionelle Struktur, die durch religiöse Lehren gerechtfertigt wäre oder durch hierarchische Grundsätze, von denen aristokratische Werte zum Ausdruck gebracht werden.«

Nach *John Rawls* besitzt die strukturierte Grundidee der sozialen Kooperation drei wesentliche Merkmale:

> Sie ist etwas anderes als eine lediglich sozial koordinierte Tätigkeit, also etwa eine absolute Zentralautorität, die durch die von ihr erlassenen Befehle koordiniert wird.
> Dazu gehört auch die Idee der fairen Modalitäten der Zusammenarbeit, die jeder Beteiligte vernünftigerweise akzeptieren kann und manchmal sollte, sofern sie von jedem anderen auch akzeptiert wird.
> Und schließlich gehört dazu auch die Vorstellung vom rationalen Vorteil oder Wohl jedes Beteiligten.

Die fairen Bedingungen der sozialen Kooperation zu bestimmen, ist die Rolle der Gerechtigkeitsprinzipien, die zu einer politischen Auffassung der Gerechtigkeit gehören.

Die postum erschienenen *Lectures on the History of Political Philosophy* (2007) (deutsch: *Geschichte der politischen Philosophie* (2008)) von *John Rawls* beinhaltet unter anderem eine Vorlesung zu *Hobbes' Theorie des praktischen Vernunftgebrauchs*, in der er auch auf die soziale Kooperation eingeht. Darin geht er davon aus, dass wir die vernünftigen Prinzipien der sozialen Kooperation annehmen und sie unter Bezugnahme auf das Rationale begründen. Er verdeutlicht den Gegensatz zwischen rationalen und vernünftigen Prinzipien anhand zweier Möglichkeiten: ihre spezifische Rolle im Rahmen des praktischen Vernunftgebrauchs und des menschlichen Lebens; ihr Inhalt anhand dessen, was sie tatsächlich besagen und uns vorschreiben (normalerweise können wir intuitiv erkennen, ob der Inhalt unter das Rationale oder das Vernünftige fällt).

Seiner Auffassung nach »sind Konzeptionen der sozialen Kooperation grundverschieden von einer völlig anders gearteten Vorstellung, die lediglich die effiziente und produktive Koordination einer sozialen Tätigkeit betrifft«. Jede Konzeption der sozialen Kooperation gliedert sich in zwei Teile:

> Der erste »definiert einen Begriff des rationalen Vorteils derjenigen, die an einem kooperativen Unterfangen beteiligt sind – eine Vorstellung vom Nutzen oder Wohlergehen jedes Individuums oder jedes Verbands«.
> Der zweite »dient der Definition fairer Modalitäten der sozialen Kooperation. […] Diese […] setzen einen Begriff von Wechselseitigkeit oder Reziprozität voraus sowie eine Vorstellung davon, wie dieser Begriff in der Praxis interpretiert ist.«

John Rawls weist darauf hin, dass eine »Konzeption der sozialen Kooperation« voraussetzt, dass »die Menschen die Fähigkeit besitzen, sich daran zu beteiligen und deren Modalitäten zu respektieren« sowie eine Vorstellung davon mit einschließt, »wodurch die Kooperation der Betreffenden überhaupt ermöglicht wird«. Demnach werden »die Gebote oder Prinzipien, welche die fairen Modalitäten der Kooperation im Einzelfall bestimmen«, vernünftig sein. Wenn jemand als unvernünftig bezeichnet wird, »obwohl er sich von seinem eigenen Standpunkt aus gesehen völlig rational verhalten hat, so ist damit gesagt, dass er einen vielleicht zufällig gegebenen Vorteil seiner Position ausgenutzt hat, um durch Druck unvernünftige (unfaire oder ungerechte) Modalitäten auszuhandeln«.

In der Konzeption der sozialen Kooperation kann eine koordinierte soziale Tätigkeit strukturiert werden, »um das (rationale) Gut aller zu fördern, dass es für jeden fair (vernünftig) ist.«. Sie »beinhaltet eine Vorstellung von den fairen Modalitäten der Kooperation (dem Vernünftigen) sowie eine Vorstellung von dem Gut oder Vorteil jeder kooperierenden Person (dem Rationalen)«. So *John Rawls*.

Fähigkeitenansatz zur Kooperation

Die amerikanische Philosophin *Martha C. Nussbaum* geht in ihrem Buch *Frontiers of Justice.Disability, Nationality, Species Membership* (2006) (deutsch: *Die Grenzen der Gerechtigkeit – Behinderung, Nationalität und Spezieszugehörigkeit* (2010)) noch einen Schritt weiter und stellt fest, dass im Fähigkeitenansatz »den Vorteilen und Zielen sozialer Kooperation von Anfang an eine moralische und soziale Dimension zu[kommt]«. Sie geht davon aus, dass Menschen aus vielen Motiven heraus kooperieren und eine Wertschätzung der Gerechtigkeit sowie ein moralisch geprägtes Mitgefühl dazugehören. »Dieses Mitgefühl richtet sich auf Personen, die nicht über alle notwendigen Voraussetzungen für ein achtbares und würdevolles Leben verfügen.« In ihrem Fähigkeitenansatz kritisiert Nussbaum deshalb *Rawls´* liberale Theorie, der damit lediglich die liberal-ökonomische Linie des Wettbewerbs und der Gewinnmaximierung verfolge.

Martha C. Nussbaums Ansatz geht von einer Konzeption der Kooperation aus, für die Gerechtigkeit und umfassende Einbeziehung von Anfang an darin enthaltene wertvolle Zwecke darstellen und, dass »die Bindungen zwischen den Menschen (sich) ebenso dem Altruismus wie dem gegenseitigen Vorteil [zu] verdanken [sind]«.

Menschen kommen nicht primär zu einer Übereinkunft mit anderen, weil es zu ihrem eigenen Vorteil ist, sondern weil sie sich nicht vorstellen können, ein gutes Leben zu führen, ohne ihre Zwecke und ihr Leben zu teilen. »In durch Gerechtigkeit und Wohlwollen geprägten Beziehungen mit anderen und auf andere hin zu leben, ist Teil einer öffentlich geteilten Konzeption der Person, der aus politischen Gründen alle zustimmen.« *Martha C. Nussbaum* betrachtet dies als einen elementaren Anspruch an eine gerechte Gesellschaft.

Kooperation und kollektive Anerkennung

Im Falle einer Transaktion zwischen zwei Akteuren (zum Beispiel der Kauf von etwas und die Zahlung mittels Geld) handelt es sich um eine Kooperation. Allerdings gibt es vor und nach dieser Transaktion eine bestimmte Einstellung zum Geld, die darin besteht, dass beide dieses Geld anerkennen und akzeptieren. »Sie akzeptieren die Institution des Geldes generell sowie die Institution des Warenhandels. Allgemein gilt, dass institutionelle Strukturen, um zu funktionieren, kollektive Anerkennung vonseiten der an dieser Institution Beteiligten voraussetzen, während einzelne Transaktionen im Rahmen der Institution voraussetzen, dass es Kooperationen der hier geschilderten Art gibt.«

Auf diesen Zusammenhang verweist der amerikanische Philosoph *John R. Searle* in seinem Buch *Making the Social World: The Structure of Human Civilization* (2010) (deutsch: *Wie wir die soziale Welt machen: Die Struktur der menschlichen Zivilisation* (2012)). Er betont, »dass es, damit Kooperation im Rahmen einer institutionellen Struktur überhaupt stattfinden kann, allgemeine kollektive Anerkennung oder Akzeptierung der Institution geben muss, wozu jedoch nicht unbedingt aktive Kooperationen erforderlich sind.«

Er stellt jedoch klar, dass man Institutionen anerkennen und in ihrem Rahmen handeln kann, obwohl man sie ablehnt. Der »hybride Begriff kollektive Anerkennung oder Akzeptierung« kennzeichnet einen Zusammenhang, der die begeisterte Bejahung bis zum bloßen Einverständnis mit der Struktur umfasst. Kooperation existiert also auch in diesem Zusammenhang, doch »kreuzt« sich dieser mit dem der kollektiven Anerkennung oder Akzeptanz.

»Kooperation setzt voraus, dass die kollektive Absicht zu kooperieren gegeben ist. Kollektive Anerkennung hingegen braucht keine

Form von Kooperation zu sein und verlangt daher keine kollektive Absicht zu kooperieren.« So *John R. Searle*, und er ergänzt, »dass die Existenz einer Institution keine Kooperation voraussetzt, sondern bloß kollektive Akzeptierung oder Anerkennung. Einzelhandlungen im Rahmen der Institution [...] verlangen Kooperation.«

6.3 Kooperation als handwerkliche Kunst

Der amerikanische Soziologe *Richard Sennett* hat mit seinem Buch *Together. The Rituals, Pleasures and Politics of Cooperation* (2012) (deutsch: *Zusammenarbeit – Was unsere Gesellschaft zusammenhält* (2012)) Kooperation als »handwerkliche Kunst« begriffen, die Fähigkeiten erfordert, »einander zu verstehen und aufeinander zu reagieren, um gemeinsames Handeln zu ermöglichen«. Er betrachtet darin Kooperation »als Schmierstoff für jene Maschinerie, mit deren Hilfe wir es schaffen, dass Dinge getan werden, und indem wir uns mit anderen Menschen zusammentun, [...] wir individuelle Mängel ausgleichen [können].« Kooperation definiert er als Austausch, von dem alle Beteiligten profitieren.

Eine anspruchsvolle und schwierige Art von Kooperation ist es, »Menschen zusammenzubringen, die unterschiedliche oder gegensätzliche Interessen verfolgen, die kein gutes Bild voneinander haben, verschieden sind oder einander einfach nicht verstehen«. Auf andere Menschen nach deren eigenen Bedingungen einzugehen, ist eine Herausforderung für jedes Konfliktmanagement. Durch anspruchsvolle Formen der Kooperation können wir Selbsterkenntnis gewinnen. Das setzt gewisse Fertigkeiten voraus, wie gutes Zuhören und taktvolles Verhalten, das Finden von Übereinstimmungen, geschickter Umgang mit Meinungsverschiedenheiten oder Vermeidung von Frustration in schwierigen Diskussionen – also Dialogfähigkeiten.

Dialogik und Dialektik

Richard Sennett geht einleitend auf einen wichtigen Aspekt der Zusammenarbeit ein, den der Dialogik. Das Wesen der Dialogik zeigt sich darin, dass Menschen, die nicht beobachten, auch kein Gespräch führen können. Die Fähigkeit des Zuhörens hat für das Gespräch eine hohe Bedeutung. Zuhören erfordert, genau darauf zu achten, was andere sagen, auf die Gesten und Sprechpausen wie das explizit Gesagte, und es zu interpretieren, bevor man antwortet. Das Gespräch wird dadurch reicher, kooperativer, dialogischer – und das, obwohl wir uns zurückhalten, um beobachten zu können.

Dieses aufmerksame Zuhören führt zu dialektischen oder dialogischen Gesprächen. In der Dialektik sollen Gegensätze schrittweise eine Synthese hervorbringen. Ziel soll sein, am Ende zu einem gemeinsamen Verständnis zu gelangen. Das bedeutet, herauszufinden, wie man solch eine gemeinsame Grundlage herstellen kann.

In der Dialogik soll es nicht auf eine Übereinstimmung hinauslaufen. Der Austausch soll vielmehr die eigene Sichtweise stärker bewusst machen und ein besseres Verständnis füreinander entwickeln.

Wichtig in diesem Zusammenhang ist die Unterscheidung von Sympathie und Empathie. Beide bringen Anerkennung zum Ausdruck und schaffen eine Verbindung. Bei der Sympathie ist es eine »Umarmung« und bei der Empathie eine »Begegnung«. Erstere überwindet Unterschiede durch eine Identifikation, letztere geht auf den anderen nach dessen eigenen Bedingungen ein. Sympathie gilt als das stärkere Gefühl und aktiviert das eigene Ich. Im Gegensatz dazu ist Empathie – zumindest beim Zuhören – die anspruchsvollere Übung, muss der Zuhörer doch aus sich selbst herausgehen.

Sympathie kann als emotionaler Lohn für »das aus These, Antithese und Synthese bestehende Spiel« der Dialektik verstanden werden – ein gutes Gefühl. Empathie ist eher mit dem Austausch in der Dialogik zu verbinden und hat ihren eigenen emotionalen Lohn – wir erleben hier nicht dieselbe Befriedigung eines runden Abschlusses, obwohl Neugier den Austausch in Gang hält.

Konjunktiv

Den Konjunktiv zu beherrschen, erlaubt uns, Verhandlungen im alltäglichen Sozialkontakten und im Geschäftsleben zu führen und ein »ich könnte mir vorstellen« oder »vielleicht« als wirksames Mittel einzusetzen, um paralysierenden Standpunkten begegnen zu können. Im Dialog – als einer Gesprächsform, die einen offenen sozialen Raum bildet, in dem Diskussionen eine unvorhergesehene Richtung nehmen können – ist der Konjunktiv als Möglichkeitsform am ehesten anzutreffen. Dieser indirekte Weg ein Gespräch zu führen, ermöglicht uns, mit anderen Menschen im Kontakt zu sein, ohne dass wir gezwungen sind, wie sie zu sein. Die Stärke des dialogischen Gesprächs liegt in der Empathie, der Neugier, was Andere für sich genommen sein mögen.

Hier – so *Richard Sennett* – ist die Fähigkeit des Zuhörens bedeutend. »Gutes Zuhören ist eine interpretierende Tätigkeit, die am besten gelingt, wenn man sich auf die Eigenheiten des Gehörten konzentriert, etwa wenn man daraus zu schließen versucht, von welchen Annahmen der andere ausgeht, auch wenn er sie nicht explizit benennt. Das dialektische und das dialogische Vorgehen sind zwei Möglichkeiten zur Gestaltung eines Gesprächs, im einen Fall durch ein Spiel von Gegensätzen, das zu einer Übereinstimmung führt, im anderen durch einen ergebnisoffenen Austausch von Ansichten und Erfahrungen. Wenn wir gut zuhören, können wir Sympathie oder Empathie empfinden. Beides sind kooperative Impulse. Sympathie ist das stärkere, Empathie das kühlere, aber auch anspruchsvollere Gefühl, denn es verlangt, dass wir unsere Aufmerksamkeit ganz nach außen verlagern.«

Unsere Gesellschaft ist in der Kommunikation durch »dialektische Argumentation« sehr viel besser als in der »dialogischen Diskussion«. Besonders deutlich wird das durch die neuen technischen Formen der Online-Kommunikation.

Kooperation und Konkurrenz

Kooperation und Wettbewerb gehen zusammen. Mit Konkurrenz sind Aggression und Zorn eng verbunden, denen durch Gemeinschaften, Gespräche, Koalitionen und Werkstätten entgegengewirkt werden kann. Durch Erfahrung müssen wir lernen, dass ein Gleichgewicht zwischen beiden herzustellen ist.

Das Spektrum unserer Austauschbeziehungen, also die Erfahrung des Gebens und Nehmens, basiert auf dem elementaren Lebensrhythmus von Reiz und Reaktion. *Richard Sennett* unterteilt die Verhaltensweisen in fünf Segmente des Austauschs:

> altruistischer – »zu dem auch die Selbstaufopferung gehört«,
> Win-Win – »aus dem beide Seiten Nutzen ziehen«,
> differenzierender – »bei dem die Partner sich ihrer Unterschiede bewusst werden«,
> Nullsummen – »bei dem der Nutzen der einen Seite auf Kosten der anderen geht« und
> Beziehungen nach dem Prinzip »der Gewinner erhält alles« – in der »eine Seite alles und die andere nichts erhält«.

Ein Gleichgewicht zwischen Kooperation und Konkurrenz wird besonders beim »Win-Win-Austausch« hergestellt. Ein solches Gleichgewicht stellt sich nicht von selbst ein, sondern erfordert Verhandlungsgeschick. Hier ist es wichtig, Konfrontationen abzumildern, unliebsame Wahrheiten indirekt zu formulieren, sodass ein Gegenüber eher bereit ist, sie zu akzeptieren. Sensibilität gegenüber anderen und mit Mehrdeutigkeiten umgehen zu können, sind hier entscheidende Kompetenzen. Und Höflichkeit, bei der beide Seiten dafür sorgen, dass sich der andere wohlfühlt.

Kooperation und Identität

Richard Sennett schlägt in seinem Buch einen weiten Bogen, ausgehend davon, wie man Kooperation gestalten kann über die Schwächung bis hin zur Stärkung der Kooperation. Zum Schluss bringt er noch den Gedanken ein, dass »Kooperation die Identität zu stärken vermag«. Gemeinsame Identität baut auf der gemeinsamen Aktivität auf und hat einen direkten Bezug zu den Erfahrungen anderer Menschen, die man gut kennt. Gemeinschaft als ein Prozess des

»In-die-Welt-Kommens«, ein Prozess, in dem die Menschen den Wert direkter persönlicher Beziehungen und die Grenzen solcher herausarbeiten. »Der Wert ist sozialer Natur.« Dieser Wert ist der eigentliche Nutzen der Kooperation – ein Identitätsnutzen.

Wie sich dieser Identitätsnutzen in praktische Kooperationen organisieren und moderieren lässt, dazu mehr im nächsten Kapitel 6.4.

6.4 Möglichkeiten der Kooperation

Wir haben bereits am Anfang dieses Kapitels unter 6.1 darauf hingewiesen, dass die Initiative von Designern in Berufsverbänden – und auch in Clubs und Foren – relativ gering ist. Für die wenigen, die sich hier organisieren, ist die Mitgliedschaft typisch, da die Organisationsform des Vereins die Regel ist. Was jedoch unterscheidet Mitgliedschaften von Partnerschaften?

Mitgliedschaft

Die vereinsrechtlichen Rahmenbedingungen bilden zwangsläufig Hierarchien – muss doch immer ein Vorstand gebildet sein, der den Verein leitet. Die Mitglieder können über die Mitgliederversammlung (formal) Wahl- und Kontrollrechte ausüben. Diese Form der demokratischen Mehrheitsfindung ist grundsätzlich positiv zu bewerten. In der Praxis ist es jedoch nicht selten, dass zwischen Vorstand und Mitgliedern nur ein begrenzter Austausch stattfindet und eine mangelhafte Transparenz herrscht. Besonders deutlich wird dies dort, wo Vorstände präsidiale Strukturen bilden und herrschaftliche Verhaltensweisen entwickeln.

Ein weiterer Aspekt ist die für Mitglieder mehrheitlich typische Erwartungshaltung an den Verein. Schließlich zahlt man doch einen Beitrag und fragt sich (unbewusst): Was bekomme ich dafür? Was tut mein Verein für mich? Dieses konsumistische Verhalten behindert persönliches und selbstmotiviertes Engagement und Eigeninitiative. Erfahrungsgemäß ist der Anteil aktiver Mitglieder (im Vorstand oder auch außerhalb) verschwindend gering. Die (unbeabsichtigte) Nebenwirkung dabei ist, dass sich Vorstände in ihrem oft herrschaftlich-präsidialen Verhalten bestätigt fühlen, wodurch sich eine verhängnisvolle Spirale entwickelt.

Nun sind Vereine per se nichts Negatives und schließen Austausch, Transparenz, Heterarchie, Engagement und Eigeninitiative nicht grundsätzlich aus. Der formale Rahmen und das Image begünstigen jedoch ein eher unsoziales Verhalten.

Partnerschaft

Die Selbstverpflichtung zwischen Menschen mit gemeinsamen Interessen und Haltungen, die auf gleicher Augenhöhe heterarchisch kooperieren, ist die Grundlage von Partnerschaften. Typisch für partnerschaftliches Verhalten ist die Frage: Was kann ich für den / die anderen tun? Dieses steht – im Gegensatz zum konsumistischen Verhalten – für das Sein (anstelle des Habens). Es basiert auf einer ethischen Haltung statt auf einer moralischen Forderung. Partikularinteressen stehen hinter allgemeinen zurück. Persönliche Profitorientierung wird dem Gemeinnutz untergeordnet. Engagement und Eigeninitiative sind selbstverpflichtend und intrinsisch, also aus dem Inneren heraus motiviert.

Partnerschaft ist von einem gemeinsamen Leitbild geprägt, das eine Haltung (Selbstverständnis und Grundprinzipien) fordert, die wiederum Orientierung und Identität für alle Partner bietet.

Das Selbstverständnis basiert auf freundschaftlichen Beziehungen, Respekt und Vertrauen. Vertrauen beruht auf Wahrhaftigkeit und Verlässlichkeit. Wahrhaftigkeit rechtfertigt subjektives und Verlässlichkeit objektives Vertrauen.

Ergänzende Fähigkeiten und Kompetenzen, Identitätsvielfalt im Dialog, Gestaltungswille für gemeinsames Handeln, Freundschaft als Ziel (statt als Mittel zum Zweck), konstruktive Kritik (im angemessenen Ton), Reflexion des eigenen Standpunktes und Nachhaltigkeit im Umgang sind wesentliche Voraussetzungen und Verhaltensweisen in einer Partnerschaft.

Die Art und Weise der Zusammenarbeit in einer Partnerschaft, gleicht einem moderierten Prozess. Alle Partner sind kompetenzsituativ wechselseitig in die Rolle des Moderators eingebunden.

Partnerschaften brauchen keine Form im juristischen Sinne, zumindest solange sie privaten Charakter haben, die ökonomischen Risiken gering sind und von allen Partnern getragen werden können. Erst wenn die Ziele und Maßnahmen ökonomische Verpflichtungen mit sich bringen, die nicht mehr von allen Partnern übernommen werden können und Haftungsrisiken begrenzt werden müssen, ist die Einrichtung von juristischen Personen (Gesellschaften) notwendig. Die Rechtsform eines Vereins ist hier aus den oben genannten Gründen allerdings keine ideale Lösung – zumal es Alternativen gibt. (Dazu mehr im Buch *Designbusiness gründen und entwickeln* für Designer im Kapitel *11* (2010) / *14.0* (2017) *Rechtsformen*.)

Partnerschaftliche Zusammenarbeit

Partnerschaftliche Initiativen können dabei helfen, Ziele zu definieren, Chancen zu nutzen und einen Beitrag zur gesellschaftlichen Entwicklung zu leisten. Sie können sich finden und entwickeln, wenn sie klein anfangen und sich die Zeit nehmen, qualitativ zu wachsen – vor allem in der Zusammenarbeit und in der methodischen Kommunikation. Das heißt, man muss sich von Anbeginn die Unterschiede der Individuen bewusst machen, die sehr verschieden sind und weit davon entfernt, homogen zu sein. Und es heißt auch, genau dieser Individualität in einem dialogischen Prozess Raum zu lassen, sich kennen, respektieren und vor allem aushalten lernen. Nur wenn das reifen kann, wird sich diesen Initiativen vorwiegend das Gemeinsame zeigen, und auch, dass dieses Verbindende mehr ist als vorher ersichtlich war. Das wertvollstes Gut ist die Heterogenität, mit der gelernt, gelebt und gearbeitet werden kann. Auf dieser Basis sind sie mehr und mehr in der Lage, ihre Kommunikation dialektisch zu erweitern, das Gemeinsame in den Mittelpunkt zu stellen, ohne Gefahr zu laufen, von ihrer Unterschiedlichkeit überrascht und blockiert zu werden.

Ein gegensätzliches Verhalten – wie in der Praxis überwiegend – ist, dass von vornherein das Gleiche betont und das Verschiedene zurückgestellt wird (wie in einem dialektischen Prozess). Das Unterscheidende wird sich jedoch im Laufe der Zeit zwangsläufig nach vorn drängen und den kommunikativen Entwicklungsprozess empfindlich stören (oder sogar zerstören), und zwar so lange, bis der Unterschiedlichkeit der notwendige Respekt entgegengebracht und ihr Raum gegeben wird.

Wenn partnerschaftliche Initiativen die Dialogik regelmäßig üben und weiterentwickeln, ihr Selbstverständnis und ihre Haltung definieren, dann sind sie auch in der Lage, daraus Utopien und Ziele zu formulieren – ein Austauschformat zu entwickeln wie etwa einen Denkraum.

Wenn die Zeit dafür reif ist, können sie damit an die Öffentlichkeit gehen, darüber informieren, dass es sie gibt, welche Erfahrungen sie in ihrer Findungsphase gemacht haben und was sie dazu bewegt hat. Sie sollten allen Interessierten sagen, dass es möglich ist – trotz aller Unterschiedlichkeit oder gerade deswegen – Chancen gemeinsam wahrzunehmen, diese zu interpretieren, sie zu visualisieren und umzusetzen. Sie sollten zeigen, was Designer leisten können und welchen Wert sie für unsere Kultur, unsere Gesellschaft haben. Sie sollten alle einladen mitzumachen, um ihrem Ziel gemeinsam zu einem Durchbruch zu verhelfen. Alle – berufliche und nichtberufliche Designer.

Kapitel 6.0 zusammengefasst

Die einseitige Auseinandersetzung im Kontext mit Design und Designern zugunsten des Designs (dessen Relevanz damit überhaupt nicht infrage gestellt sein soll) führt dazu, dass Kooperation unterschätzt wird, wenn überhaupt thematisiert. Daraus resultieren Probleme der geringen Wahrnehmung und der nicht authentischen Kommunikation.

Die fairen Bedingungen der sozialen Kooperation zu bestimmen, ist die Rolle der Gerechtigkeitsprinzipien, die zu einer politischen Auffassung der Gerechtigkeit gehören.

Ein Gleichgewicht zwischen Kooperation und Konkurrenz wird besonders beim »Win-Win-Austausch« hergestellt. Ein solches Gleichgewicht stellt sich nicht von selbst ein, sondern erfordert Verhandlungsgeschick. Hier ist es wichtig, Konfrontationen abzumildern, unliebsame Wahrheiten indirekt zu formulieren, sodass ein Gegenüber eher bereit ist, sie zu akzeptieren. Sensibilität gegenüber anderen und mit Mehrdeutigkeiten umgehen zu können, sind hier entscheidende Kompetenzen. Und Höflichkeit, bei der beide Seiten dafür sorgen, dass sich der andere wohlfühlt.

Die Selbstverpflichtung zwischen Menschen mit gemeinsamen Interessen und Haltungen, die auf gleicher Augenhöhe heterarchisch kooperieren, ist die Grundlage von Partnerschaften. Typisch für partnerschaftliches Verhalten ist die Frage: Was kann ich für den / die anderen tun?

**Teil II
Leistungs-
und Nutzenwerte**

7.0 Wettbewerber bewerten und konkurrieren

*In diesem Kapitel schauen wir uns das Verhalten von Wettbewerbern an, die für Sie als Designer/in relevant sind:
Wie bewerten und konkurrieren Ihre Mitbewerber?
Wie beurteilen die Berufsverbände Ihre Einkommenssituation?
Was empfehlen die Berufsverbände und wie ordnen, systematisieren und tarifieren sie?*

Alle, die in Designerberufen arbeiten, sind für Sie als Designer/in nicht nur Kollegen, sondern auch Mitbewerber. Daher bewegt sich die Bewertung Ihrer Persönlichkeit und Ihrer Leistungen zwischen einer kollegialen und konkurrierenden Sicht.

Wir haben das Verhalten von Designern über lange Jahre beobachtet und dabei die Erfahrung gemacht, dass die im Kapitel 6.0 bereits erwähnte, eher schwach entwickelte Kooperationsfähigkeit durchaus zu positiven Bewertungen führen kann, wobei hier allerdings überwiegend die Leistungen im Mittelpunkt von Bewertungen stehen.

**7.1
Mitbewerber
als Bewerter
und Konkurrenten**

Wenn Designer Designleistungen bewerten, tun sie das in der Regel aus einer formalästhetischen Perspektive heraus. Bei der auf die äußere Gestaltung ausgerichteten Kritik gehen die Meinungen oft weit auseinander, ja nicht selten liegen sie diametral entgegengesetzt. Ob dies dann fachlich rational oder geschmacklich emotional begründet ist, lässt sich von außen nicht eindeutig sagen. Auch geht es hier nicht um richtig oder falsch. Wer kann das schon immer eindeutig und zweifelsfrei feststellen? Letztendlich liegt das im Auge des Betrachters – und das kann ein professionelles, semiprofessionelles oder unprofessionelles sein (was im Einzelfall zu klären wäre).

Strukturelle Hintergründe und die Analyse von Entwicklungs- und Designprozessen sind vergleichsweise selten Inhalt von Bewertungen. Das ist erstaunlich, weil doch gerade diese Leistungen die eigentlichen sind. Nicht nur, dass Prozesse eine inhaltlich oft hohe Komplexität mit sich bringen – sie kosten auch viel Zeit. Das Problem liegt hier in der Schwierigkeit, dies nach außen sichtbar zu machen, da es am Artefakt so gut wie nie ablesbar ist. Das Artefakt allerdings ist das, was in die Öffentlichkeit getragen und dort wahrgenommen, in massenhaften Design-Wettbewerben »ausgezeichnet« und auf Crowdworking-Plattformen feilgeboten wird. (Auf das Award-Business

Leistungsbewertung

und Crowdworking gehen wir in den Kapiteln *9.0* und *10.0* noch vertiefend ein.)

Persönlichkeitsbewertung

Etwas anders stellt sich die Bewertung von Persönlichkeiten dar. Abgesehen von denen, die sich durch gemeinsames Studium oder berufliche Partnerschaft bereits gut kennen, bleibt es hier in der Praxis oft eher oberflächlich. Die meisten Designer wissen relativ wenig über andere Designer – vor allem über ihre Haltung und Motive, oft aber auch über ihre Fähigkeiten und Kompetenzen. Man schaut lieber auf das Ergebnis der Leistung (das Artefakt) als auf den Menschen, der dahintersteckt (die Mente- und Soziofakte).

Ein in diesem Zusammenhang interessanter Aspekt ist die Tatsache, dass Designer in der Mehrzahl immer noch für sich arbeiten und daher »dämpft nichts die Rivalität und die Schärfe der Konkurrenz« – wie es *Gabriel Tarde* am Beispiel anderer Freiberufler treffend bezeichnet hat (wir sind im Kapitel *2.1* unter *Gesellschaft* darauf bereits näher eingegangen). Die Form der quasi isolierten Einzeltätigkeit führt also nicht nur zur Vereinsamung, sondern wirkt sich insbesondere auf das Empathie-Vermögen und die Urteilsfähigkeit aus. Und weil die Kooperationsfähigkeit unterentwickelt ist und es an Kooperationsbereitschaft mangelt, sind bei Designern auch die notwendigen Methodenkenntnisse, die sie zu einer produktiven Zusammenarbeit befähigten, schwach ausgeprägt. In der Praxis wird überwiegend die Dialektik verwendet – mit dem Ziel eines schnellen Konsenses. Die alternative Dialogik – mit dem Ziel eines gemeinsamen und gegenseitig tiefen Verständnisses – ist relativ unbekannt und wird deshalb auch nur selten gezielt angewandt. (Wir haben die dialogische und dialektische Kommunikation im Kapitel *6.3* unter *Dialogik und Dialektik* detailliert beschrieben.)

Dieses Verhalten kann dazu führen, dass persönliche Bewertungen anmaßend und in extremen Fällen sogar beleidigend sind. Letzteres resultiert ursächlich aus Selbstunsicherheit oder Selbstüberschätzung. Mit beiden Verhaltensformen läuft man Gefahr, dass dies von außen als asoziales Persönlichkeitsmerkmal wahrgenommen wird. In Extremsituationen ist es immer sehr schwer, zwischen Emotionen oder Rationalität, zwischen Beziehungs- oder Sachproblemen klar zu trennen. Hier hilft nur eine eiserne Regel: Zuerst die Beziehung und Emotion klären, dann die Rationalität und Sache – also erstens Dialogik und zweitens Dialektik!

Konkurrierende Vorurteile

Aus der unterentwickelten Persönlichkeitsbewertung ergeben sich zahlreiche Vorurteile über Motive, Fähigkeiten und Kompetenzen von Designern (die wir im Kapitel 4.0 analysiert haben). Typisch und herausragend sind hier die gegenseitigen Unterstellungen angeblich mangelhaft ausgeprägter wirtschaftlicher und unternehmerischer Kompetenzen. Die Wurzeln dazu werden bereits in der Hochschul-Ausbildung gelegt und dann in der beruflichen Praxis quasi wie ein Mantra rezitiert. Daran sind viele Designer und auch deren Berufsverbände aktiv beteiligt.

Die Folge ist eine negative Bewertung, aus der ein Jammern und Fordern resultiert. Dieses Verhalten ist nicht nur politisch ineffektiv, sondern schadet auch der gegenseitigen kollegialen Wertschätzung. Da Kollegen auch Wettbewerber sind, wird dieses Bild in die konkurrierenden Aktivitäten übernommen und nach außen verstärkt. Insbesondere dieser Umstand ist die Ursache für die noch immer vorherrschende Verunsicherung von Auftraggebern / Kunden.

Wichtig für Sie als Designer/in ist, dass Sie sich hier nicht beeinflussen und runterziehen lassen. Grenzen Sie sich vielmehr deutlich über Ihre persönliche Haltung und Ihre professionelle Positionierung ab. (Beides ist Inhalt im Kapitel 3.0.)

Berufliche versus nichtberufliche Designer

Zu den bisherigen Bewertungen ist es ergänzend wichtig, zwischen beruflichen und nichtberuflichen Designern zu unterscheiden.

Dazu gehen wir zunächst von den Unterschieden bei den beruflichen Designern aus, die doch erheblich sind. Neben den zahlreichen Branchendisziplinen und Berufsbildern (wie im Kapitel 5.1 aufgelistet), sind es vor allem die verschiedenen Ausbildungsniveaus. Hier liegt die Bandbreite zwischen einem Studium mit abschließendem akademischem Grad (Diplom, Bachelor, Master, PhD / Doktor) und einer abgeschlossenen handwerklichen Lehrausbildung (wie zum Beispiel Drucker, Fotograf, Mediengestalter, Modellbauer), wobei sich in der letztgenannten Gruppe auch viele Autodidakten tummeln, da die Berufsbezeichnungen nicht geschützt sind. Schon hier wird deutlich, dass von vergleichbaren Voraussetzungen keine Rede sein kann.

Die wesentlich größere Gruppe bilden die nichtberuflichen Designer – das sind quasi all jene, die gestalterisch aktiv sind, und zwar unabhängig von ihrer Ausbildung und ihrem Beruf. Und das geht weit über das hinaus, was zum Beispiel als Hair- oder Naildesign bezeichnet wird. Die absolute Mehrzahl derer definiert sich selbst aber gar nicht als Designer.

Daraus lässt sich insgesamt schließen, dass alle Wettbewerber sind, die Sie als berufliche Designer/in in Ihren Marktaktivitäten beeinflussen. Vor allem die Digitalisierung hat hier Möglichkeiten geschaffen, sowohl zweidimensional (Medien) als auch dreidimensional (3D-Drucker) gestalterische Leistungen zu erbringen, ohne dafür eine adäquate Fachausbildung genossen zu haben.

Infolge dieser Entwicklung verändert sich auch die Bewertung von Gestaltungsleistungen. Da die digitalen Techniken (Hard- und Software) scheinbar perfekte Ergebnisse auf Computermonitore zaubern, wird es immer schwieriger, die »Leistungen« von nichtberuflichen (also laienhaften, mangels Design-Fachkompetenz) Designern von Ihren Leistungen als berufliche/r Designer/in zu unterscheiden. Das führt zwangsläufig zu einer Geringschätzung Ihrer professionellen Leistungen, solange diese nur als fertige Artefakte sichtbar werden. Das ist ein weiterer, wichtiger Grund für eine Orientierung zu erweiterten Dienst-/Werkleistungen, zur Gestaltung von Mente- und Soziofakten.

Aus diesen konkurrierenden Perspektiven heraus schauen wir uns jetzt einmal näher an, wie die Berufsverbände vermessen, empfehlen, ordnen, systematisieren und tarifieren – unter den folgenden Kapiteln 7.2 und 7.3.

7.2 Berufsverbände vermessen

Einzelne Berufsverbände führen Umfragen unter ihren Mitgliedern und Nichtmitgliedern durch. Im Fokus liegt die allgemeine berufliche Situation, insbesondere aber das Einkommen durch Honorare und Löhne, da sowohl Selbstständige als auch Angestellte angesprochen werden. Wir haben hier zwei veröffentlichte Reports aus den letzten Jahren herausgegriffen.

BDG designaustria VDID

Die zwei deutschen Berufsverbände *Berufsverband der Kommunikationsdesigner BDG* und *Verband der Deutschen Industriedesigner VDID* sowie die österreichische Interessenvertretung *designaustria* haben in 2015 erstmalig gemeinsam den *Honorar- und Gehaltsreport 2014* herausgegeben. Grundlage waren über 4000 ausgefüllte Fragebögen, die nach den Lebensumständen und der Situationsbewertung fragten.

Einführend wird darauf hingewiesen, dass die Teilnehmer des Reports mehr als 100 Millionen Euro Umsatz im Jahr erwirtschaften. Da man offensichtlich nicht über verlässliche Gesamtzahlen aller Designer verfügt, gingen die Autoren davon aus, dass sie knapp ein bis zwei Prozent aller Designer erreicht haben und rechneten mit einer Wirtschaftskraft von 5,5 bis 11 Milliarden Euro. (Wie wir im Kapitel 5.2 *Übertragungseffekte (Spillover)* dargelegt haben, ist hier von einer deutlich höheren Wirtschaftskraft auszugehen, da die Autoren zwar bei den erreichten Designern in *Deutschland* und

Österreich mit circa einem Prozent nicht falsch lagen, allerdings die Übertragungseffekte weit unterschätzten.)

Im Mittelpunkt des Reports standen die Einkommensverteilungen der Angestellten und die Einnahmen der Selbstständigen. Abgefragt wurden die Berufsklassen Kommunikationsdesigner und Industriedesigner, von denen die Kommunikationsdesigner zahlenmäßig mit rund 85 Prozent überwogen. Von allen befragten Designern waren knapp 48 Prozent Selbstständige.

Nicht alle ausgefüllten Fragebogen sind mangels Vollständigkeit in die Auswertung (mit etwas mehr als 3700) übernommen worden. Bei den Herkunftsangaben konnten knapp 2700 *Deutschland* und fast 300 *Österreich* zugeordnet werden.

In der Zusammenfassung wird betont, dass in *Deutschland* selten Großverdiener dazugehören. Für Angestellte verbessert sich das Einkommen im Laufe der Zeit, für Selbstständige nicht so deutlich. Höhere Bildungsabschlüsse überwiegen bei den Industriedesignern, bei den Kommunikationsdesignern dagegen gibt es etliche, die nur eine betrieblichen Ausbildung mitbringen oder Quereinsteiger sind. Bei den selbstständigen Kommunikationsdesignern mit akademischem Abschluss zeigten sich vergleichsweise niedrige Einnahmen pro Jahr – schon 40 000 Euro ist hier ein sehr guter Wert. In *Österreich* ist das Einkommensniveau niedriger, was auch daran liegen kann, dass die Teilnehmer größtenteils jung waren.

Der Report beschreibt danach die Grundlagen und zeigt in Grafiken anschaulich: Herkunft, Selbstständige versus Angestellte, Demografie, Einwanderung, Wohnorte, Arbeitsweisen, Zufriedenheit (deutlich mehr bei den Selbstständigen), Einschätzungen zum Einkommen (je circa 30 Prozent kommen gut oder sehr gut zurecht), ob man es bereut, Designer zu sein (mehrheitlich nicht) und ob man im richtigen Beruf ist (über 80 Prozent ja). Es folgen dann die einzelnen Ergebnisse in Zahlen (getrennt nach Angestellten und Selbstständigen sowie nach *Deutschland* und *Österreich*), aufgeschlüsselt nach verschiedenen Faktoren, wie zum Beispiel: Alter, Berufserfahrung, Geschlecht, Bildungsabschluss, Qualifikation, Unternehmensgröße und -art, Anzahl der Mitarbeiter und Auftraggeber.

Insgesamt wird deutlich, dass die Einkommen und Einnahmen im Vergleich zu anderen akademischen Berufen eher unterdurchschnittlich sind.

Am Anfang des Reports wird übrigens auch erwähnt: Wenn die Designer kommen, geht es mit der Wirtschaft bergauf. Allerdings können die Autoren nicht sagen, was hier Ursache und was Wirkung ist. Diese Feststellung provoziert den Eindruck mangelnder Kenntnis in Bezug auf die wirtschaftliche Wirkungsrelevanz der Designer.

Die wiederum ist aber notwendig, wenn man Politik und Wirtschaft überzeugen will, »fair und achtsam« miteinander umzugehen und frühzeitig in Projekte eingebunden werden will. Die vergleichsweise unterdurchschnittlichen Einkommen und Einnahmen tragen hier nicht gerade zur Überzeugung bei. Die beteiligten Berufsverbände sollten bedenken, dass ihr Report zwar die Realität relativ genau darstellt, aber auch den Eindruck vermitteln kann, dass Designer günstig zu haben sind – auch weil sie ihren mikro- und makroökonomischen Wert gar nicht so genau kennen.

Illustratoren Organisation

Die deutsche *Illustratoren Organisation IO* hat in 2015 eine Umfrage unter ihren Mitgliedern und darüber hinaus durchgeführt und veröffentlicht. Darin wird darauf hingewiesen, dass sich für die berufliche Situation der Illustratoren keine positive Entwicklung abzeichnet. So ist der »Anteil der Befragten, deren Jahresumsatz unter 12 000 Euro [!] liegt [...] auf über 40 Prozent gestiegen«.

Von den Frauen sollen zwei Drittel im Bereich »Kinder- und Jugendbücher« arbeiten, von den Männern nur ein Drittel. Letztere sind vergleichsweise breiter aufgestellt und ihr Schwerpunkt liegt in der »Werbung«.

Ein deutlicher Zusammenhang wird in den Einkommensstufen und den Kenntnissen der juristischen und wirtschaftlichen Grundlagen der Illustratorentätigkeit gesehen. Je höher die Einkommensklasse, umso sicherer das Gefühl in diesen Grundlagen.

Als kalkulierte Stundensätze werden bei rund 23 Prozent der Befragten unter 30 Euro genannt, der Rest verteilt sich gleichmäßig auf 30 bis 60 Euro beziehungsweise 61 bis 90 Euro. Mit mehr als 90 Euro kalkulieren die wenigsten. Nur im Bereich »Architektur«, mit deutlichem Abstand gefolgt von »Graphic Recording, Layout & Storyboard, Werbung und Editorial«, scheint man vereinzelt mit über 90 Euro zu arbeiten. Die niedrigsten Stundensätze werden bei »Multimedia & Games« erzielt, gefolgt von »Malerei, Kinder- und Jugendbuch, Schulbuch sowie Animation«. Das Gesamtbild weist auf ein wirtschaftlich überwiegend schwaches Berufsbild hin. Bei den im Umfrageergebnis genannten Jahreseinkommen kann man von einer Tragfähigkeit für den Lebensunterhalt nicht sprechen. Das lässt darauf schließen, dass ein großer Teil der beruflich aktiven Illustratoren dies eher als Nebenerwerbstätigkeit betreibt.

Durch ihre Veröffentlichung muss auch die *Illustratoren Organisation* hier bedenken, dass neben der wichtigen Markttransparenz für die Illustratoren ein Bild bei den potenziellen Auftraggebern entsteht, dass eine überwiegend schwache Angebots- und Verhandlungsposition der Illustratoren zeigt. Daher stellt sich die Frage, wie der mikro- und makroökonomische Wert überzeugend dargestellt werden kann.

In dem Buch *Designbusiness gründen und entwickeln* für Designer sind im Kapitel *11.0 Kalkulation von Honoraren, Umsätzen, Kosten und Erträgen* (dritte Auflage (2017) – *Kapitel 16* in der zweiten Auflage (2010)) unter anderem Honorarempfehlungen und Tarife sowie deren rechtliche Rahmenbedingungen bereits kurz beschrieben. Wir vertiefen sie hier noch einmal und bewerten sie aus der praktischen Perspektive. Dazu schauen wir uns die einzelnen Berufsverbände in *Deutschland*, *Österreich* und der *Schweiz* etwas näher an.

Schwerpunkt unserer Analysen sind die Designer-Berufsverbände. Wegen der beruflichen Nähe gehen wir auch kurz auf die Architekten-Berufsverbände und ihren besonderen Status ein.

7.3 Berufsverbände empfehlen, ordnen, systematisieren und tarifieren

Die Mitglieder des *Bund Deutscher Architekten BDA*, *Bund deutscher Innenarchitekten BDIA* und *Bund Deutscher Landschaftsarchitekten BDLA* genießen nicht nur eine geschützte Berufsbezeichnung – nur die bei den Architektenkammern registrierten dürfen sich nämlich Architekten, Innenarchitekten oder Landschaftsarchitekten nennen –, sondern darüber hinaus auch eine gesetzliche *Honorarordnung für Architekten und Ingenieure* (HOAI).

Wir werden aufgrund der Komplexität der *HOAI* nicht näher darauf eingehen können, hier nur so viel: Die *HOAI* schränkt die Freiheit der Architekten nicht unwesentlich ein, ist aber wegen ihrer differenzierten Leistungsdefinition und -staffelung dennoch interessant. Inwieweit die Architekten in der Praxis davon profitieren können, ist in Anbetracht des internationalen Wettbewerbs allerdings fraglich. (Mehr dazu im Kapitel *18.0 Zum Beispiel: Umwelt*)

BDA, BDIA, BDLA

Die *Allianz deutscher Designer* (*Alliance of German Designers*) *AGD* gibt seit 1979 regelmäßig, gemeinsam mit dem *Verband der selbständigen Designstudios SDSt*, den Vergütungstarifvertrag *VTV Design* heraus – zuletzt in der Fassung vom 01.10.2015. Dieser wird von beiden nach den Bestimmungen des *Tarifvertragsgesetzes TVG* ausgehandelt, abgeschlossen und beim *Bundesministerium für Arbeit und Soziales* sowie den *Landesarbeitsministerien* registriert. Nach dem Wettbewerbsrecht (*Gesetz gegen Wettbewerbsbeschränkungen GWB*) entspricht er einer sogenannten Mittelstandsempfehlung und ist damit auch kartellrechtlich zulässig. Im Gegensatz zu Tarifverträgen, die in anderen Branchen zwischen Gewerkschaften und Unternehmerverbänden verhandelt und abgeschlossen werden, ist der *VTV Design* quasi nur für die Mitglieder des *SDSt* und der *AGD* verbindlich – also

Allianz deutscher Designer mit SDSt

für die *SDSt*-Mitglieder, die mit einem arbeitnehmerähnlichen *AGD*-Mitglied einen Dienst-/Werkleistungsvertrag abschließen. Sonst ist er eher unverbindlich.

Der *VTV Design* umfasst über 800 sogenannte »Vergütungsbeispiele« aus zehn Designdisziplinen. Zu jeder aufgelisteten Leistung wird tabellarisch ein minimaler und maximaler Zeitaufwand in Tagen und Stunden (teilweise auch in Stücken und Quadratmetern) angegeben. Als Mindeststundensatz ist 90 Euro – als Tagessatz entsprechend 720 Euro – festgelegt. Dieser darf nur in speziellen Fällen unterschritten werden – zum Beispiel, wenn sich der beauftragte Designer noch in der Ausbildung befindet (Studierende), es sich um einen Berufsanfänger handelt (er / sie nicht länger als drei Jahre als Designer arbeitet) und / oder der Auftraggeber einen Teil der Vergütung in geldwerten Vorteilen erbringt (technische Ausrüstung oder Arbeitsmaterialien zur Verfügung stellt). Ferner wird unterschieden zwischen der Vergütung für die reine Entwurfsleistung und der Überlassung von Designwerken zur Nutzung vom Auftraggeber. Dieses Nutzungshonorar teilt sich dann auf in von Auflagen abhängigen (Lizenzen, Tantiemen) und unabhängigen (leistungsbezogenen Nutzungsrechten) Überlassungen von Werken zur Nutzung.

Bei auflagenunabhängiger Einräumung von Nutzungsrechten werden in einer Matrix Nutzungsfaktoren aufgelistet für:

> Art – einfach (0,2) und ausschließlich (1,0)
> Gebiet – regional (0,1), national D-A-CH (0,3), europaweit (1,0) und weltweit (2,5)
> Dauer – ein Jahr (0,1), fünf Jahre (0,3), zehn Jahre (0,5) und unbegrenzt (1,5)
> Umfang – gering (0,1), mittel (0,3), groß (0,7) und umfangreich (1,0)

Je nach vereinbarter Nutzung kann aus der Summe der Einzelfaktoren ein Gesamtnutzungsfaktor zwischen minimal 0,5 und maximal 6,0 resultieren. Dieser soll dann auf das Entwurfshonorar aufgeschlagen werden.

Nach einer einleitenden Einführung in Preis und Wert, sogenannter »Kreativität« und Design, dem Vertragstext, der Erläuterung zu den Tabellen und den Vergütungsarten folgen Vergütungstabellen zu den Disziplinen: Designprozess, Digital Media Design, Fotodesign, Grafikdesign, Illustration, Messe- und Ausstellungsdesign, Modedesign, Produktdesign, Text und Textildesign.

Die in den einzelnen Vergütungstabellen enthaltenen Beschreibungen der jeweiligen Disziplinen und die aufgelisteten Leistungsbeispiele sind in Bezug auf die Praxis in ihrem Niveau sehr unterschiedlich. Es wird deutlich, dass die Mitgliedern der *AGD* überwiegend Foto-/Grafik-Designer und Illustratoren sind, also in genau den Bereichen tätig sind, in denen ihr Tarifpartner, die *SDSt*-Mitglieder, ebenfalls seinen Schwerpunkt hat. Die anderen Disziplinen – etwa Messe-/Ausstellungs-Designer, Produkt-Designer, Mode-/Textil-Designer und Texter – sind dort nur wenig vertreten. Entsprechend sind die Beschreibungen und Leistungsbeispiele in den jeweiligen Tabellen mehr oder weniger praxisfremd. Bei diesen Disziplinen sollte man sich besser an den Honorarempfehlungen der jeweiligen Fachverbände orientieren.

Die in früheren Versionen des *VTV Design* enthaltene Disziplin »Beratung und Konzeption« ist nun mit »Designprozess« bezeichnet. Darin werden »alle notwendigen Arbeitsschritte und Phasen, die ein Designprojekt bis zum gewünschten Ergebnis durchläuft« erfasst. Begründet wird dies damit, dass es für den Designer immer wichtiger wird, »seine Leistungen in die Wertschöpfungskette seines Auftraggebers zu integrieren«. Dazu soll er die Rolle eines Beraters und Moderators übernehmen sowie sich auf das Unternehmen seines Auftraggebers (und dessen Kunden und Zielgruppen) einstellen. Das soll umso mehr gelten, da sogenannte »kreative« Kompetenzen zur Schlüsselqualifikation in Unternehmen werden. Das ist allerdings nicht – wie dort unterstellt – ein Qualitätsmerkmal von morgen, sondern vielmehr schon immer Grundlage unternehmerischen Denkens und Handelns gewesen (spätestens seit *Joseph Schumpeters* Bonmot der »kreativen Zerstörung« aus der ersten Hälfte des zwanzigsten Jahrhunderts!). Der *AGD* scheint das bisher offensichtlich entgangen zu sein.

Merkwürdig ist auch, dass in der Recherche-, Analyse- und Synthese-Phase von einer Grundlage für den eigentlichen sogenannten »schöpferischen« Akt gesprochen wird. Dieses anmaßende Adjektiv ist doch spätestens seit *Gabriel Tardes* Werk *Die Gesetze der Nachahmung* (aus 1890!) nicht mehr zeitgemäß (wir haben das im Kapitel *2.1 Gesetze der Nachahmung* weitgehend analysiert).

Insgesamt wirkt die Beschreibung der Designprozess-Disziplin, als ob man hier völlig neue Erkenntnisse zugrunde legt. Allerdings erweckt das eher den Eindruck von unterentwickelter Fachkompetenz. Auch die Leistungsbeispiele sind innerhalb des *VTV Design* zwar völlig neu, in der Praxis aber schon sehr lange selbstverständlicher Bestandteil professioneller Entwicklungsprozesse (wie im Kapitel *4.5 Leistungen in Entwicklungsprozessen* dargestellt).

Für diejenigen Designer, für die das ebenfalls völlig neu ist, bietet dieser Tarifvertrag sicher eine Orientierungshilfe – wobei die Frage unbeantwortet bleibt, wie man sich die Kompetenz zu den einzelnen Leistungsbeispielen erarbeiten kann. Der einzelne Zeitaufwand zu den jeweiligen Leistungsbeispielen scheint völlig aus der Luft gegriffen zu sein und entbehrt jeglicher Praxis in der professionellen Beratung und Planung.

Irritierend ist ebenfalls, dass bei den einzelnen Leistungen – wie Beratung, Planung und Gestaltung – das am Markt übliche Honorargefälle nicht berücksichtigt wird. Ein Tagessatz von 720 Euro für Beratungsleistung wirkt nicht sehr professionell. Das spiegelt sich auch bei dem Faktorenmodell für Nutzungshonorare wider. Warum man hier nicht auf die am Markt übliche Nutzenorientierung und die daraus abgeleitete Bewertung (als Teil der Wertschöpfungskette) eingeht, ist schleierhaft. (Wir erörtern das im Kapitel *11.1 Nutzenorientierung versus Leistungsorientierung* eingehend.) Wie der Mindeststundensatz von 90 Euro zu begründen ist, bleibt ebenfalls unbeantwortet. Die Mitgliederbefragung und Festlegung auf den sogenannten Tarifpartner wirken wenig überzeugend. Eine mikroökonomische Begründung sollte eigentlich selbstverständlich sein.

Zusammenfassend ist der *VTV Design* durchaus als Orientierungshilfe für junge, wenig erfahrene Nachwuchsdesigner interessant, um zu sehen, welche Wertmaßstäbe einige erfahrene Berufskollegen ansetzen. Die in der Einführung behauptete Anerkennung als »bundesweite« Orientierungshilfe für Auftraggeber und -nehmer lässt sich in der Praxis allerdings nicht bestätigen. Außerhalb der *AGD* findet der *VTV Design* kaum Beachtung bei Designern, und auch von *AGD*-Mitgliedern selbst wird seine Relevanz überwiegend infrage gestellt. Das ist sicher auch damit zu erklären, dass die *AGD* zwar zahlenmäßig der größte Designer-Berufsverband in Deutschland ist, die angegebene Mitgliederzahl von rund 2800 (Herbst 2016) aber lediglich knapp 2,5 Prozent aller selbstständigen Designer in Deutschland ausmacht – und das ist weniger als ein Prozent aller erwerbstätigen Designer (alles andere als repräsentativ).

Dass der *VTV Design* für Auftraggeber relevant sein soll, ist gänzlich unglaubwürdig – außer für die sechs (!) *SDSt*-Mitglieder. Ihnen als Designer/in raten wir dringend davon ab, bei Auftraggebern (Unternehmen) den *VTV Design* als Rechtfertigung für Ihr Honorar-Angebot zu nutzen: 1. Der sogenannte Tarifvertrag ist als Mittelstandsempfehlung wenig überzeugend; 2. Sie laufen Gefahr, dass Ihre Positionierung nicht selbstbewusst und professionell wirkt; 3. Sie als Designer/in sind zwar kreativ, das sollten Sie aber nicht als Alleinstellungsmerkmal in Abgrenzung zu Ihrem potenziellen Auftraggeber nutzen, der dies zu Recht ebenso für sich in Anspruch nimmt, nur anders.

Ein Aspekt ist, dass der *VTV Design* im Rahmen von urheberrechtlichen Streitigkeiten vor Gericht durchaus als Orientierungshilfe von Richtern akzeptiert wird. Das scheint uns die eigentlich relevante und ursprünglich beabsichtigte Funktion des *VTV Design* zu sein, auch wenn Gerichtsverfahren in der Praxis nicht so oft vorkommen, weil viele betroffene Designer einen Rechtsstreit scheuen.

Abschließend ist noch festzuhalten, dass die letzte Fassung des *VTV Design* gegenüber früheren zwar deutlich aufgeräumter ist, die *AGD* damit aber den Eindruck vermittelt, in der Vergangenheit stecken geblieben zu sein. Dieser sogenannte Tarifvertrag wird künftig noch mehr an Bedeutung verlieren, wenn er sie überhaupt jemals besessen hat. Wie aus Kreisen der *AGD* zu hören war, hatten die Verantwortlichen wohl befürchtet, ihre Mitglieder mit einer zukunftsrelevanten Fassung zu überfordern. Das passt insgesamt ins Bild einer oftmals oberlehrerhaft wirkenden Kommunikation mit den Mitgliedern, die damit nicht wirklich ernst genommen werden.

Berufsverband der Kommunikationsdesigner

Der *Berufsverband der Kommunikationsdesigner BDG* – früher *Bund Deutscher Grafik-Designer* – hat in der Vergangenheit ein Kalkulationssystem als unverbindliche Empfehlung herausgegeben. Durch die Veränderungen im Berufsbild der Grafik-/Kommunikations-Designer ist das aber nicht mehr zeitgemäß. Und dennoch war es ein differenziertes und praxisnahes System im Designbereich. In der zweiten Auflage des Buchs *Designbusiness gründen und entwickeln* für Designer haben wir dieses Kalkulationssystem im Kapitel *16.3* (2010) noch ausführlich beschrieben (in der neuen dritten Auflage (2017) nicht mehr) – hier daher nur eine verkürzte Zusammenfassung:

> Auf der Basis von Werkverträgen und der Einräumung von Nutzungsrechten resultierte das Gesamthonorar, das sich zusammensetzte aus dem Entwurfshonorar, dem Nutzungshonorar, dem Ausführungshonorar, den System- und Nebenkosten.
> Das Entwurfshonorar wurde durch Multiplikation folgender Faktoren ermittelt: Grundvergütung × Qualifikation × Schwierigkeitsgrad × Zeitaufwand.
> Der Faktor Grundvergütung entsprach dem Stundensatz eines Designers ohne große Berufserfahrung, ohne besonderen Rang oder Ruf.
> Der Faktor Qualifikation erfasste die individuelle fachliche Qualifikation durch Ausbildung, Rang, Ruf und Berufserfahrung.

> Der Faktor Schwierigkeitsgrad bezog die unterschiedlichen geistigen, kreativen und gestalterischen Anstrengungen einer Designleistung mit ein.
> Der Faktor Zeitaufwand entsprach den benötigten Stunden für die Entwurfsarbeit. Dazu gehörten die Recherche und deren Dokumentation sowie die konzeptionelle Ausarbeitung und Anfertigung des Entwurfs. Für die Bemessung des Zeitaufwands sollte jeder Designer auf eigene Erfahrungswerte zurückgreifen.
> Das Nutzungshonorar wurde durch Multiplikation mit dem Faktor Nutzung ermittelt. Dieser setzte sich aus folgenden Einzelfaktoren zusammen: Nutzungszweck, Nutzungsumfang, Nutzungsart, Nutzungsdauer und Nutzungsgebiet.
> Es wurde empfohlen, einzelne Nutzungsfaktoren bereits bei der Auftragserteilung präzise festzulegen. Bei einer späteren Ausweitung der vereinbarten Nutzung stünde dem Designer für die erweiterte Nutzung dann ein zusätzliches Nutzungshonorar zu.
> Das Ausführungshonorar wurde für Leistungen, die keinen kreativen Aufwand erfordern, berechnet. Hierzu gehörten der Zeitaufwand für Werkzeichnungsarbeiten (für manuell-technische Leistungen), Fahrten, Besprechungen, Drucküberwachung und ähnliche Leistungen.
> Das Ausführungshonorar wurde durch Multiplikation folgender Faktoren ermittelt: Grundvergütung × Qualifikation × Zeitaufwand. Die Bestimmung dieser Faktoren erfolgte wie beim Entwurfshonorar, jedoch ohne Berücksichtigung des Schwierigkeitsgrads.
> Die Systemkosten setzten sich aus Aufwandskosten für die Anschaffung, Versicherung, Wartung und Ergänzung der eingesetzten technischen Systeme (Computer, Fotoapparate et cetera) zusammen. Da diese Kosten in der Grundvergütung nicht enthalten waren, mussten sie zusätzlich berücksichtigt werden. Die Höhe der Systemkosten hing von dem jeweils eingesetzten Equipment ab.
> Die Nebenkosten, die etwa für Layoutsatz, Zwischenreproduktionen und Modelle entstehen, waren zusätzlich abzurechnen. Das galt auch für Reisekosten, jedoch nicht für die dafür aufgewandte Zeit, die bereits im Ausführungshonorar berücksichtigt wurde. Ferner gehörten auch Versandkosten und Sonstiges dazu.

Heute verzichtet der *BDG* auf eine Honorarempfehlung und beschränkt sich auf einen *Kalkulator*. Dieser soll helfen, »das eigene Stundenhonorar belastbar und existenzsichernd zu kalkulieren.« Die eigenen Lebensumstände und individuellen Ansprüche sind

Grundlage für ein Mindest-Stundenhonorar, mit dem dann die eigenen Leistungen angeboten werden sollen.

Auf der Webseite des *BDG* ist der *Kalkulator* abrufbar und es können in vorgegebene Felder die eigenen Werte eingegeben werden. Diese sind unterteilt in:

> Verkaufbare Stunden pro Monat in Zeit
> Mindest-Einkommen pro Monat (Summe aus betrieblichen und privaten Kosten) in Euro
> Unternehmerisches Ausfallrisiko – in Form des gewünschten Break-Even-Point* in Prozent (*Gewinnschwelle, auch Nutzenschwelle, ist der Punkt, an dem Erlös und Kosten einer Produktion oder Dienstleistung gleich hoch sind und somit weder Verlust noch Gewinn erwirtschaftet wird)
> Absicherung und Gewinn in Prozent

Das persönliche Mindest-Stundenhonorar wird dann daraus errechnet und angezeigt.

Beim Aufrufen des *Kalkulators* werden übliche Standardwerte angezeigt, wie zum Beispiel ein Mindest-Stundenhonorar von 87 Euro (Stand Herbst 2016). Diese werden durch die eigenen Werte überschrieben und können durch Neuladen der Seite wieder aufgerufen werden. Der *BDG Kalkulator* soll keine persönlichen Daten speichern, weshalb diese auch nicht hinterlegt werden können.

Auf den ersten Blick ein nützliches Hilfsmittel für die individuelle Kalkulation und für Designer mit wenig Praxiserfahrungen durchaus sinnvoll. Bedenklich ist allerdings der Bezug auf den einzelnen Monat, da durch dieses Verfahren die unterjährigen Schwankungen nicht berücksichtigt werden. Ein Kalkulations-Stundensatz sollte immer auf der Grundlage einer ganzjährigen Rentabilitätsplanung ermittelt werden. (Eine solche haben wir im Buch *Designbusiness gründen und entwickeln* für Designer, im Kapitel *11.0* (dritte Auflage (2017) – Kapitel *16* in der zweiten Auflage (2010)) detailliert beschrieben.) Der *BDG Kalkulator* ist keine Honorarempfehlung im engeren Sinne, sondern lediglich eine Kalkulationshilfe. Ein Kalkulationssystem – vergleichbar mit dem früheren, aber zeitgemäß – bietet der *BDG* nicht mehr an.

Im Ergebnis entspricht der *BDG Kalkulator* der einseitigen Leistungsorientierung und damit den üblichen Ansätzen der meisten Designer. Wenn Sie sich als Designer/in darüber hinausgehendes Marktpotenzial erschließen wollen, ist die Nutzenorientierung Ihrer Auftraggeber / Kunden relevant. Dazu mehr im Kapitel *11.0 Auftraggeber / Kunden aus ihrer am Nutzen orientierten Sicht*.

Bund Freischaffender Fotodesigner

Der *Bund Freischaffender Fotodesigner BFF* gibt keine direkte Honorarempfehlung, da – nach eigener Aussage – »bei den freien Fotografen mit teilweise künstlerischem Wirken und den Werbefotografen in unserem Verband die Schere weit auseinanderklafft«.

Im *BFF* Handbuch *Basiswissen* (herausgegeben von dem verstorbenen Justiziar *Wolfgang Maaßen* (1951–2015)) ist auch die Kalkulation von Fotohonoraren enthalten. Dort wird unter anderem auf die Bildhonorare der *Mittelstandsgemeinschaft Foto-Marketing MFM*, die Tarife der *VG Bild-Kunst* und den *Vergütungstarifvertrag Design* von *AGD* und *SDSt* verwiesen.

designaustria

Der österreichische Berufsverband für Grafik-Designer, Illustratoren und Produkt-Designer – *designaustria* – hat zuletzt 2007 »Honorar- und Kalkulations-Richtlinien« für Grafik-Design, Illustration, Web-Design, 3D-Visualisierung, Produkt-Design und Textil-Design herausgegeben. Diese mussten aus wettbewerbsrechtlichen Gründen aber wieder vom Markt genommen werden.

Empfohlen wurde darin seinerzeit ein auf individuelle Begebenheiten anzupassender Stundensatz von durchschnittlich 75 Euro. Dieser war als Mittelwert definiert und je nach Qualifikation (Studierende bis minus 50 Prozent, Experten bis plus 100 Prozent), Studio- oder Agenturausstattung und -struktur, Dienstleistung (basierend auf einem Individual-Kalkulationsraster) sowie Komplexität des Auftragsprojektes variabel. Zur Berechnung des individuellen Stundensatzes waren Beispiele aus der Praxis aufgeführt.

Zurzeit (Stand Herbst 2016) arbeitet *designaustria* an einer neuen Empfehlung / Richtlinie, die voraussichtlich 2017 veröffentlicht wird. Wir werden dann auf der Website darüber berichten:

www.designersbusiness.de/buecher/designleistungen

Illustratoren Organisation

Die *Illustratoren Organisation IO* erarbeitet zurzeit (Herbst 2016) ein neues Honorarwerk, das Empfehlungen für eine angemessene Vergütung für alle Bereiche der Illustration enthalten soll. Die Einsatzbereiche sind vielfältig, wie zum Beispiel: Animation, Cartoon, Comic, Editorial, Game, Kinder- und Schulbuch, technische / wissenschaftliche Zeichnungen und Werbung. In nahezu jedem Bereich werden die Honorare auf einer anderen Grundlage berechnet. In einem Infoflyer wird ein Mindeststundensatz von 60 Euro aufgeführt, der allerdings nach Auskunft der *IO* bereits überholt ist, weil er auf einer veralteten Berechnung basiert. Man will auch hierzu im Rahmen des geplanten Honorarwerks eine neue Empfehlung aussprechen. Die *IO* weist zudem darauf hin, dass sich der aktuell empfohlene Stundensatz nur auf das Werkhonorar bezieht. Dazu kommt immer ein Nutzungshonorar, basierend auf Faktoren, für die sie jetzt bereits eine Empfehlung an ihre Mitglieder ausspricht, die sie aber ebenfalls im Rahmen des Honorarwerks auf ihre Aktualität prüfen muss. Validere Zahlen sind für voraussichtlich Herbst 2017 angekündigt. Wie unter 7.2 bereits dargestellt, liegt das Honorarniveau in der Praxis bei unter 30 Euro bis über 90 Euro pro Stunde. Diese große Spanne macht deutlich, dass eine eindeutige Empfehlung nicht leicht sein wird.

Der Schweizer Berufsverband der Grafik-Designer *Swiss Graphic Designers SGD* hat zuletzt 2002 ein Honorarsystem veröffentlicht. Es regelte Arbeitsabläufe und Honorargrundlagen für Grafik-Designer in der *Schweiz*. Da es mittlerweile in die Jahre gekommen ist, arbeitet der *SGD* zurzeit (Stand Oktober 2016) an einem neuen Honorarsystem, das voraussichtlich 2017 veröffentlicht wird. Wir werden dann auf der Website darüber berichten:

Swiss Graphic Designers

www.designersbusiness.de/buecher/designleistungen

Hier daher nur eine kurze Zusammenfassung des alten Honorarsystems, das zwei Teile beinhaltete:

> Grundlagen für die Berechnung des Stundenansatzes, Aufwands-Checklisten sowie Hinweise und Empfehlungen.
> Geschäftsbedingungen, Richtpreise für Gestaltungsaufträge sowie Unterlagen und Adressen für Informationen über Deklarations- und andere Vorschriften.

Das Honorarsystem bot Unterstützung bei der Erarbeitung individueller Preisangebote (Richtofferten) und gab Richtpreise für alle relevanten Gestaltungsaufträge. Das verschaffte dem Designer eine Kontrolle seiner Honorarberechnung und dem Auftraggeber eine ungefähre Kalkulation seines zu vergebenden Gestaltungsauftrags. Anstelle eines einheitlichen Stundensatzes wurde die individuelle Kalkulation schrittweise erläutert. Diese setzte sich aus den Betriebs- und Personalkosten zusammen, jeweils per Produktivstunde. Die daraus resultierenden Gesamtkosten per Produktivstunde wurden mit Aufschlägen für Risiko und Gewinn (10 Prozent) und für Nutzungsrechte (10 bis 25 Prozent) versehen. Das Ergebnis war der persönliche Stundensatz für Inhaber und Mitarbeiter.

Das Gesamthonorar wurde durch Multiplikation des individuellen Stundensatzes mit der budgetierten Anzahl der Stunden ermittelt. Der erforderliche Zeitaufwand konnte anhand der Aufwands-Checkliste berechnet werden. Diese war in vier Phasen gegliedert: Auftragsvorbereitung und Planung, Konzeption und Entwurf, Detailgestaltung und Ausführung, Realisation und Produktionsüberwachung. Sie enthielt Tabellen mit einer Auflistung der einzelnen Leistungsschritte für alle Phasen. Hier waren die jeweils benötigten Leistungsstunden einzutragen, zu addieren und mit dem Stundensatz zu multiplizieren. Zu dem sich daraus ergebenden Honorar wurden noch Kosten für Materialaufwand und Fremdleistungen (Zulieferung Dritter) hinzugerechnet.

Auf der Grundlage des Honorars sahen die Geschäftsbedingungen auch Ergänzungshonorare für Zweit- oder Mehrnutzungen vor: zwischen 25 und 150 Prozent für zusätzliche Einsätze, Leistungen, Produkte und Einzelmärkte sowie den europäischen und internationalen Markt. Ferner waren Honorarzuschläge für Gestaltungsaufträge (Neuentwicklungen) als Abgeltung des Nutzungsrechtes vorgesehen: bei Signets, Wortmarken und Bildmarken bis 100 Prozent für kleine Unternehmen, bis 250 Prozent für mittlere Unternehmen und bis 500 Prozent für Großunternehmen. Bei Verpackungen jeglicher Art waren bis zu 50 Prozent für kleine Unternehmen, bis zu 100 Prozent für mittlere Unternehmen und bis 200 Prozent für Großunternehmen veranschlagt.

Für die im Teil zwei aufgeführten Tarife für Gestaltungsaufträge waren Regel-Stundensätze von 90 bis 150 CHF für die Leistungsphasen eins und vier sowie 120 bis 240 CHF für die Leistungsphasen zwei und drei genannt. Die Basis für die Berechnung der Richtpreise waren 110 CHF (Phasen 1 + 4) und 160 CHF (Phasen 2 + 3).

Verband der Deutschen Industriedesigner

Der *Verband der Deutschen Industriedesigner VDID* teilt auf seiner Webseite mit, dass es keine verbindlichen Honorartabellen gibt und verweist auf »zahlreiche Empfehlungen und Abrechnungsmodelle«, ohne diese näher zu benennen. »Honorare für Designleistungen sind Verhandlungssache« stellt er dort fest und, dass diese sich grundsätzlich aus zwei Komponenten zusammensetzten: Leistungshonorar für die Erstellung des Designs und Nutzungshonorar für die wirtschaftliche Verwertung des Designs. So weit der offizielle Standpunkt des *VDID*.

Auf der *VDID*-Webseite gibt es dann auch noch einen Link (Stand Herbst 2016) zu einem Artikel seines Schatzmeisters und Vizepräsidenten *Andreas Schulze* aus 2008. Darin erläutert er, was ein »Angemessenes Honorar für Designleistungen« ist und einige grundlegende Fakten dazu. Er erklärt darin die »Kalkulation des Leistungshonorars, Stundensätze für Designdienstleistungen und die Kalkulation des Nutzungshonorars«. Zur Höhe beider Honorar-Komponenten stellt er zunächst fest, dass diese unterschiedlich kalkuliert werden: das Leistungshonorar muss kostendeckend sein, hängt vom Auftragsumfang ab und damit von der Arbeitszeit; das Nutzungshonorar orientiert sich am Umfang der wirtschaftlichen Nutzung des Designs.

Für das Leistungshonorar sind zwei Faktoren relevant: der Arbeitsumfang und ein individueller Grundpreis (Stunden- oder Tagessatz) des Designers. Nebenkosten für Material, Reisen et cetera kommen dazu, die ohne Aufschläge beziehungsweise nach üblichen Sätzen abgerechnet werden. Die Kosten des Designers sind Grundlage für seinen Stunden-/Tagessatz und einen Gewinnaufschlag. Die Stundensätze, die von Institutionen und Verbänden als üblich angesehen werden, sollen für die Sparte Industriedesign / Produktgestaltung zwischen 70 Euro und 106 Euro liegen (was mittlerweile sicher höher angesetzt werden muss). Stundensätze, die bereits Anteile des Nutzungshonorars enthalten, werden auf 100 bis 150 Euro eingeschätzt. *Andreas Schulze* stellt hierzu noch fest, dass die genannten Preise zwischen Angebots- und Nachfrageseite frei verhandelbar sind und deshalb nur zur Orientierung dienen. Unterhalb eines Stundensatzes von 70 Euro, meint er, können Auftraggeber davon ausgehen, dass sie ihren Designer für professionelle Leistungen nicht angemessen bezahlen.

Das Nutzungshonorar sei noch schwieriger zu berechnen und böte großen Verhandlungsspielraum, so *Andreas Schulze*. Der Stellenwert des Designs für den wirtschaftlichen Erfolg spiele hier eine Rolle, weil Konsumgüter mit modischen Aspekten anders behandelt würden als Investitionsgüter. Vorgesehene Stückzahlen und Herstellungs- beziehungsweise Verkaufspreise seien wichtige Faktoren. Als gerechteste Form empfiehlt er eine Lizenzvereinbarung. Denn der Designer sei als Lizenzgeber direkt am Erfolg seiner Leistungen beteiligt und trüge gleichzeitig das Risiko, dass sein Auftraggeber und Lizenznehmer das wirtschaftliche Potenzial des Designentwurfs unternehmerisch nicht umsetzen könne. Oft sollte die Nutzung auch mit einem pauschalen Betrag abgegolten werden, der aus den genannten Faktoren hergeleitet wird. Es solle aber auch Unternehmen geben, die für die Übertragung der Nutzungsrechte nicht separat bezahlen wollten – daher sei oft anteilig ein Aufschlag zum Leistungshonorar bereits im Grundpreis des Designers enthalten.

Der *VDID*, der sich auch an dem bereits unter *7.2* beschriebenen *Honorar- und Gehaltsreport 2014* (gemeinsam mit dem *BDG* und *designaustria*) beteiligt hat, könnte zur Frage der Honorar-Empfehlung ausführlicher und konkreter werden. Der Verweis auf andere

Institutionen und Verbände ist doch etwas dürftig. Auch mit dem Erwähnen der *AGD* in einem Nebensatz seines Artikels kann *Andreas Schulze* nicht überzeugen, da diese über keine nennenswerten Mitglieder mit Kompetenzen im Industrie-/Produktdesign verfügt. Positiv ist auf jeden Fall das angesprochene Nutzungshonorar, obwohl auch hier die Nutzenorientierung der Auftraggeber / Kunden nicht gänzlich ausgeschöpft wird. Wenn Sie sich als Designer/in dieses Marktpotenzial erschließen wollen, sollten Sie sich damit näher auseinandersetzen. Dazu mehr im Kapitel *11.0 Auftraggeber / Kunden aus ihrer am Nutzen orientierten Sicht.*

Verband der Deutschen Mode- und Textildesigner

Der *Verband der Deutschen Mode-und Textildesigner VDMD* veröffentlicht keine Honorarempfehlungen. Er stellt seinen Mitgliedern im Rahmen eines »Bonuspaketes« Empfehlungen für Mode-, Papier- und Textil-Design zur Verfügung. In der Honorarempfehlung für Modedesign werden verschiedene Leistungsvarianten mit Prozent-, Stück-, Stunden- und Tagessätzen aufgeführt:

> Pauschale Abrechnung mit weniger Kundenbetreuung
> Einzelabrechnung mit mehr Kundenbetreuung
> Kollektionsbetreuung auf Basis Tagessatz
> Gestaltung einer kompletten Kollektion
> Umsatzbeteiligung

In der Honorarempfehlung für Papier- und Textildesign:

> Einzelabrechnung mit Kundenbetreuung
> Serien mit Umsatzbeteiligung
> Moodboards, Trendkonzepte und / oder Farbkarte

Beide Empfehlungen beinhalten zum Teil stark voneinander abweichende Werte, die auf den ersten Blick keine Systematik erkennen lassen. Um diese für die Praxis nachvollziehen zu können, ist eine Mitgliedschaft im *VDMD* erforderlich.

Kapitel 7.0 zusammengefasst

Die meisten Designer wissen relativ wenig über andere Designer – vor allem über ihre Haltung und Motive, oft aber auch über ihre Fähigkeiten und Kompetenzen. Man schaut lieber auf das Ergebnis der Leistung (das Artefakt) als auf den Menschen, der dahintersteckt (die Mente- und Soziofakte).

Einzelne Berufsverbände führen Umfragen unter ihren Mitgliedern und Nichtmitgliedern durch. Im Fokus liegt die allgemeine berufliche Situation, insbesondere aber das Einkommen durch Honorare und Löhne, da sowohl Selbstständige als auch Angestellte angesprochen werden.

Zusammenfassend ist der *VTV Design* durchaus als Orientierungshilfe für junge, wenig erfahrene Nachwuchsdesigner interessant, um zu sehen, welche Wertmaßstäbe einige erfahrene Berufskollegen ansetzen. Die in der Einführung behauptete Anerkennung als »bundesweite« Orientierungshilfe für Auftraggeber und -nehmer lässt sich in der Praxis nicht bestätigen. Außerhalb der *AGD* findet der *VTV Design* kaum Beachtung bei Designern und auch von *AGD*-Mitgliedern selbst wird seine Relevanz überwiegend infrage gestellt.

Teil II
Leistungs-
und Nutzenwerte

8.0 Ansichten über Design- und Markenwerte

Die Bewertung von Design und Marken ist Thema dieses Kapitels:
Was ist unter einem Design-Wert als Strategie der Unternehmensführung
zu verstehen?
Was haben Markenwerte mit Designwerten gemeinsam?
Wie lässt sich Design Value messen? Was ist die Wirkung und der Wert von Design?
Wie kann Design als Investition gewertet werden?
Wie können zukünftige Geschäftsmodelle aussehen, und was ist zu tun?

Peter Zec, Kommunikationsberater und Initiator des *red dot design award*, hat mit dem Werbekaufmann *Burkhard Jacob* das Buch *Der Design-Wert – Eine neue Strategie der Unternehmensführung* (2010) veröffentlicht. Darin beschreiben die Autoren, wie Design den Unternehmenswert steigert und erläutern eine von ihnen entwickelte Methodik, mit der unterschiedliche Designwerte von Unternehmen ermittelt und miteinander verglichen werden können.

8.1 Der Design-Wert

Sie entwickelten dafür ein dreistufiges Bewertungsverfahren, das in ein Punktesystem mündet und ein Ranking ermöglichen soll. Bereits im Vorwort wird deutlich, dass dieses Verfahren ausschließlich auf dem *red dot design award* (dem angeblich größten internationalen Designwettbewerb) beruht und sich nur auf das Produktdesign bezieht.

Als kreative Leistung wird diese Entwicklung bezeichnet, die eine Qualität quantifizierbar machen soll, die bis dahin nicht messbar gewesen sein soll. Hätten sich die Autoren vorher mit der ökonomischen Theorie des französischen Soziologen *Gabriel Tarde* von 1902 beschäftigt (wir haben diese ausführlich im Kapitel 2.0 beschrieben), dann hätten Sie gewusst, dass sie lange nicht die Ersten waren. Daher ist ihre angeblich »kreative« Leistung bestenfalls eine Imitation – im Sinne der *Gesetze der Nachahmung* aus 1890, ebenfalls von *Gabriel Tarde* (auch diese werden im Kapitel 2.0 vorgestellt). Auch wird behauptet, dass die Begriffe Designwert und Designeigentum neu seien und dass man ein neues Kapitel in der Designforschung aufgeschlagen hätte.

Ob dies tatsächlich zutrifft, ist doch sehr zweifelhaft, da beide Begriffe geläufig sind und sich die Designtheorie durchaus auch mit ökonomischen und soziologischen Wissenschaften beschäftigt. Ferner sind aus dem Markencontrolling eine Vielzahl von systematisierten Markenbewertungsansätzen bekannt.

Bemerkenswert ist auch, dass die Autoren den Einfluss der Marke auf Kaufentscheidungen und Umsatz von Unternehmen (damit also auch ihre Wertung) als allgemein überschätzt bezeichnen. Es ist sicher völlig richtig, Produktdesign als eine relevante Beeinflussung von Konsumentscheidungen anzusehen, allerdings nie losgelöst von der Kommunikation und dem daraus resultierenden Image. Womit wir bei markenrelevanten Aspekten sind.

Award-Werbung

Es fällt auf, dass die Autoren ihre Argumentation immer wieder auf Produkte und Unternehmen beziehen, die im *red dot design award* ausgezeichnet wurden. Angeblich sollen die Unternehmen, die in innovativ und gut gestaltete Produkte investieren, Design als strategisches Führungsinstrument nutzen und damit im *red dot design award* über Jahre sehr erfolgreich sind, klare Vorteile gegenüber ihren Wettbewerbern haben. Wobei die Frage offenbleibt, ob, wegen oder trotz Award. Diese Reduzierung auf Wettbewerbsteilnehmer ist eine erhebliche Verzerrung von Bewertungsgrundlagen und lässt den Verdacht aufkommen, dass dieses Buch in erster Linie als Werbung für den *red dot design award* fungiert und belastbaren Kriterien nicht standhalten kann.

Vermessen und zu kurz gedacht

Auch dass es weder den Unternehmen noch den Designern gelungen sein soll, Designleistungen zu quantifizieren, ist vermessen. Sowohl professionelle Designer als auch Unternehmen mit hoher Designmanagement-Kompetenz sind schon lange in der Lage, die qualitativen Kategorien in quantitative zu transformieren.

Ferner gehen die Autoren davon aus, dass Design die Identität eines Unternehmens in entscheidendem Maße bestimmt. Auch das ist etwas zu kurz gedacht, da Identität aus der Persönlichkeit heraus resultiert und diese durch Verhalten, Kommunikation und Design entwickelt werden kann. Es kommt daher immer auf den Mix dieser drei Werkzeuge an. Design allein, als äußere sichtbare Form – also als Artefakt – würde nicht ausreichen, wenn nicht auch Mente- und Soziofakte stimmig wären. Sonst würden Unternehmen, die vor allem durch ihr Produktdesign erfolgreich sind, auch nicht zunehmend ökologisch und sozial hinterfragt.

Eine Ohrfeige für Designer

Unter dem Stichpunkt »Der Kunde entscheidet« gehen die beiden Autoren auf das Problem des Investitionsrisikos ein. Sie schreiben, dass viele Manager in Unternehmen es als sehr unbefriedigend empfinden, keine Erfolgsgarantie einkaufen zu können und das gesamte Risiko allein tragen zu müssen. Für die Auftraggeber wäre es angenehmer, nur im Erfolgsfall für die Arbeit des Designers bezahlen zu müssen. Mit einer prozentualen Erfolgsbeteiligung für den Designer (also einer Lizenz) läge zunächst das größere Risiko beim Designer. Falls sein Entwurf erfolgreich ist, kann er wesentlich mehr verdienen als mit einem einfachen Entwurfshonorar. Die Autoren weisen an dieser Stelle darauf hin, dass der Auftraggeber auf diese Weise sein Risiko deutlich reduzieren kann, langfristig damit aber »schlechter abschneidet«. Was sie darunter verstehen, erläutern sie an einer Erfolgsgeschichte aus der Praxis.

Ein namhafter Hersteller beauftragte einen dänischen Designer mit dem Entwurf für eine Kanne, die als »Kugelkanne« sehr erfolgreich war – weil millionenfach verkauft – und zum echten Designklassiker wurde. Da beide einen Lizenzvertrag abgeschlossen hatten, wurde nicht nur das Unternehmen zum Multimillionär, sondern auch der Designer zum Millionär. Von dieser Erfolgsgeschichte ausgehend, argumentieren die Autoren nun, dass der Hersteller viel mehr für das Design bezahlt hat als notwendig, weil er das Kostenrisiko anfangs gering halten wollte. Bei einem Verkaufserfolg fällt es dann allerdings nicht mehr so schwer, diesen mit dem Designer zu teilen. Langfristig sollen bei einem Preisverfall des Produktes nicht nur die Gewinne des Unternehmens zurückgehen, sondern durch die Designlizenzen zusätzlich geschmälert werden. Dass dies dann auch für die Lizenzen zutrifft, bleibt unerwähnt.

Nun rechnen die Autoren vor, dass der Hersteller maximal einen Betrag von 20 000 Euro für das Design hätte bezahlen müssen, ohne im Detail zu begründen, wie sie auf diesen niedrigen Wert gekommen sind. Damit könnte sich der Hersteller – bei größerer Risikobereitschaft zu Beginn des Projektes – die millionenschwere Erfolgsbeteiligung für den Designer sparen und seinen Profit (und damit den eigenen Designwert) um diese Summe steigern. Es wird dann noch ergänzt, dass man mit einer Leistung (die angeblich einen Marktwert von 20 000 Euro haben soll) im Laufe der Zeit ein Einkommen von mehreren Millionen erwirtschaften kann. Daher soll es sich lohnen, in Design zu investieren, weil sich damit unverhältnismäßig hohe Gewinne erzielen lassen. Die Botschaft: Design als Dienstleistung kann dem Auftraggeber im Erfolgsfall das Vielfache seiner Investition einbringen. Mit keiner anderen Dienstleistung soll ein Unternehmen mehr Geld verdienen können.

Der Ansatz einer Risikoteilung zwischen Hersteller und Designer hat vieles für sich, weil beide Seiten profitieren oder auch nicht. Der Designer bewegt sich damit auf der Ebene des Unternehmers, also auf Augenhöhe. Was die beiden Autoren daraus allerdings ableiten, ist nicht nur ein Schlag ins Gesicht der Designer, sondern auch mit

Risiken für das Unternehmen verbunden. Warum sollte ein Unternehmen seinem für ihn dienstleistenden Designer einen angemessenen Anteil am Erfolg vorenthalten? Nur um mehr Profit zu machen? Das wäre entschieden zu kurz gedacht. Weil unangemessene Honorierungen und vorenthaltene Erfolgsbeteiligungen verhindern, dass der Designer nicht nur entwirft, sondern auch und vor allem unternehmerisch denkt und handelt. Letzteres hat wesentlichen Einfluss auf die Qualität von Entwürfen, erhöht die Möglichkeiten für quantitativen Erfolg und reduziert die Opportunitätskosten – also die entgangenen Erlöse, die dadurch entstehen, dass vorhandene Möglichkeiten zur Nutzung von Ressourcen nicht wahrgenommen werden. Wie will das Unternehmen mit dem Designer jemals die Chance auf eine Wiederholung mit einem neuen Entwurf nutzen? Ein unterbezahlter (weil gering honorierter) Designer wird nicht lange am Markt verfügbar sein, da er gezwungen wäre, seinen Beruf zu wechseln. Auch wären da urheberrechtliche Ansprüche zu berücksichtigen, die dem Designer unter Umständen das Recht auf Nachforderungen im Falle unverhältnismäßiger Honorierung einräumen könnte.

Die Autoren vermitteln den Eindruck, dass sie einerseits zwar die Leistungen der Designer sehr hoch einschätzen, andererseits aber nicht bereit sind, ihnen einen dieser Wertung entsprechenden / angemessenen Anteil zuzugestehen. Vielmehr verleiten sie die Unternehmen dazu, ihr Augenmerk auf eine einseitige Profitmaximierung zulasten der Designer zu richten. Wie sie damit die sogenannte »Designkontinuität« sicherstellen wollen, bleibt unbeantwortet. Mit anderen Worten: Die Argumentation der Autoren ist anmaßend und unverschämt. Wenn das die »neue« Strategie der Unternehmensführung sein soll, dann kann man davor nur alle warnen!

Blackbox Designwert-Methode

In der Erläuterung des Prinzips ihrer Methodik beschreiben die Autoren die einzelnen Faktoren zur Berechnung. Dazu zählen:

> Designwert – durch Design bestimmter monetärer Wert
> Designertrag – ökonomische Grundlage, Anteil der Designprodukte am Gewinn vor Zinsen und Steuern (EBIT)
> Designstärke – Innovationskraft und Differenzierungspotenzial im Vergleich zum Wettbewerb
> Designkontinuität – Gestaltungsprinzipien und langjährige Produktsprache
> Designeigentum – Urheber- und Nutzungsrechte auf vorhandene Produkte und Schutzrechte auf zukünftige designrelevante Produkte

Daraus abgeleitet wird die Formel: »Designwert = [Designertrag × (Designstärke + Designkontinuität)] + Designeigentum«

Warum hier einige Faktoren addiert und andere multipliziert werden, bleibt völlig unklar. Die Formel scheint nur einem Ziel zu dienen, nämlich einen wissenschaftlich fundierten Hintergrund zu suggerieren, der hier aber schlicht nicht vorhanden ist.

In der Beschreibung der Faktoren ist der *red dot design award* die eigentliche Grundlage. Alle »detaillierten Beobachtungs- und Analysephasen« bauen ausschließlich auf den Auswertungen der teilnehmenden und ausgezeichneten Unternehmen auf. Die vom *red dot institut* entwickelte Methodik wird wiederholt erwähnt, ohne sie näher und im Detail, also nachvollziehbar, darzustellen. Sie ist daher außerhalb des Awards unbrauchbar und vermittelt zudem den Eindruck von Willkür.

Auch die Behauptung, dass die ausgezeichneten Produkte sich damit erfolgreich am Markt positionieren können, ist nicht belegt. Ebenso, dass je höher der Stellenwert des Designs, desto bedeutsamer die Auszeichnung mit einem *red dot* für den Markterfolg ist. Das ist nicht skalierbar und bleibt damit nebulös.

Wirkung

Der Anspruch im Titel *Der Design-Wert – Eine neue Strategie der Unternehmensführung* wird nicht erfüllt. Das Buch will den Anschein von Seriosität erwecken, das allerdings durch überwiegend unscharfe und unbewiesene Behauptungen. Die gebundene Form und der Großdruck sollen den dünnen Inhalt offensichtlich kaschieren. Auch ist es aus der Zeit gefallen, da die sich ändernden allgemeinen Rahmenbedingungen im globalen Wettbewerb hin zur Identität (wie im Kapitel *1.0* erläutert) die Bedeutung des Produktdesigns relativieren. Umso merkwürdiger ist die Feststellung der Autoren, dass Kommunikation und Marke überschätzt würden. Das wirkt wie ein Verleugnen der Realität. Das Buch ist nichts anderes als eine getarnte Werbeschrift und wirkt wie eine mangelhafte, weil nicht wissenschaftliche Bachelorarbeit.

Auf den *red dot design award* gehen wir im nächsten Kapitel (*9.0 Awards als Business oder Förderinstrument*) noch näher ein.

8.2 Die Schönheit des Mehrwertes

Der deutsche *Markenverband* hat gemeinsam mit dem *Rat für Formgebung* und der Werbeagentur *Scholz & Friends* 2010 eine Studie über Die Schönheit des Mehrwertes herausgegeben. Sie soll »*Deutschlands* größte Studie zur Bedeutung von Design für den Unternehmenserfolg« gewesen sein.

Die Herausgeber betonen, dass Design ein integraler Bestandteil erfolgreicher Markenführung geworden ist. Attraktive Formensprache kommuniziert Funktionalität, Innovation, Qualität und damit »Orientierung und Verbrauchernutzen«. Das Designverständnis der Unternehmen schließt zunehmend auch umwelt- und gesellschaftspolitische Themen mit ein, ebenso kosten- und ressourcenschonende Arbeitsmöglichkeiten sowie neue und kreative Wege für die Außendarstellung. Neben dem ästhetischen Mehrwert wird zunehmend auch der betriebswirtschaftliche Mehrwert betont, wozu die Studie einige Anregungen bieten soll. Sie soll erstmalig belastbare Zahlen für deutsche Unternehmen geliefert und deutlich gemacht haben, dass gerade in einer »Wirtschaftskrise« Formgebung helfen kann, sich am Markt zu behaupten.

Essenz der Schönheit

Zu Beginn werden hier vier Punkte herausgestellt:

1. Design schafft Mehrwert – über 80 Prozent der Befragten werten Design als wichtigen Faktor für die Erschließung neuer Märkte, sogar noch mehr für die Gewinnung neuer Anteile an bestehenden Märkten.
2. Design macht den Unterschied – fast alle nutzen gezielt Formgebung zur Positionierung.
3. Unternehmen erwarten Kreativität – an erster Stelle, noch vor maßgeschneiderten Lösungen und effizienter Umsetzung.
4. Design kann mehr – ausbaufähig sind insbesondere die Möglichkeit der Kostenreduktion und auch die umwelt- und gesellschaftspolitischen Ziele.

Fragen

Die Studie prüft drei Fragekomplexe:

1. Ist Design ein Faktor des wirtschaftlichen Erfolgs?
2. Wie entwickelt sich die Ressourcenlage für Design?
3. Welche Erwartungshaltung haben Unternehmen?

28 Fragen wurden zu unterschiedlichen Themen gestellt, die Antwortoptionen zwischen »trifft zu« und »trifft nicht zu« boten.
Die Unternehmen gaben an:

> Fast 70 Prozent – Design hat einen großen Einfluss auf die Gesamtrendite.
> Über 80 Prozent – Design ist wichtig bei der Erschließung neuer Märkte.
> Nahe 90 Prozent – durch Design können Marktanteile gewonnen werden.

- 95 Prozent – Design ist bei Markteinführungen neuer Produkte ein wichtiger Faktor.
- Fast 90 Prozent – Design spielt bei der Produktentwicklung eine wichtige Rolle.
- 95 Prozent – Design ist wichtig für das Image und die Identität.
- 95 Prozent – Design spielt für den Markenwert eine große Rolle.
- Über 75 Prozent – Design hat einen großen Einfluss auf die Innovationsfähigkeit.
- Nahe 95 Prozent – das Verpackungsdesign ihrer Produkte hat für die Markenpflege große Bedeutung.
- Über 85 Prozent – der Absatz ihrer Produkte hängt wesentlich vom Design ab.
- Über 40 Prozent – Design spielt bei der Optimierung von Produktionsprozessen eine wichtige Rolle.
- Nahe 85 Prozent – Design eröffnet neue Spielräume bei der Preisgestaltung.
- Knapp 60 Prozent – Designorientierung wirkt sich positiv auf das Recruitment aus.
- Nahe 100 Prozent – nutzen Design zur Positionierung gegenüber Wettbewerbern.
- Fast 95 Prozent – Kreativität einer Designagentur entscheidet bei der Agenturwahl (über 55 Prozent – maßgeschneiderte Lösungen).
- Nahe 80 Prozent – staatliche Regulierungen der Verpackungsgestaltung beschränken die Design- und Kommunikationsmöglichkeiten.
- Über 70 Prozent – nutzen Design nicht, um Kosten zu reduzieren.
- Nahe 60 Prozent – nutzen Design noch nicht für umwelt- und gesellschaftspolitische Ziele.

Die Studie zeigt, dass Design ein wirtschaftlicher Erfolgsfaktor ist, die Ausgaben in Design steigen und Designagenturen herausgefordert sind. Im Anhang werden dann noch Zahlen zu Mitarbeitern, Alter, Branchen, Investitionsanteile im Design, Mitarbeiter im Designbereich und deren Entwicklung, Entwicklung des Outsourcing, Sektor, Unternehmenstyp und Auslandstätigkeit aufgeführt.

Wirkung

Die Studie macht deutlich, dass Design nicht nur für Produktgestaltung relevant ist, sondern vor allem für die Kommunikation und damit insgesamt für das Markenimage.

Dass die Kreativität der Agenturen deutlich höher bewertet wird als maßgeschneiderte Lösungen, scheint an der Werbeorientierung zu liegen – was nicht verwundert, da eine Werbeagentur die Befragung durchgeführt hat. Hätte ein Designbüro mit Strategieorientierung die Fragen gestellt, wäre das Ergebnis hierzu wahrscheinlich etwas anders ausgefallen. Die in den letzten Jahren deutlich zunehmenden Aktivitäten von Unternehmensberatern im Designbereich weisen auf eine wachsende Bedeutung von Beratungs- und Planungs-Dienstleistungen mit Strategieschwerpunkten hin.

Trotzdem ist die Studie eine sehr hilfreiche Orientierung zum Stellenwert von Design und Marken. Ob sich die Herausgeber allerdings darüber bewusst waren, dass sie mit ihrem Titel *Die Schönheit des Mehrwertes* eine der drei wichtigsten Grundlagen von Bewertungen (den »Schönheitswert« nach *Gabriel Tarde* – wie im Kapitel 2.2 vorgestellt) erfasst haben, wissen wir nicht. Unerwähnt blieb auch der »Nützlichkeitswert«, obwohl er in den Fragen und Antworten enthalten war. Über den »Wahrheitswert« können wir hier nur spekulieren.

8.3 Design Value

Der wissenschaftliche Mitarbeiter am Lehrstuhl für Allgemeine Betriebswirtschaftslehre (ABWL) und Marketing der *Universität Stuttgart* und dort unter anderem im Designmanagement forschende *Dominik Hettich* hat seine Bachelorarbeit *Design Value: Die Messung des Wertbeitrags von Design* (2013) veröffentlicht. Damit verfasste er eine kritische Würdigung des Forschungsstands zur Messung von »Design Value«. Es ist eine fundierte wissenschaftliche Arbeit, die einen guten Überblick zum aktuellen Stand der Definitionen zum Design und zu bestehenden Messmodellen vermittelt.

Mit der Messung des Designwertes soll eine Kennzahl für strategisches Designmanagement geschaffen werden – als Plan- und Zielgröße. In seiner Arbeit sieht er den Designwert als Konstrukt an, das mehrere Wertdimensionen mit unterschiedlichen Komponenten umfasst. Erfasst werden kann der Designwert sowohl aus Kundensicht als auch aus Unternehmenssicht. Aufgrund des weiten Begriffsfelds Design musste der Autor allerdings eine Einschränkung seiner Betrachtungen vornehmen und rückte daher das Produktdesign in den Mittelpunkt seiner Untersuchung. Darüber hinaus hat er die Designaktivitäten in den Innovationsprozess eingeordnet und den strategischen Nutzen von Design herausgearbeitet. In diesem Zusammenhang stellt er auch fest, »dass der Begriff Design einen prozessualen und einen objektbezogenen, finalen

Charakter aufweist«. Ferner, dass das industrielle Produkt als Träger des Produktdesigns eindeutig identifiziert und damit unabhängig von Marketingmaßnahmen betrachtet werden kann.

Strategischer Nutzen

In Bezug auf den strategischen Nutzen von Design definiert *Dominik Hettich* vier Kräfte, die einen Beitrag zum Unternehmenserfolg leisten, als:

> Differentiator – bewirkt Wettbewerbsvorteile über Markenwert, Kundenbindung, Preisaufschläge und Kundenorientierung.
> Integrator – treibt die Entwicklung neuer Produkte voran.
> Transformator – eröffnet neue Geschäftsmöglichkeiten.
> Good Business – bedeutet eine betriebswirtschaftliche, in Kennzahlen messbare positive Auswirkung auf die Unternehmensleistung.

Ergänzend weist er noch darauf hin, dass nur Kernkompetenzen einen nachhaltigen Wettbewerbsvorteil schaffen können. Das entspricht dem »Resource-based View« (bezeichnet die Verhältnisse innerhalb eines Unternehmens, ausgehend von Inputgütern, die durch interne Veredlungsprozesse – hier insbesondere durch Design – zu Ressourcen weiterentwickelt werden und zueinander passende – komplementäre – Ressourcen kombinieren, und zwar zur Erzeugung eines potenziell einzigartigen Konsumentennutzens).

Designmanagement

Dominik Hettich bezeichnet effektives Designmanagement als Unterstützung, um wichtige Unternehmensziele zu realisieren. Es verhindert den Missbrauch von Design als oberflächliche Kosmetik. Kenntnisse unterschiedlicher Disziplinen wie Forschung und Entwicklung (F+E), Gestaltung, Marketing und Vertrieb werden miteinander verknüpft. Die Eigenständigkeit eines Unternehmens wird deutlich hervorgehoben und trägt damit dazu bei, die Marktführerschaft zu erreichen. Der dadurch generierte Wettbewerbsvorteil wird visualisiert und damit wahrnehmbar.

Designmanagement zeichnet sich durch koordiniertes Handeln in langfristigen Zeiträumen aus, indem Mitarbeiter und Kunden von Anfang an integriert werden. Um auf Veränderungen in der Gesellschaft und im Markt schnell reagieren zu können, wird die Zusammenarbeit mit Fachleuten – zum Beispiel Psychologen, Soziologen und Verhaltensforscher – koordiniert.

Gemäß Umfragen soll die Mehrheit der Unternehmen eine Auslagerung von Designleistungen bevorzugen, jeweils etwa ein

Drittel diese selbst erbringen oder interne und externe Lösungen gemischt anwenden. Bei der Auftragsvergabe sollen die Unternehmen mehr zu freiberuflichen Designern oder kleinen Designbüros tendieren als zu multidisziplinären Beratungsunternehmen.

Das Verständnis von Management (als autoritäres Command & Control, kooperativ kollektives Handeln oder zukunftsgerichtete Bewältigung des Wandels) beeinflusst die Haltung zum Design (als Strategie, Prozess oder Struktur). Designer können als Teil eines multifunktionalen Teams während des gesamten »New Product Development (NPD)«-Prozesses eingebunden werden und bekommen innerhalb des Teams eine zentrale Rolle, da sie die Kommunikation zwischen den einzelnen Akteuren ermöglichen. Nach einer Studie sollen »Unternehmen mit von Designern geleiteten »NPD-Prozessen« einen um 20 Prozent höheren Umsatz erzielen als Unternehmen, die Design als reine funktionale Spezialisierung betrachten. Im Vergleich zu Unternehmen mit multifunktionalen Teams in der »NPD« ist der Umsatz um neun Prozent höher«. Auch sollen Unternehmen nur dann Zugang zum vollen Nutzen von Design erhalten, »wenn sie die Barrieren in der Einführung von Design Thinking in einer typischen »NPD«-Organisation verstehen«.

Modelle von Design Value

Design-Investitionen können für Unternehmen einen Wert generieren, so *Dominik Hettich*. Produktdesign hat in modernen Märkten einen entscheidenden Einfluss auf die Attraktivität und bei der Nutzung einen unmittelbar positiven Einfluss auf die Zufriedenheit der Konsumenten. Design erzeugt also einen Wert für Kunden. Ansätze zur Messung dieses Wertes analysiert er aus Kunden- und auch aus Unternehmersicht. Bei der Analyse unterscheidet er grundsätzlich zwischen:

> strukturprüfenden Verfahren – von Zusammenhängen zwischen Variablen (Verfahren: Regressions-, Varianz-, Diskriminanz-, Kontingenzanalyse, Logistische Regression, Strukturgleichungsmodelle und Conjoin-Analyse)
> strukturentdeckenden Verfahren – von Zusammenhängen zwischen Variablen und Objekten (Verfahren: Cluster-, Faktorenanalyse, Multidimensionale Skalierung, Korrespondenzanalyse und Neuronale Netze)

Der Design Value entzieht sich der direkten Beobachtbarkeit und Messung auf empirischer Ebene, was als latentes Konstrukt bezeichnet wird. »Latente Variable [beziehungsweise Faktoren], hypothetische Konstrukte, theoretische Begriffe oder True Scores sind ausgewählte Synonyme, die in der entsprechenden Literatur verwendet werden.« Die Messung setzt die Konzeptualisierung und Operationalisierung voraus. Zur Erfassung können reflektive oder formative Messungen zum Einsatz kommen. Beides wird in der Arbeit detailliert beschrieben und anschaulich dargestellt.

Messmodelle des Designwerts für Kunden

Hier beschreibt *Dominik Hettich* zwei ausgewählte Modelle (mit ebenfalls anschaulichen Darstellungen), von dem das erste den Prozess der Wahrnehmung von Kunden bezogen auf Produktdesign betrachtet und das zweite ein Bezugssystem für die Erzeugung von Design Value bietet. Das erste Modell stellt dar, wie Moderatorvariable (Design-Involvement der Kunden, abhängig vom kulturellen und sozialen Kontext sowie situativen Faktoren), Mediatorvariable (kognitive und emotionale Prozesse) und Mehrfachkontakt (wiederholte Nutzung) auf die Präferenzen von Kunden gegenüber Produktdesign einwirken.

Das zweite Modell stellt die Transformation ursprünglicher Produktziele – durch die Verwendung von Designhebeln – zu Produkten mit einem bestimmten Designwert dar. Ausgehend von den Designzielen werden Marktfaktoren (Preissensibilität, Leistungserwartung et cetera), organisatorische Faktoren (Ressourcen, Designkultur et cetera), Designhebel (Ästhetik, Eigenschaften, Nutzen et cetera) und Designereinflüsse (Erfahrung, Kreativität et cetera) erfasst, um den Designwert zu definieren. Dieser besteht aus einem rationalen (Qualität, Performanz et cetera), kinästhetischen (Wirken und Kommunikation / Feedback) und emotionalen Wert (Ganzheitlichkeit, Differenzierung und Designwirkung). Darauf aufbauend wird der Interpretationseinfluss (individueller Geschmack, situative Faktoren) einbezogen, um abschließend die Kundenreaktion festzuhalten.

Beide Modelle ergänzen sich und eine Zusammenführung erscheint deshalb sinnvoll. Zur Vervollständigung sind weitere theoretische Überlegungen notwendig, so *Dominik Hettich*, wie zum Beispiel die differenzierte Untersuchung der Effekte einzelner Dimensionen des Designwerts auf die psychischen und verhaltenswissenschaftlichen Reaktionen der Konsumenten.

Messmodelle des Designwerts für Unternehmen

Hierzu stellt *Dominik Hettich* zunächst fest: »Der durch Design verursachte Anteil an erzielten Einnahmen kann […] bislang noch nicht isoliert herausgestellt werden.« Die Forschung soll sich bisher hauptsächlich auf Umfragen und theoretische Überlegungen zur Wirkung von Designmaßnahmen auf den Unternehmenserfolg beschränkt haben. Hier hat sich gezeigt, dass Design positiv auf

Identität, Image, Innovationsfähigkeit, Markenwert und Personalbeschaffung wirkt, ebenso auf Absatz, Marktanteile und Preisgestaltung. Es konnten auch Zusammenhänge zwischen effektiv eingesetztem Design und einer hohen Gesamtkapital- und Umsatzrendite sowie höheren Kursgewinnen an der Börse nachgewiesen werden. Indikatoren für eine Messung des Designwerts wurden in Studien allerdings nicht ermittelt, weshalb es bislang kein Messmodell aus Unternehmenssicht gibt.

Da der Designwert ein mehrdimensionales Konstrukt ist, kann dem nur ein formales Modell gerecht werden. Dazu wird dieser Wert in einzelne Dimensionen zerlegt und internen beziehungsweise externen Faktoren zugeordnet. Hier bietet sich die getrennte Erfassung von unternehmensinternen und -externen Faktoren an.

Als einen Ansatz zur Quantifizierung des Designwertes sieht *Dominik Hettich* den des *red dot award* an (den wir im unter 8.1 beschrieben haben) und verweist auf die Problematik, dass dieser nur bestimmte Designprodukte erfasst und nicht alle Facetten des Designwerts berücksichtigt.

Sehr anschaulich beschreibt er zur weiteren Differenzierung (interne und externe) Modelle, in denen monetäre und nicht-monetäre Werte zur Messung dargestellt werden:

> interner, nicht-monetärer Wert – Faktoren: Nachhaltigkeit, Identität, Image, Markenwert, Markenpflege, Umwelt- und gesellschaftliche Ziele, Entwicklungsprozess (Innovationsfähigkeit, Einbeziehung Kunden, Technologietransfer, Informationsfluss, Koordination), Designkontinuität und Designeigentum
> interner, monetärer Wert – Faktoren: Kostenreduktion (Produktionskosten, Instandhaltungskosten, Lagerkosten), Umsatz und Aktiva
> externer Wert – Faktoren: Erschließung neuer Märkte, Erfolg bei Markteinführung, Marktanteil, Zahlungsbereitschaft und Differenzierung

Er konstatiert, dass es aufwendig ist, den Einfluss von Design auf den Unternehmenserfolg getrennt von anderen Funktionen zu ermitteln, da viele Input- und Outputfaktoren dafür verantwortlich sind. Das ist zwar komplex, aber machbar, wenn alle kundenbezogenen sowie unternehmensinternen und -externen Faktoren einbezogen werden. Daher sind die von ihm aufgestellten Modelle für eine zukünftige Forschung über ihre Zusammenlegung nur als Ansatz zu verstehen. Eine weitere Überlegung stellt die Gewichtung einzelner Faktoren dar, die an die zu untersuchenden Branchen angepasst werden müssten. Allerdings hält er eine praktische Anwendung der Designwertmessung auch ohne Gesamtmodell bereits heute für möglich. Dazu schlägt er vor, die Faktoren in einer »Balanced Score Card« aufzuführen. So ließen sich »die Ziele der Finanz-, Prozess-, Potenzial- und Kundenperspektive von Design ausgewogen verfolgen«. Dies ermöglichte auch »eine erhebliche Komplexitätsreduktion und ein einfaches unternehmensindividuelles Steuerungsinstrument für den Designwert«. Sein Fazit: »[…] erst mit der Präsenz eines Messmodells für den Designwert kann eine umfassende Auswahl an validen Faktoren bereitgestellt werden.« Seine Erkenntnisse aus der Aufarbeitung des Forschungsstands sollen die nächsten notwendigen Schritte dazu aufzeigen.

Die Arbeit von *Dominik Hettich* wirkt professionell und bietet in der Tat einen sehr guten und verständlichen Überblick zum Stand der Forschung. Was sie besonders wertvoll macht, ist die Tatsache, dass sie aus ökonomischer Sicht entwickelt wurde und damit ein Verständnis zum Design aus der Perspektive von Unternehmen vermittelt. Sie ist zur Vertiefung der hier angesprochenen Inhalte sehr zu empfehlen.

Wirkung

Für Sie als Designer/in ist das deshalb interessant, weil Sie damit eine hervorragende Grundlage für eine am Nutzen Ihrer Auftraggeber / Kunden orientierten Honorarkalkulation haben. Wie Sie dieses Wissen praktisch anwenden können, dazu mehr im Kapitel *11.0*.

Der Mitbegründer und Inhaber einer Design- und Markenagentur *Frank Wagner* hat sich in seinem Buch *The Value of Design – Wirkung und Wert von Design im 21. Jahrhundert* (2015) mit den Grundlagen für eine Reflexion der Rolle des Designs in einer veränderten Gesellschaft beschäftigt. Er versteht das Buch als »Plädoyer vorwiegend an Unternehmer, das wertschöpfende und werterhaltende Potenzial von Design zu erkennen und den Beitrag, den Designer für sie leisten können […]«. Und er sieht es als Neuanfang, um einen Weg zu einem neuen Verständnis von Design vorzubereiten, den er als maßgebliche Voraussetzung für die Entwicklung von etwas Neuem wie einem ethischen Verhaltenskodex sieht. Ein ambitionierter und begrüßenswerter Anspruch.

**8.4
The Value of Design**

Die Frage, die sich bei der Lektüre jedoch stellt, ist, ob hier nicht zu viel Design thematisiert wird und die Designer etwas zu kurz kommen (auch wenn sie durchaus erwähnt werden). Das »Design und …« zieht sich wie ein roter Faden über zwölf Unterkapitel durch das ganze Buch – lediglich ein Unterkapitel widmet sich explizit dem »… und Designer«. Auf den ersten Blick wird es damit seinem

**Zu viel Design –
zu wenig Designer**

Titel durchaus gerecht. Allerdings sind Wert und Wirkung von Design ohne Designer professionell nur unzureichend zu beschreiben. Eingangs fragt *Frank Wagner* nach der Rolle, die Designer heute haben und welche sie einnehmen möchten. Dies verbindet er ebenfalls mit Fragen wie etwa: nach den benötigten Kompetenzen für die Zukunft, wer den Handlungsrahmen definiert, wo Designer Anerkennung finden, in welchen Standpunkten Designer Orientierung für ihr Tun finden, wohin Design-Theorien führen, wann die Gesellschaft erkennt, dass Design in der Gestaltung unserer zivilisierten Lebenswelt eine maßgebliche Rolle spielen kann und welche Rolle diese den Designern bereithält.

Mit seinem Buch will er aufzeigen, »wie wertvoll Design für eine in Transformation befindliche Gesellschaft sein kann – und schon ist. Und es soll Designern Orientierung geben, ihre Koordinaten in dieser sich verändernden Welt zu finden, zu bestimmen und zu leben«. Er spannt darin einen Bogen: von Relationen und Disziplinen; über Wirkungen, Ästhetik, Sehnsucht, Inhalt, Kommunikation, Kognition, Ideal, Wandel; bis zu Ethik und Zukunft. Anschließend an das Thema Kognition geht er (endlich) auch auf die Designer und ihre Synthese aus Denken und Empfinden ein.

Fragen

Jedes Kapitel wird mit Fragen eröffnet und schließt meist auch mit Fragen ab. Für ein »Plädoyer« und einen »Neuanfang« eine – in Zeiten von Transformation und großer Unsicherheit – im Grunde richtige Vorgehensweise. Denn gerade jetzt brauchen wir die richtigen Fragen, um darauf hoffentlich gute Antworten zu finden – von beidem wünschen wir uns mehr. Allerdings sind auch einige Fragen gestellt, die etwas unklar wirken: wie zum Beispiel: »Sollte Design zukünftig nicht nur Ästhetik und Funktion liefern, sondern indirekt auch die Verantwortung für die Ergebnisse übernehmen?« Eigentlich war das doch schon immer selbstverständlich – zumindest für die Designer. Oder: »Werden sich Kreativitätskultur und Design-Denken langfristig in allen Wirtschaftsbereichen und Unternehmensebenen als inspirierter, systematisierter und standardisierter Arbeitsprozess etablieren, die den Unternehmen den notwenigen kreativen Output an Ideen und Innovationen liefern?« Kreativität und Design sind schon lange in immer mehr Unternehmen angekommen – und das immer öfter ohne die Designer.

Frank Wagner stellt zur Wirkung des Designs völlig richtig fest, dass eben genau sie verantwortlich für eine Wahrnehmung ist und damit einen kommerziellen Wert hat. Er verweist auf Markenwerte bekannter Unternehmen und den in ökonomischer – aber auch in kultureller – Hinsicht unschätzbaren Beitrag von Design-Leistungen. Hier wäre ein Hinweis auf die Designer, die diese Design-Leistungen erbringen, angebracht gewesen.

Designwirkung et cetera

Unter »Sehnsucht« geht es zukünftig um die ganzheitliche Gestaltung – um die Formulierung von Produkten, Inhalten und Prozessen, die sich an einer Idealvorstellung orientieren. Genau das ist die Domäne der Designer und macht einen guten Designer aus, (um die von *Frank Wagner* hierzu gestellte Frage zu beantworten).

Zum Inhalt soll Design selbst über kein Kriterium verfügen, »das ein Korrektiv sein und die Qualität von Inhalten bewerten könnte. Design ist lediglich ein Transmitter. Ein Instrument, um Inhalte zu transportieren. [...] Auf diesem Grundprinzip basiert Werbung.« Ist das wirklich so? Wenn ja, wäre es da nicht an der Zeit, das zu ändern? Schon allein deshalb, damit sich die Designer hier nicht instrumentalisieren lassen! *Frank Wagner* ergänzt noch, dass alle am Ergebnis beteiligten Disziplinen (wie Foto, Grafik, Illustration et cetera) und damit alle Designer durch diese Arbeitsteilung in ihrer Verantwortung aufgeteilt würden und dass dies für sie eine entlastend abstrahierende Wirkung habe. Dafür trüge der Auftraggeber die Verantwortung und die Designer prinzipiell eine Mitverantwortung, wüssten sie doch um diese Abstraktion. Zur Kommunikation fragt er, ob die Designer diese Design-Disziplin, die die komplexesten Zusammenhänge verarbeiten muss, in ihrer Schwierigkeit aufgrund der inhaltlichen Dimension überhaupt schon erkannt hätten. Hier ist nur zu hoffen, dass dies für die professionellen Designer zutrifft, damit die mit dem Buch vorwiegend angesprochenen Unternehmen den Beitrag der Designer erkennen können.

Diese Verbindung ist naheliegend, entsteht Design doch zunächst im Kopf, so *Frank Wagner*. Dazu sind die besonderen Fähigkeiten der Designer wie Imaginationskraft und Kreativität nötig. Denn Designer sind durch die Praxis geschult, diese Fähigkeiten, aber auch Empathie und Wissen miteinander zu verbinden. Wobei sich hier die Frage aufdrängt, ob die Design(er)-Ausbildung nicht überdacht werden müsste und sechs Bachelor-Semester zu wenig sind, um ein entsprechendes Verständnis zu entwickeln. Auch hier lässt die Frage des Autors – ob es für Designer nicht essentiell wäre, sich mit erkenntnismäßigem Denken auseinanderzusetzen – Zweifel

Kognition und Designer

aufkommen, ob die Designer den Anforderungen an ihre Praxis als Dienstleister überhaupt gerecht werden können.

Unter »… und Designer« setzt er genau dies – neben der »Flexibilität, gedanklich verschiedene Perspektiven einnehmen zu können« – voraus, damit Designer generalistische Vordenker sein können. *Frank Wagner* verweist auf die Veränderungen des Designerberufs, die den Designern immer mehr eine Mediatoren-Rolle zuweist, in der sie »[…] zwischen ästhetischen, funktionalen, ökonomischen, ökologischen Ansprüchen vermitteln«. Auch dass Designer heute im »Bewusstsein des permanenten Wettbewerbs« stehen und bei den Auftraggebern eine »Kultur der Austauschbarkeit« entstanden ist, hat den Designer zu einem Dienstleister unter vielen gemacht. »Wäre Vertrauen nicht die bessere Basis für eine Zusammenarbeit?« – fragt er. Zum Kreativprozess der Designer beschreibt er das Muster des Zusammenspiels von emotionalem Empfinden und rationalem Denken, dessen sich Designer bewusst bedienen oder mehr oder weniger intuitiv danach handeln. Es sind die vier Phasen der »Préparation, Inkubation, Illumination und Verifikation«. Er regt an, dies als »Design-Thinking-Methode« an Auftraggeber zu vermitteln und verweist ferner auf das »Shared Thinking« für Gruppen wie zum Beispiel Design-Teams, die den Charakter des lateralen Denkens in sich tragen. Zum Schluss seiner Abhandlung über Designer geht er noch auf ihre intrinsische Motivation ein. »Echte Designer« sollen »oft stark von einem inneren Anspruchsgefühl geleitet sein«. Mit diesem Anspruch und den beschriebenen Fähigkeiten werden Designer zu ganzheitlichen Vordenkern. Letzteres verbindet *Frank Wagner* wiederum mit einer Frage: »Können Designer […] nicht noch ganz andere Aufgaben übernehmen?« Unsere Antwort wäre hier – ja!

Ideal und Wandel

Dazu schreibt *Frank Wagner*, dass Design immer nach einem Ideal strebt. Eigentlich müsste es auch hier heißen, dass Designer immer nach einem Idealzustand streben. Auch soll es (soll er sich) »nach einem funktionalen, nutzenorientierten oder ästhetischen Ideal und nicht nach einem inhaltlichen Ideal oder einer Ideologie« richten. Warum eigentlich nicht auch nach einem inhaltlichen Ideal (es muss ja kein ideologisches sein)?

Als einen wichtigen Wandel im Design sieht er – neben der Gestaltung von Informationen, Netzen, Prozessen und Ressourcen – vor allem das Übernehmen von Verantwortung. Dadurch können sich Designer endgültig emanzipieren und zum beratenden Partner entwickeln, wodurch eine erstrebenswerte Aufwertung für Institutionen und Unternehmen, die sich auf einen ganzheitlichen Designprozess einlassen, möglich wird. Dem stimmen wir gern zu.

Frank Wagner postuliert im letzten Teil seines Buches einen »Codex Design«, für den er sieben Faktoren definiert: Mensch, Interaktion, Design, Inhalt, Ökonomie, Ökologie und Gesellschaft. Um diese Faktoren in unserer Gesellschaft zu etablieren, schlägt er drei zeitlich gestaffelte Phasen vor: 1. Entwicklung (Ausbildung, Branche, Unternehmen und Diskurs); 2. Umsetzung; 3. Etablierung (Ausbildung, Unternehmen und Diskurs).

Ethik und Zukunft

Aus unserer Sicht ist das Buch von *Frank Wagner* als Anregung zu einem Dialog unter Designern durchaus gelungen. Bei der »vorwiegend an Unternehmen« gerichteten Ansprache haben wir jedoch Zweifel, ob diese – nicht zuletzt wegen der zahlreichen Fragen und der daraus unter Umständen abzuleitenden Unsicherheit von Designern – im Sinne des Autors überzeugt werden können und Vertrauen in die Dienstleistung der Designer entwickeln. Unternehmen beziehungsweise Unternehmer denken beim Value überwiegend in quantitativen Dimensionen, also in Zahlen. Dazu hat sich *Frank Wagner* nicht geäußert. Um die von ihm angesprochene Zielgruppe aber wirkungsrelevant zu erreichen, muss man sich dieser Erwartungshaltung auch stellen – nicht zuletzt wegen des notwendigen Vertrauens. Wie wir bereits im Kapitel *3.4* unter *Vertrauen* ausgeführt haben, ist dieses »Farbe bekennen« aufgrund des allgemeinen Misstrauens gegenüber Designern dringend nötig. Nur wer dieses Misstrauen ernst nimmt, wird seinen Auftraggeber / Kunden auch überzeugen können. Nur so können Designer vertrauensfördernd wirken. Das bedeutet auch, dass sie neben den richtigen Fragen auch gute Antworten liefern, Antworten, die authentisches und berechtigtes Selbstbewusstsein zeigen. Neben den Qualitäten schließt dieses Selbstbewusstsein natürlich auch die Quantitäten mit ein.

Wirkung

Der auf strategische Beratung spezialisierte Designer *Peter Vetter* hat sich, gemeinsam mit seiner Partnerin *Katharina Leuenberger*, in seinem Buch *Design als Investition – Design und Kommunikation als Management Tool* (2016) mit der Frage auseinandergesetzt, wie Design und Kommunikation Voraussetzungen für wirtschaftlichen Erfolg von Unternehmen und Institutionen schaffen können. Das Buch basiert auf einem in 2014 erschienenen Titel (*Design als Unternehmensstrategie – Wie Entscheider Kommunikationsdesign effizient nutzen*), ist aber um einige sehr wichtige Punkte erweitert worden.

Im Vorwort berichtet der Top-Manager und Strategieberater *Rudolf K. Sprüngli* über seine langjährige und erfolgreiche Zusammenarbeit mit den Autoren in verschiedenen Corporate Identity- und Design-Projekten. Durch seine Erfahrung als Manager, Ver-

8.5 Design als Investition

waltungsrat und Investor ist er zu der Überzeugung gelangt, »dass sich Investitionen in eine auf soliden konzeptionellen Grundlagen erarbeitete Corporate Identity und ein daraus konsequent entwickeltes Corporate Design mehr als lohnen«. Er bezeichnet Design als wirkungsmächtiges strategisches Instrumentarium, zur Gewinnung eines klaren und konsistenten Profils. Das Resultat eines langjährigen Investitionsprozesses ist eine, durch bewusste Führung und Evolution entwickelte Marke des Vertrauens – und ein strategischer Vorteil.

Identität, Design und Kommunikation

In diesem kompetenten Buch wird die langjährige und internationale Erfahrung der Autoren deutlich. An Unternehmen, an die sie sich wenden, stellen sie grundsätzlich die Fragen, welchen Stellenwert das Kommunikationsdesign einnimmt und ob es sich lohnt, in eine integrierte Kommunikation zu investieren. Das Thema wird dem Leser in gut lesbarer und überschaubarer Form vermittelt. Die einführende Erläuterung der »drei Schlüsselbegriffe: Identität, Design und Kommunikation« bringt auch gleich auf den Punkt, worum es hier geht – um die Optimierung von Design-Prozessen.

Die daran anschließende Begründung, »warum Designer dialogorientierte Auftraggeber brauchen«, hebt die erforderliche Position des Auftraggebers hervor und das Arbeiten der Designer im Dialog mit ihren Kunden. An dieser Stelle wäre aus unserer Sicht eine Erläuterung wünschenswert gewesen, was problem- und bedarfsbewusste Auftraggeber / Kunden von Designern erwarten und welchen Nutzen sie durch die Zusammenarbeit mit Designern für sich generieren können. Die ausschließliche Sicht auf Problemlösungen in konkreten Formen ist aus der Erfahrungsperspektive der Autoren nachvollziehbar, hätte aber etwas weiter gefasst werden können, da Designer künftig immer mehr die gedankliche und soziale Gestaltung als Aufgabe haben werden – mit dem möglichen Ziel der konkreten Gestaltung.

Die nachfolgenden Beschreibungen zum Verständnis von Strategien, zur Wahrnehmung und zur Identität sind praxisbezogen und weisen auch auf die Relevanz von gedanklichen und sozialen Form hin – ohne dies ausdrücklich zu erwähnen, (was die zukunftsrelevanten Aspekte jedoch deutlicher gemacht hätte).
Bei der im Kapitel »Über Identität« gezeigten Illustration »Identität und Image« wird der Zusammenhang allerdings andeutungsweise anschaulich:

> Denken (Communication – gedankliche Formen – Mentefakte)
> Handeln (Behavior – soziale Formen – Soziofakte)
> Auftreten (Design – konkrete Formen – Artefakte)

Es geht dann weiter mit einer fundierten und auf das Wesentliche reduzierten Erläuterung des Designs als Ausdruck der Identität, der Sprache von Marken, dem Change versus Kontinuität und dem Design als strategischem Werkzeug. Die Betonung des strategischen Moments ist das, was die besondere Qualität dieses Buchs ausmacht. Die Zielorientierung der Kommunikation und die charakteristische Vermittlung von Inhalten der Unternehmensstrategie sind die relevanten Nutzen eines professionellen Kommunikationsdesigns. Die daran anschließende Bildsequenz beispielhafter Kommunikationslösungen vermittelt die Intentionen der Autoren. (Wie immer provozieren Bilder Emotionen und laufen Gefahr, den Bezug zur Problemstellung des Lesers zu verfehlen. Umso mehr wird dadurch deutlich, wo die Grenzen des Bildhaften liegen.)

Strategischer Moment

Im achten Kapitel beschäftigen sich die Autoren dann mit dem Design als Investition. Sie weisen hier auf die Relevanz eines guten Designmanagements hin und verbinden dies mit der Frage nach der Steuerung eines interdisziplinären Netzwerkes von Spezialisten wie Agenturen für Corporate Design, Werbung, Internet und Social Media, Öffentlichkeitsarbeit, Absatzförderung und Events sowie Beratungsunternehmen für Strategie bis zu Investor-Relations. Wer dafür als »Leader« geeignet ist, bleibt offen. Auch der Hinweis darauf, dass kreative Unternehmer weiterdenken, beinhaltet keine Antwort auf diese Frage. Dass sich diese (oder auch kreative Denker und Künstler) heute mit grundlegenden Fragen der Menschheit auseinandersetzen, ist völlig richtig – beantwortet die Ursprungsfrage aber auch nicht. Der Hinweis auf kreative Prozesse ist zu kurz, um hier konkret weiterhelfen zu können. Die zusammenfassende Erwähnung innovativer und kreativer Vorgehensweisen lässt die zielorientierten und methodischen Unterschiede, die darin liegen, unbeachtet.

Aus der Sozialpädagogik wissen wir, dass lösungsorientierte und ergebnisoffene Ziele sehr unterschiedlicher Methoden bedürfen. Das »sogenannte« Design Thinking wird in der Praxis oft nicht wirklich effektiv angewandt und implementiert.

Eine weitere, sehr aufschlussreiche Ergänzung zum ersten Titel ist die Darstellung der Entwicklung von Börsenwerten der 100 Top-Brand-Unternehmen nach einer Untersuchung des »Interbrand-Ratings«. Deren Aktienwert erhöhte sich zwischen 2006 und 2016 um 194 Prozent und ist damit um 57 Prozent höher als die wichtigsten, globalen Börsenindizes (137 Prozent). Man kann also durchaus davon ausgehen, dass Investitionen in Design und Kommunikation nachweisbar wirtschaftliche Vorteile bewirken.

Wert von Design(ern) und Kommunikation

Auch hier hätten wir uns einen Hinweis auf die in diesem Zusammenhang maßgebliche Rolle der Designer gewünscht. Sind sie es doch, die nicht unwesentlich dazu beitragen, dass die Voraussetzungen für diese wirtschaftlichen Vorteile geschaffen werden können. Gerade hier lässt sich der konkrete Nutzen der Dienst-/ Werkleistungen von Designern ablesen.

Design- und Kommunikationsprozesse

Im letzten Kapitel gehen *Peter Vetter* und *Katharina Leuenberger* dann auf die Durchführung von Design- und Kommunikationsprozessen ein. Die Beschreibung der fünf Phasen eines Design- und Kommunikationsprojektes ist fundiert und gibt einen Einblick in die Arbeitsweise eines Kommunikationsdesigners. Was wir hier lediglich vermissen, ist die deutliche Herausarbeitung der Funktion des Designers als Berater für den Auftraggeber. Es wird hier nur auf seine Rolle als Gestalter fokussiert; seine Einbindung in einen Entwicklungsprozess – der lange vor der konkreten Gestaltung beginnt – wird leider nicht dargestellt. Besonders deutlich wird dieses Ausblenden an der Stelle, wo die Autoren auf die Auswahl des Gestalters eingehen. Sie verweisen hier völlig richtig auf den partnerschaftlichen Aspekt einer Zusammenarbeit zwischen Auftraggeber und Designer. Sie gehen auch auf die »Unsitte« von Pitchs ein – die aus unserer Sicht ursächlich mit der Reduzierung auf die Gestalter-Rolle zusammenhängt.

In der Auflistung dessen, was wichtig bei der Auswahl von »Kreativ«-Partnern ist, fehlen (nach unserer Überzeugung) jedoch die Fähigkeiten und Kompetenzen eines Designers zur Dienstleistung als Berater und Planer. Diese sind aber Voraussetzung dafür, um überhaupt in Entwicklungsprozesse von Anfang an einbezogen zu werden – und nicht erst dann, wenn ein Gestalter-Briefing formuliert ist (weil zu diesem Zeitpunkt bereits eine Maßnahmen-Entscheidung getroffen wurde, die oft nur sehr schwer infrage gestellt oder gar rückgängig gemacht werden kann).

Wirkung

Unser Eindruck ist, dass dieses Buch das Kommunikations-Design thematisiert und dabei den eigentlichen (professionell beruflichen) Akteur – den Designer – zu wenig und (auch nur am Schluss) viel zu kurz einbezieht. *Peter Vetter* und *Katharina Leuenberger* bemerken dort, dass es das Ziel ihrer Überlegungen war, den Dialog zwischen Auftraggeber und Designer zu verbessern. Das ist im Grundsatz gelungen und hätte durch ein stärkeres Herausstellen der Fähigkeiten und Kompetenzen von Designern und die daraus resultierenden Nutzen für die Unternehmen / Unternehmer noch besser werden können. Potenzielle Auftraggeber, die dieses Buch lesen, können die wertvollen Informationen über die strategische Bedeutung und

Nutzung von Kommunikationsdesign mitnehmen – ob sie aber die ebenso strategische Relevanz der Designer daraus ableiten, ist nicht ganz sicher. Aus Mangel an Kenntnissen (über deren Fähigkeiten und Kompetenzen) hält man sich auf Unternehmensseite dann eher an illusionäre Awards, ausbeuterisches Crowdworking oder unprofessionelle Pitchs (auf die wir im Kapitel *9.0* und *10.0* eingehen), in denen oft nur die scheinbaren und zudem billigsten Designer gesucht werden. Daher wäre es sinnfälliger, auf die »Designer als Investition« hinzuweisen!

Trotz der Kritik ist dieses Buch unbedingt lesenswert, weil es die strategische Relevanz des Designs als Investition professionell und kompetent beschreibt. Allein dafür gebührt den Autoren Dank!

Wir haben den Autor *Peter Vetter* für dieses Buch interviewt (Seite *323*).

Der Grafik-Designer, Hochschullehrer und Mitbegründer eines Designbüros *Florian Pfeffer* hat mit seinem Buch *To Do: Die neue Rolle der Gestaltung in einer veränderten Welt – Strategien, Werkzeuge, Geschäftsmodelle* (2014) den Nutzen und den Wert des Designs beziehungsweise der Designer zwar nicht im Titel thematisiert, sich aber inhaltlich damit auseinandergesetzt.

8.6 To Do

In seiner Schlussbemerkung schreibt er unter anderem: »Ich behaupte nicht, dass Design, so wie es heute praktiziert wird, keinen Wert hätte – im Gegenteil. Ich frage mich nur, ob das schon alles war. Und ich glaube, dass es noch andere gibt, die ähnliche Fragen haben. Deshalb dieses Buch …« Daraus lässt sich ableiten, dass sein Buch im Kern eine Frage nach den grundsätzlichen und weiterführenden Werten ist – nicht nur nach dem Wert des Designs, sondern auch nach dem der Designer. Damit schließt der Titel neben der neuen Rolle der Gestaltung auch die der Gestalter mit ein. Zu Beginn weist *Florian Pfeffer* darauf hin: was das Buch nicht ist – fest gefügtes Ideengebäude, Manifest, erhobener Zeigefinger; an wen es sich richtet – an radikale Optimisten, Pioniere des Wandels, Design-Amateure, etwas mit Liebe tuende Menschen und Gestalter mit Fragen an die eigene Disziplin; und was es ist – Handbuch für den Kopf und Werkzeug für alle, die als Designer die Welt verändern wollen.

Florian Pfeffer stellt in seiner Einführung fest: »Design befindet sich nicht mehr an den Siedepunkten der gesellschaftlichen Entwicklung. Damit sinkt die kulturelle Relevanz traditioneller Gestaltung.« Und weiter: »Die Realität ist kompliziert, und es ist illusorisch zu glauben, dass sie durch Design einfacher wird. Das Credo von traditionellem Design ist es, komplexe Sachverhalte einfach darzustellen.

Gewissheit und Revolution

Das Design der Zukunft ist mit der Frage konfrontiert, wie wir Komplexität aushalten und gestalten können.«

Welche Konsequenzen ergeben sich daraus für den (beruflichen) Designer und was ist die Definition seines Berufsfelds? Als eine Alternative sieht er, Design weiter so zu betreiben wie bisher, was nicht das Schlechteste wäre, da Design noch immer eine sinnvolle Dienstleistung mit einem funktionierenden Markt ist. Aber wie lange noch? Das Geschäftsmodell traditionellen Designs steht unter Druck, weil immer mehr Designer in prekären Verhältnissen arbeiten. Die digitale Technik (Computer, Social Media) bietet auch für nichtberufliche Designer immer mehr Möglichkeiten zu gestalten. Und *Florian Pfeffer* stellt völlig richtig fest, dass es unerheblich ist, »ob die Ergebnisse qualitativ an die eines akademisch ausgebildeten Gestalters heranreichen«.

Eine zweite Alternative sieht er in nostalgischen Nischen oder akademischer Unverbindlichkeit und zitiert dann die amerikanische Designerin und Professorin *Deborah Littlejohn*: »Der Status einer Profession wird nicht einfach von einzelnen Individuen in einem bestimmten Berufsfeld definiert. Die Existenzberechtigung einer Profession basiert grundsätzlich auf einem sozialen Vertrag mit denjenigen, denen dieser Beruf einen Nutzen bringen soll.« Schön, aber nicht tragfähig für eine Weiterentwicklung.

»Die dritte Alternative ist die Auseinandersetzung von Design mit den komplexen und widerspenstigen Fragestellungen des modernen Lebens.« Woraus er Fragen ableitet wie zum Beispiel: »Kann Design mehr sein als eine blinde Innovationsmaschine [...]?« oder »Ist Design nur ein Konzept für hochentwickelte Industrieländer?« Ausgangspunkt seines Buches sind die Fragen nach dem Einfluss auf Gestaltung, was Design heute ist, wozu es (nicht) gut ist, wohin es sich entwickelt, welche Perspektiven es bietet – für alle und für den Designer selbst.

Design(er)?

Und was ist Design und die Rolle der (beruflichen) Designer? Hier beschreibt *Florian Pfeffer* die Schwierigkeit zu erklären, was ein Designer eigentlich tut und fragt nach der »Essenz von Design, jenseits des einzelnen Projekts und des konkreten Artefakts«. (Was nützt es jedoch dem Designer und allen anderen, die Fragen – nach dem was Design ist und warum Design sich verändert – vom Artefakt her zu beantworten? Sind die Perspektiven aus Sicht der Mente- und Soziofakte (gedanklicher und sozialer Gestaltung) nicht hilfreicher, den Nutzen zu vermitteln?)

Er zitiert ferner den amerikanischen Architekten, Designer und Philosophen *Buckminster Fuller* (1895–1983), der sich entschied:

»… in einem Experiment herauszufinden, was ein einzelner Mensch zur Veränderung der Welt und zum Nutzen der Menschheit beitragen könne. […] Nennt mich Trimmruder [ein Miniatur-Ruder am großen Ruder von Schiffen]. Der Trick ist, einen Unterdruck zu erzeugen […]. Das ist die große Strategie.« (Eine treffende Metapher – für Designer!)

Und jetzt?

Also was / wer gestaltet / verändert die Welt – das Design, der Designer? *Florian Pfeffer* schließt seine Einführung mit dem Hinweis ab: »Dieses Buch ist ein Handbuch für den Kopf. Es verbindet Theorien, Fakten und Forschung mit konkreten Handlungsmöglichkeiten. Es gibt einen Überblick über Themen und Entwicklungen und sucht nach Pfaden durch den Dschungel eines erweiterten Designbegriffs. Es ist im besten Sinne unpraktisch, weil es keine einfachen Rezepte liefert, und es ist praktisch, weil es dennoch beim Kochen hilft. Die To-do-Liste ist lang.« Was dann folgt, sind »100 Phänomene, Projekte, Positionen, Strategien, Werkzeuge und Geschäftsmodelle für Gestalter«. Seine To-do-Liste ist anregend und vielfältig. Wer sich der Mühe unterzieht, sie vollständig zu lesen, der findet zahlreiche Hinweise auf die Rolle eines Designers. Jeweils 50 »Terrains« und »Wege« werden beschrieben: gut unterscheidbar durch weiße und grüne Seiten, mit gegenübergestellten Positionen und Richtungen, eingefügten Begriffen und Definitionen, Links und Querverweisen, Fußnoten und Textbrücken.

Wirkung

Das Buch ist aus unserer Sicht eines über den Wert der Designer, in dem das Design selbstverständlich nicht fehlen darf. Wäre der Titel »Zur Rolle der Gestalter« für berufliche und nichtberufliche Designer – also für alle Anwender und Nutzer von Design – nicht sinnfälliger? Ist es nicht allerhöchste Zeit, dass Designer sich nicht mehr hinter dem Design verstecken – frei nach *Bazon Brock*: »… reden Sie nicht von Design!« Das ist uns sehr wichtig, weil die Designer bei der alles übertönenden Dominanz des Designs allzu oft in den Hintergrund geraten. Wie auch immer – kommen Sie als Designer/in der Aufforderung dem Titel entsprechend nach – lesen Sie es. Do it – wegen Ihres Selbstwertes und Ihrer Selbstwirksamkeit.

Wir haben den Autor *Florian Pfeffer* für dieses Buch interviewt (Seite *313*).

Kapitel 8.0 zusammengefasst

Der Design-Wert – Eine neue Strategie der Unternehmensführung: Das Buch ist nichts anderes als eine getarnte Werbeschrift und wirkt wie eine mangelhafte, weil nicht wissenschaftliche Bachelorarbeit.

Die Schönheit des Mehrwertes: Die Studie macht deutlich, dass Design nicht nur für Produktgestaltung relevant ist, sondern insbesondere für die Kommunikation und damit insgesamt für das Markenimage.

Design Value: Die Messung des Wertbeitrags von Design: Die Arbeit von *Dominik Hettich* wirkt professionell und bietet in der Tat einen sehr guten und verständlichen Überblick zum Stand der Forschung. Was sie besonders wertvoll macht, ist die Tatsache, dass sie aus ökonomischer Sicht entwickelt wurde und damit ein Verständnis zum Design aus der Perspektive von Unternehmen vermittelt.

The Value of Design – Wirkung und Wert von Design im 21. Jahrhundert: Aus unserer Sicht ist das Buch von *Frank Wagner* als Anregung zu einem Dialog unter Designern durchaus gelungen. Bei der »vorwiegend an Unternehmen« gerichteten Ansprache haben wir jedoch Zweifel, ob diese – nicht zuletzt wegen der zahlreichen Fragen und der daraus unter Umständen abzuleitenden Unsicherheit von Designern – im Sinne des Autors überzeugt werden können und Vertrauen in die Dienstleistung der Designer entwickeln.

Design als Investition – Design und Kommunikation als Management Tool: Unser Eindruck ist, dass dieses Buch von *Peter Vetter* und *Katharina Leuenberger* das Kommunikations-Design thematisiert, dabei aber den eigentlichen (professionell beruflichen) Akteur – den Designer – zu wenig und (auch nur am Schluss) viel zu kurz einbezieht. Trotzdem ist dieses Buch unbedingt lesenswert, weil es die strategische Relevanz des Designs als Investition professionell und kompetent beschreibt.

To Do: Die neue Rolle der Gestaltung in einer veränderten Welt – Strategien, Werkzeuge, Geschäftsmodelle: Das Buch von *Florian Pfeffer* ist aus unserer Sicht eines über den Wert der Designer, in dem das Design selbstverständlich nicht fehlen darf. Wäre der Titel »Zur Rolle der Gestalter« für berufliche und nichtberufliche Designer – also für alle Anwender und Nutzer von Design – nicht sinnfälliger?

Teil II
Leistungs- und Nutzenwerte

9.0 Awards als Business oder Förderinstrument

Hier widmen wir uns den Entwicklungen und Folgen der Design-Awards:
Wie wirken die Quantitäten, Qualitäten und Unschärfen?
Wie lässt sich diese Wirkung an konkreten Beispielen aus der Praxis beschreiben?
Welche Wirkungsrelevanz wird dadurch erzeugt?
Welche Wirkungsinstrumente bieten sich an?

9.1 Wirkungsunschärfen

Die Entwicklung des Award-Business ist seit mindestens zehn Jahren wachsender Kritik ausgesetzt. Aus gutem Grund – klaffen Wirkungsquantität und Wirkungsqualität doch immer mehr auseinander. Daraus resultiert eine zunehmende Wirkungsunschärfe – wie in diesem Kapitel unter 9.2 an mehreren praktischen Beispielen näher beschrieben – und wirft die Frage nach der Wirkungsrelevanz auf. Wir wollen hier etwas zur Beseitigung der Wirkungsunschärfen beitragen.

Wirkungsquantität

Die inflationäre Entwicklung der Wettbewerbe im Designbereich ist ein Fakt, dessen Ursache, aus einer wertneutralen Perspektive betrachtet, erhellend ist. Der in den 1990er-Jahren dominant gewordene wirtschaftliche Gestaltungswettbewerb war eine Folge der vorausgegangenen Jahrzehnte, in denen der Preiswettbewerb (1950er- bis 1960er-Jahre) und der Qualitätswettbewerb (1970er- bis 1980er-Jahre) nacheinander bestimmend waren (wie im Kapitel *1.0* näher ausgeführt). Nachdem diese zur Anhebung der allgemeinen Produktqualität maßgeblich beigetragen haben, war es nur logisch, dass sich, darauf aufbauend, immer mehr die Gestaltung als dominierende wirtschaftliche Wettbewerbsdimension in den Vordergrund schob. An dieser Entwicklung haben Institutionen wie beispielsweise der *Rat für Formgebung*, das *Haus Industrieform* und die *Hannover Messe* sicher ihren Beitrag geleistet. Diese standen gewissermaßen damit in der Tradition einer bereits im 19. Jahrhundert begonnenen Sensibilisierung in der Gestaltung von Produkten und Kommunikation sowie der daraus im 20. Jahrhundert resultierenden *Werkbund*-Bewegung, der Gründung des *Bundes Deutscher Gebrauchsgrafiker BDG* und der *Bauhaus*-Hochschule.

Durch die sich im letzten Jahrzehnt des 20. Jahrhunderts immer mehr durchsetzende Dominanz des Gestaltungswettbewerbs hat nicht nur die öffentliche Wahrnehmung von Design – mit positivem wie negativem Image – rasant zugenommen, sondern auch das Bedürfnis nach Auszeichnungen und Wettbewerben. Im Zuge dieser sich steigernden Bedürfnisse nach Anerkennung war es naheliegend, dass sich die bis dahin um die Förderung verdient gemachten Institutionen (wie vorher erwähnt) kommerzialisierten und aus dem *Roten Punkt* des *Hauses Industrieform* einen *Red Dot* machten, aus *Gute Industrieform* der *Hannover Messe* einen *iF Award* und aus dem *Designpreis der Bundesrepublik Deutschland* durch den *Rat für Formgebung* einen *German Design Award* und *German Brand Award*.

Der quantitative Erfolg ist unbestritten und lässt die Initiatoren in einem scheinbar positiven Licht erscheinen. Nicht unerwähnt bleiben sollte hier auch, dass die beruflichen Designer – beziehungsweise die *Designwirtschaft* – davon erheblich profitiert haben. Die quantitativen Zuwächse an Akteuren und Umsatz sind überdurchschnittlich, die *Designwirtschaft* – als Teilbranche der *Kultur- und Kreativwirtschaft* – treibender Motor mit nahezu alleiniger Querschnitts-Relevanz. So scheint quantitativ alles ganz gut auszusehen – allerdings nur scheinbar!

Wirkungsqualität

Wie in vielen Bereichen sind auch im Design Quantität und Qualität selten deckungsgleich. Die beschriebenen Mutationen der institutionellen Auszeichnungen zeigen deutlich, dass mit Zunahme der Gestaltungsmenge das Gestaltungsniveau verliert. Es ist quasi eine diametrale Entwicklung – je mehr Quantität, desto weniger Qualität. Anders betrachtet, je mehr die öffentliche Wahrnehmung von Design zunimmt, desto mehr mittelmäßige bis unterirdische Gestaltung macht sich breit – wird dadurch quasi zum Standard – zum prämierten!

An dieser problematischen Entwicklung sind auch so ambitionierte Initiativen wie zum Beispiel der *Deutsche Designer Club DDC* mit seiner Auszeichnung *Gute Gestaltung – Good Design* nicht ganz unbeteiligt. Denn auch dieser Wettbewerb hat sich im Laufe der Zeit immer mehr kommerzialisiert. Das ist tragisch, da er von denjenigen, die Design beruflich machen, getragen wird – (im Gegensatz zu den bereits erwähnten Institutionen).

Infolge dieser Kommerzialisierung und des Qualitätsverlustes haben die fördernden Institutionen wie zum Beispiel das *Design Center Baden-Württemberg* und *descom* in *Rheinland-Pfalz* an (überregional) öffentlicher Wahrnehmung und damit an Relevanz verloren. Sie leiden unter der nachlassenden Aufmerksamkeit an den geförderten Wettbewerben oder aber werden dadurch zumindest in ihrem Potenzial erheblich behindert.

Auch so ambitionierte Privatinitiativen wie der *Ehrenpreis* der Designerin *Juli Gudehus* sind – fast im Keim erstickt – betroffen, da die für eine erfolgreiche Entwicklung erforderlichen Ressourcen nur sehr schwer zu akquirieren sind. Ein wesentlicher Grund für die Hindernisse der fördernden und ambitionierten Wettbewerbe ist, dass vorhandene Mittel durch die Kommerzialisierung im erheblichen Maß gebunden werden. Das gilt für die monetären wie für die kommunikativen Mittel gleichermaßen.

Und was den bereits erwähnten quantitativen Erfolg der beruflichen Designer – beziehungsweise der *Designwirtschaft* – angeht, so ist dem hinzuzufügen, dass nicht nur Akteure und Umsätze überdurchschnittlich wachsen, sondern auch die prekären wirtschaftlichen Verhältnisse der selbstständig / unternehmerisch und abhängig Tätigen. Qualitativ sieht es also gar nicht gut aus!

Wirkungsunschärfe

Es geht hier primär nicht darum, das Kommerzielle grundsätzlich zu verurteilen. Der Kommerz ist ein wesentliches Merkmal unseres Wirtschaftssystems – mit positiven wie negativen Aspekten (letztere müssen gemeinnützig ausgeglichen werden). Es geht hier auch nicht um eine allgemeine Kritik des Kapitalismus, weil es zum Raubtier- und Turbokapitalismus eine Alternative gibt – den Zivilkapitalismus (wir haben diesen im Kapitel *1.3 Identitätswettbewerb – Zivilkapitalismus* näher beschrieben).

Es geht vielmehr darum, Klarheit zu schaffen, keine falschen Erwartungshaltungen zu wecken, realistische Möglichkeiten aufzuzeigen und Identität zu leben – also Unschärfen zu beseitigen.

9.2 Wirkungsbeispiele

Wie die vorgenannten Unschärfen erzeugt werden, soll hier an vier Kritiken von Designern deutlich werden.

Designwettbewerbe in der öffentlichen Wahrnehmung

Der gelernte Schriftsetzer und ehemals als Grafiker, Art Director und Hochschullehrer tätige *Olaf Leu* hat in einem Beitrag zum Jubiläum des *Deutschen Designer Clubs DDC* (2014) eine Kritik über Entwicklung und Stellenwert, Sinn und Unsinn von Designwettbewerben verfasst. Darin kritisiert er diese grundsätzlich, auch weil die Zahl der Veranstalter ausgeufert ist, und er fragt sich, »wer die unzähligen Juroren dazu legitimiert hat, über Design zu richten und – ob hier wirklich alles Design ist, was sich Design nennt«.

Im Rahmen eines historischen Abrisses beschreibt er die Entstehung und Entwicklung des Berufsstandes der »Gebrauchsgrafiker«, der ersten Berufsverbände und Clubs, des künstlerischen und wirtschaftlichen Umfelds sowie den kulturellen Anspruch und die daraus resultierenden Aufgaben. Dieser Abriss ist wahrlich lesenswert, bietet er doch Einblicke in das ursprüngliche Selbstverständnis der Branche und Orientierungshilfe durch relevantes Hintergrundwissen.

In diesem Zusammenhang geht er auch auf die Entwicklung von Wettbewerben ein und weist darauf hin, dass diese ursprünglich (vorrangig) Preisausschreiben waren – es ging also um ausgelobte Summen. Er meint, dass man das auch heute fordern und durchsetzen könnte, wenn man denn wollte, und dass die akzeptable Höhe eines Preisgeldes eine Bringschuld für jeden Wettbewerbs-Veranstalter ist. An diesem Punkt stellt er die Frage: »Warum droht man heute eigentlich nicht damit, schlechte Wettbewerbs-Bedingungen bei anderen Institutionen und in entsprechenden Publikationen bekannt zu machen, gerade in Zeiten der unsäglichen Pitchs, die unter den abenteuerlichsten finanziellen Bedingungen laufen?«

Hier drängt sich eine weitere Frage auf: Wo und wer sind die ernst zu nehmenden Institutionen und Publikationen, die diese Aufgabe kompetent und wirkungsrelevant umsetzen könnten? Wir kommen darauf noch einmal zurück.

Ausgehend von seiner vorgenannten Frage stellt *Olaf Leu* einige Vermutungen an:

> »Warum Designer an Kreativ-Wettbewerben teilnehmen«
> Aus dem Bedürfnis, sich von der Masse der Designer abzuheben, der geringen Bedeutung eines Titels (Dipl. / B. A. / M. A.), dass die Mitgliedschaft in einem Designer-Verband kein Qualitätsnachweis mehr ist und die Publikation einer gestalterisch hervorragenden Leistung ohne aufwendige Werbemaßnahmen untergeht – versprechen Aufkleber und Siegel doch die Lösung der beschriebenen Misere. Darum beteiligen sich die Designer heute (nicht selten) an mehreren Wettbewerben, und das trotz saftiger Teilnahmegebühren. Mit Trophäen, Urkunden und Jahrbuch-Dokumentationen wollten sie ihren Auftraggebern suggerieren, es handele sich um Qualifikations-Nachweise.

> »Warum Veranstalter die Apotheken der Designer sind«
> Im Gegensatz zu waschechten Apothekern – die hierzulande eine staatliche Approbation haben müssen – wird nach der Seriosität der Veranstalter und Qualifikation der Juroren kaum gefragt. Selten sitzen in den Jurys ausnahmslos unabhängige und ausgewiesene Fachleute, dafür aber häufiger Auftraggeber und Verbandslobbyisten – oder sogar noch aktive Designer, die über ihre Konkurrenten richten. Die Gebühren für Einsendung und Auszeichnung liegen im drei- bis vierstelligen Bereich – wofür neben den erwähnten Trophäen, Urkunden und Jahrbuch-Dokumentationen auch ein festlicher Event (für eine saftige Kostenbeteiligung) geboten wird.

> »Warum sich Auftraggeber von Awards blenden lassen und Pitchs ausschreiben«
> Sie schauen sich das Award-Spektakel an, wer diesen »Kampf« gewinnt und letztlich überlebt – wer also finanziell den Kopf über Wasser behält. Die Qualität der »kreativen« Leistungen spielt hier bestenfalls eine Nebenrolle, auch weil diese Juroren einfach nicht über die Qualifikation zur Beurteilung dieser verfügen. Aus dieser Perspektive haben immer mehr Auftraggeber Gefallen an Wettbewerben in eigener Sache gefunden und veranstalten immer häufiger Pitchs um einen vermeintlich oder tatsächlich lukrativen Auftrag. Diese Pitchs zeichnen sich dadurch aus, dass die eingeladenen Agenturen oft viele Awards ihr eigen nennen (ob die Agenturen tatsächlich für eine individuelle und effektive Kooperation geeignet sind, spielt offensichtlich keine Rolle). Für die Auftraggeber ein (scheinbar) gutes Geschäft – manchmal sogar zum Nulltarif (aber nur, solange sie betriebswirtschaftliche Grundsätze außer Acht lassen wie etwa Opportunitätskosten, also entgangene Erlöse, die dadurch entstehen, dass vorhandene Möglichkeiten zur Nutzung von Ressourcen nicht wahrgenommen werden). Für Auftraggeber sind Design-Agenturen und -Büros nur akzeptabel, wenn sie viele Awards vorweisen können – weil sie glauben, dass: diese qualifiziert sind, die Jury qualifiziert und unabhängig ist, die Veranstalter seriös sind und nur nachweislich qualifizierte Designer zulassen, Ausgezeichnetes ausgezeichnet ist. Viele Designer (Preisträger) gestehen zwar ein, dass Wettbewerbe immer mehr in der Kritik sind, doch sie sehen sie als unersetzlich »für die Bewertung kreativer Leistungen, für Kundenakquise und Recruiting« an (ein Teufelskreis, der letztlich allen schadet, insbesondere den Auftraggebern – siehe Opportunitätskosten).

Olaf Leu bilanziert daraus, dass Designer in der heute vornehmlich digital geprägten Welt in einem Dilemma stecken. Sie müssen auf sich aufmerksam machen, um überhaupt wahrgenommen zu werden und dadurch Aufträge zu akquirieren. Deshalb beteiligen sie sich an Design-Wettbewerben. Um die Wahrnehmung von Design, also auch um die Fähigkeiten, Kompetenzen und Qualität der leistenden Designer, geht es dabei allerdings erst in zweiter Linie, womit deren Wertschätzung in geradezu anmaßender Weise negiert wird. Es scheint, dass nur die Designer selbst diese Entwicklung aufhalten können. »Aber wie?« Weitermachen wäre bequem, sich entziehen gliche womöglich dem finanziellen Ruin, zumindest aber wäre es mit Einbußen in der Beachtung verbunden. Dennoch liegt der »Hebel zur Umkehr« bei den Designern. In ihrer Verantwortung liegt es, zukünftigen Designer-Generationen an Hochschulen und in der Praxis reflektierendes Denken zu vermitteln und sie zu befähigen, der beschriebenen Entwicklung entgegenzuwirken, also das »Übel« an der Wurzel zu packen – durch eine bessere Aus-Bildung!

Der große Bluff

Und noch einmal *Olaf Leu*. In seinem neuen Buch *R/80*, das anlässlich seines 80. Geburtstages (2016) erschienen ist, geht er wieder auf das Problem der Awards ein und hat seine Kritik dieses Mal deutlich verschärft. »Trickserei« unterstellt er den Wettbewerbs-Veranstaltern und den (Kommunikations-)Designern ein »gieriges Ringen« um die Awards – obwohl die zahlreichen Einreicher diese Awards längst als »bluffverdächtig« entlarvt haben und sie zunehmend umstritten sind. Auch dem *Rat für Formgebung* wirft er die Beteiligung an dem »üblen Spiel« vor, der zusätzlich mit einer Vorstufe zur Wettbewerbs-Ausschreibung (Seminar über das strategische Durchdenken der Teilnahme an Wettbewerben) abkassiert. Er verbindet das mit der Frage, warum die Kommunikationsbranche dieses Spiel mehr oder weniger willig mitspielt und das Hamsterrad damit am Laufen hält; er vermutet dahinter die aus mangelndem Selbstbewusstsein resultierende »Selbstdarstellungswut« der Teilnehmer, nicht zuletzt aber auch existenzielle Ängste.

Er räumt ein, dass die »Kreativen« die »Stampeden« der Awards erkannt haben und berichtet von einer Initiative aus 2010:

> Führende deutsche Designbüros hatten den Versuch unternommen, mit einem veröffentlichten Papier zum Widerstand aufzurufen. Daraus zitiert er einige Standpunkte: »In den letzten Jahren sind Wettbewerbsangebote für Design explodiert – inklusive der Beteiligungs- und Veröffentlichungs-Fees. Neben fundierten jurierten Awards sind zunehmend rein gewinnorientierte Anbieter auf dem Markt, das betrifft leider auch ehemals seriöse Veranstalter. Gleichzeitig führt die aktuelle Award-Schwemme für die Top-Agenturen zu zum Teil sechsstelligen Investments in Awards, die sich in vielen Bewertungskriterien und Ergebnissen ähneln. Wir kaufen für immer mehr Geld Nachrichten ein, die immer weniger wert sind. Die Awards-Flut macht tatsächliche Differenzierungsmerkmale für unsere Kunden kaum mehr unterscheidbar. Die Nachricht, als einziger von 22tausend Einsendern einen »Black Pencil« beim *d&ad* zu bekommen, geht in den Nachrichten über 500 *if*-Awards völlig unter, weil unsere Kunden beides sowieso nicht unterscheiden können und daraus gelangweilt den Schluss ziehen, dass sich

die Branche mal wieder nur selbst lobt. Die Folge: Wettbewerbsteilnahmen lohnen sich nicht mehr.«

So weit, so gut – aber jetzt kommt es! *Olaf Leu* berichtet weiter:

> »In der Folge dieses Initiativpapiers trafen sich sechs Designbüros der ersten Garde, die sich selbst als Top bezeichnet hatten, um über ein weiteres Vorgehen der Disziplinierung von Wettbewerben und ihren Veranstaltern zu beratschlagen. Was ist dabei herausgekommen? Rückblickend kann man heute dazu nur sagen: Nichts! Es kam zu keinen weiteren Maßnahmen. Denn – und darüber war man sich bei dem Treffen schnell einig – wäre diese Bresche geschlagen worden, dann hätte sie die zweite, bisher in den Büschen lauernde Garde schamlos genutzt, ja ausgenutzt. Also wurde weitergemacht wie bisher. So blieb ein im Kern guter Ansatz einer Bereinigung unerledigt.«

Es ist schon erschreckend festzustellen, dass die Bereitschaft beziehungsweise die Fähigkeit zur Kooperation so gering ausgeprägt zu sein scheint. Offensichtlich hat sich in dieser Branche die Form des intelligenten Wettbewerbs noch nicht durchgesetzt (wir haben das im Kapitel *6.0 Kooperation als Wertschöpfung* bereits angesprochen).

Olaf Leu geht abschließend darauf ein, was verloren gegangen ist – die »Wertschätzung« der Designleistung bei allen Beteiligten und der Öffentlichkeit. (Letztere fühlt sich »verarscht« – siehe Kommentar im *Radio Bayern 2 Kultur* – wir kommen unter *Wirkungsrelevanz* noch einmal darauf zurück.) Er vermutet, dass dieser Abwärtstrend nicht mehr aufzuhalten ist, es sei denn: »die Unternehmen erkennen, dass die Wettbewerbe zur Geschäftemacherei mutiert sind und ein Award-Gewinn in der Regel keine (Design-)Qualität widerspiegelt.« Dies zu erkennen, bedeute allerdings, so *Olaf Leu*, dass »man sich in den Unternehmen und Institutionen Zeit nehmen müsse für seine zukünftigen externen Mitarbeiter aus dem Kommunikationsdesign. Weil die wiederum Zeit brauchen, um ihre Auftraggeber und ihre Geschäftsfelder kennenzulernen.« Nur so könne wirkungsvolle Kommunikation entstehen.

Die Ursache des Problems liegt also wahrscheinlich in der Aus-Bildung und in der mangelnden, weil nicht gelernten Fähigkeit zur Kooperation. Bevor wir auf die daraus resultierende Wirkungsrelevanz eingehen, noch zwei weitere Beispiele aus der Praxis.

Designpreis Deutschland

Die Designerin *Juli Gudehus* hat (2006) in einem offenen Brief an den damaligen *Bundeswirtschaftsminister* die kostenpflichtige Nominierung für den (früheren) *Designpreis der Bundesrepublik Deutschland* kritisiert. Sie verwies auf ihre Verwirrung, ob man nun einen Preis bekommt oder für einen Preis bezahlen muss. Auch merkte sie an, dass sie den Preis erst mal verdienen muss (was für eine Kleinstunternehmerin nicht ganz so einfach ist) und verband das mit der Frage: »Oder wurde angenommen, dass ohnehin nur finanzkräftige Designbüros und Auftraggeber teilnehmen würden?«

Dass fast alle Designpreise mit hohen Kosten verbunden sind und der Staat da mitmacht, hielt sie für skandalös. Sie verwies darauf, dass Musiker (für den *Grammy*), Schauspieler (für den *Oscar*) und Wissenschaftler (für den *Nobelpreis*) nicht bezahlen müssen, sondern sogar das Gegenteil der Fall ist, denn schließlich sei der *Nobelpreis* mit einer hübschen Preissumme verbunden, mit der neue Forschungsvorhaben finanziert werden können. »Und das soll bei Designern anders sein? Warum?« Sie war der Meinung, dass wenigstens ein Staatspreis den Ehrgeiz haben sollte, »die kreative Elite seines Landes finanziell zu fördern und nicht zu schröpfen!« Sie appellierte an die Verantwortung des Staates für die Freiheit von Wissenschaft und Kultur – und »wenn er sie schon nicht beschützen kann, so sollte er sie wenigstens nicht mit zweifelhaften Aktionen wie einem solchen ›Preis der Preise‹ verhöhnen.«

Sie bat dann abschließend höflichst um Aufklärung. Doch soweit bekannt, ist diese bisher nicht erfolgt.

Dass *Juli Gudehus* vor einigen Jahren einen »Ehrenpreis« ins Leben rief, macht deutlich, wie ernst es ihr mit ihrem Anliegen war und ist. Leider ist dieser Preis bisher nicht aus den Startlöchern gekommen – mangels finanzieller und personeller Ressourcen.

German Brand Award

Der Designer *Daniel Hyngar* veröffentlichte (Ende 2015) einen Brief an den *Rat für Formgebung*, in dem er auf die gleiche Problematik hinwies wie schon *Juli Gudehus*. Wie viele andere wurde auch er ungefragt nominiert und sah sich mit Kosten konfrontiert, die ihn zur Rückgabe der Nominierung zwangen. Er verband dies mit der Feststellung: »Ein Gewinn bei Ihnen wäre ein Verlust für mich.«

Er zeigte durchaus Verständnis dafür, dass »die Organisation des Preises, die Gewinner-Gala, PR-Maßnahmen und geplante Publikationen irgendwie finanziert werden müssen.« Nicht verstanden hat er allerdings, wo denn die Auszeichnung für die Designer ist, wenn diese die Kosten für die Veranstaltung tragen müssen! Mit Hinweis auf die vom *Deutschen Bundestag* ins Leben gerufene Stiftung des *Rat für Formgebung* stellte er die Frage: »Haben Sie […] nicht vielmehr den Zweck, die Allgemeinheit (der Designer) auf materiellem, geistigem oder sittlichem Gebiet selbstlos zu fördern?«

Auch bat er um Auskunft darüber, ob es Designer gäbe, die von der Auszeichnung nachweislich ökonomisch profitiert hätten – und er fragte ferner: »Können Sie mir Informationen über die Reichweite der Jahrbücher geben? Können Sie mir einen Überblick über den Widerhall Ihrer Pressearbeit geben, damit ich meine Investition überdenken kann?« Er wandte ein, dass es ihm nicht ersichtlich sei, welche Leistungen er beim *Rat* einkaufe und er daher nicht beurteilen kann, ob seine Marketinginvestitionen nicht woanders besser aufgehoben wären. Abschließend bat er um Beantwortung seiner Fragen.

Nach Veröffentlichung seines Briefes erhielt er umgehend eine Antwort des *Rat für Formgebung*. Darin wurde das Leitmotiv der Stiftung formuliert: »Markenmehrwert durch Design. Unsere Wettbewerbe differenzieren sich im Markt durch die Qualifizierung des Teilnehmerfeldes vor dem Beginn einer jeden Ausschreibung. Unsere Experten recherchieren, analysieren und bewerten permanent neue Entwicklungen in den Bereichen Markenführung und Design und sprechen dann Vorschläge für die Teilnahme aus.«

Die Auszeichnungen seien »aus gutem Grund« kostenpflichtig, da man sich einem Designbegriff verpflichtet fühle, »der in der Lage ist, vor allem wirtschaftliche Werte zu schaffen«. Man vergebe keinen »Kunst-, Literatur- oder Theaterpreis«, sondern vermarkte die »kreativen und strategischen Leistungen der Industrie und ihrer wirtschaftsnahen kreativen Dienstleister«.

Dann folgte der Hinweis auf den Unterschied im Umfeld der »Auslober«. Man sei weder eine staatliche Institution noch ein Designerverband. »Initiiert hat uns der *Deutsche Bundestag* vor 65 Jahren mit dem Auftrag, die deutsche Wirtschaft in puncto Design exportfähig zu machen; gegründet hat uns – als Stiftung bürgerlichen Rechts – der *Bundesverband der Industrie*. In der Tat sind wir heute eine Organisation der Wirtschaft für die Themenkomplexe Markenführung und Design. Über 220 Mitgliedsunternehmen – vom Mittelständler bis zum Global Player – aus den unterschiedlichsten Branchen können wir heute zu uns zählen.« Abschließend wurde noch »versichert«, dass die Mitgliedsunternehmen »sehr genau hinsehen, wer von uns ausgezeichnet wird; sind sie doch ebenfalls in die Nominierungs- und Juryverfahren involviert. Als Teilnehmer an unseren Wettbewerben können Sie von diesem Netzwerk profitieren.«

Hier wird deutlich, dass es zu keiner Zeit um die Akteure im Design – die Designer – ging. Es handelt sich vielmehr eine Export-Förderung der deutschen Wirtschaft. Auch von Neutralität kann keine Rede sein. Die Fragen nach Reichweite der Jahrbücher und Überblick über den Widerhall der Pressearbeit sind leider unbeantwortet geblieben. Worin der Profit von diesem Netzwerk liegt, bleibt unklar. Von der heute im Marketing zwingend erforderlichen Skalierbarkeit von Investitionen in diesem Bereich keine Erwähnung – und das bei einem reinen Marketinginstrument. Auch das ist eine Wirkungsunschärfe!

9.3 Wirkungsrelevanz

Die Beispiele von *Olaf Leu*, *Juli Gudehus* und *Daniel Hyngar* machen deutlich, dass das Award-Business eine Erwartungshaltung bei Designern erzeugt, die von den Veranstaltern überhaupt nicht befriedigt werden will. Die Haltung der Veranstalter kann zu Recht kritisiert werden, zielt sie am Ende doch ausschließlich auf den eigenen Profit ab. Da eingangs bereits erwähnt, dass Profit an sich nichts Schlechtes, sondern vielmehr in unserem Wirtschaftssystem unabdingbar ist, geht es in hier primär um die Ausschließlichkeit.

Wenn es also nur um den Profit der Veranstalter geht – und das ist nicht nur bei den großen Awards der Fall (auch der *Deutsche Designer Club DDC* hat sich zuletzt darauf ausgerichtet) –, dann zählt für die Teilnehmer nur noch ihr wirtschaftlicher Nutzen: Reichweite der Jahrbücher, Presseresonanz und lukrative Aufträge aus dem Netzwerk – die Skalierbarkeit der Marketinginvestitionen!

Daher sollte die Diskussion um die »qualitative / gute und ausgezeichnete« Gestaltung et cetera endlich beendet werden. Denn es geht nicht um Kunst und Kultur, nicht um Qualität, sondern ausschließlich um Quantität. Das nämlich ist das einzig Ausgezeichnete am Award-Business. Der vermittelte Anschein von Gestaltungskompetenz und Unabhängigkeit der Jurys ist reiner Etiketten-Schwindel. Da ist überwiegend kein Design drin, wo Design draufsteht – das sind Styling-Festivals, die bestenfalls das Mittelmaß auf die Bühne heben und ins blendende Scheinwerferlicht stellen. Solange es genug Abnehmer gibt, die sich derart blenden lassen, wird sich daran wohl nichts ändern.

Wer könnte wirken?

Die von *Olaf Leu* aufgeworfene Frage, warum man heute eigentlich nicht damit droht, schlechte Wettbewerbs-Bedingungen bei anderen Institutionen und in entsprechenden Publikationen bekannt zu machen, wirft eine weitere auf, nämlich die, wo und wer diese ernst zu nehmenden Institutionen und Publikationen, die diese Aufgabe kompetent und wirkungsrelevant umsetzen könnten, denn sind:

> Die Design-Fachpublikationen sind in diesem Punkt eher profitorientiert, zumal sie teilweise Organe der Award-Veranstalter sind.
> Die meisten Förderinstitutionen kommen hier nicht infrage, da dies ihren gesetzlichen und statuierten Rahmenrichtlinien widerspricht.
> Die Designerverbände haben in den letzten Jahrzehnten massiv an politischer Bedeutung verloren, sodass ihre Kritik nicht wirklich ernst genommen wird (zumal Jammern und Fordern politisch ohnehin nicht wirkt – allenfalls negativ). Die jüngst von einem traditionsreichen Designerverband aufgestellte Forderung nach »Wiederaufnahme einer offiziellen und dotierten Würdigung, die dem Designstandort *Deutschland* gerecht wird« – also dem früheren *Designpreis der Bundesrepublik Deutschland* – liest sich für dessen Mitglieder engagiert, hat jedoch vor dem Hintergrund der Vereinnahmung des Designs in die *Kultur- und Kreativwirtschaft* keine Chance auf Realisierung (weil für die nächsten Jahre keine Etats dafür vorhanden sind und der *Bund* auf die Awards des *Rat für Formgebung* verweist).
> Die Designer selbst müssen aktiv werden und sich nicht hinter mutmaßlichen Eigennützlichkeiten verstecken (Eigennutz ohne Gemeinnutz nützt auf Dauer nichts – schadet nur allen). Zu begrüßen ist hier die Initiative von *Daniel Hyngar*, der im Frühjahr 2016 eine Petition zur Neuausrichtung des *Designpreises der Bundesrepublik Deutschland* startete. Ob diese allerdings wirkungsrelevant adressiert wurde, ist zu bezweifeln:
>> … da der Leiter des Referats *VIA5* im *Bundesministerium für Wirtschaft und Energie* nicht den *Bundestag* repräsentiert.
>> … weil das *Bundesministerium* die Design-Förderung in die *Initiative für die Kultur- und Kreativwirtschaft* integriert hat (wie oben erwähnt) und
>> … weil das frühere Design-Referat dort aufgelöst wurde. Lobby-Arbeit funktioniert anders!

Übrigens: *Change.org*-Petitionen an den *Bundestag* und ihre Abfrage durch sämtliche Abgeordnete setzen voraus, dass das Petitionsanliegen nicht nur von mindestens 100 000 Menschen unterstützt wird, sondern auch eine Mehrheit in der Bevölkerung findet.

Immerhin gab es zur Petition seinerzeit einen kritischen Kommentar im Radio von *Bayern2 Kultur*. Dieser war allerdings für die Designer nicht gerade rühmlich, weil die typischen Klischees bedient wurden, etwa dass »die Kreativwirtschaft sich nicht nur selbst, sondern auch uns verarscht« – so die Kommentatorin.

Was könnte wirken, und wie?

Das Problem ist wie so oft komplexer. Wenn sich die Designer als »Kreative« und die *Designwirtschaft* als »Kreativwirtschaft« positionieren (was übrigens falsch ist, da die *Designwirtschaft* offiziell zur *Kulturwirtschaft* zählt), müssen sie sich nicht wundern, wenn sie auch so behandelt werden – eben als »Verarscher«. Sie sind dann im gleichen Topf wie die Award-Veranstalter und können allein schon deshalb nicht wirklich ernst genommen werden – weder von der Öffentlichkeit und schon gar nicht von der Wirtschaft.

Ein weiterer sehr wichtiger Aspekt ist die offensichtliche Orientierungslosigkeit vieler Designer. Wie ist sonst zu erklären, dass sich viele von diesem Arward-Business derart blenden lassen, dass die Bereitschaft zur brancheninternen Kooperation so gering ausgeprägt und dass eine professionell politische Lobby-Arbeit derart unterentwickelt ist?

Wie könnte eine machbare Lösung aussehen? Wenn sich die Designer auf ihre eigentlichen Stärken konzentrieren (wie wir es im Kapitel *5.0* ausführlich dargelegt haben), sich also differenzierter als Architektur-, Produkt-, Kommunikations-, Service- und Sozio-Designer klassifizieren, die volkswirtschaftlich relevante Übertragungseffekte (Spillover) definieren, die Innovations-Relevanz von Design beweisen, professionell kooperieren und sich als Designer politisch engagieren, dann kämen wir einen großen Schritt weiter. Politisch sind die Chancen dafür zurzeit sehr gut, weil hier einiges in Bewegung ist. Zu kompliziert? Nein – wenn man Schritt für Schritt vorangeht. Also (im Sinne von *Olaf Leu*) das »Übel« an der Wurzel packt – bei der Aus-Bildung und bei der Kooperation!

Zur Aus-Bildung gehört demnach nicht nur das handwerkliche / fachliche Know-how, sondern auch die Fähigkeit und (ökonomische und politische) Kompetenz zur Kooperation. Also nicht gegeneinander (egoistisch Konkurrieren) – sondern miteinander (gemeinnützig Agieren) und intelligent »wettbewerben«.

So viel vorerst zur Beseitigung der Wirkungsunschärfen.

9.4 Wirkungsinstrumente

Dass der deutsche Staat de facto die staatlichen Wirtschaftsförderung in Form der Designförderung aufgegeben hat, trifft in erster Linie auf den *Bund* zu und teilweise auf die *Bundesländer* (wie zum Beispiel *NRW*). Das ist makroökonomisch gesehen fatal, weil das damit vermittelte Desinteresse dieser staatlichen Institutionen den Eindruck einer geringen Relevanz für die Wirtschaft vermittelt. Das steht im völligen Gegensatz zur wirtschaftlichen Bedeutung. Wie ließe sich sonst die Umverteilung zugunsten einzelner privater Profitinteressen erklären? Die bereits beschriebenen kommerziellen Designpreise sind aus ehemals staatlich geförderten hervorgegangen. Damit hat der Staat (die Steuerzahler) die Anschubfinanzierung geleistet – beziehungsweise überhaupt die Voraussetzungen geschaffen – für die Gewinne einzelner Profiteure. Auf Ebene der *Bundesländer* wird das zum Teil aber auch anders gehandhabt, denn dort werden geförderte Design/er-Preise ausgeschrieben und vergeben (wie zum Beispiel in *Baden-Württemberg* und *Rheinland-Pfalz*). Es handelt sich hier nicht um Geschäftsmodelle zur Gewinnmaximierung, sondern um die Auszeichnung herausragender Leistungen und Personen im Designbereich. Wobei auch hier zwischen Designpreisen und Designerpreisen unterschieden werden muss. Design und Designer brauchen Orientierung ohne die Verquickung von eigennützigen Interessen und jenseits der Kommerzialisierung. Nur so können von Quantitäten unabhängige Qualitätskriterien überhaupt definiert werden.

Privatwirtschaftliche Eigenförderung

Weil die institutionell geförderten Design/er-Preise immer weniger werden, muss den privatwirtschaftlich geförderten eine zunehmend wichtigere Bedeutung beigemessen werden. Die Designer-Verbände und -Netzwerke sind also gefordert, geeignete Strategien für qualitätsorientierte Auszeichnungen zu entwickeln. Wenn das gelänge und die Konzepte attraktiv und überzeugend wären, könnte es vielleicht auch gelingen, die staatlichen Institutionen wieder stärker in die Pflicht zu nehmen oder Sponsoren zu gewinnen. Allerdings funktioniert das nur dann, wenn man professionell vorgeht, sich von der Rolle des Bittstellers verabschiedet, das Jammern und Fordern unterlässt und den Institutionen beziehungsweise Sponsoren ein wirklich überzeugendes Angebot zur Beteiligung an einem für alle (Gesellschaft, Institutionen und Wirtschaft) gewinnbringenden Verfahren macht. Grundvoraussetzung hierfür ist unter anderem, dass man einen wesentlichen (auch finanziellen) Eigenanteil aufbringen kann. Und das wiederum bedeutet, dass die Branche selbst zur Finanzierung beitragen muss – also alle (!) Designer zusammenlegen müssen, im Rahmen ihrer persönlichen Möglichkeiten. Je höher dieser Eigenanteil ist, desto größer die Unabhängigkeit und umso geringer der Zwang zur kostenpflichtigen Vergabe von Design/er-Preisen für Ausgezeichnete(s).

Leider ist hier aber zu beobachten, dass die Bereitschaft zur finanziellen Beteiligung bei der überwiegenden Mehrzahl der organisierten Designer sehr gering ist – in erster Linie bei denjenigen, die wissen, dass sie geringe Chancen auf eine Auszeichnung haben. Denn gerade in dieser Gruppe ist die Diskussion geprägt von Neid und Missgunst. Das alles führt aber zwangsläufig in eine Sackgasse.

Von einer überwiegend selbstfinanzierten Form von Design/er-Preisen würden alle profitieren, auch diejenigen, die keine Auszeichnungen erhalten. Das Gesamtimage der Designerbranche würde damit derart gewinnen, dass dadurch das Honorarniveau steigen könnte, die zunehmende Prekarisierung gestoppt werden könnte, die Abhängigkeit von Crowdworking und Pitchs (auf die wir im Kapitel *10.0* eingehen) abnehmen würde und damit wirklich alle gewinnen!

Anderenfalls wird der Trend zur Beurteilung und Vermarktung durch Akteure, die selbst nicht oder kaum designkompetent und »kreativ« sind, weiter zunehmen und sich das bereits existierende Missverhältnis verfestigen. Dem kann man dadurch etwas entgegensetzen, wenn man den Nutzen (für alle) erkennbar macht – anstelle von reinem Eigennutz, der nur der persönlichen Existenzsicherung dient. Dazu gehört unter anderem, dass die Verfahren nicht nur von Kompetenz getragen werden, sondern auch von Unabhängigkeit.

Wenn Sie als Designer/in nun denken, dass die hier empfohlene Form kooperativer Initiative eine Utopie ist, sollten Sie bedenken, dass jede Veränderung und Verbesserung bestehender Verhältnisse mit im Vorfeld gedachten Utopien begonnen haben. Geben Sie deshalb der Utopie eine Chance, sie zu durchdenken und auszuprobieren. Wir sind sicher, dass Sie als Designer/er und wir alle davon profitieren können. Wie dieser Profit aussehen könnte, davon mehr in den folgenden Kapiteln. Vorab werden wir uns aber noch mit den Problemen des Crowdworking und der Pitchs beschäftigen, die denen des Award-Business doch sehr ähneln.

Kapitel 9.0 zusammengefasst

Die Entwicklung des Award-Business ist seit mindestens zehn Jahren wachsender Kritik ausgesetzt. Aus gutem Grund – klaffen Wirkungsquantität und Wirkungsqualität doch immer mehr auseinander.

Olaf Leu geht darauf ein, was verloren gegangen ist – die »Wertschätzung« der Designleistung bei allen Beteiligten und der Öffentlichkeit. Die Ursache des Problems liegt also wahrscheinlich in der Aus-Bildung und in der mangelnden, weil nicht gelernten Fähigkeit zur Kooperation.

Daher sollte die Diskussion um die »qualitative / gute und ausgezeichnete« Gestaltung et cetera endlich beendet werden. Denn es geht nicht um Kunst und Kultur, nicht um Qualität, sondern ausschließlich um Quantität. Das nämlich ist das einzig Ausgezeichnete am Award-Business.

Wenn Sie als Designer/in nun denken, dass die empfohlene Form kooperativer Initiative eine Utopie ist, sollten Sie bedenken, dass jede Veränderung und Verbesserung bestehender Verhältnisse mit im Vorfeld gedachten Utopien begonnen haben. Geben Sie deshalb der Utopie eine Chance, sie zu durchdenken und auszuprobieren.

Teil II
Leistungs-
und Nutzenwerte

10.0 Crowdworking und Pitchs als Illusionen

Neue Arbeitsformen und alte Auswahlverfahren stehen hier im Mittelpunkt:
Was ist Crowdworking?
Wer sind die neuen Heimarbeiter und wie werden sie benutzt?
Welche neuen Illusionen werden produziert?
Wie lässt sich die neue Realität beschreiben?
Wie lassen sich alte Pitchs entlarven und professionell nutzen?

Erfolgreich als Designer durch Crowdworking? Ein Hype? Ein Versprechen für mehr Flexibilität, Freiheit, Selbstständigkeit, Unabhängigkeit? Möglichkeiten für Kosteneinsparung einerseits und Honorarmaximierung andererseits? Eine neue Ökonomie der Erwerbstätigkeit? Eine veränderte Machtbalance ohne Schutz und Sicherheiten? Fragen, die immer mehr Berufe und Branchen betreffen – zunehmend auch die Designer und die *Designwirtschaft*, insbesondere im Hinblick auf ein kurzfristiges versus langfristiges Denken! Wie relevant diese beiden Denkrichtungen sind, ergründen wir im Folgenden.

10.1 Crowdworking

Crowdworking ist eine Form des Crowdsourcing, das begrifflich an Outsourcing angelehnt ist. Hier werden traditionell interne Teilaufgaben an eine Gruppe freiwilliger User ausgelagert und an eine quasi unbekannte Masse vergeben. Beim Crowdworking werden Arbeitsaufträge im Internet angeboten und vollständig darüber abgewickelt. Jede Arbeit, die mittels Computer erledigt werden kann, ist hier möglich – man braucht nur eine Website, auf der Auftraggeber und Crowdworker zusammengebracht werden.

Online-Plattformen vermitteln Aufträge von Unternehmen an Internet-User, die diese bearbeiten können, ohne an einen festen Ort gebunden zu sein. In der Regel werden dort kleinteilige Aufgaben für wenig Geld erledigt, etwa Adressen finden, Bilder sortieren, Daten abgleichen, Software testen oder kurze Texte erstellen. Immer mehr Unternehmen nutzen diese Plattformen immer häufiger, um weltweit begabte und billige Fachkräfte extern zu beauftragen – Designer, Programmierer oder Texter.

Massenarbeit

Massenarbeiter

Crowdworker sollen mehrheitlich als Mikrojobber oder für Designarbeiten überwiegend als Solo-Selbstständige projektweise arbeiten, und sie entscheiden frei darüber, ob sie einen Auftrag annehmen und wie viele Aufträge sie bearbeiten. Als Crowdworker sind sie nicht angestellt und auch nicht sozialversicherungspflichtig (ausgenommen die Freiberufler, die künstlerischen oder publizistischen Tätigkeiten nachgehen und sich über die *Künstlersozialkasse* versichern).

Für die Crowdworker lohnen sich die überwiegend einzelnen und gering qualifizierten Aufträge kaum. Bei der Bearbeitung vieler Aufträge in kurzer Zeit lassen sich eventuell ein paar Euro pro Stunde verdienen, was vielleicht für einen kleinen Nebenverdienst reichen kann. Wenn daraus allerdings eine hauptberufliche Tätigkeit wird, bleibt nach Abzug der eigenen Kosten (zum Beispiel für Krankenversicherung et cetera) oft nur ein Dumping-Lohn.

10.2 Neue Heimarbeiter

Mit »Die neuen Heimwerker« betitelte *DIE ZEIT* in ihrer Ausgabe vom 21.04.2016 einen Artikel über das Crowdworking (von *Jana Gioia Baurmann* und *Kolja Rudzio*) und schrieb im Untertitel: »Nun zerlegen auch Großunternehmen Arbeiten in kleine Projekte und vergeben sie an Freie – Crowdworking nennt sich das. Bloß: Was wird aus den Arbeitnehmern?« Anhand einiger Beispiele aus der Praxis wird hier beschrieben, wie sich aus der ursprünglichen und bisher gesamtwirtschaftlich unbedeutenden Nische mittlerweile so etwas wie eine neue Ökonomie entwickelt hat. Die Crowdworker sollen nicht mehr nur simple Aufgaben abarbeiten, sondern Häuser planen, neue Produkte und Software entwickeln, Verpackungen entwerfen, Marktforschung betreiben, Werbekampagnen gestalten und Texte schreiben – und das auch im Auftrag großer Konzerne.

Plattformen

Das funktioniert über Internet-Plattformen wie zum Beispiel *Jovoto* (Sitz: *Berlin*), das sich auf Architektur, Design, Kommunikation und Werbung spezialisiert hat, berichtet *DIE ZEIT*. Am Beispiel einer Designerin, die eine kleine Werbeagentur betreibt und dort für Kunden Firmenflyer, Geschäftsberichte, Notizblöcke, Visitenkarten und Webseiten gestaltet, wird erläutert, wie sie im Auftrag von namhaften Unternehmen Illustrationen, Produkte, Slogans und Verpackungen entworfen und gestaltet hat. Über *Jovoto* ist sie an diese Aufträge gekommen, die sie niemals direkt von diesen Firmen erhalten hätte. Allerdings gäbe es da ein Problem mit dem Geld: Von dem, was sie bei diesen Projekten verdient hat, kann sie nicht leben.

Ein Grund dafür ist, dass die vielen Wettbewerber auf dieser Plattform die Verdienstchancen drücken. Nach eigenen Angaben soll

Jovoto 80 000 registrierte Teilnehmer haben. Designer stellen dort ihre Ideen ein (im Falle der Designerin: 249 verschiedene Entwürfe für Projekte), die von der Gemeinschaft der Crowdworker mit farbigen »Schleifchen« für preiswürdig befunden werden oder aber Auftraggebern besonders gut gefallen. Dafür gibt es dann Geld – selten viel, oftmals wenig und meistens überhaupt nichts. »Denn bei *Jovoto* geht die Mehrheit der Teilnehmer leer aus. Es gibt Preise, keinen Lohn.«

Im Designbereich ist es nicht ungewöhnlich, dass einem Kunden mehrere Angebote zur Verfügung stehen und nur ein Gewinner übrig bleibt. Wo früher vier bis fünf Agenturen in einem Pitch ihre Entwürfe präsentierten, bieten sich heute Hunderte oder Tausende von Wettbewerbern auf den Crowdworking-Plattformen an. Hinzu kommt, dass hier meist einzelne Selbstständige das unternehmerische Risiko tragen und keine großen Agenturen.

Neue Ökonomie

Diese Entwicklung verändert die strukturellen Rahmenbedingungen in der Wirtschaft tiefgreifend. In den USA wird das als »gig economy« bezeichnet – eine Ökonomie, in der Arbeitnehmer kein festes Gehalt mehr bekommen, sondern nur noch »Gagen für lauter kurze Einsätze – gigs« erhalten. Das verändert den Charakter vieler Unternehmen, weil die Transaktionskosten (Mühe und Zeit) – durch die Suche nach Dienstleistern für einzelne Aufgaben – radikal sinken. Unternehmen sind daher auch nicht mehr darauf angewiesen, eigenes Personal einzustellen. »Bevor es das Internet gab, wäre es sehr schwierig gewesen, jemanden zu finden, der zehn Minuten für einen arbeitet und den man nach diesen zehn Minuten wieder feuern kann.« So wird der Gründer der Plattform *Crowdflower* in dem *DIE ZEIT*-Artikel zitiert.

Neue Arbeitswelt

Damit ändert sich die Machtbalance in der Arbeitswelt. Für Crowdworker gibt es in der Regel keinen Kündigungsschutz, Mindestlohn oder Urlaubsanspruch, keine Lohnfortzahlung im Krankheitsfall, keine Rente und kein Streikrecht. Crowdworker werden nicht wie Angestellte, sondern wie freie Dienstleister behandelt (oder genauer gesagt: benutzt). Daher ist für viele Crowdworker das über die Plattformen verdiente Geld nur ein Zuverdienst, ein Zweit- oder Drittjob. Bei *Clickworker* sollen die meisten nur zwei bis fünf Stunden in der Woche arbeiten und damit auf rund 200 Euro Einnahmen im Monat kommen. Nur wenige verdienen damit mehr als 1000 Euro monatlich.

Aus der Sicht von Unternehmen soll das Ausschreiben auf Crowdsourcing-Plattformen ein gewaltiger Vorteil sein, da das Crowdworking eine völlig neue Art der Arbeitsorganisation ist, mit radikalen Veränderungen für die ganze Wirtschaft. Die Firmen können damit schneller auf Auftragsschwankungen reagieren, Kunden in ihre Entwicklung einbeziehen und aus einem größeren Talentpool schöpfen. Für die Arbeitnehmer soll es den Vorteil haben, selbst zu bestimmen, was, wann und wie er arbeitet. Das ist im Vergleich zur herkömmlichen Situation eines Angestellten revolutionär – hat jedoch einen Haken: Auftraggeber können ihre starke Macht ausnutzen. Der Gründer von *Jovoto* argumentiert in dem *DIE ZEIT*-Artikel, dass viele auf der Plattform die Möglichkeit zum Austausch mit anderen schätzen, um Kontakte zu knüpfen. Für die »Top-10-Prozent« der Crowdworker soll sie angeblich ein echtes Sprungbrett sein, und man sei hier absolut keine »Kosteneffizienz-Maschine«. Alle Teilnehmer zu vergüten, wäre aber nicht möglich. (Also verlieren 90 Prozent!)

Viele einbinden = ausbeuten

Als weiteres Beispiel wird *Greenpeace*, die politische Non-Profit-Organisation, die für einen höheren moralischen Anspruch steht, als Auftraggeber aufgeführt. Für ihre *McDonald's*-Kampagne bei *Jovoto* wurden 25 000 Euro ausgegeben, was mehr sei, als sie bei Agenturen dafür bezahlt hätten, argumentierten die *Greenpeace*-Vertreter. Man hätte eben viele Kreative einbinden wollen, weil die besonders nah an der Zielgruppe sind. Als ein weiterer Vorteil wurde gesehen, dass man 380 Vorschläge in 980 Varianten erhalten hätte – anstatt drei von beauftragten Agenturen. Man bezahle die Designer aber »anständig«. Viermal habe man solche Crowd-Projekte gemacht, ohne Beschwerden. (Haben dann alle 380 Vorschläge mit 980 Varianten anteilig Geld bekommen, also jeweils circa 66 beziehungsweise 26 Euro?) Ein Argument der Auftraggeber ist, dass es um das innovative Potenzial der Crowd ginge und nicht um die Ausbeutung billiger Arbeitskraft. (Dass Innovationen durch Masse erzeugt werden, wäre allerdings ein Novum und widerspricht allen Erfahrungen aus der Innovationsentwicklung!)

Schnelle Realität – langsame Gesetze

Die Arbeitsmarktpolitik fragt sich, ob die bestehenden Gesetze zur digitalen Arbeitswelt passen, wie der Sozialstaat umgebaut werden muss, wie man Crowdworker absichert, wie sich verhindern lässt, dass Regeln wie der Mindestlohn umgangen werden und Scheinselbstständigkeit entsteht. Gewerkschaften warnen in diesem Zusammenhang vor einem »digitalen Prekariat« und fordern zum Beispiel, die Sozialversicherung auf Crowdworker auszudehnen, nach dem Vorbild der *Künstlersozialkasse*.

Der Artikel in *DIE ZEIT* schließt mit dem Hinweis darauf, dass die gesetzliche Realität der schnellen Internet-Ökonomie nur langsam folgt. »So langsam, dass neue Gesetze womöglich erst in Kraft treten, wenn es Crowdworking gar nicht mehr gibt – zumindest als Begriff.« Vom Vorsitzenden des *Deutschen Crowdsourcing Verbandes* (so etwas gibt es tatsächlich schon) wird prognostiziert, dass es spätestens in zehn Jahren so normal sein wird, dass dafür kein besonderes Wort mehr gebraucht wird.

Der Artikel aus *DIE ZEIT* fasst zusammen, mit welcher rasanten Entwicklung wir hier konfrontiert sind. Es wird deutlich, dass sich die Spannung vom digitalen Hype bis hin zu einer veränderten Machtbalance bewegt. Dadurch werden problematische Illusionen erzeugt, auf die wir hier im Einzelnen eingehen.

10.3 Neue Illusionen

Auf *Wikipedia* wird der Begriff »Crowdsourcing« wie folgt beschrieben: »[...] auch "wisdom of the crowd" = Die Weisheit der Vielen oder Crowdworking [...].« Ebenfalls auf *Wikipedia*: »Weisheit bezeichnet vorrangig ein tief gehendes Verständnis von Zusammenhängen in Natur, Leben und Gesellschaft sowie die Fähigkeit, bei Problemen und Herausforderungen die jeweils schlüssigste und sinnvollste Handlungsweise zu identifizieren.« Aus historischen Erfahrungen ist es demnach absolut zweifelhaft, dass die (unbekannte) Masse mit »Weisheit der Vielen« selbstverständlich in Verbindung gebracht werden kann. Es ist daher eine Illusion!

Weisheit?

Wie bereits erwähnt, widerspricht es allen Erfahrungen, dass Innovationen durch Masse – und dann auch noch durch eine unbekannte – erzeugt werden. Selbst wenn dies einmal vorkommt, wer kann und wie will man diese aus der unüberschaubaren Masse heraus identifizieren?

Innovation?

Typisch für digitalisierte Such- und Wertungsprozesse ist, dass sie auf der Basis vorhandener Informationen programmiert sind, dadurch auch immer einen Mainstream generieren und in den Vordergrund rücken. Das in dem genannten Artikel erwähnte Beispiel der Designerin auf der Plattform *Jovoto*, die für ihre 249 verschiedenen Entwürfe farbige »Schleifchen« für Preiswürdigkeit und Gefallen bekommt, steht für diese Art von Wertungsprozessen. Was haben die Kriterien Preiswürdigkeit und Gefallen mit Innovation zu tun? Man neigt doch vielmehr dazu, die bereits vergebenen Würdigungen und Gefallensbekundungen nachzuahmen. Das nennt man dann Imitation, und das ist das Gegenteil von Innovation.

Auch das Beispiel von *Greenpeace* zeigt, dass man dort glaubte, aus 380 Vorschlägen in 980 Varianten eine für die Sache, die Institution und die Zielgruppe angemessene und optimale Lösung herausfischen zu können. Völlig unter geht dabei, dass diese abstrakte – weil unpersönliche – Auswahl ungeeignet ist, eine Lösung zu generieren, die alle Möglichkeiten des Auftraggebers und des Designers berücksichtigt (im Sinne einer Symbiose zwischen Orientierung an Ressourcen und Idealzuständen). Und hat man dort einmal den erheblichen Zeitaufwand nachgerechnet, der bei qualifizierter Auswahl aus einer solchen Masse entsteht? Woher nehmen sie die Kompetenz dazu? Auch das dürfte also eine Illusion sein!

Vorteile für Auftraggeber?

Die Anbieter von Crowdsourcing-Plattformen umwerben Auftraggeber mit guten, schnellen und preiswerten Dienstleistungen beziehungsweise Design-Werkleistungen. Hervorgehoben aus der scheinbaren Fülle von Vorteilen werden vor allem: die Strukturierung und Erledigung von ungelösten Aufgaben in Micro-Jobs, die sofortige Bearbeitung durch qualifizierte »Gurus«, das Versprechen einer Qualitätssicherung und der Erhalt von perfekten Ergebnissen. Das alles wird als persönlicher Service, mit individuellen Lösungen aus einer Hand, Automatisierung der Abläufe, einer motivierten Crowd und hoher Qualität offeriert. Falls diese Offerten tatsächlich erfüllt werden, wird deutlich, welche Art von Leistungen dafür überhaupt infrage kommen: einfache, gut zerlegbare Routinearbeiten mit Akzeptanz der daraus resultierenden Imitationen. Völlig ungeeignet hingegen sind: komplexe, zusammengehörige Arbeiten und Aufgaben, die innovative Lösungen erwarten lassen.

In den Design-Werkleistungen (auf den Unterschied zwischen Dienstleistungen und Werkleistungen gehen wir unter *10.4 Neue Realität – Dienst- versus Werkleistungen* näher ein) gibt es durchaus einige Routinearbeiten, die nach präzisen Vorgaben durchgeführt werden können und damit für die Erledigung durch Crowdworker geeignet sind. Individuelle, anspruchsvolle und komplexe Entwurfs- und Gestaltungsaufgaben können in der Regel durch Crowdworking nicht geleistet werden, weil die dafür notwendigen Informationen nur im persönlichen Kontakt in Erfahrung gebracht werden können und weil nur aus einem solchen Kontakt die für die Aufgabe notwendigen und zielführenden kreativen Intuitionen und Innovationen hervorgebracht werden können. Qualifizierte und erfolgreiche Designer haben zudem weder die Kapazitäten noch wirklich ein Interesse, mäßig – wenn überhaupt – bezahlte Werkleistungen über Crowdsourcing-Plattformen zu erbringen und sind deshalb hier auch nicht anzutreffen. Auftraggeber müssen also davon ausgehen, dass sie hier im besten Fall mittelmäßige Werkleistungen – von mittelmäßigen Bewertern gelikt – finden und bekommen.

Das Qualitätsversprechen der Anbieter von Crowdsourcing-Plattformen ist ein leeres. Denn wie will ein Anbieter wie beispielsweise *Jovoto* bei 80 000 registrierten Teilnehmern so etwas wie eine Art Qualitätskontrolle durchführen und gewährleisten? Gar nicht! Die Anbieter betreiben lukrative Businessmodelle für sich selbst und sind in erster Linie auf Profit ausgerichtet. Ein bei diesen Quantitäten erforderlicher Aufwand für eine effektive Qualitätskontrolle würde sich betriebswirtschaftlich überhaupt nicht rechnen.

Der im Zusammenhang mit Crowdworking oft angepriesene Kostenvorteil für die Auftraggeber entpuppt sich bei näherer Analyse als wesentlich geringer als erhofft. Auch wenn es möglich ist, anspruchslose Dienst- oder Werkleistungen sehr kostengünstig, weil niedrig bis gar nicht honoriert, einzukaufen, bleibt ein nicht zu unterschätzender Mehraufwand für Kontrolle und oft notwendige Nacharbeit. Im Falle anspruchsvollerer Leistungen kommen dann noch die Investitionen in die Entwicklung und Bereitstellung interner Auswahl- und Entscheidungskompetenzen hinzu. Das alles kostet Zeit und damit auch Geld. Und dann sind da noch die Opportunitätskosten – also entgangene Erlöse, die dadurch entstehen, dass vorhandene Möglichkeiten zur Nutzung von Ressourcen nicht wahrgenommen werden. Alles in allem eine Illusion!

Vorteile für Designer?

Die Anbieter von Crowdsourcing-Plattformen umwerben ebenfalls die Crowdworker – hier mit einer freundlichen Community, selbstbestimmter Arbeit von zu Hause aus, abwechslungsreichen Aufgaben, seriösen Nebenjobs und (manchmal) geregelter Bezahlung. Besonders hervorgehoben werden in der Regel die flexiblen Arbeitszeiten, das individuelle Arbeitspensum, der ideale Arbeitsort, ein Nebenjob nach Maß und das Schaffen von Möglichkeiten.

Auch wenn man hier davon ausgeht, dass die Anpreisungen tatsächlich erfüllt werden, bleibt es, wie schon erwähnt, bei Werkleistungen in Form einfacher, gut zerlegbarer Routinearbeiten (Imitationen) statt komplexer, zusammengehöriger Arbeiten und Aufgaben (Innovationen). Die dortige Community besteht aus Crowdworkern, die wenig Erfahrungen mit individuellen, anspruchsvollen und komplexen Entwurfs- und Gestaltungsaufgaben mitbringen. Die Positionierung auf einer solchen Plattform erzeugt daher kein positives Image. Profis unter den Designern positionieren sich unabhängig und authentisch am Markt, und sie arbeiten grundsätzlich direkt auf einer persönlichen Ebene mit Auftraggebern. Daher brauchen sie diese Plattformen nicht und meiden sie.

Auch das bereits angesprochene Qualitätsversprechen der Anbieter von Crowdsourcing-Plattformen wird nicht erfüllt. Wie wollen die Anbieter bei zigtausend registrierten Teilnehmern eine Qualitätskontrolle durchführen und gewährleisten? Und woher nehmen die Anbieter die Qualifikation dazu? Eben gar nicht! Das ist für sie vor allem ein lukratives Businessmodell und in erster Linie auf qualitätsfreien Profit ausgerichtet. Bei diesen Quantitäten rechnet sich betriebswirtschaftlich der erforderliche Aufwand für eine effektive Qualitätskontrolle nicht. Die in Aussicht gestellte (geregelte) Bezahlung beziehungsweise attraktive Honorierung kommt (wenn überhaupt) eher selten vor – oftmals gibt es wenig und meistens überhaupt nichts. Da sich Hunderte oder Tausende von Wettbewerbern auf den Crowdworking-Plattformen anbieten, wird ein künstlicher Konkurrenzkampf erzeugt. Viele Auftraggeber nutzen auf diesen Plattformen ihre starke Marktmacht aus. Kritisch betrachtet, ist das eine Form von Ausbeutung. Also auch eine Illusion!

Professionalität?

Besonders auffällig ist sowohl bei Auftraggebern wie bei Designern, die sich der Crowdworking-Plattformen bedienen, dass sie oft keine Designprofis sind, sondern eher Dilettanten im Design, die sich anmaßen, Entwürfe qualitativ beurteilen zu können beziehungsweise gute Entwürfe machen zu können. Das steht im krassen Gegensatz zu den Plattform-Betreibern, die ausgebuffte Profis sind, ihr Geschäft verstehen und in ihrem Sinne weiterentwickeln. Sie haben sich in einem Verband organisiert, um arbeitsmarktpolitische Gesetzesänderungen zu unterlaufen – im Vertrauen auf die nur sehr langsam reagierende Politik.

Dass selbst namhafte Institutionen und Unternehmen Auftraggeber dieser Art von Massenarbeit sind, beweist allerdings noch lange nicht ihre Kompetenz im Umgang mit Crowdworkern – sonst müsste ihnen eigentlich schon längst aufgefallen sein, welche Risiken sie damit eingehen. Dass die Crowdworker-Zahlen in die Zigtausende gehen, resultiert auch aus dem sehr hohen Anteil an gering oder gar nicht qualifizierten (nichtberuflichen) Designern.

Und was tun die Auftraggeber-Verbände wie etwa die *Industrie- und Handelskammern* dagegen? Nichts, außer dass sie die Plattformbetreiber als »innovative« Geschäftsmodelle in Businessplan-Wettbewerben auszeichnen. Die Designer-Verbände haben offensichtlich noch gar nicht mitbekommen, was da passiert und welche Konsequenzen da auf sie und ihre Mitglieder zukommen. Nichts als Illusionen!

Arbeitsmarkt?

Ein ebenfalls in dem Artikel in *DIE ZEIT* erwähntes Problem ist die Arbeitsmarktpolitik, genauer die bräsige Langsamkeit, mit der Politik auf rasend schnelle Veränderungen in der Internet-Ökonomie reagiert. Und das, während Crowdsourcing-Anbieter diese Art Business für die Zukunft als normal prognostizieren. Das wiederum fordert von unserer bisherigen Ökonomie völlig andere Grundlagen und Rahmenbedingungen, für die es bisher aber keine geeigneten Gesetze gibt. Das ebenfalls zitierte Statement eines Plattformbetreibers, dass es durch das Internet heute leicht sei, jemanden für zehn Minuten Arbeit zu finden und danach wieder feuern zu können, macht diese zynische Haltung besonders deutlich. Genau genommen ist das ein Rückschritt ins 19. Jahrhundert, in denen der Arbeitsmarkt von Tagelöhnern geprägt wurde. In der Konsequenz ist das ein gänzlich ungezügelter Neoliberalismus mit der Abkehr vom Sozialstaat und damit auch von unserer Demokratie. Und am Ende wäre die Demokratie dann auch nur noch eine Illusion!

10.4 Neue Realität

Wir wollen hier nicht die Digitalisierung geißeln, sondern schätzen und nutzen vielmehr die zahlreichen Möglichkeiten und Vorteile, sind uns bewusst, dass wir unser Business ohne diese technischen Hilfsmittel in der heutigen Form nicht betreiben könnten.

Bei aller Nützlichkeit darf man jedoch die Nachteile nicht aus den Augen verlieren. Wichtig scheint uns vor allem zu sein, dass man nicht der Illusion unterliegt, Crowdworking sei die wundervolle Verheißung von unendlicher Flexibilität, Freiheit, Selbstständigkeit und Unabhängigkeit. Es kann in Teilen dazu beitragen, muss es aber nicht. Daher braucht es eine bewusste und beurteilende Erfassung der Chancen und Risiken. Jeder – ob Designer oder Auftraggeber – trägt deshalb auch selbst die Verantwortung: sich darauf einzulassen oder nicht, es anzunehmen oder abzulehnen, es wahrzunehmen oder zu ignorieren, es zu nutzen oder nicht.

Übrigens, angebliche und vermutete Alternativlosigkeit ist für Sie als Designer/in kein hinreichender Grund, sich einer Entwicklung widerstandslos zu unterwerfen. Sie sollten vielmehr bedenken, dass die Anbieter solcher Crowdsourcing-Plattformen damit nur so lange Profit generieren können und Auftraggeber, die über diese Plattformen Crowdworker für sich arbeiten lassen, dies nur so lange tun können – solange Sie als Designer/in das Spiel mitspielen.

Wer sich auf Crowdworking einlässt, der verstärkt den Konkurrenzkampf, und das daraus resultierende Honorar-/Lohn-Dumping zieht das Niveau in der Branche insgesamt nach unten. Die starke Zunahme prekärer Verhältnisse in der Designwirtschaft ist der

Beweis für eine insgesamt problematische Entwicklung. Die Sogwirkung des Niveauverlustes trifft immer mehr auch diejenigen, die bisher relativ stabil wirtschaften konnten, besonders aber die jungen Einsteiger im Markt. Crowdworking trägt daher dazu bei, dass die ohnehin in der Designwirtschaft schwach ausgeprägte Kooperation noch mehr zurückgedrängt wird. Das ist kein intelligentes Konkurrieren!

Sie als Designer/in können mit sich selbst und mit Ihren Arbeiten / Lösungen nur dann überzeugen und erfolgreich sein, wenn Sie sprichwörtlich »aus der Masse heraustreten«. Nur Persönlichkeit überzeugt. Und die lässt sich nur authentisch und direkt vermitteln, jenseits dieser Plattformen. Und das ist dann keine Illusion!

Wirkungsrelevanz

Die Digitalisierung hat nicht nur die Realität verändert – vielmehr muss man sich im Zuge dieser Entwicklung fragen, wie wirkungsrelevant die Präsenz von Designern auf Crowdworking-Plattformen wahrgenommen wird. Schließlich erzeugt die schiere Masse der Teilnehmer, die dort registriert sind und sich mit ihren Entwürfen positionieren, eine übermächtige Quantität, die jegliche Qualität überdeckt. Und trotzdem drängen sich dort so viele Designer, um letztlich freiwillig in der Masse untergehen. Warum?

Keine Frage – die Digitalisierung ist für Sie als Designer/in ein Dilemma. Einerseits bieten sich zwar unzählige Möglichkeiten für eine quasi globale Kommunikation, andererseits wird es gerade dadurch immer schwieriger, auf sich aufmerksam zu machen, überhaupt wahrgenommen zu werden und dadurch Aufträge zu akquirieren (auch *Olaf Leu* hat darauf schon hingewiesen, im Kapitel 9.2 *Wirkungsbeispiele*). Auch das durchaus verständliche Bedürfnis nach Anerkennung und Bestätigung treibt viele Designer auf diese Plattformen im Internet. Dass beides – bedingt durch die Masse – für 99 Prozent zwangsläufig ausbleibt, hindert sie offensichtlich nicht daran, dabeizubleiben. Die Hoffnung, vielleicht doch einmal entdeckt zu werden, ist hier die alleinige Strategie (wie in der Lotterie, wo man extrem geringe Chancen auf einen Hauptgewinn hat).

Übrigens, »Schleifchen« und »Likes« sollte man nicht mit Anerkennung und Bestätigung verwechseln. Beide sind oberflächlich und unpersönlich, also das Gegenteil von Wertschätzung und Wirkungsrelevanz. Das ist vergleichbar mit dem Award-Business (das wir im Kapitel 9.0 bereits analysiert haben) – ebenfalls mit geringem Erfolg verbunden und gegenüber dem Crowdworking auch noch mit hohen Kosten. Eine logische Konsequenz wäre es deshalb, sich schleunigst vom Crowdworking zu distanzieren und / oder erst gar nicht daran zu beteiligen. Es werden sich trotzdem weiterhin semi-/

unprofessionelle und unkooperative Designer von den Versprechungen verleiten lassen – und dem Crowdworking in der Welt damit immer mehr zum Status der Normalität verhelfen.

Was aber bleibt, wenn Crowdworking für den Erfolg eines Designers keine nützliche Wirkung erzeugt? Sie als Designer/in selbst – mit Ihrer Identität und Haltung, Ihren Fähigkeiten und Kompetenzen, Ihrer Wertschätzung und Wirkungsrealität!

Wir möchten an dieser Stelle auf den schon erwähnten Unterschied zwischen Dienstleistungen und Werkleistungen zurückkommen. Dazu eine kurze rechtliche Definition. »Im deutschen Recht wird der sogenannte Werkvertrag vom Dienstvertrag unterschieden – mit teilweise recht deutlichen Folgen. Im Einzelnen ist hier zwar vieles streitig, für den Designbedarf können wir aber im Wesentlichen Folgendes festhalten:

Dienst- versus Werkleistungen

> Werden Designer als Selbständige für einen Auftraggeber tätig, ist in aller Regel von einem Werkvertrag auszugehen, gleichgültig, ob es sich um die Erarbeitung einer konkreten Gestaltung, die Konzeption einer Product Range oder die Erarbeitung einer Planung handelt.
> Nur wenn Designer rein beratend und völlig ohne feste Zieldefinition tätig werden, handelt es sich um einen Dienstvertrag.
> Werden Designer als Angestellte für einen Arbeitgeber tätig, handelt es sich ohne Rücksicht auf ihren konkreten Tätigkeitsinhalt um einen Arbeitsvertrag, der eine Unterform des Dienstvertrags ist.«
> (Aus dem Buch *Designrechte international schützen und managen für Designer*, Kapitel *14.3 Designvertrag* (2009))

Da im Crowdworking die Präsenz auf den Online-Plattformen eine Voraussetzung ist, werden Entwürfe in der Regel von den registrierten Teilnehmern dort eingestellt. Diese Entwürfe entstehen ohne Auftrag oder stammen aus realisierten Projekten. Grundlage ist daher weder ein Werk- noch ein Dienstvertrag. Formal kann man dies als Eigenwerbung auf eigenes Risiko bezeichnen. Faktisch ist es – aufgrund der Masse – eher eine Form von Gefälligkeit, da die Teilnehmer zugunsten anderer eine Leistung erbringen und durch die offene Präsentation quasi zur allgemeinen Verfügung stellen, ohne dass hierfür ein Entgelt oder eine sonstige Gegenleistung erbracht wird. Nur für eine kleine Minderheit kommen konkrete Aufträge zustande – für geringes Entgelt. Davon ausgehend, dass alle offenen Entwurfs-Präsentationen jedem frei zugänglich sind, können sie auch alle als Orientierungs- und Entscheidungshilfen genutzt werden. Beide Hilfen sind Leistungen, die prinzipiell einen Anspruch auf Honorierung rechtfertigen können. Da diese Hilfen auf den Plattformen jedoch frei angeboten werden (durch »Schleifchen« und »Likes«), haben sie auch keinen Wert an sich. Da in unserer Wirtschaftskultur der Preis den Wert bestimmt, erfahren alle Dienste, die massenhaft angeboten und frei zur Verfügung gestellt werden, auch keine Wertschätzung.

Infolge dieser nicht vorhandenen Wertschätzung wird das Niveau von Design-Werkleistungen allgemein negativ beeinflusst. Daraus resultiert ein Honorar-/Preisverfall (auch durch das bereits erwähnte Honorar-/Lohn-Dumping), der die Mehrzahl der selbstständigen Designer zunehmend in prekäre Verhältnisse drängt.

Das hier in erster Linie nur die Betreiber der Crowdworking-Plattformen profitieren, und das auf Kosten der Wertschätzung der Designer, ist perfide und ausbeuterisch. Und dass sie dann auch noch als innovative Geschäftsmodelle ausgezeichnet werden, ist eigentlich ein Skandal.

Im Ergebnis läuft es darauf hinaus, dass das Crowdworking keine Leistung im Sinne eines daraus prinzipiell resultierenden Anspruchs auf Gegenleistung (Honorierung) ist – da diese überhaupt nicht vorgesehen ist. Crowdworking befindet sich damit auf dem gleichen Niveau wie ehrenamtliche und soziale Leistungen. Wer vermögend ist oder über eine andere Einnahmequelle verfügt, die den Lebensunterhalt absichert, wird damit kein Problem haben. Was aber ist mit all jenen, für die das Crowdworking zunehmend zur alleinigen Erwerbsquelle wird? Dieses Problem liegt auf der gleichen Ebene wie die durch die Digitalisierung verloren gegangenen Arbeitsplätze (die eben nicht alle durch neue ersetzt werden). Und es trifft nicht nur Designer, sondern viele andere Berufsgruppen auch. Wird hier am Ende nur noch ein bedingungsloses Bürgereinkommen helfen? (Wie der amerikanische Wissenschaftler und in *Stanford* lehrende *Neil Jacobstein* in einem Interview prognostizierte, das der deutsche Journalist *Klaus Kleber* 2016 in seiner *ZDF*-Doku *Schöne neue Welt* mit ihm führte.)

Die vorenthaltene Wertschätzung ist quasi eine Diskriminierung Ihrer Fähigkeiten als Designer/in. Wie soll sich unter diesen Umständen Ihre Kreativität entwickeln? Wie können Ihre Fähigkeiten und Kompetenzen als Designer/in sinnfällig und wirkungsvoll vermittelt werden? Welche Alternativen bieten sich für Sie als Designer/in außerhalb des Crowdworking an? Wie gelangen Sie als Designer/in zu einer angemessenen Wertschätzung? Diese Fragen stehen in diesem Buch im Mittelpunkt.

10.5 Alte Pitchs

Pitchs sind nichts Neues, unterliegen aber einer ähnlichen Illusion wie das Crowdworking: Von der Mehrfacharbeit (die kleine Schwester der Massenarbeit) über erwartete Innovationen, Vorteile für Auftraggeber und Designern bis zur unterstellten Professionalität erstreckt sich das Wunschdenken und wird in der Realität als bittere Selbsttäuschung entlarvt. Die Wirkung ist fatal – weil die Ergebnisse fast immer weit unter den Möglichkeiten liegen, weil die Ressourcen selten optimal genutzt werden.

Irritierend ist, dass auf der Auftraggeberseite in den meisten Fällen betriebswirtschaftlich ausgebildete Manager (sogenannte Micro Economics) als MBAs (Meister der Unternehmensverwaltung) sitzen, die offensichtlich die Grundlagen unternehmerischen und wirtschaftlichen Handelns nicht beherrschen. Eine der wichtigsten Grundsätze hier lautet: Ohne Investition kein Profit!

Warum Pitchs aus ökonomischer Sicht sehr oft von Nachteil sind, schauen wir uns etwas näher an.

Warum pitchen?

Ist diese Form der Suche nach Entwurfs- und Gestaltungslösungen effektiv und wirtschaftlich? Wie kann sichergestellt werden, dass die präsentierten Lösungen zu den Problemen und Fragen der Auftraggeber passen? Was ist erforderlich, um ein professionelles Briefing für einen Pitch zu erstellen? Wie sind die präsentierten Designleistungen einem Entwicklungsprozess zuzuordnen? Wie können Entscheidungen für den passenden Designer professionell getroffen werden? Eines vorweg: Pitchs sind nur etwas für Investoren und Profis. Das bedeutet, ein Pitch kostet Geld, und zwar nicht wenig, und der Auftraggeber muss Designkompetenzen besitzen. Alles andere (kostenarme Durchführung und / oder mangelnde Designkompetenz) ist mit unkalkulierbaren Risiken und erheblichen Folgekosten verbunden.

Für einen Auftraggeber, der sich einen Eindruck über die Gestaltungskompetenzen und -möglichkeiten von Designern machen möchte und Anregungen für einen Designprozess sucht, kann ein Pitch durchaus hilfreich sein. Allerdings nur dann, wenn dieser professionell und effektiv durchgeführt wird. Das setzt voraus, dass man sich bewusst ist: Ein Pitch kann einen Entwicklungsprozess nicht ersetzen, sondern lediglich ergänzen.

In der Praxis kommt es allerdings immer häufiger vor, dass Pitchs als preiswerter Zugang zu Entwurfs- und Gestaltungs-Leistungen betrachtet wird. Die bei Werbeagenturen ursprünglich übliche Auswahl von Bewerbern und Vergabe von Etats mittels Pitchs hat sich mittlerweile auch im Bereich der Designbüros breitgemacht. Nicht selten werden Pitchs ohne angemessene Honorierung (oft sogar gänzlich ohne Honorar) ausgeschrieben. Und das ohne Kenntnis der Auftraggeber über ihre wirtschaftlichen und rechtlichen Risiken. Nicht selten sind sogar Orientierungslosigkeit und Unwissenheit der Grund dafür, dass Auftraggeber pitchen. Beides sind falsche Voraussetzungen, um zu guten und wirkungsvollen Entwurfs- und Gestaltungslösungen zu kommen.

Nur mit Designkompetenz!

Effektiv und wirtschaftlich ist ein Pitch nur dann, wenn das Briefing im Rahmen eines professionellen Entwicklungsprozesses – also unter Einbeziehung von Designkompetenz – entstanden ist.

Was das genau bedeutet, wird klar, wenn man einen Entwicklungsprozess betrachtet. Dieser beginnt mit einer Frage / einem Problem und wird abgeschlossen mit einer Antwort / Lösung. Nun gibt es zwei Möglichkeiten, diesen Prozess anzugehen: professionell von vorn oder semiprofessionell von hinten. Die letzte Variante überwiegt in der Praxis – leider. Deutlich wird das, wenn man einen Entwicklungsprozess in Phasen strukturiert. In der ersten Phase findet die Analyse und Ideenfindung statt. Dies sind die Grundlagen für die zweite Phase, in der Konzepte und Strategien entwickelt und daraus Maßnahmen definiert werden. Alle diese Leistungen sind Dienstleistungen und notwendige Voraussetzung für die dritte Phase, in der die konkrete Gestaltung, die Werkleistung, beginnt und diese dann in Produktion (Produkte / Kommunikation) geht. In der Zuordnung von Dienst- beziehungsweise Werkleistungen ist also die erste Phase die der Beratung bei Prozessen, die zweite die der Planung von Projekten und die dritte die der Operation, das heißt der gestalterischen Umsetzung bis hin zu End-Produkten. (Wir haben dies bereits im Kapitel *4.5 Leistungen in Entwicklungsprozessen* näher beschrieben.)

Da Designer in der ersten und zweiten Phase viel zu selten einbezogen werden, müssen in einem Briefing die ersten beiden Phasen so beschrieben werden, dass der Designer in der Lage ist, seine Werkleistung, nämlich die operative Gestaltungs-/Produktions-Leistung zu erbringen. Eine solche Beschreibung ist für einen nichtberuflichen Designer sehr schwierig – eigentlich nicht möglich. Das Ergebnis ist daher für den Designer unzureichend und muss in einem Rebriefing nachgearbeitet werden. Dieses Vorgehen ist zeitaufwendig und mit hohen Risiken verbunden, insbesondere dann, wenn der Auftraggeber als Briefingautor – wie bereits erwähnt – nicht über Design- und Designmanagement-Kompetenzen verfügt. Das führt zu zusätzlichen Kosten auf der Auftraggeberseite und darüber hinaus zu dem Risiko einer weit unter den Möglichkeiten liegenden Lösung (also der Erhöhung von Opportunitätskosten).

Allein die Tatsache, dass dem Designer die Rebriefingphase vom Auftraggeber in der Regel nicht honoriert wird, produziert am Ende höhere, nicht einschätzbare Kosten. Fast immer werden dann die vorhandenen Ressourcen nicht optimal genutzt. Ganz anders sieht es bei einem professionellen Prozess aus, in den Designer von Anfang an involviert sind. Ein weiterer Vorteil der Professionalität liegt in der effizienten und effektiven Entwicklung eines Briefings, durch das mit hoher Wahrscheinlichkeit Zeit (und damit Kosten) gespart und eine optimale und erfolgreiche Lösung gefunden wird.

Nur mit Designern!

Das kann ein Pitch, der nicht von Investoren und Designprofis durchgeführt wird, nicht leisten. Denn: Nur durch einen vorgeschalteten, professionellen Entwicklungsprozess lässt sich in einem Pitch ein geeigneter und zum Auftraggeber passender Designer finden. Nur so kann die Präsentation eines am Pitch beteiligten Designers bewertet, die richtige Antwort / Lösung zu spezifischen Fragen / Problemen gefunden und eine Entscheidung für den richtigen Designer getroffen werden.

Sie als Designer/in sollten sich fragen, ob und wann Sie sich an Pitchs beteiligen wollen. Das Wann haben wir bereits beantwortet. Das Ob ist grundsätzlicher und abhängig von Ihrer Haltung. Sind Sie selbstbewusst genug, um sich der weitverbreiteten Unsitte unprofessioneller Pitchs zu verweigern? Wollen Sie der Ausbeutung etwas entgegensetzen? Wollen Sie branchenpolitisch Position beziehen und der intelligenten Konkurrenz (Kooperation) den Vorzug geben? Unmöglich? Das ist abhängig von Ihrer Positionierung und Ihrer Akquisitions- und Verhandlungsstrategie. Dazu mehr im Kapitel *13.0 Akquisition von Angeboten und Verhandlung von Aufträgen*.

Was tun?

Kapitel 10.0 zusammengefasst

Für die Crowdworker lohnen sich die überwiegend einzelnen und gering qualifizierten Aufträge kaum. Bei der Bearbeitung vieler Aufträge in kurzer Zeit lassen sich eventuell ein paar Euro pro Stunde verdienen, was vielleicht für einen kleinen Nebenverdienst reichen kann. Wenn daraus allerdings eine hauptberufliche Tätigkeit wird, bleibt nach Abzug der eigenen Kosten (zum Beispiel für Krankenversicherung et cetera) oft nur ein Dumping-Lohn.

Diese Entwicklung verändert die strukturellen Rahmenbedingungen in der Wirtschaft tiefgreifend. In den *USA* wird das als »gig economy« bezeichnet, eine Ökonomie, in der Arbeitnehmer kein festes Gehalt mehr bekommen, sondern nur noch »Gagen für lauter kurze Einsätze – gigs« erhalten.

Die in Aussicht gestellte (geregelte) Bezahlung beziehungsweise attraktive Honorierung kommt (wenn überhaupt) eher selten vor – oftmals gibt es wenig und meistens überhaupt nichts. Da sich Hunderte oder Tausende von Wettbewerbern auf den Crowdworking-Plattformen anbieten, wird ein künstlicher Konkurrenzkampf erzeugt. Viele Auftraggeber nutzen auf diesen Plattformen ihre starke Marktmacht aus. Kritisch betrachtet, ist das eine Form von Ausbeutung.

Wer sich auf Crowdworking einlässt, der verstärkt den Konkurrenzkampf, und das daraus resultierende Honorar-/Lohn-Dumping zieht das Niveau in der Branche insgesamt nach unten. Die starke Zunahme prekärer Verhältnisse in der Designwirtschaft ist der Beweis für eine insgesamt problematische Entwicklung. Die Sogwirkung des Niveauverlustes trifft immer mehr auch diejenigen, die bisher relativ stabil wirtschaften konnten, besonders aber die jungen Einsteiger im Markt.

Pitchs sind nur etwas für Investoren und Profis. Das bedeutet, ein Pitch kostet Geld, und zwar nicht wenig, und der Auftraggeber muss Designkompetenzen besitzen. Alles andere (kostenarme Durchführung und / oder mangelnde Designkompetenz) ist mit unkalkulierbaren Risiken und erheblichen Folgekosten verbunden.

Teil II
Leistungs- und Nutzenwerte

11.0 Auftraggeber / Kunden aus ihrer am Nutzen orientierten Sicht

In diesem Kapitel analysieren wir die Bewertungsgrundlagen aus Sicht der Auftraggeber / Kunden:
Wie unterscheidet sich die Nutzenorientierung von der Leistungsorientierung?
Welche Relevanz hat der Prozessnutzen und wie kann er gemessen werden?
Wie lässt sich Ertragsnutzen berechnen?
Wie kann man Kommunikationsnutzen messen?
Welche Rolle spielt der Gebrauchsnutzen?

11.1 Nutzenorientierung versus Leistungsorientierung

Wenn Sie als Designer/in Ihre Dienst- und Werkleistungen bewerten, gehen Sie in der Regel zunächst aus der Leistungsperspektive an diese Aufgabe heran. Sie schätzen oder bemessen den voraussichtlichen und tatsächlichen Aufwand in Zeit. Ihre Zeit (in Stunden / Tagen) bewerten Sie auf der Grundlage einer Kosten- und Ertragsrechnung. Beide werden dann entsprechend multipliziert, um den gesamten Leistungswert zu bestimmen. Diese – quasi egoistische – Vorgehensweise ist aus betriebswirtschaftlichen (mikroökonomischen) Zwängen heraus völlig richtig und existenziell notwendig, um sicherzustellen, dass Sie von Ihren Leistungen Ihre Betriebskosten, Ihren Lebensunterhalt und den darüber notwendigerweise hinausgehenden Gewinn generieren können.

Diese Leistungsorientierung ist die Standardbetrachtung und Regelberechnung von Honoraren. Alle Honorar- und Tarifempfehlungen arbeiten nach diesem Prinzip. Das macht aus der beschriebenen Notwendigkeit heraus absolut Sinn. Wenn Sie als Designer/in auf dieser Grundlage vorgehen, ist das korrekt und professionell.

Allerdings ist es in der Regel schwierig, Ihrem Auftraggeber / Kunden diese Leistungsorientierung zu vermitteln. Nicht, weil er die betriebswirtschaftlichen Grundlage einer Kosten- und Ertragsrechnung nicht kennt (schließlich arbeitet er nach dem gleichen Prinzip), sondern weil er Ihre Leistung aus einer völlig andere Perspektive beurteilt als Sie selbst. Seine Perspektive orientiert sich nicht an Ihrer Zeit- und Wertberechnung. Zum einen liegt das ursächlich daran, dass er oft weder Ihren Zeitaufwand noch Ihre Wertberechnung nachvollziehen kann. Es liegt aber in erster Linie auch daran, dass Ihre Berechnungen für ihn zweitrangig beziehungsweise völlig irrelevant sind (abgesehen davon, dass er sich für Ihren Zeitaufwand im Zusammenhang mit seiner Terminplanung interessiert). Der Wert

Ihrer Leistungen liegt für ihn nicht in Ihrem gedanklichen, handwerklichen und zeitlichen Aufwand. Der Wert Ihrer Leistungen bemisst sich allein an dem für ihn selbst relevanten Nutzen, den er aus Ihren Leistungen ziehen kann.

Der Nutzenwert ist für Ihren Auftraggeber / Kunden also das ausschlaggebende Kriterium in seiner Bewertung. Und der ist zunächst völlig losgelöst von Ihrem Leistungswert zu betrachten, auch weil beide Werte fast immer deutlich auseinanderliegen. Wobei hier die Grundregel gilt, dass der Nutzenwert Ihres Auftraggebers / Kundens über Ihrem Leistungswert liegen muss, damit Sie eine Chance haben, den Leistungsauftrag überhaupt zu erhalten.

Gebrauchswert versus Tauschwert

In der ökonomischen Theorie wird zwischen Gebrauchs- und Tauschwert unterschieden.

Als Gebrauchswert bezeichnet man hier die gesellschaftliche oder individuelle Nützlichkeit einer Dienstleistung oder Ware. Der Gebrauchswert kann sich von Individuum zu Individuum (von Institution zu Institution, von Unternehmen zu Unternehmen) unterscheiden, weil die Eigenschaft einer Dienstleistung oder Ware in Bezug auf die Befriedigung von Bedürfnissen voneinander abweicht. In der Marktwirtschaft gilt, dass der Gebrauchswert für den Auftraggeber einer Dienstleistung oder den Käufer einer Ware aus ihrer Nützlichkeit und Verfügbarkeit resultiert.

Als Tauschwert wird das Verhältnis definiert, in dem Dienstleitungen und Waren gegeneinander ausgetauscht werden. Gemäß der Arbeitswert-Theorie ist der Wert einer Dienstleistung oder Ware durch die Arbeitszeit bestimmt, die zur Erfüllung beziehungsweise Herstellung notwendig ist (wobei hier nicht die individuelle Arbeitszeit relevant ist, sondern die im Durchschnitt gesellschaftlich notwendige). Der Tauschwert hängt quantitativ nicht vom Gebrauchswert ab – was als Wertparadoxon bezeichnet wird. Das bedeutet, dass beispielsweise Brot und Wasser einen hohen Gebrauchswert haben, oft aber einen niedrigen Tauschwert (während der Gebrauchswert von Luxuswaren strittig sein kann, ihr Tauschwert aber meist sehr hoch ist). Kostenlos zur Verfügung gestellte Dienstleistungen oder Waren haben keinen Tauschwert, können aber einen sehr hohen Gebrauchswert haben. Nur Dienstleistungen und Waren, die einen Gebrauchswert besitzen, können auch einen Tauschwert haben. Der Gebrauchswert ist Voraussetzung für den Tauschwert und trägt diesen damit sinngemäß.

Das bedeutet, übertragen auf den Bereich der Design-Dienst- und Werkleistungen, dass Artefakte zwar einen hohen Gebrauchswert haben können, ihnen jedoch immer öfter ein niedriger

Tauschwert zugestanden wird. Im Gegensatz dazu wird der Gebrauchswert für die Gestaltung von Mente- und Soziofakten von vielen Designern zu niedrig eingeschätzt, was sich negativ auf den (gesamten) Tauschwert auswirkt. Interessant ist es, dass (professionelle) Auftraggeber dies aus ihrer Sicht genau umgekehrt betrachten. Wir haben das bereits im Kapitel *4.6 Objektiver Leistungswert* – im Zusammenhang mit Entwicklungsprozessen – näher beschrieben.

Kalkulation

Wie Sie als Designer/in diese Wertmaßstäbe und die Nutzenorientierung methodisch und strategisch anwenden können: in Ihrer Honorar-/Preis-Definition – dazu mehr im Kapitel *12.0 Preismanagement (Pricing)*, in Ihrer Akquisition von Angeboten und Verhandlung von Aufträgen – mehr im Kapitel *13.0*, in Ihrer Kalkulation und Kostenrechnung – mehr im Teil *III*.

Nutzenarten

Um die Nutzenorientierung eines Auftraggebers / Kunden zu analysieren und zu definieren, ist es hilfreich, die verschiedenen Arten zu unterscheiden – was übersichtlicher ist als vielleicht vermutet, da für Sie als Designer/in nur vier relevante interessant sind:

> Prozessnutzen
> Ertragsnutzen
> Kommunikationsnutzen
> Gebrauchsnutzen

Diese Nutzenarten spielen bei Auftraggebern (von Dienst-/Werk-Leistungen) und Kunden (von fertigen Artefakten / Produkten) eine wesentliche Rolle, allerdings mit unterschiedlicher Relevanz. Wir werden diese Nutzenarten in den folgenden Unterkapiteln einzeln beschreiben und auf die jeweilige Bedeutung für Auftraggeber beziehungsweise Kunden hinweisen.

11.2 Prozessnutzen

Der Nutzen aus Prozessen ist für Auftraggeber immer und ausnahmslos eine relevante Bewertungsgrundlage, da Entwicklungsprozesse doch die wesentliche und unverzichtbare Grundlage dafür sind, um weitere Nutzenarten zu schaffen.

Im Kapitel *4.5 Leistungen in Entwicklungsprozessen* haben wir ausführlich dargestellt, wie solche Prozesse grundsätzlich ablaufen und wie Sie als Designer/in den einzelnen Phasen (Prozess, Projekt und Produkt) Ihre unterschiedlichen Leistungen (Beratung, Planung und Gestaltung) zuordnen können.

Wie aus Ihren prozessbegleitenden und moderierenden Dienst- und Werkleistungen (im Kapitel *4.6 Objektiver Leistungswert* ebenfalls näher erläutert) ein zusätzlicher Nutzen für Ihren Auftraggeber entstehen kann, lässt sich an der Optimierung dieser Prozesse festmachen. Wenn es Ihnen als Designer/in gelingt, bereits zu Beginn des Prozesses dabei zu sein und die vorhandenen Ressourcen und Möglichkeiten voll auszuschöpfen, erzielen sie nicht nur bessere Gestaltungsergebnisse, sondern tragen maßgeblich bei zur Reduzierung von Opportunitätskosten (entgangene Erlöse, die dadurch entstehen, dass vorhandene Möglichkeiten zur Nutzung von Ressourcen nicht wahrgenommen werden).

Möglichkeiten, Opportunitätskosten und Ressourcen lassen sich alle betriebswirtschaftlich quantifizieren. Das hängt vom Geschäftsmodell Ihres Auftraggebers ab und ist je nach individueller Ausrichtung, interner Struktur und professioneller Strategie sehr unterschiedlich. Damit Sie sich als dienst- und werkleistende/r Designer/in hier hineindenken können, müssen Sie sich mit Ihrem Auftraggeber intensiv auseinandersetzen.

Je mehr Informationswissen Sie über Ihren Auftraggeber haben und je mehr Erfahrungswissen Sie sich mit ihm erarbeiten – ergänzt durch Ihre Interpretationskompetenz (basierend auf Ihren im Kapitel *4.1* definierten Fähigkeiten und Kompetenzen) –, desto größer ist die Wahrscheinlichkeit, nicht nur ein tiefes Verständnis für Ihren Auftraggeber zu entwickeln, sondern seine Möglichkeiten und Ressourcen auch noch besser auszuschöpfen und damit den Nutzen Ihrer beratenden und planenden Leistungen zu maximieren. Diese Nutzensteigerung bildet dann die Grundlage für Ihre Verhandlungsstrategie, die nur ein Ziel hat: Sie als Designer/in müssen für sich einen höheren Anteil an der Wertschöpfungskette Ihres Auftraggebers durchsetzen.

Für Kunden – also Abnehmer von fertigen Artefakten beziehungsweise Produkten – spielt der Prozessnutzen übrigens keine wesentliche Rolle. Kunden orientieren sich ausschließlich an fassbaren Artefakten und haben in der Regel weder Einblick noch Interesse an den zugrunde liegenden Entwicklungsprozessen. Für sie ist der Gebrauchsnutzen (*11.5*) interessant.

11.3 Ertragsnutzen

Ertragsnutzen spielt immer dann eine Rolle, wenn Sie als Industrie-/Produktdesigner/in für einen Auftraggeber ein Produkt (welcher Art und für welche Branche auch immer) entwerfen und gestalten. Wenn Ihr Auftraggeber Ihren fertigen Entwurf verwendet, also nutzt, und das daraus resultierende Produkt produziert und vertreibt, generiert er damit Verkaufserlöse und Erträge. Weil die Qualität

Ihrer Gestaltungsleistung in einem Gestaltungswettbewerb (wie im Kapitel *1.1 Globaler Wettbewerb* erläutert) eine wesentliche Rolle spielt, beeinflusst das natürlich auch unmittelbar die Höhe der Erlöse / Erträge.

Die Chance zur Ertragsmaximierung ist deshalb weitaus höher, wenn die Gestaltungsqualität hoch ist, die durch Ihre Leistung als Designer/in erzielt wurde. Bei überragender Gestaltungsqualität kann das sogar einen deutlich größeren Anteil am Erfolg ausmachen als der eigentliche Gebrauchsnutzen des Artefaktes.

Ein sehr typisches Beispiel aus der Praxis ist das *iPhone* von *Apple*. Nachdem was von Fachleuten dazu gesagt wird, soll der Material- und Arbeitswert dieses Smartphones im Vergleich zu Konkurrenzprodukten nicht höher und der Gebrauchsnutzen relativ ähnlich sein. Trotzdem ist es *Apple* offensichtlich möglich, das *iPhone* deutlich teurer zu verkaufen und damit auch höhere Erträge zu erwirtschaften als vergleichbare Wettbewerber. Daran hat die hohe Gestaltungsqualität einen nicht unerheblichen Anteil, und der wird in diesem Fall auch noch zusätzlich unterstützt durch einen hohen Kommunikationsnutzen (dazu gleich mehr unter *11.4*).

Ein anderes Beispiel dafür ist die Automobilbranche. Weil ihre Modelle und Marken technisch gesehen oft identisch sind, ist die Gestaltungsqualität hier für den Ertragsnutzen meistens der ausschlaggebende Faktor. In der Modebranche schließlich überragt die Gestaltungsqualität alles andere, und das auch noch im schnellen Saisonwechsel – und bei beiden Beispielen spielt der Kommunikationsnutzen eine mittragende Rolle.

Der Ertragsnutzen lässt sich betriebswirtschaftlich eindeutig durch die erzielten Umsätze und dem gegebenenfalls hohen Anteil der Gestaltungsqualität in der Wertschöpfung quantifizieren. Wie beim Prozessnutzen hängt das jedoch immer vom Geschäftsmodell Ihres Auftraggebers ab und unterscheidet sich entsprechend nach dessen individueller Ausrichtung, interner Struktur und professioneller Strategie. Daher müssen Sie sich als dienst- und werkleistende/r Designer/in auch intensiv mit Ihrem Auftraggeber auseinandersetzen.

Wie unter *11.2 Prozessnutzen* beschrieben, gilt auch hier: Mit Ihrem durch Informationen und von Erfahrungen geprägten Wissen, das Sie sich gemeinsam mit Ihrem Auftraggeber über ihn und sein Unternehmen erarbeitet haben – ergänzt durch Ihre Interpretationskompetenz (basierend auf Ihren im Kapitel *4.1* definierten Fähigkeiten und Kompetenzen) – wächst die Wahrscheinlichkeit, nicht nur ein tiefes Verständnis für Ihren Auftraggeber zu entwickeln, sondern auch seine Möglichkeiten und Ressourcen noch besser auszuschöpfen zu können und damit den Nutzen Ihrer entworfenen und gestalteten Leistungen zu maximieren. Dieser Vertrauensvorschuss bildet dann die Grundlage Ihrer Verhandlungsstrategie – mit dem klaren Ziel, einen entsprechend höheren Anteil von der Wertschöpfungskette Ihres Auftraggebers für Sie als Designer/in durchzusetzen.

Für Kunden – also die Abnehmer von fertigen Artefakten / Produkten – spielt der Ertragsnutzen des Anbieters / Herstellers keine Rolle. Kunden orientieren sich am Gebrauchsnutzen (*11.5*), der sowohl durch die Gestaltungsqualität als auch durch das Image beeinflusst wird.

11.4 Kommunikationsnutzen

Kommunikationsnutzen ist dann relevant, wenn Sie als Kommunikationsdesigner/in für einen Auftraggeber ein Kommunikationsmedium entwerfen und gestalten. Wenn Ihr Auftraggeber Ihren fertigen Entwurf für die von ihm vorgesehenen Medien einsetzt, also nutzt, generiert er damit Kommunikationsnutzen. Hier spielt die Qualität Ihrer Gestaltungsleistung im Identitätswettbewerb, (wie im Kapitel *1.3 Identitätswettbewerb* erläutert), eine herausragende Rolle, denn sie beeinflusst die Aufmerksamkeit der vom Auftraggeber angesprochenen Zielgruppe. Wenn die Gestaltungsqualität des Kommunikationsmediums, die durch Ihre Leistung als Designer / in erzielt wird, hoch ist, dann wird es nicht nur häufiger und intensiver wahrgenommen – es wirkt sich auch auf das Image Ihres Auftraggebers aus. Und wenn das Image dadurch positiv beeinflusst wird, steigt auch der (Marken-)Wert Ihres Auftraggebers.

Das bereits (unter *11.3*) erwähnte Praxisbeispiel von *Apple* macht deutlich, dass die Gestaltungsqualität nicht nur beim Produkt (etwa dem *iPhone*) wichtig ist, sondern auch bei der Kommunikation und dem davon beeinflussten Marken-Wert des Unternehmens. Der im Wettbewerbsvergleich deutlich höhere Ertragsnutzen wird durch den Kommunikationsnutzen zusätzlich gesteigert. Gleiches gilt für die ebenfalls erwähnte Automobilbranche und vor allem für die Modebranche.

Darüber hinaus ist der Kommunikationsnutzen in allen Dienstleistungsbranchen ein entscheidender Faktor. Denn hier werden keine Artefakte produziert und vertrieben, und der Gebrauchsnutzen einer Dienstleistung ist deshalb ausschließlich am Leistungsprozess und Leistungsergebnis festzumachen. Beide – Prozess und Ergebnis – müssen kommunikativ begleitet und unterstützt werden.

Der Kommunikationsnutzen lässt sich betriebswirtschaftlich eindeutig durch die quantitative Wahrnehmung und Reaktion auf die eingesetzten Kommunikationsmedien feststellen. Aber auch hier ist der Nutzen wiederum abhängig vom Geschäftsmodell oder der institutionellen Funktion Ihres Auftraggebers, die – je nach individueller Ausrichtung, interner Struktur und professioneller Strategie – sehr unterschiedlich sein können. Deshalb ist die intensive Auseinandersetzung mit Ihrem Auftraggeber für Sie als dienst- und werkleistende/r Designer/in unabdingbar, wenn ein alle Seiten zufriedenstellendes Ergebnis erzielt werden soll.

Wie unter *11.2 Prozessnutzen* und *11.3 Ertragsnutzen* beschrieben, gilt auch hier: Mit Ihrem gemeinsam erarbeiteten Informations- und Erfahrungswissen über Ihren Auftraggeber – ergänzt durch Ihre Interpretationskompetenz (basierend auf Ihren im Kapitel *4.1* definierten Fähigkeiten und Kompetenzen) – ist es wahrscheinlicher, dass Sie nicht nur ein tiefes Verständnis für Ihren Auftraggeber entwickeln, sondern seine Möglichkeiten und Ressourcen im besten Fall optimal auszuschöpfen und damit den Nutzen Ihrer Kommunikationsleistungen maximieren. Für Ihre Verhandlungsstrategie ist dies dann die Grundlage, um einen entsprechend höheren Anteil an der Wertsschöpfungskette Ihres Auftraggebers für sich durchzusetzen.

Für Kunden – also die Konsumenten der Kommunikationsmedien – spielt der Kommunikationsnutzen des Anbieters keine Rolle. Als Adressaten der Kommunikation reagieren sie vielmehr darauf (oder nicht) und lassen sich (wenn) entsprechend beeinflussen – bewerten also im besten Fall das Image der beworbenen Leistung positiv. Interessant ist für sie – wie wiederholt erwähnt – der Gebrauchsnutzen; davon jetzt mehr unter *11.5*.

11.5 Gebrauchsnutzen

Wenn Sie als Designer/in ein Artefakt (Produkt / Medium) nur für den eigenen internen Bedarf Ihres Auftraggebers beziehungsweise für die persönliche Verwendung Ihres Kunden entwerfen und gestalten, dann ist der Gebrauchsnutzen relevant.

Im Unterschied zum Prozess-, Ertrags- und Kommunikationsnutzen ist hier die Prozessoptimierung und das Generieren von Umsätzen und der Kommunikationsresponse irrelevant. Anstelle dessen steht hier nur der Gebrauch im Vordergrund. Das können in der Praxis zum Beispiel Teile oder die komplette Einrichtung für ein Büros sein, das vom Inhaber / Manager selbst oder von den Mitarbeitern genutzt wird, um die Arbeitsatmosphäre und damit auch die Motivation zu fördern. Das kann auch ein Medium sein, wie zum Beispiel eine Festbroschüre für die interne Verwendung oder eine App beziehungsweise ein Intranet zur ausschließlich internen Kommunikation. Selbstverständlich gilt das für alle Produkte und Medien, die als Unikate für den rein privaten oder betriebsinternen

Gebrauch genutzt werden. Typisch hierfür sind zum Beispiel Fahrzeuge in Sonderanfertigung (getunte Autos et cetera), Möbel in Einzelanfertigung, Individual-Schmuck, Maßkleidung (Haute Couture et cetera), Familien-/Unternehmens-Chroniken in Buchform und Familien-/Unternehmens-Porträts.

Allen Beispielen ist gemeinsam, dass sie in Losgröße Eins entworfen und gestaltet werden. Sie sollen keine Prozesse optimieren, Erträge erwirtschaften oder der externen Kommunikation dienen.

Das schließt allerdings nicht aus, dass sich der Gebrauchsnutzen wirtschaftlich definieren lässt. Denn je größer das Bedürfnis nach individueller Ausprägung ist (statt Standardprodukte/-medien zu verwenden), desto wahrscheinlicher ist die Bereitschaft vorhanden, dafür auch einen angemessenen Preis beziehungsweise ein angemessenes Honorar zu zahlen. Erinnern Sie sich an das unter *11.1* beschriebene Verhältnis zwischen Gebrauchswert und Tauschwert.

Nur der Vollständigkeit halber und zum Zwecke der begrifflichen Abgrenzung sei hier noch erwähnt, dass der Gebrauchsnutzen natürlich bei allen Produkten und Medien, gleich welcher Art (Investitionsgüter und ebenso Konsumgüter) für den eigentlichen Verwender eine wichtige Rolle spielt. So gesehen, ist es Ihr tägliches Geschäft als Designer/in bei allen Ihren Entwürfen und Gestaltungen den Gebrauchsnutzen des Verwenders wesentlich miteinzubeziehen.

Kapitel 11.0 zusammengefasst

Der Wert Ihrer Leistungen liegt für Ihren Auftraggeber / Kunden nicht in Ihrem gedanklichen, handwerklichen und zeitlichen Aufwand. Der Wert Ihrer Leistungen bemisst sich allein an dem für ihn selbst relevanten Nutzen, den er aus Ihren Leistungen ziehen kann.

Der Nutzen aus Prozessen ist für Auftraggeber immer und ausnahmslos eine relevante Bewertungsgrundlage, da Entwicklungsprozesse die wesentliche und unverzichtbare Grundlage für die Schaffung von weiteren Nutzenarten sind.

Ertragsnutzen spielt immer dann eine Rolle, wenn Sie als Industrie-/Produktdesigner/in für einen Auftraggeber ein Produkt (welcher Art und für welche Branche auch immer) entwerfen und gestalten.

Kommunikationsnutzen ist dann relevant, wenn Sie als Kommunikationsdesigner/in für einen Auftraggeber ein Kommunikationsmedium entwerfen und gestalten.

Wenn Sie als Designer/in ein Artefakt (Produkt / Medium) nur für den eigenen internen Bedarf Ihres Auftraggebers beziehungsweise für die persönliche Verwendung Ihres Kunden entwerfen und gestalten, dann ist der Gebrauchsnutzen relevant.

Teil II
Leistungs-
und Nutzenwerte

12.0 Preismanagement (Pricing)

In diesem Kapitel gehen wir auf die heute üblichen Methoden der Preisstrategien von Managern ein:
Was kennzeichnet ein Preismanagement für Produkte?
Wie unterscheidet sich das Preismanagement für Dienstleistungen?
Welche Bedeutung hat das Behavioral Pricing?

Für Sie als Designer/in klingt der Begriff »Preis« (für Ihre Dienst-/ Werkleistung) vermutlich etwas befremdlich – Sie sprechen gewöhnlich eher von »Honorar« oder »Vergütung«. Das hängt zusammen mit der bevorzugten Bezeichnung »Auftraggeber« statt »Kunde«. Doch um ein besseres Verständnis für die Sicht eines Auftraggebers / Kunden zu entwickeln, ist ein Exkurs zum – mittlerweile allgemein Standard gewordenen – Preismanagement (auch als Pricing bezeichnet) unumgänglich.

12.1 Preismanagement für Produkte

Der in der Betriebswirtschaftslehre als »Pricing-Professor« bekannte deutsche *Hermann Simon* (nicht zu verwechseln mit dem US-amerikanischen Sozialwissenschaftler und Nobelpreisträger *Herbert Alexander Simon* (1916–2001), auf den wir uns in dem Buch *Designzukunft denken und gestalten* wiederholt beziehen) hat mit seinem Standardwerk *Preismanagement* (1982) – gemeinsam mit *Martin Fassnacht* – einen wichtigen Grundstein für Analysen, Strategien, Entscheidungen und Umsetzungen von Preisen für Dienstleistungen und Waren geschaffen. Seinem als Lehrbuch konzipierten Werk hat er den Erfahrungsbericht aus seiner Beratungstätigkeit *Preisheiten – Alles was Sie über Preise wissen müssen* (2013) hinzugefügt und damit – über den theoretischen Inhalt hinaus – auch ein praxisbezogenes Buch geschrieben. Auf beide werden wir uns hier beziehen und daraus zitieren.

Auf die Frage, was der wichtigste Aspekt im Preismanagement sei, antwortet *Hermann Simon* (1916–2001): »der Wert« oder auch »der Kundennutzen«. Nur der vom Kunden subjektiv wahrgenommenen Nutzen / Wert ist relevant. »Alle anderen Werttheorien (etwa die Arbeitswerttheorie von *Karl Marx*, nach der sich der Wert eines Produktes an der dafür aufgebrachten Arbeit bemisst) kann man vergessen.« Daraus ergeben sich nach seiner Auffassung drei wichtige Aufgaben:

> Wert schaffen – durch Innovationen, Material, Qualität, Design et cetera

> Wert kommunizieren – Aussagen zur Marke, zur Positionierung und zum Produkt (ebenso Verpackung, Darbietung, Platzierung et cetera)
> Wert erhalten – in der Nachkaufphase (bei Luxus- und dauerhaften Konsumgütern)

Wobei einen Wert zu schaffen allein auch nicht ausreicht, weil dieser ebenso kommuniziert werden muss, damit der Kunde ihn wahrnehmen kann und seine Preisbereitschaft geweckt wird.

Selbst immaterielle Faktoren wie Design, Marke und Service können in Geldeinheiten gemessen werden – durch moderne Methoden wie »Conjoint Measurement« (indirekte Kundenbefragung mit simultaner Erhebung zu Nutzen und Preis anhand unterschiedlicher Wahlmöglichkeiten).

Target Pricing

In seinem Lehrbuch beschreibt *Hermann Simon*, dass sich der Fokus moderner Produkt-Preisgestaltung seit den 1980er-Jahren immer mehr an einem ganzheitlichen Denken orientiert hat. Die Frage: »Was wird ein Produkt kosten?« wurde abgelöst von der der Frage: »Was darf ein Produkt kosten?« Beim zielgerichteten Preismanagement steht die Zahlungsbereitschaft des Kunden am Beginn ihrer Entwicklung. Hier wird die Produkt- und Preisgestaltung konsequent aus der Perspektive des potenziellen Kunden entwickelt. Diese Strategie trägt dem Gedanken Rechnung, dass »Kunden nicht an technischen Produktkomponenten interessiert sind, sondern an Eigenschaften, die Nutzen stiften«. Entwicklungsprozesse starten mit einer Preisvorstellung und das Produkt / die Dienstleistung wird auf den Zielpreis hin konstruiert. Am Anfang steht also die Marktforschung, mit deren Hilfe Informationen über aktuelle und differenzierte Kundenbedürfnisse gewonnen werden.

Preiskriege

In einem Kapitel zu Krisen geht *Hermann Simon* unter anderem auch auf Preiskriege ein. Seinem Hinweis auf tobende Preiskriege in vielen Branchen überall in der Welt sowie einer kurzen Beschreibung von Auslösern und Branchen mit größter Häufigkeit folgt eine interessante Schlussbemerkung: »Es gibt intelligente und dumme Branchen. Sie unterscheiden sich darin, dass intelligente Branchen Preiskriege vermeiden, dumme sich hingegen in solche verwickeln. Das Problem: Es genügt ein dummer Wettbewerber, um eine ganze Branche in die dumme Kategorie zu treiben. Deshalb ist es besser, intelligente als dumme Wettbewerber zu haben.« Wenn er sich mit der Designbranche beschäftigt hätte – und das hat er unseres Wissens nach bisher noch nicht getan – und das Verhalten im Award-

Business, dem Crowdworking und bei Pitchs (wie in den Kapiteln *9.0* und *10.0* beschrieben) analysiert hätte, dann wäre er möglicherweise zu dem ernüchternden Schluss gekommen, dass intelligente Wettbewerber in der Designwirtschaft nicht die Regel sind.

12.2 Preismanagement für Dienstleistungen

Es ist charakteristisch für Dienstleistungen, dass hier oft nicht vom Preis gesprochen wird, sondern Begriffe wie Honorar, Provision oder Tarif üblich sind. Für Dienstleistungen wird man häufig nach speziellen Regeln vergütet: aufgewendeter Zeit, in Prozent des Wertes eines anderen Gutes oder festgelegten Gebühren.

Da Kunden bei Dienstleistungen in der Regel ihren Nutzen nicht nur aus dem tatsächlich erhaltenen Ergebnis ziehen, sondern auch aus dem Prozess, sollte zwischen dem Potenzial (Anbieterressourcen), dem Erstellungsprozess (aktive Kundenintegration) und dem Ergebnis (gedanklich / sichtlich / dinglich) einer Leistung unterschieden werden.

Individualisieren

Bei personalintensiven und individualisierten Dienstleistungen sollten »Preise« stärker individualisiert werden (als eine Systematik) – empfiehlt *Hermann Simon*. Der Leistungsanbieter kann die Zahlungsbereitschaft des einzelnen »Kunden« abschätzen und seine (Preis)Forderung dementsprechend stellen. Das nichtgreifbare Dienstleistungsangebot und die Tatsache, dass dieses im Moment des Kaufes (der Beauftragung) noch nicht verfügbar ist, erschwert dem »Kunden« die Beurteilung allerdings. Bei Erfahrungsgütern (Werkleistung) lässt sich das Ergebnis im Nachhinein beurteilen. Bei Vertrauensgütern (Beratungsprojekten) hingegen ist eine Beurteilung selbst danach nur eingeschränkt möglich.

Qualitätsindikator

Oft ist das Kompetenzgefälle zwischen Kunde und Dienstleister so groß, dass sich Dienstleistungen sogar im Nachhinein durch den Kunden nicht fundiert beurteilen lassen. Deshalb kann er auch oft die Angemessenheit eines Preis-Leistungs-Verhältnisses nicht abschätzen. Weil aber Beratungen häufig Erfahrungs- und Vertrauensgüter sind, hat gerade hier der Preis eine herausragende Bedeutung als Qualitätsindikator. Kunden nehmen in der Regel einen positiven Zusammenhang zwischen Preis und Qualität wahr und werten einen hohen Preis als Zeichen guter Qualität. Das ist durchaus nachvollziehbar, weil Suchkosten entstehen, wenn der Kunde die Qualität des Anbieters vorher versucht einzuschätzen. Die Orientierung am Preis kann für den Kunden deshalb eine einfache und kostengünstige Entscheidungsregel sein.

Die unter *12.1* erwähnte Methode »Conjoint Measurement« ist für personalintensive Dienstleistungen weniger geeignet, da sich ein äußeres Erscheinungsbild und ein freundliches Verhalten schwer beschreiben oder gar generalisieren lassen. Diese »weichen« Nutzenbestandteile können sehr nutzenstiftend sein, lassen sich jedoch nur schwer präzise darstellen und quantifizieren.

Vertrauenseigenschaften

Wenn Dienstleistungen wenig Such-/Erfahrungseigenschaften und mehr Vertrauenseigenschaften umfassen, dann kann eine preisunelastische Nachfrage im Wettbewerb eher erwartet werden. Personenbezogene Dienstleistungen mit starker Interaktion und großer Heterogenität – wie Beratung – sind dafür beispielhaft. Hier werden Kunden (Auftraggeber) auf Preisänderungen nicht gleich mit einem Anbieterwechsel reagieren.

Gegebenenfalls ist aber auch hier die Frage »make-or-buy« für den potenziellen »Kunden« relevant. Entweder er kauft die Dienstleistungen ein oder er erstellt sie in Eigenleistung und ist damit quasi ein potenzieller Wettbewerber des Dienstleistungsanbieters. Ob eine Leistung gekauft oder selbst erbracht wird, hängt ab: vom Preis, von der Kaufkraft des potenziellen »Kunden«, von persönlichen Präferenzen und den Opportunitätskosten aus seinem Zeitaufwand. Außer den konkurrierenden Dienstleistungsanbietern müssen daher in jeder Wettbewerbsanalyse auch die Kosten der Eigenproduktion beim Kunden berücksichtigt werden.

12.3 Behavioral Pricing

Die Verhaltensökonomie stellt der Annahme der klassischen Ökonomie – dass Anbieter und Nachfrage sich rational verhalten – die des irrationalen Verhaltens gegenüber. Wir wollen hier nur einige Aspekte erörtern, vor allem aber diejenigen, die psychologische Relevanz von Preisentscheidungen deutlich werden lassen und diejenigen, die für Dienst- und Werkleistungen im Designbereich interessant sind.

Prestigeeffekt

Die klassische Preistheorie geht davon aus, dass der »Kunde« die Qualität eines »Produkts« unabhängig vom Preis beurteilt. Allerdings gibt es hier scheinbar irrationale Ausnahmen, weil Preise »Status und Sozialprestige« signalisieren und damit einen psychosozialen Nutzen darstellen. Der »Preis« wird zum Qualitäts- und Exklusivitätsmerkmal von Luxusgütern. Dieser Effekt spielt zum Beispiel bei Marken in der Automobilbranche (*Ferrari*, *Porsche*) oder in der Modebranche (*Louis-Vuitton*, *Dolce Gabbana*) eine Rolle. Aber auch Persönlichkeiten im Design (*Coco Chanel*, *Karl Lagerfeld*, *Philippe Starck*) und in der Architektur (*Frank O. Gehry*, *Norman Foster*) erlangen manchmal einen solchen Premiumstatus.

Vergleichbar mit dem Prestigeeffekt wird oft auch der »Preis« als Qualitätsindikator gewertet. Ein niedriger »Preis« etwa erzeugt Misstrauen, nach dem Motto »Was nichts kostet, ist auch nichts wert«. Daraus resultiert der kühne Umkehrschluss »Was einen hohen Preis hat, muss eine hohe Qualität haben«. Das erscheint durchaus plausibel, weil hohe Preise mit größerer Wahrscheinlichkeit bessere Qualität garantieren, weil sich Produkte unmittelbar und objektiv anhand des »Preises« vergleichen lassen und weil der Preis ein vom »Verkäufer« übermitteltes Signal hoher Glaubwürdigkeit ist. Vor allem wird die vom »Preis« abhängige Beurteilung der Qualität bei »Produkten« angewandt, zu denen Erfahrungen fehlen, die eher selten gekauft werden oder bei denen der »Käufer« in Bezug auf das »Produkt« unsicher ist. Übertragen auf den Bereich der Dienst-/Werk-Leistungen im Design werden Niedrighonorare also eher mit geringer Leistungsqualität in Verbindung gebracht. Das steht übrigens nicht im Widerspruch zum ausbeutenden Crowdworking (wie im Kapitel *10.0* analysiert).

Qualitätsindikator

Der Ankerpreiseffekt ist besonders interessant. Wenn ein »Käufer« die Qualität eines »Produktes« nicht beurteilen kann und auch nichts über den »Preis« weiß, wird er sich wahrscheinlich umfassend informieren und Bewertungen anderer hinzuziehen. Bei größeren »Käufen« ist ein solcher Aufwand sicher angemessen. Was aber macht man bei kleineren »Käufen«, bei denen dieser Aufwand nicht lohnt? Hier sucht man nach Anhaltspunkten, sogenannten Ankern. Ein solcher Anker kann zum Beispiel ein vom Anbieter bewusst überhöhter »Preis« sein, der die Einschätzung eines Wertes beeinflusst.

Ankerpreiseffekt

Auch wie ein »Preis« im Vergleich zu anderen »Preisen« liegt, kann das Kauf-Verhalten stark beeinflussen. Entscheidend ist hier die sogenannte »Magie der Mitte«, die besondere Anziehungskraft entwickelt: Werden mehrere ähnliche »Produkte« einer Kategorie mit niedrigen bis hohen »Preisen« angeboten, wird oft ein – scheinbar sicheres – Angebot in mittlerer Preislage gewählt (da »sehr billig« keine Qualität verspricht und »sehr teuer« unangemessen wirkt).

Bezogen auf Dienst-/Werk-Leistungen im Design kann demnach ein bewusst hoch angesetztes Honorar die Einschätzung des Wertes beeinflussen. Umgekehrt gilt das auch für ein sehr niedriges Honorar, das leider in der Designwirtschaft dominiert (wie im Kapitel *7.0 Wettbewerber bewerten und konkurrieren* ausgeführt).

Die Prospekttheorie ist eine Theorie der Entscheidungsfindung, die von *Daniel Kahneman*, einem israelischen Kognitionspsychologen und Wirtschafts-Nobelpreisträger (in 2002), und seinem bei der Preisvergabe bereits verstorbenen Kollegen *Amos Tversky* (1937–1996)

Prospekttheorie

entwickelt wurde. Ausführlich beschrieben hat er die Prospekttheorie und den (gerade angesprochenen) Ankerpreiseffekt – sowie eine aktuelle Zusammenfassung der Erkenntnisse aus der Verhaltensökonomie – in seinem Buch *Thinking, fast and slow* (2011) (deutsch: *Schnelles Denken, Langsames Denken* (2012)). Die Prospekttheorie unterscheidet zwischen einem positiven »Gewinnnutzen« (auch als »Grenznutzen« bekannt) und einem negativen »Verlustnutzen« (auch als »Grenzschaden« bezeichnet). Sie besagt, dass der positive Nutzen eines »Produkts« mit jeder zusätzlich konsumierten Einheit abnimmt und der negative Nutzen von Verlusten im Absolutbetrag größer ist als der entsprechend positive Nutzen von Gewinnen.

Das Wissen um diesen Zusammenhang ist auch für das Pricing relevant, weil die Zahlung eines »Preises« einen »Verlustnutzen« erzeugt, wohingegen aus dem Erwerb und Gebrauch eines »Produktes« ein »Gewinnnutzen« resultiert. Der »Verlustnutzen« eines Gutes, das man besitzt, ist wesentlich höher als der Gewinnnutzen eines Gutes, das man erst kaufen muss – man gibt eben ungern etwas her.

Auf den Bereich der Dienst-/Werk-Leistungen im Design übertragen bedeutet das: Wenn Sie als Designer/in viele Entwürfe vorlegen, dann nimmt der Wert jedes einzelnen Entwurfs ab und es werden damit alle Entwürfe entwertet. Auch Lizenzzahlungen, die Auftraggeber über einen längeren Zeitraum an Designer entrichten, erzeugen ein mit der Zeit zunehmendes Verlustempfinden.

Mental Accounting

Nach der Theorie der mentalen Buchführung bewahren wir unser Geld auf verschiedenen (physischen oder »mentalen«) Konten auf und haben klare Vorstellungen, wann wir welche Konten in Anspruch zu nehmen, um Bedürfnisse zu befriedigen – wann wir unser Geld also mehr oder weniger leicht ausgeben. Entsprechend der »Prospekttheorie« hat jedes Konto damit einen anderen »Verlustnutzen«. Je nach individueller Priorität können wir bei gering geschätzten »Produkten« sehr kleinlich sein und bei hochgeschätzten (begehrten) sehr großzügig.

Ein falsches »Mental Accounting« kann zu absurden Wirkungen führen, wenn nicht zwischen versunkenen und damit nicht-entscheidungsrelevanten Kosten und entscheidungsrelevanten Kosten unterschieden wird. Wenn wir zum Beispiel ein »Produkt« verlieren und uns gezwungen sehen, es erneut zu kaufen, dann tun wir uns schwer damit, weil sich der Preis des »Produktes« dadurch quasi verdoppelt – wir verbuchen nämlich den Preis für das verlorene und das neu zu kaufende »Produkt« auf das gleiche Konto. Wenn wir aber das Geld (in Form eines Scheines / Stückes) verlieren – verbuchen wir den Verlust auf unser Bargeldkonto und der Preis für das (verlorene) Produkt bleibt unverändert. Gewinne und Verluste werden also auf verschiedenen Konten verbucht und die Verlustaversion ist besonders stark ausgeprägt.

Aus der Sicht eines Produkt-/Dienstleistungsanbieters ist es wichtig zu wissen, auf welchem Konto der Nachfrager seine Angebote verbucht. Landet man auf einem Konto, bei dem nur niedrige »Preise« zählen, hat man preislich kaum Spielraum. Da hilft es nur, Möglichkeiten zu finden, das Konto, in das man eingeordnet wird, zu beeinflussen – beispielsweise ein neues »mentales« Konto mit preislich größerem Spielraum aufzumachen.

Übertragen auf den Bereich der Dienst-/Werk-Leistungen im Design kann das heißen: Wenn Gestaltungsleistungen für Artefakte (Produkte, Medien et cetera) in Ihrem Leistungsumfeld generell gering geschätzt werden – etablieren Sie als Designer/in Ihr Leistungsangebot durch Beratungs- und Planungsleistungen für Mente- und Soziofakte als eigenständige Kategorie.

Neuro-Pricing

Diese noch relativ neue Forschungsrichtung baut auf dem »Behavioral Pricing« auf, indem zusätzlich körperliche Reaktionen auf »Preisstimuli« gemessen werden. Allerdings ist der Begriff »Neuro-Pricing« falsch, da »Pricing« die Tätigkeit des »Be-Preisens« eines »Produkts« bezeichnet. »Neuro-Pricing« dagegen ist ein Teil der Verhaltensforschung beziehungsweise der Marktforschung und kann demnach eine wertvolle Ergänzung zu den klassischen Methoden liefern. Die Forschungsmethode ist jedoch – wegen der unbewussten Beeinflussung der Probanden – ethisch bedenklich und darüber hinaus problematisch in Bezug auf die Validität ihrer Ergebnisse. Bisher sind auch nur relativ wenige Ergebnisse bekannt, aus denen sich brauchbare Empfehlungen ableiten lassen. Prognosen zum Nutzen für Marketing und Pricing sind daher sehr fraglich.

Problematisch sind daher auch die »Neuro«-Methoden, die sich in den letzten Jahren immer mehr verbreitet haben, gleichermaßen auch Buzzwords wie »Neuro-Marketing« und »Neuro-Design«. Da alles abgeleitet ist aus Erkenntnissen der Verhaltens- und Wahrnehmungsforschung (als Teile der Psychologie und Soziologie), ist nichts davon wirklich neu. Es scheint sich hier eher um den Versuch zu handeln, vom aktuellen Prestige der Neuro-Wissenschaften zu profitieren, die unter Neurologen (Hirnforschern) aber zunehmend kritisch als Mythologie gewertet werden. Sehr erhellend dazu ist das Buch des deutschen Forschers *Felix Hasler: Neuromythologie – Eine Streitschrift gegen die Deutungsmacht der Hirnforschung* (2012).

Kapitel 12.0 zusammengefasst

Beim zielgerichteten Preismanagement steht die Zahlungsbereitschaft des Kunden am Beginn ihrer Entwicklung. Hier wird die Produkt- und Preisgestaltung konsequent aus der Perspektive des potenziellen Kunden entwickelt.

Da Kunden bei Dienstleistungen in der Regel ihren Nutzen nicht nur aus dem tatsächlich erhaltenen Ergebnis ziehen, sondern auch aus dem Prozess, sollte zwischen dem Potenzial (Anbieterressourcen), dem Erstellungsprozess (aktive Kundenintegration) und dem Ergebnis (gedanklich / sichtlich / dinglich) einer Leistung unterschieden werden.

Die Verhaltensökonomie stellt der Annahme der klassischen Ökonomie – dass Anbieter und Nachfrage sich rational verhalten – die des irrationalen Verhaltens gegenüber.

Teil II
Leistungs-
und Nutzenwerte

13.0 Akquisition von Angeboten und Verhandlung von Aufträgen

In diesem letzten Kapitel des zweiten Teils widmen wir uns der Akquisition:
Wie können Sie als Designer/in Ihre Suche nach potenziellen Auftraggebern /
Kunden gestalten und wie den Kontakt zu ihnen anbahnen?
Wie bereiten Sie sich und Ihren potenziellen Auftraggeber / Kunden
auf Bedarfsfälle vor?
Wie klären Sie die Voraussetzungen für Leistungsangebote?
Wie können Sie Angebote zur Erstellung von Angeboten durchsetzen?
Wie einfach bis komplex können und wollen Sie Ihre Angebotsstrategie ausrichten?
Wie gestalten Sie Ihre Verhandlungsstrategien zur Sicherung von Aufträgen?
Wie können Ihre Strategien zur nachhaltigen Wertschöpfung aussehen?
Und wie lassen sich Perspektiven zukünftiger Wertschöpfungsmöglichkeiten
im Voraus erkennen?
Die Fragen orientieren sich an den einzelnen Phasen einer professionellen
Akquisition – Sie können mit der Frage beginnen, die Sie als Designer/in
zurzeit beschäftigt.

In der dritten Auflage von *Designbusiness gründen und entwickeln* (2017) haben wir – im Kapitel *5.0 Akquisition durch Strategie und Intuition* (Kapitel *19.5–19.12* in der zweiten Auflage (2010)) – Akquisition als das wesentliche Instrument und zentrale Ziel für die Gründung und Entwicklung des Designbusiness, die Erschließung des Marktes und der Zielgruppe bereits ausführlich beschrieben. Von den Vorurteilen, über Wahrheiten, Identität und Engagement, Mut zur Akquisition, professionellem Auftritt, Beziehung zu Auftraggebern, Strategien und Maßnahmen bis zur Intuition sind alle wesentlichen Aspekte angesprochen worden.

13.1 Akquisition als Suche und Kontaktanbahnung

    Konzentrieren wollen wir uns an dieser Stelle deshalb auf die Bewertung Ihrer Person als Designer/in und Ihre Leistungen, auf die Bewertung Ihrer Mitbewerber und vor allem Ihrer Auftraggeber / Kunden und auf die relevanten Aspekte der Akquisition.

Bevor Sie als Designer/in Ihre potenziellen Auftraggeber / Kunden suchen, brauchen Sie eine Zielgruppen-Strategien, die zugeschnitten ist auf Ihre Person, Ihre Haltung und Ihre Arbeitsweise (wie im Kapitel *3.2 Positionierung* analysiert). Zweckmäßig ist es, dafür zunächst einen Katalog von notwendigen Voraussetzungen zu erstellen: Was müssen, sollen oder können Ihre potenziellen

Suchen und finden

Auftraggeber / Kunden erfüllen? Berücksichtigen Sie dabei unbedingt Ihre individuellen Muss-, Soll- und Kann-Kriterien.

Dazu zählt beispielsweise die Auswahl von bevorzugten Branchen, in denen Sie gerne tätig werden wollen oder bereits schon sind. Hilfreich kann es hier sein, zunächst die von Ihnen abgelehnten Branchen in einer Ausschlussliste zu erfassen. Welche das sind, hängt von Ihrer Haltung ab. Wenn Sie zum Beispiel die Produktion und den Verkauf von Waffen, welcher Art auch immer, aus pazifistischen Gründen ablehnen, dann käme die Waffenindustrie auf Ihre Ausschlussliste. Wenn Sie Fast-Food oder Fast-Fashion ablehnen, würden alle Marken / Unternehmen mit diesem Schwerpunkt ebenfalls ausgeschlossen. Wenn Sie populistische Institutionen oder Parteien ablehnen, würden auch diese dem Ausschluss zugeordnet.

Wichtig ist, dass Sie Ihre Kriterien selbst definieren und sich in aller erster Linie von Ihren Maßstäben leiten lassen. Zu den Muss-Kriterien zählen zweifellos immer die Bereitschaft und Fähigkeit Ihrer potenziellen Auftraggeber / Kunden, Sie für Ihre Leistungen angemessen zu honorieren / zu bezahlen. Ein Soll-Kriterium kann zum Beispiel die Bereitschaft sein, Sie frühestmöglich in Entwicklungsprozesse einzubeziehen. Und als ein Kann-Kriterium zählt vielleicht ein für Sie besonders attraktives Projekt oder Umfeld.

Erst wenn Sie Ihre Ideal-Auftraggeber/-Kunden definiert haben, macht es Sinn, sich auf die Suche zu begeben. Bei den heute verfügbaren Medien sind die Hürden für eine Recherche relativ niedrig. Und weil über das Internet ein nahezu unbegrenzter Zugriff auf Daten und Informationen möglich ist, können Sie hier zunächst bequem mittels geeigneter Devices suchen und analysieren.

Wenn sich die Ergebnisse Ihrer Suche immer mehr verdichten, ist es wichtig, die richtigen Ansprechpartner bei den ausgewählten potenziellen Auftraggebern / Kunden zu ermitteln. Denn nur eine persönliche Kontaktaufnahme ist Erfolg versprechend. Verschwenden Sie Ihre kostbare Zeit nicht mit allgemeinen und unpersönlichen Ansprachen – die laufen immer ins Leere. Konzentrieren Sie sich auf die persönlichen Interessen der infrage kommenden Personen. Wenn Sie hier Parallelen zu Ihren Interessen entdeckt haben, dann nehmen Sie Kontakt auf.

Kontakt aufnehmen

Lassen Sie sich als Designer/in bei der Auswahl geeigneter Mittel und Anlässe zur ersten Kontaktaufnahme von Ihren Fähigkeiten und Kompetenzen leiten. Im Gegensatz zu vielen sogenannten Ratgebern gibt es keine »goldene Regel« oder »einzigartige Idealstrategie« für Sie, interessante Personen (ideale Auftraggeber / Kunden) persönlich anzusprechen. Nur Ihre Authentizität und

Professionalität zählen. Ob Sie also ein Kommunikationsmedium (Website / Social Media / E-Mail / Brief / Telefon) nutzen oder die direkte persönliche Ansprache im Rahmen einer Veranstaltung (Seminar / Symposium / Kongress / Messe / Ausstellung), ist eine Frage Ihrer Prioritäten und Neigungen. Berücksichtigen Sie dabei aber die zu vermutenden Interessen und Neigungen der Person, die Sie persönlich erreichen wollen.

Wenn Sie eine Affinität zur Mobilität entwickelt haben und dieses Interesse auch über die äußere Form von Transportmitteln (wie zum Beispiel Automobile, Bahnen, Flugzeuge, Schiffe et cetera) hinausgeht, dann lohnt es sich für Sie, die Unternehmen anzusprechen, die sich mit grundlegenden Fragen zu diesem Thema auseinandersetzen. Überlegen Sie, wie Sie Ihre Kompetenzen in diesem Bereich schon bei der Kontaktaufnahme deutlich machen können (zum Beispiel mit der Skizze zu einer Mobilitäts-App).

Vielleicht sind Sie aber auch besonders an der Integration von digitaler Technik in Kleidung interessiert – dann kommen für Sie Unternehmen infrage, die sich damit beschäftigen. Zeigen Sie bereits mit Ihrer individuellen Ansprache anhand von Beispielen aus Ihren Referenzen und Ihrer (idealerweise prozesshaften) Vorgehensweise, dass Sie der / die richtige Gesprächspartner/in sind.

Falls Sie in Ihrer Haltung den Standpunkt vertreten, dass Umweltschutz oberste Priorität hat, Sie sich mit Fragen der Nachhaltigkeit intensiv beschäftigen, möglicherweise sogar eine Produkt-/ Kommunikations-Idee entwickelt haben, dann sollten Sie Kontakt zu einem umweltorientierten Unternehmen suchen. Selbstverständlich achten Sie bei der Kontaktaufnahme auf eine umweltschonende Form – reisen Sie zum Beispiel per Bahn statt mit dem Auto an (und falls das Auto doch praktischer ist, dann mit Elektroantrieb).

Wenn Sie sich intensiv mit der Entwicklung geeigneter Medien und Methoden für eine Unternehmensidentität beschäftigen, dann machen Sie deutlich, dass Sie in diesem Bereich nicht nur gestalterische Kompetenzen mitbringen, sondern auch genau zwischen Medien (Design) und Methoden (Kommunikation und Verhalten) unterscheiden können. Bei der Aufnahme eines Kontaktes müssen Sie die professionellen Mittel einer identitätsbasierten Markenentwicklung und -führung einsetzen, um zu überzeugen (wie in den Kapiteln *3.5 Corporate Identity (CI)* und *3.6 Personal Identity (PI)* beschrieben).

Nur die authentischen und persönlichen Kontaktaufnahmen können erfolgreich sein – da wo Sie sich von Ihren Interessen leiten lassen, vertrauend darauf, ähnlich Gesinnte zu finden und für einen Austausch zu gewinnen.

Und noch etwas ist dabei sehr wichtig: In Zeiten wie diesen, in denen wir mit unzähligen, scheinbar unlösbaren Problemen / unbeantwortbaren Fragen konfrontiert sind, kommt es nicht in erster Linie auf gute Antworten an, sondern vielmehr auf die richtigen Fragen. Suchen Sie deshalb den Kontakt zu Personen, die für Sie als Designer/in relevant sind. Um ins Gespräch zu kommen, brauchen Sie keine Antworten auf nicht gestellte Fragen, sondern offene Fragen zu Antworten, die Sie noch gemeinsam finden müssen. Wenn Sie auf diese Weise erfolgreich ins Gespräch kommen, dann müssen Sie sich auf die Pflege Ihres neuen Kontaktes konzentrieren.

Kontakte pflegen

»Kontakte finden ist nicht schwer, Kontakte pflegen dagegen umso mehr.« Diese Erkenntnis (in Anlehnung an eine bekannte Volksweisheit) ist wichtig, damit Sie sich der Bedeutung und ständigen Pflege von Kontakten bewusst sind. Zu glauben, dass eine erste Ansprache genügt, um ganz automatisch an Bedarfsfälle heranzukommen, ist illusionär. Denn Sie können die Zeitspanne zwischen Ihrer ersten Kontaktaufnahme und einem konkreten Bedarfsfall niemals im Vorhinein wissen – da kommt es vielmehr auf die gute Pflege der Beziehung zu einem Gesprächspartner an.

Ganz wichtig auch, dass Sie diese intensive Kontaktpflege nicht mit dem überwiegend oberflächlichen Kontakt über Social Media verwechseln. Die Erfahrung mit diesen Medien zeigt, dass Likes und allgemein unpersönliche Ansprachen völlig nutzlos sind. So lassen sich auf Dauer keine nachhaltigen Beziehungen aufbauen und pflegen. Es kommt darauf an, im Gespräch zu bleiben – im persönlichen Gespräch, geleitet vom gegenseitigen Interessenaustausch. Knüpfen Sie daran an, wo Sie begonnen haben und fahren Sie fort mit den richtigen Fragen auf der Suche nach gemeinsamen Antworten. Sind und bleiben Sie hier als Designer/in authentisch und neugierig. Lassen Sie sich davon leiten, sich mit der jeweiligen Beziehung weiterzuentwickeln und daran zu wachsen.

Entwicklung von Beziehungen

Um ein solches Entwickeln und Wachsen möglich zu machen, ist es hilfreich, sich die einzelnen Entwicklungsstufen einer Beziehung bewusst zu machen. Hierzu gibt es eine sinnfällige Analogie aus der Psychoanalyse von Paarbeziehungen. Der Schweizer Psychoanalytiker *Peter Schellenbaum* hat das in seinem Buch *Das Nein in der Liebe – Abgrenzung und Hingabe in der erotischen Beziehung* (1986/2009) sehr anschaulich herausgearbeitet. Sie fragen sich jetzt, was das mit unserem Thema zu tun hat? Sehr viel, weil wir alle solche Beziehungen kennen und sie daher sehr gut nachempfinden können. *Peter Schellenbaum* beschreibt drei Stufen einer Beziehungsentwicklung:

> Verschmelzung – findet bei authentischen und von Neugier geprägten Kontakten zu Beginn statt, wenn interessante Gemeinsamkeiten ein Gefühl von »sich nicht unterscheiden können« erzeugt. Da der damit verbundene Kraftzuwachs oder Kraftverlust nicht von Dauer sein kann, ist diese Phase zeitlich begrenzt.
> Projektion – entsteht dadurch, dass unbewusste Bedürfnisse in den Anderen projiziert werden und dieser damit verzerrt wahrgenommen wird. Da der Andere dem nicht entsprechen kann, kommt es zu unerfüllten Erwartungen und daraus resultierenden Enttäuschungen. Die meisten Beziehungen bleiben in dieser Phase stecken oder scheitern daran.
> Leitbildspiegelung – ist die vollständigste Form von Beziehungen. Der Andere wird zum Leitbild, das eigene, bisher unbekannte, Möglichkeiten spiegelt, an denen man sich weiterentwickeln kann. Sie ist die realistische Wahrnehmung – sowohl des Gesprächspartners, der bereits das lebt, was einem selbst noch fehlt als auch von einem selbst – eines bisher unbewussten Persönlichkeitsanteils. Auf Gegenseitigkeit beruhend, ist diese Phase für die gemeinsame Entwicklung sehr nützlich und erhöht die Chance auf eine dauerhaft fruchtbare Beziehung.

Wenn es Ihnen also gelingt, Ihren Kontakt auf dieser Entwicklungsstufe mit Ihrem Gesprächspartner zu pflegen, sind das sehr gute Voraussetzungen, um konkrete Bedarfsfälle, in denen Sie sich als Designer/in mit Ihren Dienst-/Werkleistungen einbringen können, vorzubereiten – also Angebot und Aufträge zu generieren. Das gilt natürlich auch für die Phasen, in denen Sie im Rahmen von Angeboten und Aufträgen mit Ihrem Auftraggeber / Kunden zusammenarbeiten.

13.2 Akquisition zur Vorbereitung von Bedarfsfällen

Das eigentliche Ziel der Akquisition sind konkrete Angebote, um Aufträge zu gewinnen. Voraussetzung dafür sind allerdings ebenso konkrete Bedarfsfälle für Dienst-/Werkleistungen. Die spannende Frage ist daher, wann und wo ein Bedarfsfall auftritt und wie man diesen frühzeitig erkennen kann. Diese Frage wird nur dann noch übertroffen, wenn es gelingt, Bedarfsfälle zu wecken – quasi als Kür der Akquisition.

Bedarfsfälle wecken

Diese – die Pflicht übertreffende – Form der Akquisition setzt eine Positionierung Ihrer Dienst-/Werkleistungen als Designer/in voraus, die auf die einzelnen Phasen eines Entwicklungsprozesses abgestimmt ist. Wie wir im Kapitel 4.5 *Leistungen in Entwicklungsprozessen* ausführlich beschrieben haben, beginnt ein solcher Prozess mit der Beratung, wird mit der Planung fortgesetzt und mit der Gestaltung abgeschlossen. Anders formuliert heißt das, dass Ihre Leistungen den Entwurf und die Gestaltung von Mentefakten, Soziofakten und Artefakten umfasst.

Nur diese vollständige Leistungsbandbreite macht es möglich, Bedarfsfälle zu wecken. Die im vorgenannten Kapitel ebenfalls erläuterten Prozessphasen einer Entwicklung beginnen immer mit einem / mehreren Problem/en beziehungsweise einer / mehreren Frage/n. In der Praxis ist es die Regel, dass dem potenziellen Auftraggeber / Kunden sein Problem / seine Frage selbst bewusst wird und er dann gegebenenfalls nach externer Hilfe beziehungsweise entsprechender Beratungs-Dienstleistung sucht. Nicht selten aber sind dem potenziellen Auftraggeber / Kunden seine Probleme / Fragen überhaupt nicht bewusst. Grund dafür ist, dass bei Unternehmen / Institutionen, die von Managern geführt werden, der Fokus auf der effizienten und effektiven Nutzung vorhandener Ressourcen liegt. Infolge dieser Ausrichtung wird oft der »Blick über den Tellerrand« nicht gewagt, mangels Zeit oder Kompetenz. Diese typisch einseitige Betonung der Verwaltung von Ressourcen verhindert es, sich an Idealzuständen zu orientieren.

Diese Einseitigkeit erhöht das Risiko von Opportunitätskosten – also entgangenen Erlösen, die dadurch entstehen, dass vorhandene Möglichkeiten zur Nutzung von Ressourcen nicht wahrgenommen werden. (Wir hatten das im Kapitel *4.6 Objektiver Leistungswert* unter *Regelfall Briefing* bereits eingehend analysiert.)

Genau hier, an diesem Punkt, können Sie als Designer/in mit Ihrer Fähigkeit und Kompetenz, sich an Idealzuständen zu orientieren, ansetzen. Nutzen Sie das ganz gezielt, um Ihren potenziellen Auftraggeber / Kunden auf mögliche Probleme oder Fragen aufmerksam zu machen, die außerhalb seiner bewussten Wahrnehmung liegen. Sie können damit nicht nur konkrete Bedarfsfälle für Ihre Dienst-/Werkleistungen schaffen, sondern gleichzeitig Ihre Chance erhöhen, dafür dann auch ein Angebot abzugeben und einen Auftrag zu gewinnen.

Bedarfsfälle bedienen

In der Regel ist dem potenziellen Auftraggeber / Kunden sein Problem / seine Frage selbst bewusst und er sucht dann, sofern Bedarf besteht, nach externer Hilfe beziehungsweise entsprechender Beratungs- und Planungs-Dienstleistung. An Sie als Designer/in und geeignete/n Berater/in denkt er allerdings nur dann, wenn Sie ihm als solche/r auch bekannt und bewusst sind. Das setzt voraus, dass Sie sich ihm gegenüber als beratende/r und planende/r Designer/in entsprechend professionell positioniert haben.

Überzeugen können Sie jetzt nur, wenn Sie dem immer noch weitverbreiteten Klischee, Designer – sogenannte »Kreative« – beschäftigten sich ausschließlich mit Artefakten, etwas entgegenzusetzen haben. Denn machen wir uns nichts vor – wie im Kapitel *4.6 Objektiver Leistungswert* beschrieben, lässt die allgemeine Wertschätzung von Designern zu wünschen übrig. Das äußert sich in der Regel dadurch, dass Designer nicht als beratungs- und planungskompetent angesehen werden und man sie deshalb erst am Ende eines Entwicklungsprozesses – für die Gestaltungs- und Produktionsphase – einbezieht.

Da zwischen den einzelnen Prozessphasen ein deutliches Honorargefälle besteht – Beratungsleistungen also wesentlich höher bewertet werden als Gestaltungsleistungen – ist es für Sie als Designer/in eine Herausforderung, sich diese höhere Bewertung / Honorierung zu sichern. Das wird Ihnen aber nur dann gelingen, wenn Sie sich auf Augenhöhe von Unternehmensberatern (für Innovation, Marketing, Strategie et cetera) positionieren (was für einzel- und kleinstunternehmende Designer sehr schwierig ist, wenn überhaupt möglich). Wie relevant das für Sie als Designer/in ist, können Sie an den über die letzen Jahre zunehmenden Aktivitäten klassischer Unternehmensberater (wie *McKinsey* & Co.) im Designbereich beobachten, aber auch am Erfolg des US-amerikanischen – weltweit tätigen – Unternehmens *IDEO*.

Wenn es Ihnen als Designer/in also gelingt, Ihren potenziellen Auftraggeber / Kunden so frühzeitig zu überzeugen und für sich zu gewinnen, dann kommt es darauf an, für Sie angemessene Voraussetzungen zu schaffen, um Ihr Leistungsangebot überhaupt zielgerichtet definieren zu können.

Wenn Sie als Designer/in nun einen Bedarfsfall geweckt haben, stellt sich die Frage nach den Voraussetzungen für Ihr Leistungsangebot. Um diese Frage professionell anzugehen, ist es wichtig, den Bedarfsfall möglichst präzise zu definieren und den dafür geplanten / möglichen Etat zu klären.

13.3 Voraussetzungen für Leistungsangebote klären

Diese scheinbar profanen Voraussetzungen sind in der Praxis alles andere als selbstverständlich. In der Regel werden Bedarfsfälle in Bezug auf designrelevante Dienst-/Werkleistungen von potenziellen Auftraggebern / Kunden eher vage beschrieben. Die absolute Mehrheit aller sogenannten Briefings ist unprofessionell. Der Grund dafür liegt darin, dass Briefings in den seltensten Fällen von Designern verfasst werden. Die Bandbreite dieser Briefings liegt zwischen »Machen Sie mal was!« und »Sie wissen schon!«. Aber auch die ausführlicheren und scheinbar professionellen Briefings beschreiben

Bedarfsfall Problem / Frage

oft nicht ausreichend die eigentliche Problem-/Fragestellung. Wie im Kapitel *4.6 Objektiver Leistungswert* unter *Regelfall Briefing* bereits dargestellt, werden zum Ende der zweiten Phase eines Entwicklungsprozesses – also nach Analyse, Ideenfindung, Konzeption und Strategie – die mutmaßlich geeigneten Maßnahmen definiert. Ob diese dann tatsächlich zur Lösung des Problems führen / die Ursprungsfrage beantworten, ist nicht selten völlig offen.

Um diese Unklarheit zu beseitigen, ist ein Rebriefing erforderlich. Aber nicht nur, um sicherzustellen, dass die Maßnahme tatsächlich passt, sondern auch, um gegebenenfalls eine alternative Maßnahme, die dem Problem / der Frage besser entspricht, zu finden und zu definieren. Das heißt, dass die beiden vorangegangenen Phasen des Entwicklungsprozesses bei Ihrem potenziellen Auftraggeber / Kunden wieder aufgewickelt und auf Plausibilität überprüft werden müssen.

Diese Überprüfung und Klärung kostet Zeit. Womit wir spätestens hier bei der Frage nach dem geplanten Etat angekommen sind.

Etatplan

So wie der Bedarfsfall oft mehr oder weniger klar ist, ist auch der vom potenziellen Auftraggeber / Kunden geplante Etat oft nicht fixiert oder transparent. Auf die Frage nach dem für den Dienst-/Werkleistungs-Auftrag verfügbaren Etat – wenn sie denn hoffentlich auch gestellt wird – erhält man oft keine eindeutige Antwort. Das kann unterschiedliche Gründe haben.

Ein möglicher Grund kann sein, dass der potenzielle Auftraggeber / Kunde überhaupt noch keinen Plan hat. Das kommt vor allem dann vor, wenn die Erfahrung in der Zusammenarbeit mit Designern gering ist oder gänzlich fehlt, und das ist bei kleineren mittelständischen und jungen Unternehmen häufig so. Hier hilft es nur, den Etat im Voraus zu ermitteln und einen entsprechenden Plan aufzustellen. Beides können Sie als professionell beratende/r Designer/in mit Ihrer Dienstleistung unterstützen.

Ein anderer Grund kann sein, dass der potenzielle Auftraggeber / Kunde zwar einen Etatplan hat, aber keine Auskunft darüber geben möchte. Ein solches Verhalten resultiert aus seiner Überzeugung, Informationen über den Etat aus verhandlungstaktischen Gründen zurückhalten zu müssen. Sein Ziel dabei ist es, Sie gegen Mitbewerber auszuspielen. Als professionell beratende/r Designer/in können Sie dem nur dadurch begegnen, dass Sie darauf bestehen, nur dann tätig zu werden – also ein Angebot zu erstellen – wenn er Ihnen gegenüber offen ist.

Nur die Bereitschaft eines potenziellen Auftraggebers / Kunden, Sie als professionell beratende/n Designer/in unterstützend bei der

Etatplanung einzubeziehen oder aber den bereits geplanten Etat offenzulegen, macht es Ihnen möglich, ein bedarfsgerechtes und zielgerichtetes Angebot zu erstellen. Das wiederum setzt ein professionelles Angebot zur Erstellung eines Angebots voraus. Womit wir zu einem weiteren – in der Praxis oft unterschätzten, wenn überhaupt berücksichtigten – Punkt kommen.

13.4 Angebote zur Erstellung von Angeboten

Mit einem Briefing geht in der Regel eine Aufforderung oder Bitte zur Erstellung eines Angebots einher. Wie zuvor bereits ausgeführt, setzt dies eine Klärung des Bedarfsfalls und des Etatplans voraus. Beides – die Konkretisierung des Bedarfsfalls und die Erstellung eines Etatplans – sind honorable Leistungen, die Sie als professionelle/r Designer/in erbringen.

Grundsätzlich sollte gelten, dass Sie als Designer/in nur auf Honorarbasis für Ihren Auftraggeber / Kunden dienst-/werkleisten. Zu Ihren Dienst-/Werkleistungen zählt aber nicht nur die Beratung und Planung für den Bedarf und Etat, sondern auch die Erstellung eines Angebots – auf der Grundlage des Bedarfs und Etats. Demnach ist die Angebotserstellung eine ebenso honorable Leistung. Voraussetzung dafür ist allerdings auch, dass eine anspruchsvolle und komplexe Aufgabenstellung im Raum steht – für kleine einfache Aufträge wird dies in der Regel nicht anwendbar sein.

Honorable Leistung / Honorabler Nutzen

Dieser Grundsatz lässt sich wie folgt rechtfertigen: Eine Angebotserstellung nimmt die Dienst-/Werkleistung teilweise voraus, da sie den Leistungsprozess definiert und eine Entscheidung zur Auftragsvergabe überhaupt erst möglich macht. Daraus lässt sich der Nutzen der Entscheidungsgrundlage für den Auftraggeber / Kunden ableiten. Eine angemessene Honorierung dieses Nutzens sollte eigentlich selbstverständlich sein. Denken Sie jetzt, eine Angebotsberechnung sei weder üblich noch durchsetzbar? Verwerfen Sie diesen Ansatz trotzdem nicht gleich. Berücksichtigen Sie bitte, dass diese Vorgehensweise so ungewöhnlich gar nicht ist. Bei anderen Berufen – Beratende Ingenieure, Unternehmensberater et cetera (aber auch bei einigen Handwerksberufen, wo sogenannte Kostenvoranschläge erstellt werden) – ist es durchaus üblich und verbreitet, für Angebote Gebühren in Rechnung zu stellen. Als Begründung dafür wird genau das angeführt, von dem wir zuvor ausgingen – nämlich die Entscheidungsgrundlage, verbunden mit der Einsicht in einen professionellen Prozessablauf. Im Falle der Vergabe an den Anbieter kann das Honorar dann mit dem Gesamtangebot verrechnet werden, was aber nicht zwingend ist.

Wettbewerbsvorteil

Mit einem professionellen Angebot hat der potenzielle Auftraggeber / Kunde nicht nur einen Einblick in den Prozessablauf und die damit verbundenen Investitionen (sprechen Sie in diesem Zusammenhang und grundsätzlich nie von Kosten), sondern kann damit auch viel leichter Alternativangebote einholen. Die Alternativanbieter haben dann den Vorteil, dass sie vorab keine Beratungs-/Planungsleistungen erbringen müssen, um die Voraussetzungen für ein solches Angebot zu schaffen – sie können daher entsprechend günstiger kalkulieren.

Verhaltensänderung

Falls Sie nun immer noch Zweifel an der Durchsetzungsfähigkeit haben – vielleicht weil dieser Ansatz im Designbereich so selten genutzt wird, dann bedenken Sie, dass die übliche Praxis kein Naturgesetz ist. Wir sind hier allenfalls mit Gewohnheiten konfrontiert, die sich dann ändern, wenn Sie diese als professionelle/r Designer/in durchbrechen. Alle Verhaltensänderungen haben irgendwann einmal begonnen und sich mit Beharrlichkeit im Laufe der Zeit durchgesetzt. Bei Innovationen ist das ähnlich – das haben wir bereits im Kapitel *2.1 Gesetzte der Nachahmung* unter *Logische Folgen* analysiert.

Wenn Sie als professionelle/r Designer/in Ihre eventuellen Bedenken überwunden haben und Angebote zur Erstellung von Angeboten einsetzen, dann haben Sie die notwendigen Voraussetzungen geschaffen, um Ihre persönliche und professionelle Angebotsstrategie zu entwickeln. Und damit sind wir bei der nächsten Akquisitions-Phase angekommen.

13.5 Angebotsstrategien von einfach bis komplex

Nachdem wir uns die Akquisitions-Phasen – die Kontaktsuche und -anbahnung, die Vorbereitung von Bedarfsfällen, die Klärung von Voraussetzungen für Leistungsangebote und die Angebote zur Erstellung von Angeboten – erarbeitet haben, kommen wir nun zu den eigentlichen, darauf aufbauenden Angebotsstrategien.

Bevor wir das aber gemeinsam tun, noch eine Anmerkung zu den vorangegangenen Phasen. Sie orientieren sich an einem Idealzustand und sind im Designbereich teilweise nicht so weit verbreitet oder deshalb auch nicht so leicht durchsetzbar. Das ist aus unserer Sicht und Erfahrung allerdings kein Grund, diese Vorgehensweise nicht anzuwenden, zumal sie in anderen Bereichen durchaus üblich und verbreitet ist. Wenn Sie als Designer/in den versuchen, Ihre Dienst-/Werkleistungen als Entwicklungsprozess zu offerieren und zu etablieren, erhöhen Sie Ihre Chance um eine Vielfaches, Ihre präferierte Arbeitsweise auch um- und durchzusetzen – allerdings nur dann!

Denken Sie daran, was Sie als berufliche/r und professionelle/r Designer/in in der Regel von Ihren potenziellen Auftraggebern /

Kunden unterscheidet: Im Gegensatz zu deren Orientierung an vorhandenen Ressourcen, orientieren Sie sich mit Ihren Fähigkeiten und Kompetenzen an Idealzuständen. In der alltäglichen Praxis ist das vielleicht nicht immer machbar, aber überall dort, wo Sie nach diesem Maßstab handeln, erhöhen Sie Ihre Chancen, sich damit erfolgreich zu positionieren. Daran wollen wir uns hier gemeinsam orientieren – am Maximum, nur so kommen Sie weiter.

Damit Sie sich an den angestrebten Idealzustand heranarbeiten können, entwickeln wir hier, aufeinander aufbauende Angebotsstrategien – von einfach bis komplex. Sie müssen also nicht sofort das Maximum angehen, sondern können sich Schritt für Schritt daran annähern. Sie werden sehen, dass Sie von Stufe zu Stufe mit Ihrem Erfolg immer sicherer werden. Und falls Sie einmal einen Rückschlag erleben, lassen Sie sich nicht entmutigen – machen Sie weiter. Auch kann es von Fall zu Fall sinnvoll und nützlich sein, eine Stufe zurückzugehen und weniger als das Maximum zu akzeptieren. Wichtig ist dabei, dass Sie diese Zugeständnisse begründet kommunizieren, damit Ihr potenzieller Auftraggeber / Kunde immer Ihren angestrebten Idealzustand vor Augen hat.

Strategie: Einfach

Mit diesem Grundansatz werden Sie als Designer/in lediglich eine Werkleistung für die Gestaltung eines Artefakts (Produkt / Medium) anbieten können. Die Einfach-Strategie ist quasi eine All-inclusive-Variante, in der alle Ihre Leistungen pauschal eingerechnet sind und nicht zwischen den einzelnen Leistungen inhaltlich wie preislich differenziert wird.

In der Regel reduziert sich diese Angebotsstrategie auf ein Pauschal-Honorar für alles, einschließlich der undifferenzierten und damit ausschließlichen und unbegrenzten Übertragungen von Nutzungsrechten. Das zur Sicherung Ihrer urheberrechtlichen Ansprüche geltende deutsche / europäische Recht kann Ihnen bei dieser Einfach-Strategie nur wenig helfen. Wie wollen Sie zum Beispiel bei einem Pauschal-Honorar – ohne einen gesondert ausgewiesenen anteiligen Nutzungsrecht-Wert – später Nachforderungen an Ihren Auftraggeber richten, wenn der mit Ihrer Gestaltungsleistung sehr erfolgreich ist, Sie aber nicht daran beteiligt sind – zumal Sie alle Nutzungsrechte vollständig übertragen haben?

Diese Strategie ist weitverbreitet (insbesondere in Bereichen des Kommunikationsdesigns wie bei Grafik- und Werbeleistungen) und führt im Ergebnis zu überwiegend minimalen Honorar-Erträgen. Sie wird meistens dort eingesetzt, wo anspruchsarme und standardisierte Gestaltungsleistungen erwartet werden. Eine besonders extreme und ausbeuterische Form stellt das stark zunehmende

Crowdworking dar (wir haben diese ausbeuterische Form im Kapitel *10.0* eingehend analysiert). Es ist zu erwarten, dass der Honorar- und Preisdruck durch die Digitalisierung und Standardisierung weiter zunimmt. Verstärkt wird dieser Effekt durch den zunehmend globalisierten Wettbewerb um Gestaltungsleistungen, da sich dort das vorhandene Wohlstandsgefälle negativ auf das Honorar-/Preis-Niveau auswirkt. Sie sollten daher genau prüfen und überlegen, ob und wie lange Sie eine Einfach-Strategie wirtschaftlich tragen kann und ob eine Komplex-Strategie nicht besser geeignet und zielführender für Sie ist.

Berücksichtigen Sie bitte auch, dass durch die Einfach-Strategie ein aus Ihrer Sicht ungewollter Effekt entsteht, der das Honorar-/Preis-Niveau der gesamten Designbranche negativ beeinflusst, denn – jedes niedrige Niveau eines Einzelnen zieht das gesamte Branchenniveau nach unten. Über kurz oder lang würde dadurch auch die nachfolgend beschriebene Komplex-Strategie unter Druck geraten und Ihr Zugang zu dieser besseren Alternative wäre damit erschwert.

Strategie: Komplex

Dieser Ansatz eröffnet Ihnen als Designer/in den Zugang zu Dienst- und Werkleistungen für den Entwurf und die Gestaltung von Mente-, Sozio- und Artefakten – also auch zu Beratungs- und Planungsleistungen. Im Gegensatz zur Einfach-Strategie (All inclusive), werden Ihre Leistungen hier differenziert nach ihrer inhaltlichen und methodischen Art gerechnet.

Es wird also nicht pauschaliert und gegebene Nutzungsrechte an Entwurfsleistungen werden je nach Art, Gebiet, Dauer und Umfang der Nutzung durch den Auftraggeber / Kunden an diesen wertangemessen übertragen. Und das deutsche / europäische Urheberrecht ermöglicht Ihnen als Designer/in eventuell spätere Nachforderungen für erweiterte Nutzungen Ihres Auftraggebers / Kunden.

Diese Strategie ist bei anspruchsvollen und entsprechend komplexeren Dienst- und Werkleistungen nicht nur selbstverständlich, sondern auch Voraussetzung für eine erfolgreiche Lösung und ungleich höhere Honorar-Erträge. Sie ist nicht standardisiert und kann schon deshalb nicht über das ausbeuterische Crowdworking erbracht werden. Auch wird sie durch die Digitalisierung nicht so negativ beeinflusst (wie Einfach-Strategien) – wenngleich auch zwangsläufig verändert – und ist dann letztlich auch nicht vom globalisierten Wettbewerb derart betroffen, dass es sich negativ auf das Honorar-/Preis-Niveau auswirkt.

Der größte Feind der Komplex-Strategie ist allerdings die Einfach-Strategie. Weil sie, wie bereits erwähnt, das Honorar-/Preis-Niveau nach unten zieht. Diesem Effekt können Sie als Designer/in nur eine konsequent professionelle und anspruchsvolle Positionierung und Dienst-/Werkleistung entgegensetzen.

In der inhaltlichen Abstufung Ihrer Strategie unterscheiden Sie als Designer/in nach Dienst- und Werkleistungen für Beratung (Mentefakte), Planung (Soziofakte) und Gestaltung (Artefakte). Nur bei dieser Differenzierung wird der Unterschied zwischen Entwurfs- und Gestaltungsleistungen deutlich.

Strategie: Komplex – Stufen

Hier kann und sollte auch die schon erwähnte Abstufung der am Markt üblichen und anerkannten Honorierung der einzelnen Leistungsarten angewandt werden. Beratungsleistungen werden demnach höher bewertet als Planungsleistungen und Planungsleistungen höher als Gestaltungsleistungen. Dementsprechend liegen die Honorare dafür von hoch über mittel bis niedrig – relativ gesehen. Wie konkret Sie das als Designer/in mit Tages-/Stundensätze beziffern, hängt von Ihrer überzeugenden Professionalität und Ihrer Verhandlungsstrategie ab (mehr zu den unterschiedlichen Verhandlungsansätzen unter 13.6).

Diese Abstufung Ihrer Leistungsarten schließt mit ein, dass Sie von Fall zu Fall entscheiden, welche und ob Sie alle Leistungen anbieten wollen. Ausgehend von einer Beratungsleistung ist es nicht zwingend, ebenso Planungsleistungen und noch weniger zwingend auch Gestaltungsleistungen anzubieten.

Für den Fall, dass Sie sich in Ihrem Angebot auf Beratungs- und Planungsleistungen beschränken (und bei der Planung am Ende ein professionelles Briefing für andere Gestaltungs-Werkleistende erstellen), wäre Ihre Strategie noch durch den damit verbundenen Nutzen zu ergänzen (wir kommen gleich darauf zurück). Falls Sie als Designer/in auch Gestaltungsleistungen anbieten, wären diese noch mit den Faktoren oder Lizenzen zur Übertragung von Nutzungsrechten zu ergänzen (auf die wir beide im Folgenden näher eingehen).

Eine Variante zur Berechnung der Übertragung von Nutzungsrechten ist die über Faktoren. Wir sind auf Beispiele aus der Praxis bereits näher eingegangen, und zwar im Kapitel 7.3 *Berufsverbände empfehlen, ordnen, systematisieren und tarifieren* unter *Allianz deutscher Designer AGD* und *Berufsverband der Kommunikationsdesigner BDG*. Die Faktoren-Modelle sind zwar relativ bekannt, finden aber eher selten Anwendung. Offensichtlich tun sich viele Designer mit diesem Modell schwer. Das häufigste Gegenargument lautet: »Es ist nicht durchsetzbar.« Dieses Argument lässt sich nur durch eine nicht genutzte Komplex-Strategie erklären, die vermutlich aus Bequemlichkeit und möglicherweise auch aus der mangelnden Kompetenz resultiert.

Strategie: Komplex – Faktoren

Erschwerend kommt hinzu, dass es für viele Auftraggeber / Kunden nicht einleuchtend ist, für die Übertragung von Nutzungsrechten faktorenbasierte Aufschläge zum Entwurfshonorar in Kauf nehmen zu müssen. Die durchaus nachvollziehbare Frage lautet: »Was hat das Nutzungshonorar mit dem Entwurfshonorar zu tun und warum wird das eine (Entwurf) mit dem anderen (Nutzung) multipliziert?« Die auf dem Urheberrecht basierende Antwort ist plausibel: »Weil die Urheberrechte nicht übertragbar sind und der Entwurf nur durch die Übertragung der Nutzungsrechte auch genutzt werden darf!« Eine durchaus naheliegende und zudem korrekte Antwort, die aber oft nicht überzeugt, weil damit die Berechnungsmethode nicht begründet ist. Hilfreicher kann hier die folgende Antwort sein: »Der tatsächlich benötigte Nutzungsumfang kann nur entsprechend differenziert berechnet werden, wenn er auf leistungsgerechten Prozentfaktoren beruht. Nur dann muss lediglich das Nutzungshonorar geleistet werden, was auch in Anspruch genommen werden soll!« Einfacher formuliert: »Es muss nur das gezahlt werden, was auch genutzt wird!« Bleibt jetzt noch die Frage, wie die einzelnen Faktoren zu begründen sind. Das ist schon schwieriger, da der Hinweis auf einen sogenannten Tarifvertrag (wie beim *VTV Design* der *AGD*) wegen der offensichtlichen Willkür und geringer Marktrelevanz nicht wirklich überzeugen kann.

Was wäre dann aber eine mögliche Alternative, wenn Sie als Designer/in Ihre Rechtsansprüche auf Honorierung der Nutzungsübertragung wahren möchten? Eine Möglichkeit bietet die Lizenzen-Strategie.

Strategie: Komplex – Lizenzen

Die von Auflagen und Umsätzen abhängigen Lizenzhonorare haben den Vorteil, dass sie eine unmittelbar einleuchtende Verbindung zur tatsächlichen Nutzung herstellen. Hinzu kommt, dass Lizenzhonorare in der Regel auch erst nach realisierten Auflagen und Umsätzen zum Tragen kommen, also abgerechnet werden. Das hat den nicht zu unterschätzenden Vorteil, dass dem Auftraggeber / Kunden Lizenz-Kosten erst durch und mit der Nutzung entstehen und nicht vorfinanziert werden müssen.

Eine weiteres für Sie als Designer/in strategisch vorteilhaftes Argument ist, dass Sie sich damit das Erfolgsrisiko mit Ihrem Auftraggeber / Kunden teilen – und damit Ihre unternehmerische Haltung deutlich machen, quasi auf Augenhöhe mit Ihrem Auftraggeber / Kunden. Das bedeutet natürlich auch: Wenn der gewünschte Erfolg nicht eintritt, wird auch kein Lizenz-Honorar generiert.

Was die rechtliche Bewertung von Nutzungshonoraren und deren Varianten angeht, finden Sie ausführliche Erläuterungen im

Buch *Designrechte international schützen und managen* für Designer aus dieser Reihe (Kapitel *13.3 Das Nutzungshonorar* (2009)).

Wir wollen an dieser Stelle nur kurz ergänzen, dass die Berechnung von Lizenz-Honoraren bei industriell in Serie gefertigten Investitions- und Konsumgütern in vielen Branchen üblich ist. Bei gestalteten Kommunikationsmedien (Print / Digital) ist sie eher selten, da scheinbar schwieriger zu berechnen – was bei genauerer Betrachtung aber einfacher ist als gedacht. Hier spielt eher die geringere Verbreitung dieser Berechnungsgrundlage eine Rolle.

Stück- oder Umsatz-Lizenzen lassen sich prinzipiell an den jeweiligen Netto-Kosten beziehungsweise -Umsätzen über prozentuale Faktoren festmachen. Die Bandbreite dieser Prozentfaktoren ist branchen- und produkt-/medienspezifisch sehr unterschiedlich – was die Begründung zwar nicht erleichtert, aber auch nicht unmöglich macht. Andererseits ist auch hier der strategische Spielraum, den Sie für sich nutzen können, sehr groß.

Für den Fall, dass es Ihnen als Designer/in schwerfällt, die Faktoren oder Lizenzen zu begründen und durchzusetzen, gibt es noch eine weitere Möglichkeit – der Nutzen für Ihren Auftraggeber / Kunden.

Strategie: Komplex – Nutzen

Wie unter *Strategie: Komplex – Stufen* beschrieben, spielt im Falle von Beratungs- und Planungsleistungen der damit verbundene Nutzen für Ihren Auftraggeber / Kunden eine sehr wichtige, ja entscheidende Rolle. Ebenso wichtig ist das übrigens für Ihre Gestaltungsleistungen, und das nicht nur als Alternative zu Faktoren oder Lizenzen (zwecks Übertragung von Nutzungsrechten).

Wir haben die verschiedenen Nutzenarten im Kapitel *11.0 Auftraggeber / Kunden aus ihrer am Nutzen orientierten Sicht* ausführlich erläutert. Dort weisen wir unter anderem darauf hin, dass im Falle von Beratungs- und Planungsleistungen immer ein Prozessnutzen (Kapitel *11.2*) und im Falle von Gestaltungsleitungen immer je nach Art ein Ertragsnutzen (Kapitel *11.3*), Kommunikationsnutzen (Kapitel *11.4*) oder Gebrauchsnutzen (Kapitel *11.5*) entsteht.

Ausgehend von Ihrer Angebotsstrategie – ob einfach oder komplex – können Sie nun Ihre Verhandlungsstrategie entwickeln. Dazu jetzt mehr.

13.6 Verhandlungsstrategien zur Sicherung von Aufträgen

Ihre Angebotsstrategie führt in der Regel nicht direkt zu Ihren Aufträgen. Als professionelle/r Designer/in müssen Sie davon ausgehen, dass Ihr potenzieller Auftraggeber / Kunde darüber immer verhandeln will. Das tut er überwiegend nicht aus Bosheit oder Hinterlist, sondern aus dem Bedürfnis heraus, Ihr Angebot zu verstehen, die inhaltliche und zeitliche Darstellung Ihrer angebotenen Leistungen nachzuvollziehen und mit seinen Anforderungen und Zielen abzugleichen – auch wirtschaftlich.

Nun sind wir nicht so weltfremd, um davon auszugehen, dass alle potenziellen Auftraggeber / Kunden niemals böse und hinterlistig sind. Es ist nun mal eine traurige Wahrheit, dass es sogar nicht wenige gibt, die ausschließlich egoistische Eigeninteresse verfolgen und darauf bedacht sind, ihre Auftragnehmer über den Tisch zu ziehen. Nicht selten übrigens beruht ein scheinbar rein egoistisches Verhalten schlicht auf Inkompetenz und manchmal sogar auf Dummheit. Beim schon mehrfach zitierten Crowdworking lässt sich Bosheit und Dummheit nicht immer klar voneinander unterscheiden – wobei man unterstellen kann, dass die Betreiber der Crowdworking-Plattformen eher hinterlistig sind und die Nutzer (Designer und Auftraggeber / Kunden) eher inkompetent. Letzteres gilt im übertragenen Sinne auch für Pitchs (eine eingehende Analyse finden Sie im Kapitel *10.0 Crowdworking und Pitchs als Illusionen*).

Gegen egoistische Interessen ist grundsätzlich nichts einzuwenden, solange diese auch Gemeininteressen berücksichtigen und beide Seiten profitieren können – also eine Win-Win-Strategie zugrunde liegt.

Wir beschäftigen uns daher zunächst mit dieser Doppelsieg-Strategie, die das Ziel hat, dass beide Seiten einen Nutzen erzielen – Sie als Designer/in mit Ihrem Leistungsangebot und Ihr potenzieller Auftraggeber / Kunde. Sie beide respektieren sich und versuchen, die Interessen beider Seiten ausreichend zu berücksichtigen.

Wir haben uns mit dem Thema Verhandlungsstrategien in dem Buch Designrechte international schützen und managen für *Designer in dieser Reihe* (Kapitel 5 *Verträge verhandeln* (2009) – ebenso in *Protect and Manage Your Design Rights Internationally*, Chapter 5 *Negotiating contracts* (2013)) bereits eingehend auseinandergesetzt. Daher hier nur eine kurze Zusammenfassung.

Win-Win-Strategie

Wir orientieren uns an dem in den vorgenannten Büchern erläuterten *Harvard*-Konzept. Diesem liegen zwei Prinzipien zugrunde: die Besinnung auf gemeinsam erreichbare Ziele und die strikte Trennung von Beziehungs- und Sach-Ebene.

Wenn Sie dieses Kapitel hier von Anfang an lesen, also alle Unterkapitel von der *Suche und Kontaktanbahnung* bis hierher, dann wird Ihnen sicher bewusst, dass der Aufbau und die Pflege von Beziehungen ein wesentliches Ziel der Akquisition ist. Sie entwickeln damit ein Bewusstsein und Gefühl für diesen entscheidenden Aspekt oder rufen ihn sich in Erinnerung.

Die von Ihnen als Designer/in aufgebaute und gepflegte Beziehung zu Ihrem (potenziellen) Auftraggeber / Kunden ist die Grundlage für die Erschließung der Sache – die inhaltlichen, zeitlichen und wirtschaftlichen Aspekte Ihres Angebotes. Sie finden in diesem Kapitel ebenfalls eine Reihe von Anregungen dazu, wie Sie diese Einzelaspekte strategisch definieren.

Win-Zugeständnisse

Gehen wir von den idealen und deshalb von Ihnen angestrebten Angebotskonditionen aus, dann stellt sich nun die Frage, wie weit Ihr Auftraggeber / Kunde bereit ist, sich auf diese im vollen Umfang einzulassen. Nehmen wir einmal an, dass dies in der Regel eher nicht der Fall ist, dann liegt das möglicherweise daran, dass ihm einige Konditionen bei Designern so noch nicht begegnet sind (wie zum Beispiel unter Kapitel 13.4 *Angebote zur Erstellung von Angeboten* oder *Strategie: Stufen – Nutzen* im Kapitel 13.5 *Angebotsstrategien von einfach bis komplex*). In einem solchen Fall sollten Sie als Designer/in darauf hinweisen, dass diese vielleicht nicht so weitverbreitet sind, Sie sich aber selbstverständlich am Nutzen Ihrer Auftraggeber / Kunden orientieren – schließlich können Sie optimale Dienst-/Werkleistungen nur bei einer professionellen Zielsetzung mit der Strategie zur Umsetzung erbringen. Dieser Nutzen wird für Ihren Auftraggeber / Kunden durch eine solche Argumentation nicht nur transparent, sondern ist darüber hinaus auch geeignet, den anteiligen Effekt an der Wertschöpfungskette Ihres Auftraggebers / Kunden berechenbar zu machen.

Falls Ihr Auftraggeber / Kunde Ihnen nicht folgen will oder kann, wägen Sie ab, ob Sie sich im Einzelfall auf ihn zubewegen und ein Zugeständnis machen – ohne zu versäumen, ihn über Ihre Beweggründe dazu in Kenntnis zu setzen. Aber auch bei Ihrem Entgegenkommen ändert sich nichts am Grundsatz der optimierten Dienst-/Werkleistung, da Sie lediglich individuell anpassen – das heißt, Sie reduzieren Ihr Leistungsangebot entsprechend oder Sie verhandeln einen materiellen Ausgleich dafür.

Grundsätzlich sollte für Sie immer gelten, dass jedes Zugeständnis, dass Sie Ihrem Auftraggeber / Kunden machen, eine begründete Ausnahme von der Regel ist. Das müssen Sie ihm immer kommunizieren, um kein Missverständnis über diesen Grundsatz aufkommen zu lassen. Wenn Sie das beherzigen, sind Zugeständnisse auch kein grundsätzliches Problem, weil es eben eine Ausnahmeregelung ist – selbst dann, wenn diese sich gelegentlich wiederholt.

Win-Ausgangsposition Falls Sie noch am Beginn Ihrer beruflichen / unternehmerischen Dienst-/Werkleistung sind, ist es nicht so einfach, gleich das ganze Strategiepaket vollständig durch- und umzusetzen. Konzentrieren Sie sich dann auf eine schrittweise Entwicklung, von einfachen bis zunehmend komplexeren Angebotsstrategien. Mit jedem Teilerfolg werden Sie von Stufe zu Stufe sicherer. Lassen Sie sich von eventuellen Rückschlägen nicht entmutigen. Falls Sie schon lange im Business sind und mit einem solchen Strategiepaket bisher noch nicht gearbeitet haben, versuchen Sie zunächst vielleicht bei einem neuen Kunden, der Ihre bisherige Strategie noch nicht kennt. Falls Sie schon lange im Business professionell mit einem solchen Strategiepaket erfolgreich sind – Glückwunsch! Sie sind an der Stelle, wo die Zukunft Ihres Berufes und Ihrer Dienst-/Werkleistungen liegt.

Lose-Lose-Strategie Nicht alle potenziellen Auftraggeber / Kunden sind an einer Win-Win-Situation interessiert. Meist wollen sie lediglich ihre egoistischen Interessen durchsetzen, manchmal auch mit »Gewalt«. Daher orientieren wir uns hier an der *FBI*-Methode. Diese wird von der Polizei in Fällen von Bankraub oder Geiselnahme angewandt. Übertragen auf Ihre Verhandlungssituation als Designer/in (die hoffentlich sehr viel friedlicher abläuft) hilft Ihnen diese Methode, um Fehler zu vermeiden und Ihre Position nicht unnötig zu schwächen.

Die Methode ist in unseren vorgenannten Büchern bereits sehr ausführlich beschrieben. Hier daher nur eine kurze Zusammenfassung der wichtigsten Grundprinzipien:

> Arbeiten Sie mit Folgeszenarien unter Berücksichtigung des jeweiligen Worst Case und Best Case.
> Bestimmen Sie Ihr Verhandlungsziel niemals als Position, sondern immer als Zielbereich zwischen Maximal und Minimal.
> Sammeln Sie so viele Informationen über die Gegenseite wie möglich, und checken Sie möglichst alle Informationen von mehreren Seiten.
> Verhandeln Sie nach Möglichkeit in einem Team. Optimal ist eine Spitze von zwei Personen, von denen eine die Verhandlungsführung übernimmt und die andere Sie und eventuell die Gegenseite beobachtet. Die endgültige Entscheidung über das Gesamtergebnis sollte auf einen Dritten im Hintergrund delegiert werden, der nicht selbst mitverhandelt.

> Wählen Sie zwischen den fünf strategischen Aktionen: Drängen, Ausweichen, Nachgeben, Zusammenarbeiten und Kompromiss.
> Versuchen Sie stets und in jeder Situation der Verhandlung, die Sichtweise und die Gefühle Ihres Verhandlungspartners zu verstehen.
> Prägen Sie sich die folgenden sieben Regeln ein:
>   1. Handeln Sie stets reziprok, das heißt, geben Sie selbst nur etwas, wenn Sie im Gegenzug auch etwas bekommen (Tit for Tat).
>   2. Vermeiden Sie jede Festlegung.
>   3. Betonen Sie Gemeinsamkeiten statt Gegensätze.
>   4. Verwenden Sie abschwächende Formulierungen, und sprechen Sie im Konjunktiv.
>   5. Verzichten Sie völlig auf Drohungen, und sprechen Sie stattdessen nur Warnungen aus.
>   6. Bringen Sie möglichst viele Alternativen ein.
>   7. Hinterfragen Sie es, wenn Ihre Äußerungen Erstaunen oder Ablehnung auslösen.
> Gehen Sie mit eigenen Vorschlägen und solchen der Gegenseite so um, dass Sie sparsam mit eigenen Vorschlägen sind und diese nie bewerten.
> Lassen Sie Emotionen und Affekte zu.

Sie werden nicht gleich alle Grundprinzipien überblicken und verinnerlichen können. Üben Sie daher in harmlosen Situationen und weiten Sie Ihr Vorgehen allmählich aus.

In Verhandlungen werden Sie oft mit verschiedenen Taktiken der Gegenseite konfrontiert. Hier einige sehr typische – ebenfalls kurz:

Lose-Taktiken

> Überangebot – relativ häufig versuchen mögliche Auftraggeber / Kunden, Sie zu Zugeständnissen zu bewegen, indem sie Ihnen als Designer/in die Marktsituation vor Augen führen: »Es gibt so viele Designer, warum sollte ich gerade mit Ihnen einen Vertrag abschließen?«
> Überraschung – der Verhandlungspartner überrascht Sie, indem er im Verhandlungsverlauf völlig neue Forderungen aufstellt oder eine bisherige gemeinsame Verhandlungsgrundlage infrage stellt.
> Beanspruchung – leider kommt es auch immer wieder vor, dass Auftraggeber / Kunden für sich die ökonomische Lufthoheit beanspruchen und so versuchen, Sie argumentativ in die Enge zu treiben. Dazu gehören auch alle ökonomisch daherkommenden Vorschläge, die rational unter fairen Vertragspartnern nicht erklärbar sind.

> Rahmenbedingungen – der Auftraggeber / Kunde bezieht sich auf bestimmte Rahmenbedingungen, die angeblich nachteilig seien, und verbindet damit die Aufforderung oder die Bitte an Sie, doch bei der Lösung konstruktiv mitzuwirken. Bevorzugt sind das Rahmenbedingungen gesetzlicher Art, also Dinge, für die Sie sich eigentlich nicht interessieren und die Sie häufig nur vom Hörensagen kennen (zum Beispiel KSK-Abgaben).
> Empathie – Sie gehen in die Empathie-Falle, wenn Sie aufgrund einer ungewissen Hoffnung auf Erfolg oder Besserung bereit sind, sich auf hinhaltende oder sogar negative Bedingungen einzulassen.
> Erleichterung – dazu gehört die relativ bekannte Good-Guy-/Bad-Guy-Technik, also die Konfrontation mit zwei Verhandlungspartnern, von denen einer besonders aggressiv, der andere besonders verständnisvoll auftritt. Nachdem der aggressive für einige Zeit verschwindet, sammelt der verständnisvolle kräftige Zugeständnisse ein. Auch das plötzliche Abgehen von einer unerhört harten Forderung mit Unterbreitung einer anderen, weniger harten, aber noch immer überzogenen, gehört dazu.

Lose-Abwehr

Wenn Sie als Designer/in in Verhandlungssituationen mit derartigen Taktiken konfrontiert werden, machen Sie sich das bewusst und entwickeln Sie Ihre persönlichen Gegenstrategien. Es hängt von Ihren Fähigkeiten und Kompetenzen ab, welche Ihrer Strategien Sie im Einzelfall anwenden. Eine hilfreiche Methode sind Fragen, die Sie sich selbst stellen – wie zum Beispiel:

> Warum spricht er mit mir?
> Warum stellt er eine neue Forderung?
> Warum unterstellt er mir ökonomische Unkenntnis?
> Warum soll ich Rahmenbedingungen ausgleichen?
> Warum soll ich mich auf ungewisse Perspektiven einlassen?
> Warum soll ich unter derartigem Druck, auch wenn er scheinbar nachlässt, Zugeständnisse machen?
> Was würde passieren, wenn ich mich dagegen abgrenze und nicht darauf einlasse?
> Wie kann ich meine eigene Gegenstrategie entwickeln?

Sie werden durch regelmäßiges Üben zu Ihren Antworten kommen, die Sie dann auch authentisch formulieren können. Immer besser wird es Ihnen auf diese Weise gelingen, sich gegen Lose-Lose-Situationen abzugrenzen und durchzusetzen. Lassen Sie sich auch hier von eventuellen (kleineren) Rückschlägen nicht entmutigen. Nutzen

Sie kleine und größere Niederlagen für Ihr Training und Ihre Konditionierung.

Ihre erfolgreiche Verhandlungsstrategie vorausgesetzt, können Sie sich nun Ihrer nachhaltigen Wertschöpfung widmen.

Mit dem erreichten Ziel einer erfolgreichen Angebots -und Verhandlungsstrategie – also Ihres Auftrags – ist die Akquisition für Sie als Designer/in noch lange nicht abgeschlossen. Auch während der Durchführung und Abwicklung sowie nach Abschluss Ihres Auftrags, müssen Sie laufend akquirieren, nicht nur bei neuen Auftraggebern / Kunden, sondern auch und insbesondere bei bestehenden.

13.7 Strategien zur nachhaltigen Wertschöpfung

Sie befinden sich als Designer/in und Dienstleister/in während des gesamten Auftragsprozesses in einer permanenten Akquisition. In der Regel tauchen im Laufe eines solchen Prozesses immer wieder neue Probleme und Fragen auf. Manche davon sind relativ ungefährlich und einfach, andere hingegen können sehr gefährlich und kompliziert sein, und gerade die haben nicht selten das Potenzial, einen Prozess grundsätzlich infrage zu stellen oder im schlimmsten Fall sogar zu sprengen. Nun lassen sich solche Risiken nicht vermeiden oder umgehen, da immer wieder neue Einflüsse wirken können, die Sie weder voraussehen, manchmal auch einfach nicht bewältigen können. In solchen Situationen kommt es neben den Sachfragen vor allem auf die hoch entwickelte Qualität der Beziehung zwischen Ihnen und Ihrem Auftraggeber / Kunden an. Sie wissen, dass eine hohe Beziehungsqualität ständig gepflegt werden will und dies Teil Ihrer Akquisitionsstrategie sein muss.

Es geht hier darum, Ihren Anteil an der Wertschöpfungskette nachhaltig zu sichern. Dazu zählt, dass sich Ihre Angebotskalkulation im Nachhinein bestätigt oder nicht wesentlich verschlechtert – wenn möglich sogar verbessert. Die laufende Überprüfung Ihrer Kalkulation müssen Sie daher unbedingt sicherstellen. Die daraus resultierenden Ergebnisse und Erfahrungen sind wertvolle Grundlagen für neue Angebote und Verhandlungen.

Während des Auftragsprozesses

Als erfahrene/r Designer/in wissen Sie, dass mit Abschluss Ihres Auftrags die Beziehung zu Ihrem Auftraggeber / Kunden nicht beendet ist – und sich damit auch Ihre Akquisition weiter fortsetzt. Denken Sie daran, dass die Pflege eines bestehenden Auftraggebers / Kunden einfacher ist als das Suchen, Finden und die Vorbereitung von Bedarfsfällen bei neuen Auftraggebern / Kunden. Sie können jetzt sogar auf etwas aufbauen, das Sie mit Ihrem vorhandenen Auftraggeber / Kunden bereits verbindet.

Nach dem Auftragsprozess

Vor neuen Auftragsprozessen

Darüber hinaus können Sie die Erfahrungen, die Sie mit Ihrem Auftraggeber / Kunden bisher gemacht haben, zielgerichtet für die Akquisition neuer potenzieller Auftraggeber / Kunden nutzen – wenn auch nicht ganz, da jeder anders ist, aber zumindest teilweise. Die gemachten Erfahrungen stärken Ihr Selbstbewusstsein, das für eine erfolgreiche Akquise unerlässlich ist. Und damit steigern Sie Ihre Chancen, einen angemessenen Anteil an der Wertschöpfungskette für Sie als Designer/in durchzusetzen und zu sichern.

Aber was und wie nützen Ihnen Ihre bisherigen Erfahrungen, wenn sich die Rahmenbedingungen und Verhaltensweisen Ihrer bestehenden und potenziellen Auftraggebern / Kunden zukünftig verändern? Dazu abschließend in diesem Kapitel mehr.

13.8 Perspektiven zukünftiger Wertschöpfungsmöglichkeiten

Wir haben uns bei den bis hierher vorgestellten Akquisitions-Phasen und -Strategien überwiegend an gegebenen Verhältnissen orientiert. Das ist für eine professionelle Vorgehensweise, die heute zum Erfolg führen soll, durchaus sinnvoll. Ob das auch in Zukunft der Fall sein wird, ist allerdings sehr unwahrscheinlich. Denn die geschilderten Rahmenbedingungen verändern sich tiefgreifend und rasend schnell. Die daraus resultierenden Zukunftsperspektiven stellen Sie als Designer/in vor existenzielle Fragen. Wir wollen diesen Perspektiven hier kurz nachgehen, wenn auch nur ansatzweise.

Digitale Transformation

Der Journalist und Publizist *Christoph Keese* hat sich in seinem Buch *Silicon Valley – Was aus dem mächtigsten Tal der Welt auf uns zukommt* (2014) mit den Auswirkungen der boomenden Internetwirtschaft auseinandergesetzt. Ein besonders relevanter Aspekt war die Frage, warum traditionellen Unternehmen die disruptive Innovation so schwerfällt und was *Deutschland* (*Europa*) tun muss, um den Anschluss nicht zu verlieren. In seinem neusten Buch *Silicon Germany – Wie wir die digitale Transformation schaffen* (2016) widmet er sich der Analyse deutscher Unternehmenskulturen und geht dabei von der Frage aus, ob sich *Deutschland* (*Europa*) von *Kalifornien* zur digitalen Provinz marginalisieren lässt. Er stellt fest, dass es in unserem »Neuland« zwar vorangeht, aber von einer ausreichenden Modernisierung keine Rede sein kann. Deutsche Produkte und Dienstleistungen sind »nicht genügend vernetzt, nicht leicht benutzbar, bringen zu wenig neue Prozesse und Geschäftsmodelle hervor«. Und dabei ändert sich alles: »Technologien, Geschäftsmodelle, Preisraster, Entwicklungsverfahren, Abläufe, Wertschöpfungsketten, Hierarchiestrukturen, Stellenbeschreibungen, Qualifikationsprofile, Karrierewege und Berichtslinien.«

Während seiner Recherche verstand er, dass »Stärken und Schwächen [deutscher Unternehmen] eng miteinander zusammenhängen. Man kann nicht so einfach stark in der Produktion und gleichzeitig stark in der Digitalisierung sein«. Ihm wurde klar, dass der entscheidende Unterschied zum *Silicon Valley* in der vertikalen und horizontalen Vernetzung liegt. Vertikal heißt: »Befehlskette, Abhängigkeitsverhältnisse, Geschäftsgeheimnisse und Vollintegration«. Horizontal bedeutet hingegen: »Meinungsaustausch, Unabhängigkeit, öffentlich zugängliche Information, Unverbindlichkeit, Freiheit und kulturelle Vielfalt.«

Diese Erkenntnisse führen uns direkt zu der Frage offener Organisationen und Kommunikation.

Offene Organisation und Kommunikation

Die Auswirkungen der Digitalisierung auf die Gesellschaft, Politik und Wirtschaft, verursacht durch Globalisierung und einen scheinbar nicht einzudämmenden Neoliberalismus, beeinflusst das Verhalten der Institutionen und der Unternehmen in einem Maße, das wir zurzeit nur ansatzweise erfassen und übersehen können. Bereits zu beobachten ist allerdings, dass sich (große) Unternehmen gezwungen sehen, ihre hierarchischen Strukturen zu überprüfen und sich mehr und mehr mit heterarchischen Organisationsformen auseinanderzusetzen. Immer häufiger wird deshalb mit neuen Arbeitsformen wie offenen Büros experimentiert oder mit Netzwerken anstelle von Hierarchien und auf Zeit gewählten Führungskräften. Dabei sind sowohl Manager als auch Mitarbeiter über alle Maßen gefordert, weil hier mehr in hierarchie- und kompetenzübergreifenden Teams gearbeitet wird.

Früher wurden die kleinen Unternehmen von den großen Firmen gefressen. Heute fressen die Schnellen die Langsamen, weil Kunden ständig Neues erwarten. Traditionell bauen sich deutsche Unternehmen streng hierarchisch wie Maschinen auf, in denen ihre Mitarbeiter wie Rädchen ineinandergreifen, und sie produzieren so stets effizienter als ihre Konkurrenten. In einer Zeit, in der Kleinstunternehmen Produkte aus dem 3D-Drucker zaubern, verliert diese Effizienz allerdings immer mehr an Bedeutung. In Zukunft zählen Ideen, um überleben zu können. Doch für Ideen lässt die streng hierarchische Organisation nach Art der Maschine zu wenig Raum.

Um also innovativer zu werden, muss es den Unternehmen gelingen, das schlummernde, weil in Hierarchien zurückgehaltene Ideenpotenzial der Mitarbeiter zu nutzen. Dies kann nur gelingen, wenn die Kommunikation zwischen allen, Managern und Mitarbeitern, bereichs- und kompetenzübergreifend offen möglich ist. Da sind klassische Dienstwege über Vorzimmer und traditionelle

Meetings völlig ungeeignet. Hier werden für jeden frei zugängliche (Denk-)Räume (ähnlich wie Bühnen) benötigt, in (auf) denen alle Manager, Mitarbeiter und auch Außenstehende ihre Ideen vorstellen und diskutieren können – auf Augenhöhe.

Auch wenn die Bereitschaft dazu in den Unternehmen noch lange nicht mehrheitlich und durchgehend vorhanden ist – weil Manager nicht loslassen können und Mitarbeiter das nicht wollen, da es für sie ziemlich anstrengend ist, trotz großer Freiheit und mehr Freude am Job –, wird sich diese offene Form der Kommunikation immer mehr durchsetzen, um im Wettbewerb der Ideen und Innovationen überleben zu können.

Offene Dienst-/ Werkleistungen

Welche weiterentwickelten Fähigkeiten und Kompetenzen werden Sie als Designer/in bei dieser sich abzeichnenden Entwicklung in Zukunft brauchen? Wie werden Sie Ihre Akquisitions- und Verhandlungsstrategie darauf einstellen können und müssen? Die Beantwortung dieser Fragen erscheint uns einerseits existenziell – andererseits aber denken wir, es ist die Chance für Ihren Beruf.

Existenziell ist die Frage, ob und wie Sie die Bereitschaft mitbringen und entwickeln, sich auf diese neuen, offenen Kommunikationsformen einzulassen. Denn das bedeutet in letzter Konsequenz, scheinbar ungeschützt mit Ihren Ideen umzugehen. Auch ein Anspruch auf alleinige »Schöpfung« ist spätestens damit völlig hinfällig (wenn dieser bisher überhaupt berechtigt war – wie in unserem Kapitel *2.1 Gesetze der Nachahmung* analysiert). Sie werden vermutlich immer mehr mit offenen Teams über Ihre Ideen in Austausch treten und sich einem »Publikum« präsentieren müssen. Welche Risiken sich hier für Sie ergeben, können Sie am Problem des Crowdworking ansatzweise erfassen (wie in unserem Kapitel *10.0 Crowdworking und Pitchs als Illusionen* beschrieben).

Die Chancen, die sich dabei für Sie als Designer/in eröffnen, sind aus unserer Sicht in jeder Hinsicht vielversprechend. Warum? Weil im Kern Sie als Designer/in es sind, der / die alle Voraussetzungen hat, um sich in eine solche neue, offene Kommunikationsform einzubringen. Ausgehend von Ihren (im Kapitel *4.1 Fähigkeiten und Kompetenzen* besprochenen) Voraussetzungen – wie zum Beispiel Ihrem *Alleinstellungsmerkmal* – eröffnen sich hier für Sie völlig neue Möglichkeiten der Akquisition. Ihre Fähigkeit, sich an Idealzuständen zu orientieren, anstatt den Fokus nur auf vorhandene Ressourcen zu setzen, kann ein relevanter Schlüssel sein, um sich neue Dienst-/Werkleistungs-Bereiche zu erschließen.

Designer als Weltentwerfer

Der Designtheoretiker *Friedrich von Borries* hat in seinem Buch *Weltentwerfen – Eine politische Designtheorie* (2016) die These aufgestellt, dass sich entwerfende Designer taktisch verhalten müssen. Er begründet dies damit: »Weil die kritische Dimension von Design im bestehenden ökonomischen System immer instrumentalisiert werden kann, agieren Designer nicht von einer strategischen Position aus.« Da Strategie durch Macht »organisiert wird«, wird Taktik »durch das Fehlen von Macht bestimmt«. Trotz der Fähigkeiten und Kompetenzen der Designer, »agieren sie meist nicht von einer Machtposition aus«. (Wir sind auf dieses Problem im Kapitel *5.4 Designer und Politik* bereits eingegangen.) Um als Designer eine Wirksamkeit zu erzeugen, müssen sie also »Tricks und Finten« entwickeln, wozu sich unterschiedliche Haltungen anbieten, so *Friedrich von Borries*. Er beschreibt dann einige Haltungsformen:

> Kreativer Unterstützer – stellt seine Fähigkeiten zur Verfügung
> Reflektierender Ermöglicher – ist ein Katalysator, der durch Gedanken und Taten verändert
> Träumender Gestalter – entwirft als Utopist Gegenwelten zum Bestehenden, agiert nicht in der Gegenwart
> Radikal-opportunistischer Interventionist – greift als Pragmatiker in das bestehende System ein
> Temporärer Aussteiger – ist ein Idealist und will außerhalb des Systems existieren
> Pragmatischer Schläfer – der häufigste Typus des entwerfenden Designers agiert als Dienstleister und akzeptiert auch den Missbrauch seiner Kreativität

Dazu ergänzt er, dass entwerfende Designer sich selbst beauftragen, ohne von irgend jemanden einen Auftrag erhalten zu haben. Der Designer muss also »verantwortungsvoll – und damit auch politisch« handeln. In diesem Sinne können wir die strategische Akquisition – ergänzt durch Perspektiven zukünftiger Wertschöpfungsmöglichkeiten – bewerten. Wenn Sie als Designer/in sich in einer der von *Friedrich von Borries* genannten Haltungen wiedererkennen, denken Sie über Ihre Möglichkeiten zur Weiterentwicklung Ihres Handelns nach. Dazu mehr auf:

> www.unternehmendesign.de/und

Entwicklungs-schritte

Digitalisierung, Offenheit und Weltentwürfe sind die Herausforderungen an Sie als Designer/in. Damit müssen Sie sich auseinandersetzen – ob Sie wollen oder nicht. Wie das im Detail aussehen kann, welche sinnfälligen Entwicklungsschritte hier Ihrerseits zu leisten sind und wie Sie als Designer/in die *Transformation erkennen, denken und umsetzen*, das wird uns zukünftig intensiv beschäftigen. Dazu mehr an anderer Stelle!

Kapitel 13.0 zusammengefasst

Bevor Sie als Designer/in Ihre potenziellen Auftraggeber / Kunden suchen, brauchen Sie eine Zielgruppen-Strategien, die zugeschnitten ist auf Ihre Person, Ihrer Haltung und Ihrer Arbeitsweise.

Das eigentliche Ziel der Akquisition sind konkrete Angebote, um Aufträge zu gewinnen. Voraussetzung dafür sind allerdings ebenso konkrete Bedarfsfälle für Dienst-/Werkleistungen. Die spannende Frage ist daher, wann und wo ein Bedarfsfall auftritt und wie man diesen frühzeitig erkennen kann. Diese Frage wird nur dann noch übertroffen, wenn es gelingt, Bedarfsfälle zu wecken – quasi als Kür der Akquisition.

Wenn Sie als Designer/in nun einen Bedarfsfall geweckt haben, stellt sich die Frage nach den Voraussetzungen für Ihr Leistungsangebot. Um diese Frage professionell anzugehen, ist es wichtig, den Bedarfsfall möglichst präzise zu definieren und den dafür geplanten / möglichen Etat zu klären.

Mit einem Briefing geht in der Regel eine Aufforderung oder Bitte zur Erstellung eines Angebots einher. Wie zuvor bereits ausgeführt, setzt dies eine Klärung des Bedarfsfalls und des Etatplans voraus. Beides – die Konkretisierung des Bedarfsfalls und die Erstellung eines Etatplans – sind honorable Leistungen, die Sie als professionelle/r Designer/in erbringen.

Damit Sie sich an den angestrebten Idealzustand heranarbeiten können, entwickeln wir hier, aufeinander aufbauende Angebotsstrategien – von einfach bis komplex. Sie müssen also nicht sofort das Maximum angehen, sondern können sich Schritt für Schritt daran annähern. Sie werden sehen, dass Sie von Stufe zu Stufe mit Ihrem Erfolg immer sicherer werden.

Ihre Angebotsstrategie führt in der Regel nicht direkt zu Ihren Aufträgen. Als professionelle/r Designer/in müssen Sie davon ausgehen, dass Ihr potenzieller Auftraggeber / Kunde darüber immer verhandeln will. Das tut er überwiegend nicht aus Bosheit oder Hinterlist, sondern aus dem Bedürfnis heraus, Ihr Angebot zu verstehen, die inhaltliche und zeitliche Darstellung Ihrer angebotenen Leistungen nachzuvollziehen und mit seinen Anforderungen und Zielen abzugleichen – auch wirtschaftlich.

Mit dem erreichten Ziel einer erfolgreichen Angebots -und Verhandlungsstrategie – also Ihres Auftrags – ist die Akquisition für Sie als Designer/in noch lange nicht abgeschlossen. Auch während der Durchführung und Abwicklung sowie nach Abschluss Ihres Auftrags, müssen Sie laufend akquirieren, nicht nur bei neuen Auftraggebern / Kunden, sondern auch und insbesondere bei bestehenden.

Welche weiterentwickelten Fähigkeiten und Kompetenzen werden Sie als Designer/in bei dieser sich abzeichnenden Entwicklung in Zukunft brauchen? Wie werden Sie Ihre Akquisitions- und Verhandlungsstrategie darauf einstellen können und müssen? Die Beantwortung dieser Fragen erscheint uns einerseits existenziell – andererseits aber denken wir, es ist die Chance für Ihren Beruf.

Teil III
Kalkulationswert

14.0 Das große Rechnen

In den ersten beiden Teilen dieses Buches haben Sie gewissermaßen die weltanschaulichen Grundlagen für Ihre Selbstbewertung als Designer/in sowie die Leistungs- und Nutzenorientierung kennengelernt. Im dritten Teil geht es um die konkrete Frage, wie Sie diese Erkenntnisse »in klingende Münze« umsetzen können – nach Möglichkeit, ohne allzu großes Rechnen. In diesem Kapitel beschäftigen wir uns mit den Kostenrechnungsmethoden.

14.1 Kostenrechnung

In seiner Kurzgeschichte *Del rigor en la ciencia* (*Über die Genauigkeit in der Wissenschaft* im Sammelband *Universalgeschichte der Niedertracht* (1972)) von 1946 beschreibt der argentinische Schriftsteller *Jorge Luis Borges* (1899–1986) ein Land, in dem die Kunst der Kartographie zu ihrer höchsten Vervollkommnung getrieben worden war – indem sie Karten entwickelte, die so groß waren wie eine ganze Stadt, schließlich so groß wie das ganze Land. Doch spätere Generationen hätten weniger für solche Genauigkeit übrig gehabt und die Karten Wind und Wetter überlassen. Heute seien davon nur noch einige Fetzen in den westlichen Wüsten übrig, die manchmal einem streunenden Tier oder Bettler als Unterschlupf dienten.

Schon ein gutes halbes Jahrhundert vor ihm hatte *Lewis Carroll* (1832–1898), der Autor von *Alice im Wunderland*, eine ähnliche Idee. In seinem viel weniger bekannten Buch *Sylvie and Bruno Concluded* aus dem Jahr 1893 taucht ein geheimnisvoller Fremder, »Mein Herr«, mit einem deutschen Akzent auf und erzählt über die größte Karte:

> »Mein Herr schaute so völlig verwirrt drein, dass ich es für das Beste hielt, den Gegenstand zu wechseln. ›Was für eine nützliche Sache eine Taschenkarte ist!‹, bemerkte ich.
> ›Das ist noch so etwas, was wir von Eurer Nation gelernt haben‹, sagte Mein Herr, ›das Kartenzeichnen. Aber wir haben es viel weiter entwickelt als Ihr. Was, meinst Du, ist die größte Karte, die wirklich nützlich wäre?‹
> ›Ungefähr sechs Zoll zu einer Meile.‹
> ›Nur sechs Zoll!‹, rief Mein Herr aus. ›Wir kamen sehr bald auf sechs Yard zu einer Meile. Dann versuchten wir einhundert Yard zu einer Meile. Und dann hatten wir die großartigste Idee von allen! Wir zeichneten tatsächlich eine Karte im Maßstab von

einer Meile zu einer Meile!‹
›Habt Ihr die viel benutzt?‹, fragte ich.
›Sie wurde noch nie auseinandergefaltet‹, sagte Mein Herr:
›die Bauern waren dagegen: sie sagten, sie würde das ganze Land bedecken und so das Sonnenlicht abhalten! So benutzen wir jetzt das Land selbst als seine Karte, und ich versichere Ihnen, es geht fast genauso gut.‹«
(deutsch nach: *TaleBooks.com*, Chapter 11, Page 63)

Dieser Gedanke fasst sehr gut die Problematik einer Kostenrechnung zusammen. Seit dem letzten Jahrhundert wurden und werden viele Kräfte auf die Entwicklung und Vervollkommnung der Kostenrechnung verwendet. Doch dabei gerät manchmal aus dem Blick, worum es eigentlich geht: Es geht im Kern darum, einen Preis zu bestimmen. Und zwar so genau wie nötig, aber auch nur so einfach wie möglich.

Rechnungswesen

Einen Preis zu bestimmen, ist schon immer eine der Aufgaben des Rechnungswesens gewesen. Die ältesten Aufzeichnungen zur Buchhaltung sind so alt wie die Menschheit. Doch erst im neunzehnten Jahrhundert, im Zeitalter der Industrialisierung, nahm die vertiefte Beschäftigung mit Methoden der Kostenermittlung und ihrer Zurechnung auf einzelne Produkte immer größere Ausmaße an. Der erste wissenschaftliche Ansatz dazu kam aus *Deutschland* mit dem Werk *Die Calculation für Maschinenfabriken* (1877/1880) von *Albert Ballewski*. Die Wissenschaft von den Kosten in der Industrie und die Suche nach dem »richtigen« Verfahren der Kostenzuordnung entwickelte sich rasant. Die neuen Methoden wurden zwar immer genauer, aber auch immer komplizierter. Im Extremfall werden heute in Unternehmen mehrere Verfahren – parallel oder auch nacheinander – angewandt. Und die Kostenrechnung ist weit über ihren erwähnten Ursprung der Preisermittlung und -kontrolle hinaus zu einer informationellen und rechnerischen Königsdisziplin gewachsen, dem sogenannten Controlling.

Kostenrechnungsmethoden

Doch in diesem und den folgenden Kapiteln soll es nur um die Frage gehen, wie Sie als Designer/in am besten kalkulieren, also Kostenrechnungsmethoden anwenden, um Ihren Preis zu finden. Deshalb sollen hier drei grundsätzlich verschiedene Kostenrechnungsmethoden kurz vorgestellt und ihre Eignung für die Preisermittlung im Design überprüft werden.

14.2 Vollkostenrechnung

Die historisch älteste Methode ist die Vollkostenrechnung. Der Begriff Vollkostenrechnung besagt, dass alle Kosten eines Unternehmens vollständig auf den Preis der Produkte umgelegt werden. Dazu werden zwei Arten von Kosten unterschieden: zum einen die Kosten, die sich direkt auf jedes einzelne herzustellende beziehungsweise hergestellte Produkt beziehen. Diese Arten von Kosten werden als Einzelkosten (manchmal auch direkte Kosten) bezeichnet. Hauptbeispiele sind die Kosten für das Material, aus dem ein Produkt besteht, oder die Kosten für die Arbeitsleistung, die die Herstellung eines Produkts (unmittelbar) erfordert. Den Einzelkosten steht dann der (meist größere) Rest an Kosten im Unternehmen gegenüber, die Gemeinkosten.

Einzelkosten

Für die Kalkulation des Preises eines Produkts können dann in einem ersten Schritt zunächst die Einzelkosten dem einzelnen herzustellenden beziehungsweise hergestellten Stück zugerechnet werden.

> Beispiel 1: Der italienische Möbelhersteller *Kartell* stellt Kunststoffmöbel her. Es ist bekannt, wie viel Kunststoffmaterial für die Herstellung eines bestimmten Produkts verwendet wird, zum Beispiel für das Stuhlmodell *Louis Ghost*. Es ist ebenfalls bekannt, wie viel Stück davon hergestellt werden. Also lässt sich sehr einfach feststellen, wie viel Kosten für das Kunststoffmaterial eines einzelnen *Louis Ghost* entstehen. Da *Kartell* in kleinen Fabriken im Umland seines Firmensitzes produzieren lässt, gibt es auch einzelne Aufträge an diese Fabriken, die mit der Produktion einer bestimmten Stückzahl beauftragt werden. Dafür schreiben sie Rechnungen – entweder als Gesamtbetrag pro Stück, als Einzelpositionen für Material und Herstellung oder auch als Pauschalbetrag für die Herstellung einer bestimmten Anzahl von Stühlen *Louis Ghost*. Egal wie – *Kartell* kann daraus ohne großen Aufwand die Kosten pro einzelnem gelieferten Stuhl ermitteln.

Gemeinkosten

Doch ein Unternehmen hat auch noch viele andere Kosten, die sich leider nicht direkt auf das einzelne Produkt beziehen lassen: Mieten für die Räume, in denen es arbeitet, Gehälter für die Mitarbeiter, die in der Verwaltung tätig sind, Ausgaben für Werbung und Marketing und so weiter. Das alles – also der gesamte Rest – sind Gemeinkosten. Betrachtet man ein Unternehmen als Gesamtheit, hat es meistens einen viel höheren Anteil an solchen Gemeinkosten als an Einzelkosten. Und genau darin liegt das Problem.

> Beispiel 2: Weiter mit der Firma *Kartell*. Sie kann alle restlichen Kosten, also die Gemeinkosten, einfach auch durch die Gesamtzahl der zu produzierenden beziehungsweise produzierten Möbelstücke teilen und erhielte so einen bestimmten Betrag, der pro Möbelstück gleich ist. Ob ein Möbelstück – von seinen Einzelkosten her – teurer oder billiger ist, wird so nicht berücksichtigt. *Kartell* könnte also anfangen sich zu überlegen, dass es ja viel besser ist, billigere Möbel zu verkaufen, da sich diese meist leichter (das heißt in höheren Stückzahlen) verkaufen lassen und ja denselben Beitrag an Gemeinkosten beitragen wie die teureren. Mit einer solchen Kostenrechnung (und einem einheitlichen Betrag an Gemeinkostenbeitrag) würden also für *Kartell* automatisch die teureren Möbelstücke weniger attraktiv als die billigeren.

Kostenstellenrechnung

Aber entspricht das wirklich der Realität? Und noch wichtiger: Entspricht das den Unternehmenszielen? Deswegen wurde (und wird) die Kostenrechnung in Bezug auf die Möglichkeiten der Zurechnung der Gemeinkosten zum einzelnen Produkt vielfach weiterentwickelt und detailliert. Man kann nämlich annehmen, dass verschiedene Abteilungen im Unternehmen unterschiedlich an der Herstellung eines einzelnen Produkts mitwirken; daher kann man die Kosten in einem ersten Schritt nach dem Verursacherprinzip auf die Abteilungen verteilen, dann den Anteil der Abteilungen an der Herstellung eines bestimmten Produkts herausfinden und auf diese Weise die Gemeinkosten etwas präziser verteilen (das ist dann die Kostenstellenrechnung).

Prozesskostenrechnung

Oder man kann verschiedene große Tätigkeitsabläufe im Unternehmen identifizieren, dann herausfinden, wie diese Prozesse an der Herstellung einzelner Produkte beteiligt sind und diese dann als Grundlage für die Zurechnung der Gemeinkosten verwenden (das wäre dann die Prozesskostenrechnung).

Bei all diesen Ansätzen zeigt sich immer wieder eine Tendenz der Kostenrechnung zur Entwicklung der zu Beginn dieses Kapitels erwähnten größten Karte: Immer mehr Informationen, immer detailliertere Daten werden mit immer aufwändigeren IT-Systemen verarbeitet, um ein möglichst exaktes Kostenergebnis zu bekommen. Oder wie es der antike Dichter *Horaz* ausdrückt: »parturiunt montes nascetur ridiculus mus – (Die Berge geraten in Aufruhr und gebären eine lächerliche Maus)«.

In der Praxis viel wichtiger ist noch ein ganz anderes Problem der Vollkostenrechnung. Die Nachfrage nach Produkten ist nicht gleichbleibend. Gerade in Zeiten höherer Käufermacht bestimmt die Nachfrage den Preis, und nicht irgendwelche Kostenfaktoren oder andere Erwägungen im Anbieter-Unternehmen. Die erste und schwierigste Frage ist dabei, wie ein Unternehmen schwankende Absatzzahlen in den Griff bekommt.

> Beispiel 3: Die Auftragnehmer der Firma *Kartell* produzieren auch für andere Auftraggeber. Wenn ein Auftragnehmer zwei große Kunststoffspritzguss-Maschinen hat, können diese kontinuierlich laufen. Das lässt sich allerdings nicht von den Aufträgen sagen, die er erhält. Zwar können Aufträge ein bisschen geschoben werden, also ihre Bearbeitung besser auf die zur Verfügung stehenden Maschinenlaufzeiten verteilt werden, wenn die Auslastung hoch ist. Aber was tun, wenn die Auslastung zu niedrig ist und er nur zu erheblich niedrigeren Preisen an Aufträge kommen kann: Soll er hier bei seinen zu Vollkosten ermittelten Preisen bleiben? Und wenn nicht, wie weit kann er mit dem Preis heruntergehen, ohne sich in Grund und Boden zu wirtschaften?

14.3 Teilkostenrechnung

Die vorgenannte Frage versucht die Teilkostenrechnung zu beantworten. Dazu teilt sie die Kosten anders auf als die Vollkostenrechnung.

Variable Kosten

An erster Stelle steht hier die Frage, welche Kosten sich in Abhängigkeit von der Menge hergestellter Produkte ändern und welche nicht. Sinken also bestimmte Kosten, wenn weniger produziert wird, dann handelt es sich um variable Kosten. Das werden häufig Kosten sein, die auch Einzelkosten nach der Vollkostenrechnung sind, zum Beispiel Material- und Fertigungskosten.

Aber eben nicht nur. Stromkosten lassen sich beispielsweise höchstens auf bestimmte Gebäude- und damit allenfalls Betriebsteile umlegen, aber nicht auf ein bestimmtes produziertes Stück. Trotzdem nimmt der Stromverbrauch (zumindest im Fabrikgebäude) mit höherer Produktion zu, mit niedrigerer Produktion ab. Es handelt sich also um variable Kosten.

Fixkosten

Als Fixkosten werden dagegen Kosten bezeichnet, deren Gesamthöhe gleich bleibt, auch wenn sich die produzierten Mengen ändern. Ähnlich wie bei der Vollkostenrechnung gibt es also ein Auffangbecken: Kosten, die nicht variabel sind, sind Fixkosten.

Deckungsbeitrag

Für die erwähnten Produktionsschwankungen ergibt sich mit diesem Denkansatz folgender Vorteil: Da ein Unternehmen die Fixkosten in jedem Fall hat, also ohne Rücksicht auf seine Auslastung, macht es Sinn, Aufträge schon dann zu übernehmen, wenn nur ein klein wenig mehr als die variablen Kosten dabei herausspringen. Denn wenn die variablen Kosten gedeckt sind, fängt die Deckung der Fixkosten an. Und das ist in jedem Fall besser, als gar nichts an Fixkosten abzudecken. Jeder Cent über die variablen Kosten hinaus liefert also einen Deckungsbeitrag – zur Bestreitung der Fixkosten.

Die Deckungsbeiträge kann man auch abstufen, das heißt einen Deckungsbeitrag für ein bestimmtes Produkt ermitteln, dann einen für eine bestimmte Produktgruppe, dann einen für einen bestimmten Standort, und so weiter. Diese gestuften Deckungsbeiträge beginnen beim produktnächsten Deckungsbeitrag »1« und beziehen sich dann mit Deckungsbeitrag »2«, Deckungsbeitrag »3« et cetera auf immer größere Einheiten. Man kann so die Fixkosten ebenfalls relativ einfach strukturieren.

Preisuntergrenze

Und die Teilkostenrechnung hat noch einen anderen Vorteil: Indem man die variablen Kosten pro zu produzierendem beziehungsweise produzierten Stück ermittelt, erhält man den Betrag, den man auf keinen Fall mit dem Preis unterschreiten darf, also die absolute Preisuntergrenze. Erst wenn dieser Betrag unterschritten wird, deckt das verdiente Geld noch nicht einmal die Kosten für die Produktion selbst, ohne alle anderen Kosten. In diesem Fall lässt man es also lieber.

Damit ist diese Methodik auch das große Problem der Teilkostenrechnung: Denkt ein Unternehmen nur in diesen Kategorien, besteht die große Gefahr, die Gesamtkosten aus dem Blick zu verlieren. Denn so schön ein auch noch so geringer Deckungsbeitrag in Zeiten geringer Auslastung sein mag, so wichtig ist es aber auch, die Gesamtkosten des Unternehmens zu decken. Und das heißt dann, dass es auch Zeiten hoher Auslastung geben muss und – noch problematischer – wegen der maximalen Produktionskapazitäten dann die Preise eigentlich auch angehoben werden müssen, um durch höhere Deckungsbeiträge die niedrigeren zu kompensieren. Doch in welchem Markt geht das heute noch?

14.4 Zielkostenrechnung

Womit die dritte Kostenrechnungs- und Kalkulationsmethode die Bühne betritt: Die Zielkostenrechnung (oder »Target Costing«) bietet eine Methode, die eine Anpassung der Kosten eines Unternehmens an die maximal am Markt erzielbaren Preise ermöglicht. Und das geht so. Auf den ersten Blick ähnelt die Zielkostenrechnung einer klassischen (Vollkosten-)Kalkulation – von hinten: Über den am Markt höchstens erzielbaren Preis kommt man durch Abzug der gewünschten Gewinnmarge auf den Betrag der höchstens zulässigen Kosten pro verkauftem Stück eines Produkts (auch bezeichnet als »Allowable Costs«, erlaubte Kosten). Die – von vorne – ermittelten variablen und fixen Kosten pro Stück werden andererseits nur als Rohergebnis gesehen, also als Kosten, die noch reduziert werden können (»Drifting Costs«).

Marktforschung

Und eigentlich erst jetzt setzt das wirklich Besondere, Neue der Zielkostenrechnung ein. Denn für die Frage, wie die Kosten pro Stück reduziert werden können, wird die Marktforschung eingesetzt. Die Käufer werden gefragt, welche Eigenschaften des Produkts ihnen wie wichtig ist.

> Beispiel 4: Bezogen auf den Stuhl *Louis Ghost* (aus *Beispiele 1–3*) würde eine Marktforschung ermitteln, welche Eigenschaften eines Stuhls von Käufern für wie wichtig gehalten werden, zum Beispiel: Sitzkomfort? Form / Aussehen? Stabilität? Stapelbarkeit? – solche Untersuchungen gibt es tatsächlich, zum Beispiel für Automobile, Kleidung, und sie können auch eine klare Hierarchie an Eigenschaften hervorbringen. Aber Vorsicht: Wie auch bei Juristen, ist der Preis für sich keine Eigenschaft des Produkts!

Daraus ist eine möglichst realistische Einschätzung zu entwickeln, welche Eigenschaften in welchen Anteilen prozentual welche Bedeutung für Käufer haben. Das ist eine erste Schwierigkeit der Zielkostenrechnung, denn die erwähnten Marktforschungen ergeben nur eine Reihenfolge der Wichtigkeit.

> Beispiel 5: Wenn 92,3 Prozent der Käufer bei einem Stuhl den Sitzkomfort als besonders wichtig empfinden, dagegen vielleicht nur 76,3 Prozent seine Stabilität, dann sagt das allenfalls ansatzweise etwas über den Anteil von Sitzkomfort und Stabilität an den Gesamteigenschaften aus, die Käufern wichtig sind.

Gewichtete Eigenschaften

Andererseits versucht die Zielkostenrechnung dann, den gewichteten Eigenschaften Anteile an den Kosten zuzuordnen und diese beiden Werte gegenüberzustellen. Daraus lässt sich dann ableiten, wo und wie die Kosten angepasst werden können – und sollten.

> Beispiel 6: Sind von den Gesamtkosten eines Stuhls die Materialkosten nur zu 10 Prozent an der Eigenschaft Sitzkomfort beteiligt, kann also ein kostengünstigeres Material gewählt werden, ohne dass die Gefahr droht, dass Käufer deswegen den Sitzkomfort als weniger gut beurteilen. Sind andererseits die Materialkosten zu 85 Prozent ausschlaggebend für die Stabilität des Stuhls, so muss hier bei der Wahl eines kostengünstigeren Materials große Vorsicht walten, da der Stuhl sonst sehr leicht als wackelig – möglicherweise mit einem anderen Material als noch wackeliger – wahrgenommen wird.

Das alles lässt sich dann rechnerisch umwandeln und in konkrete Vorgaben für das Produktmanagement umsetzen. Am Ende steht mithilfe der Zielkostenrechnung ein kosten-optimiertes Produkt, das Käufer als mindestens gleichwertig (möglicherweise sogar höherwertig) wahrnehmen.

Nachteil Marktmittelmaß

Natürlich hat aber auch dieser Ansatz der Kostenrechnung Nachteile. Der erste ist, dass auch Kunden nicht immer alles wissen, und es manchmal besser ist, nicht zu intensiv auf sie zu hören. *Henry Ford* (1863–1947) wird (wohl unberechtigt) das Zitat zugeschrieben: »If I had asked people what they wanted, they would have said faster horses (Wenn ich die Leute gefragt hätte, was sie wollten, hätten sie gesagt: schnellere Pferde)«. Mit anderen Worten: Zielkostenrechnung fördert nicht unbedingt innovative, neue Produkte, sondern reduziert eher vorhandene Produkte auf ein Marktmittelmaß. Doch gerade in Zeiten immer kleinerer, zersplitterter Teilmärkte kann ein und dasselbe Produkt durchaus verschiedenen Zielgruppen in unterschiedlicher Weise wichtig und nützlich sein. Und dazu muss noch nicht einmal das extreme Beispiel einer »Umnutzung« dienen, etwa indem ein *IKEA*-Regal zum Hundehäuschen gehackt wird.

14.5 Relative Einzelkostenrechnung

Steht damit schon alleine aus der Beschäftigung mit den drei dargestellten großen Ansätzen (Voll-, Teil- und Zielkostenrechnung) fest, dass es nicht die eine »richtige« Kostenrechnungsmethode gibt, wird es in der Übertragung auf die Bedürfnisse von Designern für ihre eigenen Kalkulationszwecke noch klarer: Nichts davon passt so richtig für ein Designbüro. Und zwar egal, wie groß es ist oder was es macht.

Allerdings wenden die meisten Unternehmen in der Praxis – wie gesagt – die Kostenrechnungsmethoden meist abgewandelt, kombiniert oder auch nebeneinander an. Und genau ein solcher Kombinationsansatz ist auch das, was sich für Designer empfiehlt. Dafür gibt es den wissenschaftlichen Ansatz der relativen Einzelkostenrechnung, den der Betriebswirtschaftler *Paul Riebel* (1918–2001) in wissenschaftlichen Aufsätzen entwickelte, erstmals 1972 in einem Buch gesammelt veröffentlichte und in zahlreichen Auflagen vervollkommnete (zuletzt: *Einzelkosten- und Deckungsbeitragsrechnung* (1994)). Dieser Ansatz eignet sich deshalb so gut auch für Designer, weil er im Prinzip nicht auf ein materielles Produkt aufbauen muss (er kann dies aber und belässt es dafür dann bei den klassischen, einfach zu unterscheidenden Einzelkosten). Vielmehr wird dabei eine primäre Bezugsgröße ermittelt, auf die die Kostenrechnung aufbauen kann, wenn ein materielles Produkt komplett fehlt. Und diese primäre Bezugsgröße kann auch eine Dienstleistung sein – wie zum Beispiel die Design-Dienst-/Werkleistung.

Der Ansatz wird im folgenden Kapitel *15.0* dargestellt. In den darauf folgenden Kapiteln *16.0* bis *19.0* wird dieser Grundansatz dann auf die vier hauptsächlichen Gebiete des Designs angewandt:

Darstellung und vier Gebiete

> Objekte
> Kommunikationen
> Umwelten
> Systeme

Die vier Gebiete sind bewusst nicht nach den üblichen Bezeichnungen für Designspezialisierungen gewählt, weil sie sehr einseitig eine funktional-designerzentrierte Sicht widerspiegeln. Die genannten Gebiete ergeben sich vielmehr als generische Konzepte der Interaktion zwischen der Intention der Designer und den Bedürfnissen und Wahrnehmungen der Nutzer beziehungsweise Auftraggeber / Kunden. Allen zugrunde liegt eine Definition, die vielen Lesern vielleicht zu eng erscheinen mag, die aber auch keinen Anspruch auf Allgemeingültigkeit erhebt, sondern nur als Basis für die Darstellung in diesem Kapitel dienen soll. Design wird hier verstanden als die Tätigkeit, die menschliche Umwelt im Rahmen einer ökonomischen Wertschöpfung ohne Vorgaben der Natur zu gestalten.

Grundlage wirtschaftlicher Aktivitäten

Die Gestaltung menschlicher Umwelt außerhalb einer ökonomischen Wertschöpfung mag Kunst, Handwerk oder sonstige Gestaltung sein – für die Frage, wieviel Design »wert« ist, kommt es aber logischerweise auf ein wertschöpfendes Tun an. Und – das ist die Essenz der Teile *I* und *II* dieses Buches – solch ein Wert entsteht stets und nur dann, wenn jemand anderes als die gestaltende Person bereit ist, dafür Geld zu zahlen. Mit anderen Worten: »L'art pour l'art« ist hoch zu achten, aber sie kann nicht die Grundlage für geplante wirtschaftliche Aktivitäten sein. Oder um es mit den Worten des Modedesigners *Dries van Noten* zu sagen:

> »I always compare my job with a good baker, someone who can make very good cakes. You can make the most beautiful cakes imaginable and many of them. But when it's not really so delicious and people aren't eating them, there's no sense baking them. (Ich vergleiche meinen Beruf immer mit dem eines Konditors – jemandem, der sehr gute Torten machen kann. Man kann die schönsten Torten machen, die man sich vorstellen kann, und viele davon. Aber wenn sie nicht wirklich so gut schmecken und die Leute sie nicht essen, hat es keinen Sinn sie zu backen.)«

Kapitel 14.0 zusammengefasst

Die Wissenschaft von den Kosten in der Industrie und die Suche nach dem »richtigen« Verfahren der Kostenzuordnung entwickelte sich rasant. Die neuen Methoden wurden zwar immer genauer, aber auch immer komplizierter.

Der Begriff Vollkostenrechnung besagt, dass alle Kosten eines Unternehmens vollständig auf den Preis der Produkte umgelegt werden.

Das große Problem der Teilkostenrechnung: Denkt ein Unternehmen nur in diesen Kategorien, besteht die große Gefahr, die Gesamtkosten aus dem Blick zu verlieren. Denn so schön ein auch noch so geringer Deckungsbeitrag in Zeiten geringer Auslastung sein mag, so wichtig ist es aber auch, die Gesamtkosten des Unternehmens zu decken.

Die Zielkostenrechnung (oder »Target Costing«) bietet eine Methode, die eine Anpassung der Kosten eines Unternehmens an die maximal am Markt erzielbaren Preise ermöglicht.

Der Ansatz der relativen Einzelkostenrechnung wird im folgenden Kapitel *15.0* dargestellt. In den darauf folgenden Kapiteln *16.0* bis *19.0* wird dieser Grundansatz dann auf die vier hauptsächlichen Gebiete des Designs angewandt: Objekte, Kommunikationen, Umwelten und Systeme.

Teil III
Kalkulationswert

15.0 Die Fünf-Schritt-Kalkulation für Designer

Wenn Sie das vorhergehende Kapitel bewältigt haben, dann wissen Sie jetzt, dass Ihnen die Kostenrechnung mit ihren Methoden eigentlich nicht weiterhilft. Oder doch?

Falls Sie tatsächlich zu diesem Schluss gekommen sind, verdeutlicht dieses Kapitel eine durchaus praktikable Methode für Sie, weil sie sich Ihrer wachsenden Betriebsgröße praktisch automatisch anpasst – bis Sie in die Liga der wirklichen Industriebetriebe aufgestiegen sind (falls Sie das wirklich wollen) und dann ganze Stäbe von wissenschaftlich ausgebildeten Mitarbeitern haben, die in Ihrem Unternehmen dann das Controlling machen.

Sie werden eine relativ einfache Methode kennenlernen, die sich in der Praxis inzwischen schon mehrfach bewährt hat. Sie ist einerseits nicht zu grob, als dass sie Ihnen nicht wirklich helfen würde. Und sie ist andererseits nicht zu kompliziert, als dass Sie sie nicht anwenden könnten.

Ausgangspunkt für Ihre Kalkulations- und Kostenrechnungs-Methode ist zunächst die für Sie anzuwendende sogenannte primäre Bezugsgröße: die kleinste Einheit der Leistung(en), die Sie anbieten.

15.1 Schritt 1 – zum realistischen Angebot

> Schritt 1: Finden Sie die kleinste Einheit Ihres Leistungsangebots als Ihre primäre Bezugsgröße heraus – das wird meistens die Produktivarbeitsstunde sein.

> Beispiel: Sie arbeiten rein konzeptuell, indem Sie Produkte für (mögliche) Auftraggeber entwerfen und / oder diese bis zur Marktreife beraten. Dann ist das, was Sie anbieten Ihre Arbeitszeit (in Stunden, gegebenenfalls auch in Tagen), die deswegen Ihre primäre Bezugsgröße ist. Sie sollten daher Ihre Kosten auf diese Bezugsgröße berechnen beziehungsweise an dieser primären Bezugsgröße messen, also am besten auf Basis von Stunden (oder Tagen). Eine minutenweise Abrechnung ist häufig bereits ein Schritt zu weit in die Detaillierung – es sei denn, es handelt sich bei Ihrem Designbüro um ein sehr großes und Sie haben viele Mitarbeiter. Dann kann es schon sinnvoll sein, sogar minutenweise abzurechnen.

Verschiedene Leistungen

Es kann auch sein, dass Sie verschiedene Arten von Leistungen anbieten, die sich nicht so einfach »über einen Kamm scheren lassen«. Dann können Sie durchaus unterschiedliche primäre Bezugsgrößen wählen. Das Problem könnte dann aber sein, dass Sie unter Umständen einzelne Kostenpositionen nicht klar zwischen den verschiedenen primären Bezugsgrößen aufteilen können.

> Beispiel: Neben der erwähnten konzeptuellen Tätigkeit verkaufen Sie auch selbst eigene Produkte, die Sie auf eigene Rechnung herstellen (lassen). In diesem Fall gibt es eine alternative oder ergänzende primäre Bezugsgröße, nämlich das einzelne Produkt, das Sie verkaufen. Dann taucht für verschiedene Kosten die Frage auf, wie viel davon Sie der einen, wie viel der anderen primären Bezugsgröße zuordnen. Also nicht zuletzt Ihre Zeit: Wie viel haben Sie für Konzeption, wie viel für die eigene Produktion verwendet?

Lassen Sie sich davon nicht abschrecken – diese primäre Bezugsgröße dient nur dazu, dass Sie einen »Aufhänger« für Ihre (interne) Kalkulation haben. Die verschiedenen Bezugsgrößen laufen dann später noch zusammen. Wenn Sie bestimmte Kosten dabei nur mit unverhältnismäßig großem Aufwand zuordnen oder aufteilen können, lassen Sie sie gedanklich erst einmal einfach »in einem großen Topf«, der zum Schluss der Kalkulation dazugerechnet wird. Es kann aber auch sein, dass primäre Bezugsgröße von Ihren internen Arbeitsabläufen her nicht auf einer Stufe stehen. Auch das macht nichts: Fangen Sie einfach mit der primären Bezugsgröße an, die in Ihren Arbeitsprozessen am weitesten vorne steht, mit der Sie also voraussichtlich den größten Umsatzanteil erzielen.

> Beispiel: Bei den beiden zuvor genannten Kategorien von Leistungsangeboten – reine Entwurfsleistung und eigenes Warenangebot – erbringen Sie Arbeitszeit für beide. Dass Sie diese Arbeitszeit für Ihr Entwurfs- und Beratungsangebot als primäre Bezugsgröße nehmen, aber für Ihr Warenangebot nicht, ist völlig in Ordnung – solange Sie nicht überwiegend vom Verkauf von Produkten leben.

15.2 Schritt 2 – zum realistischen Angebot

Als nächsten Schritt finden Sie dann – wie schon angedeutet – heraus, welche Kosten Sie der primären Bezugsgröße direkt zuordnen können. Es handelt sich dabei um sogenannte Einzelkosten (weil sie »direkt« einer Bezugsgröße zugeordnet werden können, werden sie auch manchmal »direkte« Kosten genannt). In kleinen und mittleren Designbüros ist das vor allem Ihre Arbeitszeit. Mit Arbeitszeit ist dabei sowohl Ihre Arbeitszeit als auch die Ihrer (möglichen oder tatsächlichen) Mitarbeiter gemeint.

Um diese Kosten zu erfassen – und das lohnt sich in jedem Fall – fangen Sie mit den von Ihnen tatsächlich bezahlten Arbeitsstunden an und rechnen diese möglichst vollständig pro primäre Bezugsgröße zu. Fachleute nennen das Produktivstunden. Alles, was Sie selbst an Arbeitszeit bezahlen müssen, gehört dazu – und zwar nicht nur bei festangestellten Kräften, sondern auch bei Freelancern.

> Schritt 2: Ermitteln Sie die in Ihrem Büro anfallenden bezahlten Produktivstunden auf Basis der primären Bezugsgröße, also in Stunden oder Tagen. Teilen Sie dann Ihre Gesamtkosten durch die ermittelten Produktivstunden, sodass Sie einen Kostenbetrag pro Produktivstunde erhalten.

Eigene Arbeitszeit

Als nächstes taucht die Frage auf, wie Sie mit Ihrer eigenen Arbeitszeit umgehen – die häufig nicht unmittelbar bezahlt wird, sondern sozusagen »im Unternehmen bleibt«. Schreiben Sie dazu Ihre eigenen Arbeitszeiten auf und setzen Sie für sich selbst – wie für einen virtuellen Mitarbeiter – einen Stundensatz an. Egal ob und, wenn ja, wie viel und wann Sie an sich selbst bezahlen, sollten Sie in jedem Fall berücksichtigen, dass Sie auf absehbare Zeit von irgendetwas leben müssen.

Selbst wenn Sie Ihre eigenen Einkünfte aus dem Designbüro zu Anfang noch bewusst sehr niedrig oder gar nicht ansetzen, muss Ihnen klar sein, dass dies auf Dauer unrealistisch ist. Denn wenn Sie anfangs versuchen, über niedrige Preise Kunden zu akquirieren, ist das nicht nur ökonomisch unklug, sondern auch beim besten Willen einfach nicht lange durchzuhalten. Als kleines Design-Start-up verfügen Sie in der Regel nicht über die Ressourcen für eine dauerhafte Preisunterbietung; zudem haben Sie – anders als produzierende Industrieunternehmen – kaum Möglichkeiten, Ihre allgemeinen Kosten auf immer mehr primäre Bezugsgrößen umzulegen.

Kalkulatorischer Unternehmerlohn

Deswegen ist es besser, wenn Sie für sich selbst von Anfang an einen bestimmten »Stundenlohn« in Ihre Kalkulationen einrechnen, der auch möglichst realistisch alle Komponenten berücksichtigt, die für Ihr Leben relevant sind (vom Kühlschrankinhalt bis Rente alles Notwendige, Luxuriöse und im Voraus Planbare, was für Sie persönlich wichtig ist). In der Fachsprache heißt dieser virtuelle, zunächst nur rechnerische Lohn »kalkulatorischer Unternehmerlohn«. Ihr Bestreben muss darauf gerichtet sein, diesen kalkulatorischen – das heißt rechnerischen – Unternehmerlohn möglichst bald und weitgehend in reales Einkommen umzuwandeln.

Bei der Frage, wie viel Sie eigentlich realistisch kosten, kommt es vor allem auf Ihre – realistische – Selbsteinschätzung an. Wenn Sie hier zu niedrig herangehen, dürfen Sie sich nicht wundern, dass Sie auf keinen grünen Zweig kommen. Wenn Sie zu hoch herangehen, dann werden Sie wohl etwas Schwierigkeiten haben, Kunden zu finden:

> ❯ Konkret können Sie das Thema so angehen, wie von uns in der dritten Auflage von *Designbusiness gründen und entwickeln* (2017) dargestellt – im Kapitel *11.4 Honorarkalkulation* (Kapitel *16.4* in der zweiten Auflage (2010)). Sie gehen also von einem Ziel-Jahreseinkommen aus und rechnen dann auf die einzelne Stunde herunter. Dadurch entstehen sogenannte berechenbare Stunden (»billable hours«), die Sie auch bei einer Offenlegung Ihrer geleisteten Stunden gegenüber einem möglichen Auftraggeber begründen können.

Realistisch berechenbare Zeit

Sie sollten daher nicht viel mehr Stunden pro Jahr angeben als jemand realistischerweise auch arbeitet beziehungsweise arbeiten kann. Bei 365 Kalendertagen im Jahr, müssen Sie zunächst circa 117 Samstage, Sonntage und Feiertage (maximal in *Deutschland*), dann noch circa 30 Urlaubstage und circa 8 Ausfalltage (wegen Krankheit und Sonstigem) abziehen. Es verbleiben Ihnen dann noch gerade mal 210 Arbeitstage. Multiplizieren Sie diese mit acht Arbeitsstunden je Tag und Sie kommen auf insgesamt 1680 Stunden pro Jahr. Höher sollten Ihre berechenbaren Stunden auf keinen Fall liegen – in der Praxis und bei der nachträglichen Kontrolle Ihrer Aufträge werden Sie eher feststellen, dass Sie gar nicht so viele Stunden berechnen können, wie Sie tatsächlich arbeiten.

Wenn Sie zu zweit oder mehreren sind, berücksichtigen Sie die Arbeitszeit aller. Und wenn Sie Angestellte haben, deren (Regel-)Arbeitszeit. Gehen Sie dabei ruhig von realistischen Größen aus. Vielleicht haben Sie ja bestimmte Jahreszeiten, in denen Sie quasi rund um die Uhr arbeiten? Dann berücksichtigen Sie das entsprechend (aber vergessen Sie nicht, dass Sie und die anderen auch Urlaub machen).

> Beispiel: Sie haben im Jahr insgesamt Kosten von 100 000 Euro und arbeiten mit einem fest angestellten Mitarbeiter, der pro Woche 20 Stunden arbeitet. Das ergibt also für Sie selbst und den Mitarbeiter insgesamt 2520 Arbeitsstunden. 100 000 Euro geteilt durch 2520 Stunden ergibt also 39,68 Euro Kosten pro Arbeitsstunde.

Wenn Sie tatsächliche Personalkosten für Angestellte haben, können Sie diese direkt zuordnen. Dazu teilen Sie den Gesamtbetrag an Personalkosten (also das sogenannte Arbeitgeber-Brutto, einschließlich der Sozialabgaben für Kranken-, Renten-, Arbeitslosen- und Unfallversicherung, die Sie als Arbeitgeber über das mit einem Angestellten vereinbarte Bruttoentgelt hinaus entrichten) durch die von dem betreffenden Mitarbeiter zu leistenden Produktivstunden.

> Beispiel: Ein Mitarbeiter ist mit 40 Stunden pro Woche und einem Gehalt von brutto 3000 Euro bei Ihnen angestellt. Entweder ermitteln Sie die zusätzlich von Ihnen zu tragenden Kosten (siehe Entgeltabrechnungen) oder Sie rechnen pauschal 20 Prozent auf das vereinbarte Bruttomonatsgehalt drauf – das kommt meist ungefähr hin.

Sie müssen dann allerdings darauf achten, wie viele tatsächliche Produktivstunden Sie für einen bestimmten Auftrag oder ein bestimmtes Produkt voraussichtlich haben werden. Dabei ist zu empfehlen, dass Sie eher mehr annehmen als Sie anfangs vermuten.

Nun arbeiten Sie mit dem errechneten Kostenbetrag pro Produktivstunde.

15.3 Schritt 3 – zum realistischen Angebot

> Schritt 3: Den in *Schritt 2* errechneten Kostenbetrag pro Produktivstunde benutzen Sie nun, um auf dieser Basis der geschätzten Produktivstunden einen Angebotspreis für einen Auftrag zu errechnen.

Es handelt sich dabei um die relative Preisuntergrenze. Das heißt: Wenn Sie die gesamten Produktivstunden Ihres Designbüros zu diesem Betrag abrechnen können, decken Sie alle Kosten vollständig ab.

> Beispiel: Für einen Auftrag entstehen an Kosten:
> > direkte Kosten (zum Beispiel für die Unterbeauftragung von Programmierern)
> > die (zunächst geschätzten) Arbeitsstunden mal Gesamtkosten pro Arbeitsstunde (39,68 Euro im obigen Beispiel)

Wenn für einen Auftrag voraussichtlich bestimmte Kosten entstehen, die unabhängig vom Umfang der angenommenen Arbeitsstunden für diesen Auftrag sind, dann sind diese im Prinzip bereits durch diesen Kalkulationsansatz berücksichtigt. Wenn Sie solche Kosten trotzdem für einen einzelnen Auftrag ansetzen, schaffen Sie damit einen Sicherheitspuffer. Sie können also den Umfang dieser Kosten pro Auftrag als Verhandlungsmasse benutzen – wenn Sie sicher sein können, dass Sie selbst dafür später nicht mehr bezahlen müssen. Wenn Sie dieser eher überschlägigen Herangehensweise nicht trauen, müssen Sie eine differenziertere Methode benutzen.

15.4 Schritt 4 – für Differenziertere

Wenn Sie mit spitzer Feder kalkulieren müssen oder wollen, dann kann es sich lohnen, Ihre Kalkulation auf der Basis der vorherigen Schritte zu differenzieren. Dafür teilen Sie Ihre jährlichen Kosten für Löhne, Freelancer und Ihren kalkulatorischen Unternehmerlohn durch die Gesamtzahl an realistischen Produktivstunden. Alle anderen Kosten (zum Beispiel für Miete, Betriebsversicherungen, Reisen, Werbung, Fachliteratur, Bürobedarf, Telefon, Porto, Bankkonto et cetera) teilen Sie ebenfalls durch die Gesamtzahl an realistischen Produktivstunden. Sie erhalten dann zwei verschiedene Kostensätze auf der Basis Ihrer primären Bezugsgröße. Der Unterschied liegt aber darin, dass es sich bei dem ersten (dem für die Arbeitszeitkosten) um einen direkten Kostenbetrag und bei dem zweiten (für die restlichen Kosten) um einen indirekten, rein rechnerischen Kostenbetrag handelt.

> Schritt 4: Trennen Sie bei der Berechnung Ihrer Kosten zwischen den Arbeitszeitkosten und den restlichen Kosten, auch wenn Sie beide auf der Basis von Produktivstunden errechnen, um bei Auftragsschwankungen Ihre Preise anpassen zu können.

Um Höhe der Arbeitszeitkosten und die aller restlichen Kosten zu ermitteln, schauen Sie in Ihren Businessplan, Ihre Betriebswirtschaftlichen Auswertungen (BWA) oder Ihre Einnahmen-Überschussrechnung (EÜR). Wenn Sie all das nicht haben, müssen Sie schätzen. Allerdings sollten Sie dann sehr bald nachprüfen, ob

Sie mit diesen Schätzungen richtig lagen und diese Daten auch spätestens jährlich überprüfen.

> Beispiel: Für einen Auftrag entstehen an Kosten:
> > direkte auftragsbezogene Kosten (zum Beispiel für die Unterbeauftragung von Programmierern)
> > die (zunächst geschätzten) Arbeitsstunden mal Arbeitgeberkosten pro Arbeitsstunde
> > die auf die jeweilige Arbeitsstunde umgelegten anderen (indirekten) sonstigen Kosten Ihres Büros (zum Beispiel Mieten)
> Die im Beispiel oben erwähnten 39,68 Euro teilen sich dann auf die zweite und dritte Position auf.

In den genannten Unterlagen – Businessplan, BWA oder EÜR – finden Sie alle Ausgaben Ihres Unternehmens pro Jahr, und wir wollen der Einfachheit halber einmal davon ausgehen, dass diese Ausgaben identisch mit den Kosten sind (an dieser Stelle raufen sich Ökonomen und Betriebswirte die Haare, dass das so einfach nicht geht, aber bei einem kleinen bis mittleren Designbüro spielt das, ehrlich gesagt, keine Rolle).

Preisuntergrenze und Deckungsbeitrag

Wenn Sie nun von Ihren Einnahmen oder Ihrem Angebotspreis für ein Angebot die voraussichtlichen Arbeitszeitkosten abziehen, dient jeder Euro, den Sie darüber hinaus verdienen, dazu, die restlichen Kosten Ihres Designbüros zu decken. Sie können also durchaus für ein Angebot bis an diese Preisuntergrenze herangehen – vorausgesetzt, Sie können die restlichen Kosten mit anderen Aufträgen decken. Deswegen spricht man bei dieser Kostengrenze von der absoluten Preisuntergrenze und bei dem darüber hinausgehenden Betrag von einem Deckungsbeitrag (also dem Beitrag zur Deckung Ihrer restlichen Kosten).

> Beispiel: Angenommen, die im Beispiel erwähnten Gesamtkosten pro Arbeitsstunde würden sich aus 25,00 Euro Arbeitgeberkosten und 14,68 Euro sonstige Kosten zusammensetzen, dann erreichen Sie nach Deckung der direkten auftragsbezogenen Kosten und der Arbeitgeberkosten den Deckungsbeitrag »1« eines Auftrags. Dieser Deckungsbeitrag dient bis zur Höhe von 14,68 Euro zur Bezahlung der Gesamtkosten, darüber hinaus stellt er Gewinn dar.

Diese Methode empfiehlt sich bei starken Auslastungsschwankungen, also mit anderen Worten, wenn Sie unterschiedlich mit

Aufträgen ausgelastet sind. Sie ist aber nicht ungefährlich, weil Sie dabei leicht die restlichen Kosten Ihres Designbüros aus den Augen verlieren.

15.5
**Schritt 5 –
für Unternehmer**

Im fünften und letzten Schritt geht es nun um Ihre sogenannte (Gewinn-)Marge, da Sie ja bestimmt auch Gewinn machen möchten. Das Einrechnen einer Marge kann sinnvoll sein, wenn Sie bei dem für Ihre eigene Arbeit anzusetzenden kalkulatorischen Unternehmerlohn sehr zurückhaltend waren oder wenn Sie mit Partnern gemeinsam ein Designbüro betreiben, aber die Partner Geldeinlagen in unterschiedlicher Höhe geleistet haben.

> Schritt 5: Rechnen Sie eine Gewinnmarge mit ein.

Wie hoch Ihre Gewinnmarge ausfällt, ist nun ausschließlich Ihre Entscheidung. Wenn Sie sich im *Schritt 2* bereits selbst mit realistischen Kosten (für einen kalkulatorischen Unternehmerlohn) eingerechnet haben, kann es durchaus sein, dass Sie gar keine Marge brauchen, um ganz gut zu überleben. Aber insbesondere dann, wenn Sie Ihre eigenen Zeiteinheiten relativ niedrig oder gar nicht veranschlagt haben, kommt es bei *Schritt 5* zur endgültigen Entscheidung zwischen Hobby (oder Selbstausbeutung) einerseits und Beruf andererseits.

Ernst nehmen

Und um es ganz klar zu sagen: Zwar mag es in den Start-up-Zeiten eines Designbüros okay sein, wenn Sie sowohl bei Ihren eigenen Zeiteinheiten in *Schritt 2* als auch bei der Marge in *Schritt 5* zurückhaltend sind. Aber auf Dauer werden Sie so nicht über die Runden kommen können. Also stellt sich für Sie immer wieder spätestens bei *Schritt 5* die Frage, wie ernst Sie es mit Ihrer Selbstständigkeit wirklich meinen. Wird das so gutgehen? Wann wird das gutgehen? Wie lange wird das so gutgehen?

Seien Sie also eisern. Sie haben nach dieser Methode bei jedem einzelnen Auftrag immer wieder den Anlass, auch grundsätzlich über sich und Ihre Sicht der Dinge nachzudenken. Drücken Sie das nicht von sich weg, sondern nutzen Sie diese Gelegenheiten.

> Beispiel: In der Regel schätzt man im Vorhinein den Umfang der für einen Auftrag benötigten Zeit oft zu niedrig ein. Wenn Sie auf der Basis der vorhergehenden Beispiele mit Gesamtkosten von 40,00 Euro pro Arbeitsstunde kalkulieren, mit Ihrem Auftraggeber auf der Basis von 40 Arbeitsstunden (und damit Gesamtkosten von 1600 Euro ein Festhonorar von 2000 Euro vereinbart

haben, ist Ihre Marge bei zehn Stunden Arbeit (à 40,00 Euro) mehr für diesen Auftrag komplett weg, das heißt, Sie gehen ohne Gewinn aus diesem Auftrag. – Deshalb ist es auch wichtig, jeden Auftrag »nachzukalkulieren«, damit Ihre Stundenanschläge immer realistischer werden.

Auf jeden Fall haben Sie aber nach dieser Fünf-Schritt-Methode die genaue Information darüber, wie Sie Ihren Preis festsetzen können und wie Sie daraus ein – aus Ihrer Sicht – realistisches Angebot formulieren können.

Kapitel 15.0 zusammengefasst

Schritt 1: Finden Sie die kleinste Einheit Ihres Leistungsangebots als Ihre primäre Bezugsgröße heraus – das wird meistens die Produktivarbeitsstunde sein.

Schritt 2: Ermitteln Sie die in Ihrem Büro anfallenden bezahlten Produktivstunden auf Basis der primären Bezugsgröße, also in Stunden oder Tagen. Teilen Sie dann Ihre Gesamtkosten durch die ermittelten Produktivstunden, sodass Sie einen Kostenbetrag pro Produktivstunde erhalten.

Schritt 3: Den in Schritt 2 errechneten Kostenbetrag pro Produktivstunde setzen Sie nun ein, um auf dieser Basis der geschätzten Produktivstunden einen Angebotspreis für einen Auftrag zu errechnen.

Schritt 4: Trennen Sie bei der Berechnung Ihrer Kosten zwischen den Arbeitszeitkosten und den restlichen Kosten, auch wenn Sie beide auf der Basis von Produktivstunden errechnen, um bei Auftragsschwankungen Ihre Preise anpassen zu können.

Schritt 5: Rechnen Sie eine Gewinnmarge mit ein.

Teil III
Kalkulationswert

16.0 Zum Beispiel: Objekte

Design von Objekten – für die Kalkulation ist das eine häufige Ausgangssituation, die in diesem Kapitel näher erläutert wird.
Und wie geht es weiter, wenn ein Designer »vertikalisiert«, also Produktion und Vertrieb selbst in die Hand nimmt?

> Ausgangsszenario: Ein freiberuflicher Designer bietet Produktdesign fast nur für größere Auftraggeber an. Der Innovationszyklus ist dabei nach wie vor etwas länger: ein halbes bis ganzes Jahr. Seine Auftraggeber erwarten, dass er sich nicht nur auf die reine Entwurfstätigkeit beschränkt, sondern auch koordinierende und kooperierende Tätigkeiten erbringt, zum Beispiel in Meetings mit dem festangestellten Stab des Auftraggebers, aber auch mit dem Produktionsbetrieb oder anlässlich von Verkaufsveranstaltungen.

16.1 Entwurfs-/Gestaltungsleistungen

Objekte sind dreidimensionale, haptische Gegenstände. Das Design von Objekten reicht damit von der – auf den ersten Blick – recht simplen Gestaltung eines Spielbausteins aus Kunststoff über Alltagsgegenstände wie Möbel oder Bekleidung bis hin zu hochkomplexen Gegenständen wie Flugzeugen oder Eisenbahnzügen. Industriedesign, Modedesign, Möbeldesign – das sind in der Praxis die Hauptbeispiele für Design, die Gestaltung von Objekten zum Gegenstand haben und damit auch starke Ähnlichkeiten bei der Kalkulation.

Die Frage nach dem »richtigen« Kalkulationsansatz im Objektdesign wird von einigen Eckdaten bestimmt: Zum einen ist ein Objekt nicht nur durch seinen – bestimmungsgemäßen oder auch über die ursprüngliche Intention hinausgehenden – Gebrauchsnutzen bestimmt, sondern zunehmend auch durch seine Funktion als vergegenständlichter Ausdruck unserer Ideen davon, wie wir leben könnten oder sollten (*John Heskett*). Das heißt, der Endabnehmer modifiziert zunehmend die vom ursprünglichen Auftraggeber des Designers vorgesehene Verwendung des Objekts oder sogar das Objekt selbst. Kleidungsstücke werden neu kombiniert, Möbel umgebaut, an Autos wird selbst »geschraubt«. Andererseits spielt für die Bestimmung des Kalkulationsansatzes eine Rolle, dass Design – als ökonomische Leistung für einen direkten Auftraggeber (zum Beispiel ein Produktions- und Handelsunternehmen) – in

Kalkulationsansatz

sehr unterschiedlichen Funktionszusammenhängen nachgefragt werden kann, also vom Einzelentwurf bis hin zur koordinierten Mitarbeit in großen Teams, zum Beispiel in Kollektionen oder Systemen.

Gerade diese Eckdaten legen nahe, dass die Leistungen eines Designers selbst dann über den klassischen Entwurf eines Objekts hinausgehen, wenn sich seine Tätigkeit tatsächlich auch darauf beschränkt, also ein Auftraggeber nicht implizit ein weiteres Engagement verlangt. Es entsteht in jedem Fall eine gestalterische Verbindung zwischen dem Designer und dem Endkunden – gewissermaßen als Brücke über den Hersteller-Auftraggeber hinweg, und diese Verbindung lässt dann ein Produkt erst zum Erfolg werden.

16.2 Beratungs-/Planungsleistungen

Natürlich wird die über eine Objektgestaltung hinausgehende Bedeutung des Designs noch viel deutlicher, wenn weitere Leistungen des Designers sogar ausdrücklich vereinbart werden, zum Beispiel die Mitwirkung bei der Entwicklung des Produkts bis zur Marktreife oder bei diversen Vertriebsaktivitäten (zum Beispiel Händlerschulungen, Messen).

> Beispiel: Diese zusätzlichen Aufgaben lassen sich meist ebenfalls stundenweise abrechnen. Bedenken Sie, dass es für Sie keine Rolle spielt, wenn Sie dabei nicht in Ihrer Kernkompetenz tätig werden: Zeit ist für Sie Zeit – egal, wobei Sie sie verbringen.

Es wird dadurch besonders deutlich, dass der Designer seinen Preis weder allein als eine rein ergebnisbezogene Größe noch als eine Teilnahme am Vertriebsrisiko kalkulieren sollte, sondern nach Möglichkeit als Kombination von beidem. Wie das in Verträgen mit Auftraggebern verhandelt und vereinbart wird, ist in unseren Büchern *Designrechte international schützen und managen* (2009) und *Become A Successful Designer – Protect and Manage Your Design Rights Internationally* (2013) für Designer (im Kapitel / Chapter 5) dargestellt.

Interne Kalkulation

Diese im Außenverhältnis zum Auftraggeber optimale Gestaltung stellt die interne Kalkulation jedoch vor eine relativ schwierige Aufgabe. Kann ein deutlich höherer Bearbeitungsaufwand für einen Auftrag kalkulatorisch abgesichert werden? Und kann das Absatzrisiko durch eine Umsatzbeteiligung auch schon bei der Kalkulation des Designers berücksichtigt werden?

Beides ist möglich, aber im eigenen Segment wirklich so zu rechnen, dass es einerseits nicht zu einer zu hohen Risikoabsicherung kommt (die dann die Preisuntergrenze zu hoch scheinen lässt), andererseits nicht völlig auf eine Risikoabsicherung verzichtet wird, ist erst nach einer gewissen Erfahrung möglich.

Deshalb sollten Sie relativ einfach beginnen, indem Sie die Bezugsgrößen und Elemente Ihrer internen Kalkulation von der empfohlenen Vereinbarung mit einem Auftraggeber völlig loslösen. Der einheitliche Faktor der vielfältigen vom Designer erwarteten Tätigkeiten ist seine Arbeitszeit. Solange die »klassische« Entwurfs- und ergänzende Koordinations- und Beratungstätigkeit eines Designers im Vordergrund des Leistungsangebots steht, empfiehlt sich also seine Arbeitszeit (und die Arbeitszeit eventueller Mitarbeiter) als primäre Bezugsgröße.

Sie müssen also den Betrag pro Zeiteinheit und die Gesamtzahl der Ihnen möglichen Zeiteinheiten möglichst realistisch einschätzen und dann – und das beantwortet schon die erste der beiden oben angesprochenen Fragen – ebenfalls möglichst realistisch schätzen, wie viele Zeiteinheiten Sie ein Auftrag kosten wird.

Chancen versus Risiken

In diesem Zusammenhang ist eine möglichst realistische Selbsteinschätzung wichtig, ob Ihre persönliche Haltung mehr chancenorientiert oder eher risikovermeidend ist. Chancenorientierte Persönlichkeiten sehen (und kommunizieren) eher mögliche Vorteile, Risikovermeider hingegen eher zu vermeidende Nachteile. Sind Sie eher chancenorientiert, werden Sie dazu neigen, Ihren Zeitaufwand zu unterschätzen. Dagegen neigen Sie als Risikovermeider/in eher dazu, Ihren Zeitaufwand zu überschätzen. Berücksichtigen Sie das entsprechend bei der Einschätzung Ihres Aufwandsumfangs.

Bauen Sie außerdem in einem zweiten Schritt einen »Sicherheitspuffer« von circa zehn Prozent des Gesamtvolumens ein – dann müssten Sie erst einmal ganz gut mit Ihrer Kalkulation fahren.

> Beispiel: Sie stellen fest, dass Sie im vergangenen Jahr insgesamt 40 Prozent mehr als die angenommenen Arbeitszeiten benötigt haben. Auf diese Erkenntnis können Sie entweder durch eine Erhöhung des Kostensatzes pro Stunde um 40 Prozent oder dadurch reagieren, dass Sie prinzipiell nach einer ersten Schätzung des veranschlagten Arbeitsumfangs diesen um 40 Prozent erhöhen. Und trotzdem sollten Sie am Ende noch den Sicherheitspuffer von zehn Prozent dazurechnen.

Größenrelationen

Bedenken Sie bei Ihrer Kalkulation auch die Relation zwischen der Größe eines Auftrags und Ihrer möglichen Gesamtleistung. Wenn Sie also wenige große Aufträge bearbeiten, stellt eine Fehlkalkulation ein größeres Risiko dar, als wenn Sie viele kleinere Aufträge bearbeiten – im zweiten Fall ist das Risiko besser gestreut. Sie können also bei vielen, kleineren Aufträgen »schärfer« kalkulieren als bei wenigen, größeren.

> Beispiel: 100 Aufträge im Jahr gleichen sich untereinander leichter aus als zehn große Aufträge.

Der so ermittelte realistische Betrag entspricht dann Ihrem Aufwand. Und das heißt für die Vereinbarung mit einem Auftraggeber, dass Sie diesen Betrag auf jeden Fall bekommen müssen. Mögliche erfolgsabhängige Honorarkomponenten aus dem Vertrag mit einem Auftraggeber sollten Sie daher – zumindest zu Beginn Ihrer Karriere – als »nice to have« kalkulieren, also auf keinen Fall ansetzen, um Ihre Kosten zu decken. Anders ausgedrückt: Sämtliche Kosten (also die sogenannten Vollkosten) Ihres Designbüros müssen durch die pauschalen Honorarkomponenten abgedeckt sein; erfolgsabhängige Komponenten dürfen Sie nur zusätzlich, »on top« ansehen.

16.3 Besonderheit Mode und Möbel

Selbst bei Eigenproduktion kommt es infolge des beträchtlichen Aufwands zu einer Bindung an nur einen oder wenige Distributionspartner. Der Trend geht zur Eigendistribution (Vertikalisierung).

> Strategische Perspektive: Da der Designer ohnehin bereits nahezu alle Tätigkeiten auch »rund um« seine Designs für Auftraggeber erbringt, fragt er sich, ob es nicht sinnvoll wäre, auch die Distribution in die eigenen Hände zu nehmen, also ein eigenes Label mit eigenem Vertrieb der eigenen Produkte zu gründen und aufzubauen.

Wie bereits im vorhergehenden Kapitel grundlegend dargestellt, kann dieser Kern designerischer Entwurfs- und Beratungstätigkeit dadurch erweitert und sogar grundlegend verändert werden, indem der Designer selbst zusätzliche Aufgaben übernimmt, die sonst typischerweise Auftraggeber erledigen, vor allem die Distribution. Das kommt besonders in Bereichen vor, wo das Produkt und dadurch der Produktionsprozess nicht sehr komplex ist, wie zum Beispiel bei Mode und Möbeln. Allerdings spielen hier dann dem Design nachgelagerte Faktoren eine große Rolle, vor allem das Marketing und der Verkauf.

> Beispiel: Wenn Sie zusätzlich auch eigene Waren verkaufen, müssen Sie diese getrennt von den bisher dargestellten Ansätzen kalkulieren. Primäre Bezugsgröße ist dann die einzelne Wareneinheit. Alle Kosten und Margen sollten Sie aufteilen und zwei getrennte Deckungsbeiträge ermitteln: einen für Ihren Entwurfsbereich und einen für Ihren Verkaufsbereich. Einzelheiten entsprechen dann der klassischen Industrie- und Handelskalkulation – die hier aus Platzgründen nicht näher dargestellt werden können.

Kapitel 16.0 zusammengefasst

Lösen Sie die Bezugsgrößen und Elemente Ihrer internen Kalkulation von der empfohlenen Vereinbarung mit einem Auftraggeber völlig los. Der einheitliche Faktor der vielfältigen vom Designer erwarteten Tätigkeiten ist Ihre Arbeitszeit. Solange die »klassische« Entwurfs- und ergänzende Koordinations- und Beratungstätigkeit eines Designers im Vordergrund des Leistungsangebots steht, empfiehlt sich also Ihre Arbeitszeit (und die Arbeitszeit eventueller Mitarbeiter) als primäre Bezugsgröße.

Bauen Sie außerdem in einem zweiten Schritt einen »Sicherheitspuffer« von circa zehn Prozent des Gesamtvolumens ein.

Wenn Sie zusätzlich auch eigene Waren verkaufen, müssen Sie diese getrennt von den bisher dargestellten Ansätzen kalkulieren. Primäre Bezugsgröße ist dann die einzelne Wareneinheit. Alle Kosten und Margen sollten Sie aufteilen und zwei getrennte Deckungsbeiträge ermitteln: einen für Ihren Entwurfsbereich und einen für Ihren Verkaufsbereich.

Teil III
Kalkulationswert

17.0 Zum Beispiel: Kommunikation

Der größte Teilbereich der Designbranche ist das Kommunikationsdesign – sowohl vom Umsatzvolumen als auch von den hier tätigen Designern.
Wie also geht Kalkulation in diesem Bereich?
Und was ist zu tun, wenn der Weg des Designers in die Unternehmensberatung führt?

> Ausgangsszenario: Ein Designbüro bietet Kommunikationsdesign-Leistungen für eine relativ große Spanne von Auftraggebern an: große Unternehmen, mittelständische Firmen, kleine Gewerbebetriebe und Privatpersonen. Die »Betreuungsintensität« ist höchst unterschiedlich, aber fast immer verlangen die kleinsten Kunden die aufwendigste Betreuung.

17.1 Entwurfs-/ Gestaltungsleistungen

Designer verstehen unter Kommunikation eher ein expandierendes, gerne auch auch über den Tellerrand erweitertes Tätigkeitsfeld. Für dieses Kapitel soll Kommunikation so viel heißen wie zweidimensionale Artefakte: Anzeigen, Grafik, Print, Websites, Zeichen et cetera. Typisch ist dabei die Verbindung von Text und Bild, die trotz aller elektronischen Hilfsmittel nach wie vor nur dann funktioniert, wenn sie von Profis gestaltet wird – wenn also der Text in Größe und Schnitt gut lesbar ist, Text und Bild themenadäquat und im richtigen Verhältnis gemäß ihrer Bedeutung umgesetzt sind, die Seite / Doppelseite einen guten Einstieg fürs Auge bietet – das Ganze also professionell ist und deshalb gut aussieht, weil Profis am Werk waren.

Aus Kalkulationssicht kommt als entscheidender Faktor hinzu: Kommunikationsdesigner haben kaum projektbezogene Kosten, sondern fast nur indirekte (Gemein-)Kosten.
    Einzelkosten entstehen dadurch, dass Kommunikationsdesigner zusätzlich zu ihrem eigenen Kernauftrag weitere zusätzliche Servicekomponenten übernehmen. Dann entstehen Einzelkosten für die Produktion der entsprechenden Materialien, die entweder vom Designer als Subunternehmer oder direkt vom Auftraggeber (unter Mitwirkung beziehungsweise Beratung des Designers) beauftragt werden.

Kosten

> Beispiel: Beschränkt sich der Designer auf die reine Entwicklung eines Designs oder erbringt weitere eigene Dienstleistungen

(zum Beispiel Produktionsbetreuung), spielt das für die Kalkulation keine Rolle. Erst wenn er selbst für den Auftraggeber Produkte bei Dritten erwirbt oder beauftragt, müssen die dabei entstehenden Kosten als Einzelkosten dem jeweiligen Auftrag zugerechnet werden.

Noch viel mehr als im vorhergehenden Kapitel kommt es bei der Kalkulation von Kommunikationsdesign darauf an, dass die nahezu einzige verlässliche Größe für die Zurechnung von Kosten und die Kalkulation von Preisen die Zeiteinheiten sind, die das Designbüro seinen Auftraggebern zur Verfügung stellt. Eine möglichst genaue und realistische Erfassung der Zeiteinheiten ist damit Grundvoraussetzung für eine vernünftige Kalkulation. Sollten Sie also das vorhergehende Kapitel 15.0 noch nicht gelesen haben, ist das jetzt unbedingt erforderlich!

Kostenvorteil und Spezialisierung

Allerdings wird die Situation durch die Unterschiedlichkeit der Auftragsumfänge und – wie gesagt – der Aufwandsintensität kompliziert. Eine klassische Antwort der industriell ausgerichteten Betriebswirtschaftslehre auf diese Frage wäre dabei die Empfehlung, sich entweder auf einen Kostenvorteil (durch größere Produktionsvolumina) oder auf eine Spezialisierung (durch Konzentration auf eine bestimmte Zielgruppe) zu verlegen, auf keinen Fall auf beides. Da sich der Faktor Zeit aber immer nicht so sehr (wenn überhaupt) ausweiten lässt wie ein Produktionsvolumen, kommt es immer schnell zu der Empfehlung, sich doch zu spezialisieren, um einer bestimmten Zielgruppe dann ideal auf sie zugeschnittene Designdienstleistungen anbieten (und dafür höhere Preise nehmen) zu können. Wie Sie vielleicht schon aus eigener Erfahrung wissen, ist diese industrielle Herangehensweise in einem Markt mit sehr vielen kleinen Anbietern schwierig, weil viele Wettbewerber – insbesondere neue Anbieter – hier ihre Preise sogar unter die Einstandskosten senken. Da ist die relativ geringe Überlebenserwartung dieser Wettbewerber nur ein schwacher Trost.

Als Designer/in wird Ihnen also – trotz eines ausgeprägten Positionierungswillens – häufig nichts anderes übrig bleiben, als sich irgendwo in der Mitte zwischen den beiden betriebswirtschaftlichen Polen Kostenvorteil und Spezialisierung zu bewegen – zunächst zumindest. Betriebswirte nennen das »stuck in the middle«, und es soll relativ schnell in den wirtschaftlichen Untergang führen. Allerdings machen genau das die meisten erfolgreichen Unternehmen – und nennen es dann Diversifikation (die für einzel- und kleinstunternehmende Designer sehr schwierig ist). Deshalb sollten Sie eine

Positionierung in die eine oder andere Richtung anstreben, die Sie für realistisch halten.

Typen von Zeiteinheiten und Auftraggebern

Für Ihre Kalkulation stellt sich die Frage, wie Sie mit Ihrer Zeiteinheit als primärer Bezugsgröße weiterkommen. Die Antwort ist relativ einfach. Wenn Sie verschiedene Bearbeitungsintensitäten anbieten müssen (oder wollen), dann definieren Sie verschiedene Zeiteinheiten, indem Sie verschiedene Typen von Zeiteinheiten für verschiedene Typen von Auftraggebern bilden.

> Beispiel: Wenn Sie drei Haupttypen von Auftraggebern haben, also größere Auftraggeber, mittlere Gewerbetreibende und kleine, einmalige Auftraggeber, dann bilden Sie drei verschiedene Kostensätze für diese drei Typen. Dann werden die großen Auftragsvolumina die kleineren Kosten pro Zeiteinheit bekommen (einfach schon deshalb, weil Sie hier pro Auftrag ein großes Zeitvolumen unterbekommen), die mittleren schon mehr, und am meisten die kleinen Aufträge.

Sie müssen dabei allerdings berücksichtigen, dass in der Praxis kleine Auftraggeber höher ausgewiesene Stundensätze nicht akzeptieren (»Was, so teuer?«) und größere Zeitvolumina auch nicht (»Was, so lange brauchen Sie dazu?«). Im Gegensatz dazu ist die Chance, bei größeren Auftraggebern höhere Stundensätze durchzusetzen, wesentlich besser – auch weil man sich mit Minihonoraren lächerlich macht und dann immer in die C-Kategorie eingestuft wird (das ist die Auftrags-Resterampe). Zu bedenken ist bei der Honorarkalkulation auch der Verwertungsumfang: Große Auftraggeber kommunizieren überregional und oft sogar global – ein kleiner Auftraggeber ist eher regional orientiert. Auch wenn kleine Auftraggeber mehr Arbeit machen, weil sie völlig fachfremd sind und mit ganz anderen Maßstäben herangehen – eine Wahrheit ist, dass die kleinsten, wenn man erfolgreich arbeitet, die treusten sind. Sie müssen also mit der Zeit ein Gefühl dafür entwickeln, welcher Honoraransatz bei welcher Kundenkategorie vertretbar ist – immer auch im Hinblick auf Ihre Mitbewerber / Konkurrenten.

Typen versus Nachlässe

Bevor Sie nun fragen, ob die Kalkulation mit unterschiedlichen Kostensätzen nach Typen nicht das Gleiche ist wie ein Nachlass bei entsprechenden Auftragsumfängen: Nein, das ist es nicht. Denn bei einem reinen Nachlass-System bei bestimmten Auftragsumfängen haben Sie nicht die gleiche Möglichkeit, auch quantitativ zu differenzieren. In Ihre Zeiteinheiten können Sie hier nicht so leicht verschiedene Service-Inhalte hineinpacken wie nach dem hier empfohlenen Kalkulationssystem, nach dem Sie sogar völlig unterschiedliche Preise am Markt anbieten können (zum Beispiel Pauschalpakete für eine Zielgruppe, differenzierte und individueller abgestimmte Leistungen für eine andere).

> Beispiel aus der gängigen Praxis: Ein Corporate Design wird entwickelt und ein entsprechendes Manual verfasst. Klar, dass der Auftraggeber dann gerne auch mit dem Designer die Umsetzungen der Einzelmaßnahmen ausführen würde. Seine Argumentation ist dann: »Sie sind ja in dem Thema drin, haben alle notwendigen Vorlagen, dann können Sie das ja günstiger machen.« Ja, da er die Vorlagen hat, kann er es günstiger machen, aber das muss vorher durch einen bezifferten Abschlag vereinbart worden sein, denn sein (Leistungs-)Wert (wie beim Identitätswettbewerb im Kapitel *1.0* beschrieben) wird ja da durch nicht geringer, sondern lediglich sein Aufwand. Es muss also vorher klar sein, wenn er den Auftrag für die Entwicklung von Einzelmaßnahmen (die ja bereits im Manual grob fixiert sind) erhält, wird der Abschlag fällig, anderenfalls nicht. Im Umkehrschluss bedeutete das ja, dass ein anderer Designer, der nicht für das Corporate Design verantwortlich zeichnet, auch zu günstigeren Konditionen anbieten müsste, und das kann er nicht. Dieser oben aufgeführte Abschlag bezieht sich dann aber nur auf gestalterisch bereits grob fixierte Umsetzungen, nicht aber auf spezielle Leistungen wie etwa Textleistungen für eine Broschüre, Illustrationen für eine Anzeigenkampagne et cetera.

Mittel-Zweck-Relationen

Aber denken Sie daran, dass Ihre interne Kalkulation nicht notwendigerweise Ihrem am Markt angebotenen Preismodell entsprechen muss. Und wenn der Markt den Preis diktiert, dann müssen Sie Ihr Kalkulationsmodell anpassen, nicht umgekehrt. Das scheint unsere Empfehlungen zur Positionierung infrage – zumindest aber auf eine harte Probe – zu stellen. Hier sind Sie als zukunftsorientierte/r Designer/in gefordert, sich die Fähigkeiten und Kompetenzen (wie im Kapitel *4.1* dargestellt) zu erarbeiten, um dem Marktdiktat eine Alternative entgegensetzen zu können.

> Beispiel: Im ökonomischen Bereich wird vielen Mittel-Zweck-Relationen die (allerdings wissenschaftlich nicht direkt beweisbare) 80–20-Regel (Paretoprinzip) zugrunde gelegt. Sie besagt, dass etwa 80 Prozent der möglichen Gesamtwirkung bereits mit

etwa 20 Prozent des möglichen Gesamtaufwands erreicht werden. Wenn Sie wirklich die erwähnten drei verschiedenen »Klassen« von Auftraggebern haben, sollten die Großauftraggeber nicht mehr als circa 20 Prozent Ihrer Arbeitszeit beanspruchen und (mindestens) circa 80 Prozent Ihres Gesamtumsatzes bringen. Um diese 80 Prozent zu realisieren, aber auch, um im dortigen Honorarwettbewerb zu bestehen, muss man bei den Großkunden immer mit einem Kostenpuffer kalkulieren, sonst geht es nicht: Die Großen tragen die Kleinen (weil bei den Großen niedrigere Kosten und bei den Kleinen höhere Kosten pro Zeiteinheit kalkuliert werden müssen).

Komplexe Bereiche

Virtuelle Realitäten / Multimedia (Games, Animation, Special Effects) spielen hier nur insofern eine besondere Rolle, als sie erheblich komplexere Umfänge erreichen, komplexer noch als zum Beispiel klassische Filmproduktionen. Die damit einhergehende Kalkulation von entsprechenden Verwertungsketten und -abläufen ist hochkomplex und führt damit über den Rahmen dieses Buches hinaus.

17.2 Beratungs-/Planungsleistungen

> Strategische Perspektive: »Wie Designer von Objekten können Grafikdesigner auch als Berater oder Inhouse-Mitarbeiter für Organisationen arbeiten. Einige Berater sind in der Lage, in einem hochgradig persönlichen Stil zu arbeiten.« (*John Heskett*)

Als strategische Perspektive liegt für Sie als ausgebildete/r Designer/in auf der Hand, sich vom Auftragnehmer mit rein gestalterischen Aufgaben hin zu einer umfassenderen Beratungstätigkeit, ja sogar bis in die Unternehmensberatung hinein zu entwickeln – quasi von den reinen Werkleistungen hin zu gestaltungsübergreifenden Dienstleistungen. Je mehr Sie in der Lage sind, auch grundsätzlich anders denkenden Zielgruppen designorientierte Ansätze nahezubringen, desto mehr spielen Sie in einer ganz anderen Liga. Mit »Design Thinking« raus aus der Werkstatt und rein in die Chefetage: Warum eigentlich nicht? Für Ihre Kalkulation bedeutet das zweierlei: Erstens operieren Sie in einem neuen Wettbewerbsumfeld, da Ihre Wettbewerber jetzt – auch oder sogar mehr – klassische Unternehmensberater sind. Und zweitens besteht bei Ihren Auftraggebern vielleicht sogar ein großes Interesse, Ihnen eine persönliche Exklusivität (auch Wettbewerbsverbot genannt) aufzuhalsen. Beides bleibt nicht ohne Folgen für Ihre Kalkulation.

Im ersten Fall treffen Sie auf ein Umfeld, das in der Regel von Ihnen Tagessätze erwartet und starke Präsenz vor Ort. Das bedeutet: Wenn Sie einen solchen Auftrag übernehmen, haben Sie weder Zeit noch örtliche Gelegenheit, sich (weiter) um andere Auftraggeber zu kümmern. Auch müssen Sie berücksichtigen, dass Sie in den vereinbarten Zeiten keinerlei Kapazitäten für andere Kunden haben. Und meistens auch nicht für die Akquisition von Folgeaufträgen oder anderen Aufträgen allgemein. Bauen Sie also einen Puffer in Ihre Kostenrechnung ein – sozusagen einen kalkulatorischen Nachbrenner, um folgende Zeiten bis zu einem nächsten Auftrag oder bis zum Wiederhochfahren Ihres sonstigen Büros zu überbrücken.

> Beispiel: Wenn Sie also damit rechnen, nach einem großen Auftrag circa einen Monat zu brauchen, bis Sie einen Folgeauftrag an Land ziehen können, dann müssen Sie das Umsatzvolumen von circa einem Monat in den Vormonat mit hineinkalkulieren. Und dieser Puffer lässt sich nur durch Großkunden realisieren.

Direkt daran schließt der erwähnte zweite Fall an. Es kann sein, dass sogar Ihre Auftraggeber einen solchen Nachbrenner wollen, um zu verhindern, dass Sie sofort nach Ihrem Einsatz für die direkte Konkurrenz Ihrer Auftraggeber tätig werden. Sie werden daher nicht nur Vertraulichkeitsvereinbarungen abschließen müssen, sondern unter Umständen auch ein sogenanntes nachvertragliches Wettbewerbsverbot. Das ist zulässig, wenn Sie vorher nicht fest angestellt (auch im Sinne von scheinselbstständig) waren. Sie sollten sich ein solches Wettbewerbsverbot aber auf jeden Fall – im Sinne des zuvor erwähnten kalkulatorischen Nachbrenners – vergüten lassen.

> Beispiel: In vielen Fällen ist die Vereinbarung von Wettbewerbsverboten nach dem Ende eines Dienstvertrags nur wirksam, wenn eine entsprechende Entschädigung vereinbart und gezahlt wird (sogenannte Karenzentschädigung). Aber Sie sollten sich prinzipiell auf ein nachvertragliches Wettbewerbsverbot nur einlassen, wenn Sie eine entsprechende Entschädigung erhalten. Und gehen Sie dabei vom schlechtesten vorstellbaren Fall aus: dass Sie in dieser Zeit keine anderweitigen Aufträge erhalten.

17.3 Besonderheit Corporate Identity

Besonders akut wird die Nähe zur Unternehmensberatung bei der Entwicklung von Unternehmenspersönlichkeiten, die Identität definieren sollen, die heute ohne Designer nicht mehr vorstellbar ist. Bei einer Identität handelt es sich wie bei Umwelten um eine Konstruktion. *John Heskett* hat das sehr treffend formuliert:

> »The construction of identity, however, goes much further than an expression of who someone is; it can be a deliberate

attempt by individuals and organizations, even nations, to create a particular image and meaning intended to shape, even preempt, what others perceive and understand. (Die Konstruktion von Identität geht jedenfalls viel weiter als ein Ausdruck dafür, wer oder was jemand ist; es kann sich um einen willentlichen Versuch durch Individuen und Organisationen – sogar Nationen – handeln, ein Bild und eine Bedeutung handeln, die das formt und bestimmt, was andere wahrnehmen und verstehen.)«

Eine große ökonomische Rolle spielt das für Unternehmen, die sich von ihren Konkurrenten im Auge der Zielgruppe eindeutig unterscheiden wollen, und das natürlich positiv. Genau daraus entsteht für Designer einerseits das Problem einer sehr großen Verantwortlichkeit gegenüber diesem grundsätzlichen Aspekt eines Auftraggebers, der andererseits fast immer den Aufwand des Designers verkennt und seine Leistung oft gering schätzt. Die Lösung: Ändern Sie die Parameter – gehen Sie ab vom eigenen Zeitaufwand, wenden Sie sich dem Nutzen des Auftraggebers zu. Was ist der monetarisierbare Nutzen? Was der merkantile Wert? Gerade hier kommt es darauf an, die Hinweise aus den ersten beiden Teilen dieses Buches in die Praxis umzusetzen – bis in die eigene Kalkulation hinein. Darin liegen Risiko und Chance: der Nutzen des Auftraggebers kann viel höher sein als der Aufwand für die Designer. Oder der Aufwand viel höher als der Nutzen des Auftraggebers.

> Beispiele: nationale Symbole (die Modellierungs-Vorbilder der Marianne in Frankreich: Brigitte Bardot, Mireille Matthieu)

Ergänzend möchten wir noch die folgende Empfehlung hinzufügen: Wir haben im Kapitel *3.5 Corporate Identity (CI)* auf die »in der Praxis häufig verwirrende Verwendung des Begriffs CI als Leistungsangebot« hingewiesen. Oft lenkt das in eine falsche Richtung, »weil CI in ihrer Komplexität weit über die gestalterische Arbeit (im engeren Sinne über konkrete Formen – Artefakte) hinausgeht«. Wenn Sie als Designer/in hier mitspielen und sich gegen reine Berater durchsetzen wollen, müssen Sie auf die feinen Unterschiede zwischen CI und dem Identitäts-Mix (Corporate Behavior, Corporate Design und Corporate Communication) achten. Falls Sie dieses komplette Angebot leisten wollen, müssen Sie sich – vor allem in den Bereichen Corporate Behavior und Corporate Communication – zusätzlich qualifizieren! Nur mit diesem Rüstzeug werden Sie ein höheres Honorarniveau durchsetzen können.

Kapitel 17.0 zusammengefasst

Noch viel mehr als im vorhergehenden Kapitel kommt es bei der Kalkulation von Kommunikationsdesign darauf an, dass die nahezu einzige verlässliche Größe für die Zurechnung von Kosten und die Kalkulation von Preisen die Zeiteinheiten sind, die das Designbüro seinen Auftraggebern zur Verfügung stellt.

Je mehr Sie als ausgebildete/r Designer/in in der Lage sind, auch grundsätzlich anders denkenden Zielgruppen designorientierte Ansätze nahezubringen, desto mehr spielen Sie in einer ganz anderen Liga.

Besonders akut wird die Nähe zur Unternehmensberatung bei der Entwicklung von Unternehmenspersönlichkeiten, die Identität definieren sollen, die heute ohne Designer nicht mehr vorstellbar ist.

Teil III
Kalkulationswert

18.0 Zum Beispiel: Umwelt

Die Gestaltung von Räumen – also Interior Design und Landschaftsgestaltung – liegt in gefährlicher Nähe zu einem schwarzen Loch, das es in Deutschland gibt und das als »Honorarordnung für Architekten und Ingenieure« (abgekürzt HOAI) bekannt ist.
Wie gehen Designer mit diesem Monstrum um?

> Ausgangsszenario: Ein Innenarchitekt überlegt, ob er seinen Auftrag nach *HOAI* abrechnen soll – oder sogar muss.

18.1 Grundleistungen im Bereich der Objektplanung

Designer, die Umwelt als komplexe Synthese von Objekten und Kommunikation gestalten, die durch die zusätzliche Einbeziehung von Raum und Licht bestimmt wird und alle diese Faktoren im Innen- oder Außenbereich von Architekturen verbindet, stehen in *Deutschland* vor einer besonderen Herausforderung.

Denn nach dieser Definition gibt es einen spezifischen Beitrag des Designs zur räumlichen Gestaltung, der über die Architektur im klassischen Sinn hinausgeht. Es ist nicht von der Hand zu weisen, dass diese Aufgabe durchaus auch von Architekten erfüllt werden kann – und das in der Realität auch häufig so ist. Schließlich ist das Design letztendlich ein Kind der Architektur (auch wenn die tatsächliche Entwicklung oft eher aus dem handwerklich-technischen Produktbereich erfolgte): die Beiträge der Architektur zum Design sind mit die wichtigsten.

Kammerbindung plus HOAI

Allerdings ist die Berufsausübung für Architekten in *Deutschland* an das Vorliegen eines entsprechenden Studienabschlusses sowie die Mitgliedschaft in der für sie zuständigen *Architektenkammer* gebunden. Die Honorare für sogenannte Grundleistungen im Bereich der Objektplanung, das heißt Gebäude und Innenräume, Freianlagen, Ingenieurbauwerke und Verkehrsanlagen sind verbindlich in der *Honorarordnung für Architekten und Ingenieure* (abgekürzt *HOAI*) geregelt. (Wir haben im Kapitel *7.3 Berufsverbände empfehlen, ordnen, systematisieren und tarifieren* bereits kurz darauf hingewiesen.) Verbindlich bedeutet dies, dass von den Preisvorgaben dieser Verordnung nicht abgewichen werden darf: Fällt eine Leistung unter die verbindliche Regelung der *HOAI*, dann ist jede abweichende Vereinbarung zwischen den Parteien eines Auftrags unwirksam. Wird also eine höheres Honorar vereinbart als in der

HOAI vorgeschrieben, so kann es nicht gerichtlich durchgesetzt werden, wird ein geringeres vereinbart, kann der Auftraggeber sich in der Regel nicht dagegen wehren, dass der Architekt zumindest den Mindestsatz nach *HOAI* gerichtlich einklagt.

Deutsches Rechts-Fossil

Mit dieser wundersamen Wirkung ist die *HOAI* ein typisch deutsches Rechts-Fossil, das den Nachweis seines angeblichen Nutzens – Sicherstellung eines seriösen, nicht auf Preisunterbietung beruhenden Wettbewerbs – schuldig bleibt: In allen anderen Mitgliedsländern der *EU* bleiben die Häuser komischerweise auch stehen. Demzufolge geht die *EU-Kommission* gegen die *HOAI* auch schon vor dem *Europäischen Gerichtshof* vor, mit der wahrscheinlichen Folge ihrer kompletten Unwirksamkeit.

Doch solange sie noch »wirkt«, fragt sich, wie Sie als Designer/in damit umgehen sollen, wenn Sie Leistungen anbieten (wollen), die zumindest potenziell unter die verbindlichen Honorarregeln der *HOAI* fallen. Dabei sind verschiedene Aspekte zu beachten.

18.2 Denkbare Leistungen im Bereich der Objektplanung

Die *HOAI* verursacht bereits für die bauvorlagebrechtigten Architekten erhebliche Probleme, wenn es um die Frage geht, welche Leistungen unter die verbindlichen Regelungen der *HOAI* fallen. Denn die *HOAI* schreibt keineswegs alle denkbaren Leistungen von Architekten als verbindlich vor, sondern nur die sogenannten Grundleistungen. Diese Grundleistungen sind in sogenannten Leistungsbildern zusammengefasst, die dann in Leistungsphasen aufgeteilt werden. Nur für diese Grundleistungen sind Honorare verbindlich vorgeschrieben; alle anderen Leistungen sind frei vereinbar – auch wenn sie von demselben Architekt erbracht werden wie die Grundleistungen.

Es bedarf keiner illustrierenden Beispiele um zu erkennen, dass die *HOAI* damit ihren erwähnten Zweck überhaupt nicht erfüllt: Einerseits verhindert sie keineswegs einen teilweise ruinösen Preiswettbewerb unter Architekten, andererseits bietet sie außer einer vagen Bindung der Architekten an »wirtschaftliche Baukosten« keinen Schutz vor einer quasi automatischen Baukostenerhöhung. Womit das nächste Problem der *HOAI* angesprochen ist, das lautet: Höhere Baukosten verursachen höhere Honorare. Warum also sollte ein Architekt auf möglichst geringe Baukosten achten? Die *HOAI* macht Architekten quasi zu Hunden, die Würste bewachen sollen.

Es stellt sich also grundsätzlich die Frage, ob eine Designleistung im Bereich der Gestaltung von Räumen und Umwelten als verbindliche Grundleistung der *HOAI* gilt oder nicht – worauf die *HOAI* selbst nur eingeschränkte Antworten gibt. Im Zweifel ist damit wie gesagt eine Abweichung rechtlich unmöglich; die deutsche Rechtsordnung versagt den Parteien eines frei und ohne Zwang abgeschlossenen Vertrags ihre Unterstützung – da sind Prostituierte in *Deutschland* gegenüber ihren Freiern inzwischen rechtlich deutlich besser gestellt. Es gilt daher: Erst das Honorar, dann die Leistung. Damit ist zwar die Rückforderung eines gegebenenfalls über den Höchstsätzen der *HOAI* liegenden Honorars nicht vollständig ausgeschlossen, aber doch sehr viel unwahrscheinlicher als eine nachträgliche Zahlungsfreude ohne gerichtlichen Zwang.

Für die interne Kalkulation bedeutet das eine völlige Trennung der zu empfehlenden kalkulatorischen Grundsätze von der rechtlichen Vereinbarung mit Auftraggebern. Trotzdem sollten Sie dann zumindest versuchen, Ihren Zeitaufwand auf der Basis von Zeiteinheiten als der primären Bezugsgröße zu ermitteln und dann an das gesetzlich vorgegebene Honorarmaß anzupassen. Nur so können Sie verhindern, dass Sie »zu viel« Aufwand betreiben (bezogen auf das von Ihnen geltend zu machende Honorar).

Trennung kalkulatorischer Grundsätze

> Beispiel: Wann immer Sie als Designer/in eine Leistung erbringen, die unter die *HOAI* fallen könnte, sollten Sie nicht mehr Leistung anbieten, als Sie nach dem Berechnungsansatz der *HOAI* verlangen können.

Soweit Sie andere als Grundleistungen nach der *HOAI* anbieten und abrechnen, sollten Sie in jedem Fall Zeithonorare bevorzugen, da Sie diese dann zumindest leichter mit Ihren Kalkulationsansätzen in Einklang bringen können.

> Beispiel: Dem Vorschlag Ihres Kunden, doch einfach ein Pauschalhonorar zu vereinbaren, sollten Sie im Bereich raumgestaltender Leistungen noch mehr widerstehen also sonst.

Keine gute Idee ist es übrigens, sich gewissermaßen freiwillig unter den Deckmantel der *HOAI* zu begeben, etwa indem Sie zwar mehr oder weniger eindeutig nicht als Grundleistungen gemäß *HOAI* einzustufende Leistungen erbringen, diese aber »nach« oder »gemäß« *HOAI* abrechnen. Denn wenn Sie nicht bauvorlageberechtigte/r Architekt/in sind, droht Ihnen ein Rattenschwanz an Haftung und Unterlassungsansprüchen, und wenn sie bauvorlageberechtigt sind, zumindest Haftung – denn Sie tun dann so, als handele es sich um eine Architektenleistung, und das bedeutet dann möglicherweise: Haftung für Fehler wie beim Architekten.

Freiwillig unter der HOAI?

> Beispiel: Wenn in E-Mails oder sogar in Ihrer schriftlichen Beauftragung etwas von *HOAI* steht, ist das für Sie immer schlecht.

Das große Problem bleibt aber für Sie, wenn Sie Leistungen anbieten wollen, die in den Bereich einer Grundleistung nach *HOAI* fallen und selbst nicht bauvorlageberechtigte/r Architekt/in sind. Das bildet dann eine Marktzugangsschranke, die allerdings auch nach einer möglichen Aufhebung der *HOAI* durch den *Europäischen Gerichtshof* bestehen bleibt. Und das ist dann schließlich auch in anderen Ländern nicht anders, denn: Niemand sollte wirklich sicherheitsrelevante Leistungen erbringen, der nicht ausreichend dafür qualifiziert ist. In diesem Fall sollten Sie sich dann mit einem bauvorlageberechtigten Architekten oder Ingenieur zusammentun, auch wenn Sie das selbst auf eine Funktion beschränkt, die sich eher auf die Formgebung und visuelle Gestaltung bezieht.

Kapitel 18.0 zusammengefasst

Die Berufsausübung für Architekten in *Deutschland* ist an das Vorliegen eines entsprechenden Studienabschlusses sowie die Mitgliedschaft in der für sie zuständigen *Architektenkammer* gebunden.

Die *HOAI* schreibt keineswegs alle denkbaren Leistungen von Architekten als verbindlich vor, sondern nur die sogenannten Grundleistungen. Diese Grundleistungen sind in sogenannten Leistungsbildern zusammengefasst, die dann in Leistungsphasen aufgeteilt werden.

Teil III
Kalkulationswert

19.0 Zum Beispiel: Systeme

Eine immer größere Rolle für Designer spielt die Gestaltung von – oder in – Systemen. Wurde in den vorhergehenden Kapiteln schon auf eine Möglichkeit für das Design jenseits des (Produkt-/Kommunikations-)Designs abgehoben, spielt dieser Bereich in der Praxis zunehmend eine Rolle – mit entsprechenden Anforderungen an die Kalkulation und Preisgestaltung.

> Ausgangsszenario: Die meisten deutschen Städte begrüßen frisch angekommene Besucher mit einem heillosen Tohuwabohu an Verkehrslinien und Tarifbestimmungen. Zum Beispiel *Berlin*, das sich damit brüstet, eines der besten Nahverkehrssysteme *Deutschlands*, wenn nicht der Welt zu haben. Doch warum gibt es dort zwei Verkehrssysteme – die *Berliner Verkehrsbetriebe BVG* und die *Berliner S-Bahn*? Warum ist das Umsteigen zwischen diesen beiden Systemen häufig nur mit langen Fußwegen möglich? Warum fahren die Züge im inneren Stadtbereich nur mit einer Frequenz von höchstens fünf Minuten – nicht alle zwei Minuten? Warum werden die Verkehrslinien nach irgendwelchen Nummern und Endhaltestellen bezeichnet, nicht nach Farben und geographischen Richtungen – wie in *London*? Warum ist der »Verkehrslinienplan« der Stadt so unübersichtlich, dass Ortsfremde sich nicht ohne Hilfe Einheimischer zurechtfinden? Und warum ist der Erwerb eines Tickets am Automaten annähernd so schwierig wie eine Modulprüfung an der Hochschule? Und warum ist der städtische »Verkehrslinienplan« nicht barrierefrei? In Wirklichkeit handelt es sich also um ein sehr schlechtes Verkehrssystem, das mit Änderungen – sowohl im System als auch in seiner Kommunikation – viel besser gemacht werden könnte. Dazu bedürfte es jedoch – neben einer wenigstens halbwegs intelligenten Führung in Politik und Verkehrsbetrieben – idealerweise der Beauftragung eines Designbüros, das auf komplexe Systemgestaltungen spezialisiert ist und deshalb auch mit Sicherheit die systemblinden Verwalter des *Berliner* Verkehrs durch nachvollziehbar konzipierte Verbesserungsvorschläge überzeugen könnte.

19.1
Infrastrukturen und Prozesse

Es fängt an mit dem Begriff: Was ist ein System? Wie fast alle abstrakten Begriffe gibt es dafür vielfältige Definitionen. Hier soll folgende Festlegung gelten: Als System kann eine Gruppe von interagierenden, miteinander zusammenhängenden oder untereinander abhängigen Elementen bezeichnet werden, die eine Gesamteinheit bilden oder als solche angesehen werden können (*John Heskett*). Beispiele dafür sind vor allem Infrastrukturen wie Beförderungs-, Bank- oder Telekommunikationsnetzwerke, aber auch Prozesse oder modulare Lösungen in Unternehmen und Gesellschaften.

Charakteristisch dabei ist, dass in hohem Maße Interaktion und systematisches Denken erforderlich sind. Dieser Umstand wirkt sich auch bis in das Gebiet der klassischen industriellen Produktion aus: Die Entwicklung immer leistungsfähigerer Kleinst- und Einzelproduktionen (etwa durch 3-D-Drucker) setzt einen äußerst komplexen Vorlauf voraus, keineswegs nur bei der Software und den Geräten. Auch die Customer Experience wird immer aufwendiger und auch schwieriger zu gestalten.

Derartige Systeme sind in der Lage, den meist noch geltenden Gegensatz zwischen der Notwendigkeit großer Produktionsmengen zur Kostensenkung mit der steigenden Nachfrage nach individualisierten, customized Produkten zu überbrücken. Kostensparende Systeme unter Einbeziehung der Möglichkeiten des Internet ermöglichen eine Quadratur des Kreises und eine Infragestellung aller Regeln, wie sie seit der letzten Industrialisierung um 1800 als unabänderlich zu gelten schienen. Und das betrifft nicht nur, sondern eher selten die Komplexität der Aufgabe als solche für die Designer.

Herausforderung Kommunikation

Die eigentliche Herausforderung für Sie als Designer/in und typisch vor allem bei komplexen Systemgestaltungen für »große« Auftraggeber ist die Kommunikation mit Ihrem Auftraggeber und seinen möglicherweise zahlreichen Ansprechpartnern und Beteiligten (neudeutsch: Stakeholdern) ist. Denn diese Problematik hat durchaus das Potenzial, auf Ihre Kosten zu gehen. Nicht selten geraten Sie hier nämlich in die Zwickmühle, sich entweder aus den internen Querelen herauszuhalten (was zunächst besser erscheint, womit das Projekt aber insgesamt zum Erliegen kommen kann) oder sich moderierend in die Kommunikation einzuschalten (was zu unendlichen, nicht in Rechnung zu stellenden Mehrleistungen führen kann).

19.2 Kalkulation als Grenzziehung

Kalkulation kann hier keinen roten Faden für die Entscheidung zwischen den vorgenannten beiden Polen liefern. Aber der Hinweis auf – zusätzlich zu bezahlende – Zusatzleistungen kann durchaus den einen oder anderen Auftraggeber »zur Vernunft bringen«. Andererseits stellt sich die Frage, inwieweit Ihnen Kostenrechnung und Kalkulation in einer solchen Situation überhaupt noch helfen können. Dennoch ist das der Fall. Denn genau an dieser Stelle können Kostenrechnung und Kalkulation das Ziehen einer Grenze für sich selbst erleichtern. Wenn Sie also einen Auftrag sogar mit üppigem Sicherheitsaufschlag kalkuliert und eine Klausel im Auftrag vereinbart haben, die Sie berechtigt, Nachaufträge (ähnlich wie bei Bauwerkverträgen) gesondert anzubieten und abzurechnen, dann nehmen Sie sich Ihre eigene Kalkulation zu Herzen! Und – sprechen Sie mit dem Auftraggeber darüber. Ist er nicht gewillt oder (wegen zu vieler Ansprechpartner) nicht in der Lage, die Situation in Ihrem Sinne zu verändern, sollten Sie ein »Ende mit Schrecken« in Betracht ziehen. Schließlich haben Sie Ihre Kalkulation zu einem Zeitpunkt erstellt, an dem Ihre Motivation, diesen Auftrag zu übernehmen, am höchsten (und am ehrlichsten) war. Auch wenn Sie inzwischen vielleicht sogar Verständnis für den Auftraggeber aufbringen oder aber vom eisernen Durchhaltewillen getriebenen sind, den Auftrag auf jeden Fall zu Ende zu bringen – denken Sie an die Zeit Ihrer ursprünglichen Motivation zurück. Wären Sie wirklich bereit gewesen, für diesen einen Auftrag alles andere außer Acht zu lassen? Wenn Sie nur einen Moment mit Ihrem Ja zögern, ist es Zeit, eine Grenze zu ziehen und nicht immer mehr Engagement und Zeit in den Auftrag zu stecken.

Und noch etwas kommt hinzu: Aus einer klassischen Perspektive und den damit verbundenen Vorurteilen laufen Sie mit dem Schritt über die (möglicherweise vor allem von Ihren Kunden angenommenen) Grenzen der eigenen Profession akut Gefahr, dass Ihnen alles angelastet wird, was schiefgeht. »Hätten wir doch nur einen professionellen Unternehmensberater / Mediator / Anwalt / Psychologen / … engagiert, dann wäre die Neugestaltung des Leitsystems in unserem neuen Flughafen nicht so schiefgegangen«, heißt es möglicherweise in solchen Fällen. Der Designer wird zum Unternehmensberater, und es dankt ihm niemand.

Grenze der Profession

> Strategische Perspektive: In einer solchen Situation bietet sich die Vernetzung mit anderen Dienstleistern (also nicht nur Designern) an, die in der Lage sind, andere erforderliche Leistungen zu erbringen. Dadurch können Sie als Designer/in selbst das genannte Dilemma vermeiden, da es sich dann um nachweislich in ihrem Bereich entsprechend ausgewiesene Fachleute handelt, zum Beispiel Moderatoren, Unternehmensberater et cetera.

In diesem Zusammenhang sollten Sie auch Fragen der Haftung berücksichtigen und regeln, und zwar für jeden beteiligten Dienstleister und seine jeweilige Dienstleistung, denn anderenfalls haftet allein der Haupt-Auftragnehmer, und der sind Sie. In den Büchern *Designrechte international schützen und managen* (2009) und *Protect and Manage Your Design Rights Internationally* (2013) im Kapitel / Chapter 15 haben wir alle fraglichen Haftungsfälle ausführlich beschrieben.

Leistungen in Zeiteinheiten

Dazu passt der hier vorgeschlagene Ansatz einer Kalkulation und Preisbildung auf der primären Bezugsbasis Zeiteinheiten sehr gut, da die meisten Dienstleister ohnehin bereits in diesem Sinne tätig sind. Unternehmensberater, Psychologen, Anwälte und andere haben eine große Gemeinsamkeit: Sie berechnen in der Regel Zeiteinheiten für Ihre Leistungen (und sie rabattieren nicht).

Gegenüber den in vorherigen Kapiteln genannten Auftragnehmer-/Auftraggeber-Konstellationen gilt für diese Fälle umso mehr, eine auf Zeiteinheiten (als primäre Bezugsgrößen) gestützte Kalkulation anzustellen und diese mit einem vorausschauenden Sicherheitspuffer aufzurunden. Maßstab für diesen Sicherheitspuffer sollte hier Ihre wie gesagt anfängliche Empathie für das Projekt sein. Mit anderen Worten: Wenn Sie später im laufenden Projekt diese Grenze erreichen, sollten Sie dieses Problem in jedem Fall ansprechen und, sofern der Auftraggeber zu einem finanziellen Ausgleich nicht bereit ist, auf jeden Fall aussteigen und den Auftrag beenden.

Und damit ist der Kreis geschlossen: Was Ausgangspunkt und Kerntätigkeit des Leistungsangebots eines rein entwerfenden Designers im Kapitel 16.0 war, ist nun auch wieder die Basis für eine Kalkulation. Dafür sollten Sie vorab allerdings mögliche Erweiterungen und Veränderungen dieses Ansatzes in den darauffolgenden Kapiteln berücksichtigen. Sie erkennen damit die Tragweite und Belastbarkeit des vorgeschlagenen Kalkulations- und Kostenrechnungssystems auf der Basis von Zeiteinheiten als primäre Bezugsgröße. Lediglich der Umgang mit diesem Grundansatz variiert, zum einen im Hinblick auf die externe vertragliche Vereinbarung mit Auftraggebern, zum anderen im Hinblick auf die Erweiterung des Konzepts durch nachfolgende andere Bezugsgrößen.

> ❯ Ein letztes Mal *John Heskett*: »Die wirksamsten Systeme im Hinblick auf ihren Gebrauch sind die, die Muster der Beständigkeit und Standardisierung in ihrem gesamten System haben, sodass ihre Nutzer wissen können, worauf sie sich einzustellen haben und so ein Gefühl der Sicherheit und Gewöhnung haben.«

Damit ist nicht nur ein Maßstab für die Qualität des Designs für eine Systemgestaltung angelegt, sondern auch für Ihren Umgang mit der Kalkulation Ihrer Beauftragung für eine solche Gestaltung.

Kapitel 19.0 zusammengefasst

Bei der Gestaltung von oder in Systemen laufen Sie als Designer/in Gefahr, für Aufgaben eingesetzt zu werden, die weit außerhalb Ihrer Ausbildung und Fertigkeiten liegen – und die deswegen risikoreich sind.

In dieser Situation kommt es darauf an, dies einem Auftraggeber sehr deutlich zu machen und die Kalkulation so anzulegen, dass Sie sich nicht selbst unter Zugzwang setzen.

Auch hilfreich ist die Vernetzung mit anderen Berufen, die viele erforderlich werdenden Leistungen laufend und mit geringerem Aufwand erbringen können.

Interviews

Designleistungen bewerten und kalkulieren ist sehr subjektiv. Die Meinungen dazu gehen auseinander und machen deutlich, wie schwierig eine solche Wertung in der Praxis ist.
Daher haben wir einige namhafte und erfolgreiche Designer sowie Experten im Wirtschaftsbereich Design zu ihrer persönlichen Erfahrung und Sicht befragt.

Jan-Erik Baars — *Warum werden in den Hochschulen für Designer so wenig wertrelevante Maßstäbe und Werkzeuge vermittelt?*
(Lesen Sie das ganze Interview ab Seite 303)

Michael Erlhoff — *Warum bieten die Hochschulen für Designer so wenig gesellschaftsrelevante Komplementär-Kompetenzen?*
(Lesen Sie das ganze Interview ab Seite 305)

Gerald Jude — *Warum ist es für viele Designer nicht leicht, nichtberuflichen Designern und designunerfahrenen Auftraggebern zu erklären, was sie machen?*
(Lesen Sie das ganze Interview ab Seite 307)

Uli Mayer-Johanssen — *Warum ist identitätsbasierte Unternehmensführung für die Entwicklung der Dienst-/Werkleistungen von Designern so wichtig?*
(Lesen Sie das ganze Interview ab Seite 309)

Florian Pfeffer — *Warum unterschätzen Designer ihre Rolle in einer sich verändernden Welt?*
(Lesen Sie das ganze Interview ab Seite 313)

Stefan Sagmeister — *Warum ist Glück für Sie als Designer so wichtig?*
(Lesen Sie das ganze Interview ab Seite 315)

Michael Söndermann — *Warum sind Spillover-Effekte für die Wertschätzung der Designer relevant?*
(Lesen Sie das ganze Interview ab Seite 317)

Erik Spiekermann — *Warum ist die Diskussion über das Award-Business unter Designern von Neid und Missgunst geprägt?*
(Lesen Sie das ganze Interview ab Seite 319)

René Spitz — *Warum lassen sich Designer vom Design in den Hintergrund drängen?*
(Lesen Sie das ganze Interview ab Seite 321)

Peter Vetter — *Warum ist es für Designer oft nicht leicht, ihre Leistungen als Investition für ihre Auftraggeber / Kunden zu vermitteln?*
(Lesen Sie das ganze Interview ab Seite 323)

Christian Zimmermann — *Warum werden Designer in den Hochschulen für morgen ausgebildet, aber nicht für die Zukunft?*
(Lesen Sie das ganze Interview ab Seite 325)

Peter Zizka — *Warum fällt Designern der Umgang mit alltäglichen Unsicherheiten oft so schwer?*
(Lesen Sie das ganze Interview ab Seite 329)

**Interview mit
Jan-Erik Baars
Luzern (CH)**

Prof. Jan-Erik Baars leitet seit 2011 den Studiengang »Design Management International« an der *Hochschule Luzern*. Zudem berät er Unternehmen in Design-Strategie und Design-Management. Nach dem Studium zum Industrie-Designer begann er 1990 seine berufliche Laufbahn bei *Philips*, wo er zuletzt als Chief Design Officer für Konsumentenelektronik verantwortlich war. *Jan-Erik Baars* ist Niederländer und lebt abwechselnd in *Kempen am Niederrhein* oder in *Luzern*, nahe bei seinen Studenten.

Warum werden in den Hochschulen für Designer so wenig wertrelevante Maßstäbe und Werkzeuge vermittelt?
Aus meiner Sicht liegt es daran, dass die Designausbildung ihren Ursprung in der handwerklichen Betätigung hat: Design wird nach wie vor primär als »Handwerk« gesehen, nicht als »Denkwerk«. Im industriellen Kontext macht eine handwerkliche Ausrichtung in der Gestaltung Sinn, vor allem wenn es darum geht, technisch dominierte Prozesse und Denken durch eine von Menschen für Menschen motivierte Gestaltung anzureichern. Mit dem Wechsel in die Erlebnis- und Dienstleistungsgesellschaft ändern sich die Anforderungen ans Design: Es wir immaterieller und systemischer, aber auch weniger intellektuell, dafür aber kollektiver.

Ein Werkzeug, das viel mehr benötigt und gelehrt werden muss als noch vor 30 Jahren, ist die Zusammenarbeit und die Vermittlung. Designer werden zunehmend zum Kurator einer Zusammenarbeit, in der sie selbst auch tätig sind, indem sie die Werke selbst erzeugen. Design ist zum Prozess und Resultat / Ergebnis einer kollektiven Arbeit geworden, und in diesem Kollektiv erfüllt der Designer eine Rolle wie viele andere auch. Um diese Rolle wahrzunehmen, muss der Designer anpassungsfähig sein, aber auch hinterfragen können, er muss den Ton des Unternehmens aufgreifen und artikulieren können, aber auch selber neue Partituren erfassen können.

Die Rolle als Design-Author, so wie er noch an vielen Hochschulen vermittelt wird, ist eine zwar nötige, aber isolierte Sonderrolle. Ähnlich wie die eines Solomusikers, eines Stars – benötigt werden Orchestermusiker, die genau wissen, was sie tun müssen, um in einem Orchester einen Beitrag zu leisten.

Was wäre, wenn Sie als Designer politisch wirken würden?
Diese neue Rolle als Kurator sehe ich auch politisch, mit einem starken Hang zum Diplomatischen. Wenn Design vor allem die Bestimmung (designare oder designieren) einer Identität oder Vorgehensweise ist, zum Beispiel in einem Unternehmen die Identität und das Vorgehen auszugestalten, dann ist das auch eine politische

Arbeit. Wenn Design ein bewusster Eingriff in den Ablauf der Geschicke ist, dann ist die Art und Weise »Wie« man eingreift, ein politischer Akt: Vorausgesetzt, es gibt Mitspieler (Konkurrenten zum Beispiel), die diesen Eingriff anders interpretieren würden / könnten und somit eine Alternative ermöglichten. Politik ohne Alternative ist Diktatur – und die gibt es im Design ja auch. Voraussetzung für politisches Wirken im Design ist natürlich eine politische Bühne, zum Beispiel ein Markt.

Diplomatisch ist Design vor allem dann, wenn es darum geht, ein (heterogenes) Kollektiv zu vertreten und eine Ausgestaltung seines Vorhabens zu bestimmen, die diesem Kollektiv entspricht. Da braucht es Verständnis für die verschiedenen Bedürfnisse und Anforderungen, aber auch Geschick, diese zusammenzuführen.

Wie definieren Sie Erfolg für Designer?
Der Erfolg eines Designers ist immer der Erfolg des Unternehmens (wie im Beispiel des Orchesters). Design ist, was am Ende entsteht, was die Kunden erleben. Designer haben daran nur einen Anteil. Quittieren Kunden das Erlebte mit Lob und Anerkennung und empfehlen sie das Erlebte weiter, stellt sich Erfolg ein: Dann ist auch der Designer erfolgreich. Hier sehe ich den Designer als Teil eines Staffellaufs: Auch im Staffellauf zählt nicht die Zwischenzeit – es zählt, wer als Kollektiv zuerst über den Zielstrich kommt. Autoren-Designer mögen das anders werten und ihren Erfolg an der Aufmerksamkeit messen, die ihre Werke in der Presse und auf Messen erzeugen, an den Stückzahlen, die sie verkaufen, an den Tantiemen, die sie erhalten – oder schlicht an der Tatsache, dass ihr Werk umgesetzt wird. Faktisch gilt das Erstgenannte auch für sie: Ohne den Beitrag der Galeristen, Hersteller, Medienschaffenden und vielen mehr können sie nicht erfolgreich sein.

Wie bewerten Sie sich und Ihre Leistungen?
Wie schon beschrieben: Am Erfolg des Zwecks, zu dem Design beigetragen hat.

Wie bewerten Sie den Nutzen Ihrer Leistungen?
Daran, ob man bei der Konzeption, der Entwicklung, der Herstellung, dem Vertrieb und der Kommunikation des Zweckes, den Einsatz und die Rolle des Designs gleichförmig und umfassend erkennt. Nutzt Design nur dem Ingenieur etwas und verzichtet der Rest des Unternehmens darauf, ist der Nutzen halt begrenzt! Hat nur der CEO den Nutzen erkannt, vermag dies aber nicht im Unternehmen zu verankern, dito.

Interview mit Michael Erlhoff Köln (D)

Prof. Dr. Michael Erlhoff promovierte in Deutscher Literaturwissenschaft, war unter anderem Mitglied des Beirats der documenta 8, Geschäftsführer des Rat für Formgebung, Gründer, Dekan und Professor der Fachhochschule Köln, die Köln International School of Design, und ist seit 2016 Honorar-Professor an der Hochschule für Bildende Künste Braunschweig. Er publizierte viele Bücher, gründete die Zeitschrift Design Report und die Deutsche Gesellschaft für Design-Theorie und -Forschung und kuratierte Ausstellungen unter anderem in Bonn, Hannover, Bern und Paris. Er lebt und arbeitet in Köln.

Warum bieten die Hochschulen für Designer so wenig gesellschaftsrelevante Komplementär-Kompetenzen?
Nun sollten Hochschulen – zumal im Kontext von Design – avancierte Orte des Denkens und des Handelns sein: Ist aber schon längst nicht mehr so. Aufgrund von zu viel Bürokratie und internen Streitereien beschäftigen sich die Hochschulen mittlerweile, so eine gewisse Erfahrung, wesentlich mit sich selbst. Dies macht unter anderem, dass sie tatsächlich ziemlich abgeschottet von gesellschaftlichen Prozessen nur noch selten gesellschaftsrelevante Studien anbieten. Ausnahmen existieren jedoch durchaus.

Was wäre, wenn Designer politisch wirken würden?
Da Design unabdingbar eine soziale Aktivität und Denkform ist und sich lediglich daraus begründet, kann und muss man davon ausgehen, dass Design selbstverständlich immer politisch agiert; nur müsste dies häufiger reflektiert werden.

Wie definieren Sie Erfolg für Designer?
Die Kategorie »Definition« führt selber in die Irre, denn sie unterstellt ein Ende, von dem her etwas abgeleitet werden könne. Erfolg ist stets sehr schwierig zu bemessen, zumal es durchaus und vielfältig geschieht, dass etwas (dies gilt intensiv für das Design) in seiner Relevanz erst Jahre oder Jahrzehnte später erkannt wird, sich der Erfolg eben erst nach längerer Zeit ergibt. Ein gutes Beispiel ist der Entwurf von Service Design, denn dieser Arbeits- und Forschungsbereich wurde vor nahezu 30 Jahren erstmals entwickelt, hat sich aber erst in den vergangenen etwa fünf Jahren so vehement durchgesetzt – und kaum jemand erinnert sich noch an die erste Begründung davon. Mithin sollte man einfach ganz pragmatisch behaupten, man habe Erfolg.

Wie bewerten Sie sich und Ihre Leistungen?
Möglichst überhaupt nicht. Denn diese Bewertung könnte ja lediglich durch entweder sehr konkretistische Beweise – insbesondere finanziellen Erfolg – oder durch ziemlich abstrakte Dimensionen belegt werden, wie zum Beispiel Anerkennung (aber wo beginnt und wo endet die?).

Wie bewerten Sie den Nutzen Ihrer Leistungen?
Schwer zu bewerten. Am besten, man hofft, man sei nützlich, oder man archiviert sich selbst.

Gerald Jude ist geschäftsführender Gesellschafter von meerdesguten Brand Identity in Wiesbaden und Berlin. Er ist Mitglied im Deutschen Designer Club DDC, Future Circle Member beim Zukunftsinstitut und Bundesverband der mittelständischen Wirtschaft BVMW.

Interview mit Gerald Jude Wiesbaden (D)

Warum ist es für viele Designer nicht leicht, nichtberuflichen Designern und designunerfahrenen Auftraggebern zu erklären, was sie machen?
Ganz ehrlich: Weil viele unserer Kollegen selbst nicht wissen, was sie wie – und vor allem, warum sie es – machen. Leider beginnt das Problem schon in der Ausbildung. Hier wird zu viel Wert auf technische Aspekte gelegt. Die Reflexion des eigenen »Warum« spielt kaum eine Rolle. Das war für mich damals als junger Mensch auch der Grund, das sehr verschulte Studium der Visuellen Kommunikation in *Darmstadt* abzubrechen und bei *Klaus Menzel* freie Kunst zu studieren. Bei ihm ging es hauptsächlich um das Denken und Hinterfragen des »Warum« in den eigenen Arbeiten – das war mir schon damals wichtig. Es ging bei meinem Wechsel gar nicht um Kunst versus Design, ich wollte einfach mehr Denken dürfen. Am Ende bin ich nur meiner Berufung gefolgt.

Was wäre, wenn Sie als Designer politisch wirken würden?
Ich komme aus einem sozialdemokratisch geprägten Elternhaus und teile viele der Ideale von Gerechtigkeit, Verantwortung und Humanismus. Allerdings habe ich nach einem kurzen Einblick in den Kommunalwahlkampf und der Demaskierung der Protagonisten nach Wahlgewinn früh für mich beschlossen, dass ich nicht in politischen Kreisen arbeiten möchte. Mein erster Reflex damals war: »Ich will niemals so viele Kompromisse machen« – aber das trifft es nicht ganz.

Als Unternehmer tue ich jetzt das, was mir möglich ist: Wir bilden aus, vergeben Praktika – auch für Schüler. Wir schaffen ein modernes, flexibles, anspruchsvolles und inspirierendes Arbeitsumfeld. Wir engagieren uns kulturell und sozial, und zwar weit über das übliche Maß hinaus. Wir entwickeln uns als Team und als Persönlichkeiten ständig weiter. Damit bin ich sehr gut beschäftigt. Eine zweite »Karriere« in der Politik wäre deshalb kaum möglich. Dies sehe ich auch nicht als meine Berufung.

Wie definieren Sie Erfolg für Designer?
Als Designer bin ich erfolgreich, wenn ich für meinen Kunden etwas Nützliches und Sinnvolles, manchmal Sinnstiftendes schaffe, das ihn weiterbringt. Und das in einer Qualität, die weit über seinen Anforderungen liegt. Und das ist dann auch das, was die Kunden gerne honorieren.

Wie bewerten Sie sich und Ihre Leistungen?
Nach den eben genannten Kriterien: Sinn, Qualität, Nutzen.

Wie bewerten Sie den Nutzen Ihrer Leistungen?
Sie merken schon, es geht mir nicht nur um die klassische Auffassung von Design. Ich arbeite an und für Marken, ihrer Gestaltung und ihren Stories, denn hier entsteht der wirkliche Wert für Unternehmen. Unsere Arbeit gibt ihnen wertvolle und zugleich wirksame Werkzeuge an die Hand, mit denen die gesamte Kommunikation erfolgreicher und nachhaltiger wird. Dafür müssen wir verstehen, was das Thema des Kunden (die wirkliche Aufgabe des Kunden an uns) ist, wenn er / sie mit dem Wunsch nach einer Broschüre zu uns kommt. Denn meistens kommen wir auf ganz andere konzeptionelle Lösungen, die wir dann realisieren. Das ist auch kein abgeschlossener Prozess. Wir sehen das als Kreislauf und ineinander verwobenes Vorgehen: Strategy, Experience, Resonance.

Mein Fazit: Auch wenn die Ergebnisse das sind, was am Ende sichtbar wird – der Prozess vorher, die Beratung des Kunden und das Entdecken neuer Wege, die den Kunden voranbringen – das ist das, was unsere Kunden an uns am meisten schätzen.

**Interview mit
Uli Mayer-Johanssen
Berlin (D)**

Uli Mayer-Johanssen gründete 1990 mit zwei Partnern die international renommierte Agentur *MetaDesign plus*. 25 Jahre verantwortete sie maßgeblich die inhaltliche, strategische Ausrichtung der Agentur, wodurch sich *MetaDesign* zu *Deutschlands* führender Markenagentur entwickelte. Aus der Philosophie einer ganzheitlichen Betrachtung gründete sie 2015 die *Uli Mayer-Johanssen GmbH* für identitätsbasierte Unternehmens- und Markenführung, mit der sie Visions- und Transformationsprozesse entwickelt und begleitet.

Warum ist identitätsbasierte Unternehmensführung für die Entwicklung der Dienst-/Werkleistungen von Designern so wichtig?
Die Arbeit von Designern sollte mehr schaffen als ein ästhetisch ansprechendes Äußeres, das das Unternehmen schmückt. Ein stimmiger Auftritt ist die Grundvoraussetzung für die gestalterische Umsetzung. Und ein stimmiger Auftritt setzt voraus, dass das Markenerlebnis authentisch ist, dass das Versprechen eingelöst wird und hält, was es verspricht – also das Gegenteil davon, was momentan in der Automobilindustrie und dem Bankenwesen geschieht, wo Auftritt und Markenversprechen mit irreführenden Werbekampagnen durch die Wirklichkeit konterkariert werden. So setzt man Glaubwürdigkeit und Vertrauen fahrlässig aufs Spiel und das kann am Ende für die Marke tödlich sein.

Deshalb ist »identitätsbasierte Unternehmens- und Markenführung« so wichtig, und zwar basierend auf meiner Philosophie, die bei *MetaDesign* mit »Visible Strategies« bereits zum Ausdruck kam und für die ich nach wie vor stehe. Nur Werte und Visionen tragen Unternehmen in die Zukunft. Erst auf dieser Ebene kann Design als strategisches Instrument der Unternehmensführung wirken und seine Qualität vollständig entfalten. Im Umkehrschluss bedeutet dies allerdings, dass Designern weit mehr Kompetenz und Verantwortung abgefordert wird, als trefflich mit Computerprogrammen umzugehen und »hübsche« Dinge zu gestalten. Im Kern geht es darum, den strategischen Stellenwert und die Verantwortung, die daraus erwächst, zu erkennen und das Ergebnis der inhaltlichen Zielsetzung unterzuordnen – ohne gestalterisch qualitative Abstriche zu machen! Soll seine Dienstleistung den Bedürfnissen des Marktes gerecht werden, wird der Designer künftig sehr viel mehr leisten müssen, als das bislang der Fall ist.

Was wäre, wenn Sie als Designer politisch wirken würden?
Diese Frage lässt sehr unterschiedliche Interpretationen zu. Nach dem Wahlsieg von *Donald Trump* kann man nur sagen, dass es den Kampagnenverantwortlichen ganz offensichtlich gelungen ist,

ein Narrativ zu kreieren, das weder durch die aggressiven Äußerungen noch durch die zum Teil völlig widersprüchlichen Aussagen, absurden Anschuldigungen und Leugnungen sowie den haarsträubenden Heilsversprechen dem Trugbild des ewig siegreichen Helden etwas anhaben konnte. Der visuelle Auftritt, die Inszenierung der Person *Donald Trump* als Marke war wahres Opium fürs Volk. Die Verantwortung, die Gestalter, Designer und Kommunikationsstrategen hierbei tragen, ist nicht zu unterschätzen. Die Sehnsucht der Menschen nach Authentizität und dem Bruch mit einem völlig korrupten Establishment sind ganz offensichtlich so groß, dass Vernunft und Sinnhaftigkeit keine Rolle mehr spielen.

Sollte die Frage allerdings auf das persönliche Engagement von Designern abzielen, stellt sich unmittelbar die Frage nach der Sinnhaftigkeit und gegebenen Möglichkeiten. Mit Sicherheit wäre es in vielen Bereichen hilfreich, wenn Entscheidungsträger in der Politik das »Machtpotenzial« des Visuellen jenseits parteipolitischer Wahlkampagnen erkennen würden. In der überbordenden Bilderflut und den vielfältigen medialen Impulsen bleiben komplexe gesellschaftspolitische Inhalte zunehmend auf der Strecke. Geschwindigkeit und Vereinfachung bilden eine unheilige Allianz, wenn es darum geht, eine Einschätzung über einen schwierigen und verworrenen Sachverhalt zu erhalten. Wollen wir nicht hilflos einem selbstreferenziellen und unreflektierten Blick auf die Welt ausgeliefert sein, müssen wir die strategische, symbolische Kraft des Visuellen kritisch überdenken.

Wie definieren Sie Erfolg für Designer?
Mir war von Beginn an wichtig, dass die visuelle Umsetzung die Menschen berührt, neue Räume und Sichtweisen ermöglicht und Geschichten und Botschaften transportiert. Somit geht es zwangsläufig immer darum, dass am Ende das Ergebnis mehr transportiert als leere gestalterische Phrasen oder selbstverliebte Spielereien. Aus der Arbeit soll etwas entstehen, das den Unternehmen hilft, ihr Selbstverständnis, ihre Haltung und ihre Identität zu transportieren und das Unverwechselbare zum Ausdruck zu bringen. Oder mit anderen Worten: Erfolg ist, wenn etwas erfolgt.

Wie bewerten Sie sich und Ihre Leistungen?
Gut, wenn Auftraggeber, Mitarbeiter und Kunden selbst nach Jahren der Zusammenarbeit von den Ergebnissen überzeugt und begeistert sind. Es ist mir ein Anliegen, dass die Menschen ihre Potenziale und Fähigkeiten für eine erfolgreiche Gestaltung ihrer Zukunft sinnvoll einsetzen können – ob in Unternehmen, Institutionen oder

Regionen. Das gibt mir das Gefühl, dass die Anstrengung und das gemeinsame Ringen um das beste Ergebnis nicht umsonst waren.

Was mir seit vielen Jahren am Herzen liegt und gerade in schwierigen, unsicheren Zeiten immer wichtiger erscheint, sind Visions- und Transformationsprozesse, die den Menschen helfen, den rasanten Wandel aktiv zu gestalten. Dafür bietet das Visuelle die Chance »Zukunft im Jetzt« zu gestalten und kann die Menschen in ihrem Gefühl bestärken, ihre Zukunft nicht dem Zufall zu überlassen, sondern Verantwortung zu übernehmen und sich für eine Sache mit Begeisterung einzusetzen.

Wie bewerten Sie den Nutzen Ihrer Leistungen?
Seit geraumer Zeit beschäftigt mich die Frage, wie wir Unternehmen dabei unterstützen können, ihre Zukunftsfähigkeit nicht nur mittels Werteorientierung und basierend auf ihrer Identität zu gewährleisten, sondern sich darüber hinaus mit Fragen auseinanderzusetzen, wie qualitatives Wachstum, Innovations- und Entwicklungsprozesse in Produktionsabläufen und Materialgesundheit morgen aussehen können. Die Märkte von Morgen erfordern ein Umdenken. Wir müssen erkennen, dass wir die Natur, die es zu schützen gilt, nicht haben, sondern dass wir ein Teil von ihr sind. Insofern wird sich der Nutzen der Leistung künftig daran messen müssen, wie wir die Unternehmen dabei unterstützen, sich den Herausforderungen zu stellen und daraus Wettbewerbsvorteile zu erzielen.

Florian Pfeffer hat Kommunikationsdesign in *Würzburg*, *Mailand* und *Bremen* studiert. Er ist Partner im Designbüro *one / one* in *Bremen* und *Amsterdam*. *Florian Pfeffer* hat an Hochschulen im *Libanon*, in den *USA*, in den *Niederlanden* und *Deutschland* unterrichtet. Er war Professor für Kommunikationsdesign an der *Hochschule für Gestaltung* in *Karlsruhe* und ist Autor seines Buchs *To Do – die neue Rolle von Gestaltung in einer veränderten Welt*. 2015 hat er das Slow-Fashion-Label *woollaa.com* gegründet.

Interview mit Florian Pfeffer Bremen / Amsterdam (D / NL)

Warum unterschätzen Designer ihre Rolle in einer sich verändernden Welt?
Die Welt verändert sich immer – das ist eine Banalität. Es gibt allerdings im Bereich der digitalen Vernetzung, der Ökologisierung der Wirtschaft und der spürbaren Schieflage der sozialen Balance – ausgelöst durch die Globalisierung – heute einen Druck auf unsere Gesellschaften, wie es ihn vor 15 bis 20 Jahren noch nicht gab. Dieser Druck erzeugt Verwerfungen und Risse, die die Gesellschaft neu aufteilen. Die Flüchtlingskrise, die globale Finanzkrise und die insitutionelle Vertrauenskrise wurden durch die genannten Fliehkräfte ausgelöst und begünstigen Entwicklungen wie den Brexit oder den Wahlsieg von *Donald Trump* in den *USA*, deren Folgen wir heute noch gar nicht absehen können. »Wir leben in Ruinen, aber wir sind nicht ruiniert« ist ein Satz des amerikanischen Philosophen *Marshall Berman*, der unsere Lage treffend beschreibt. Wir müssen beginnen, die potenziell zerstörerischen Entwicklungen zu gestalten, anstatt von ihnen getrieben zu werden. Wir müssen beginnen, die Chancen dieses Wandels zu nutzen und zwar so, dass sie nicht nur einer kleinen Gruppe im *Silicon Valley* zugute kommen, sondern möglichst vielen Menschen. Diese Gestaltungsaufgabe ist nicht nur – aber eben auch – ein Arbeitsfeld für Designer. Allerdings erfordern besondere Situationen besondere Mittel, Werkzeuge und Methoden, die wir uns als Designer erst noch erarbeiten müssen. Ich weiß nicht, ob Designer ihre Rolle unterschätzen. Vielleicht ist diese Rolle einfach noch nicht so deutlich definiert wie beispielsweise die Rolle, die ich als Buchgestalter einnehmen kann.

Was wäre, wenn Sie als Designer politisch wirken würden?
Wir haben im letzten Jahr mit einer Reihe von Partnern das Slow-Fashion-Label *woollaa.com* gegründet. *Woollaa.com* ist eine industrielle Strickmaschine im Internet. Damit wollen wir das Verhältnis von Konsumenten, Produzenten und Designern neu definieren. Wenn man sich vor Augen hält, dass circa 40 Prozent aller Kleidungsstücke weltweit weggeworfen werden, ohne jemals getragen

worden zu sein und welche Ressourcen notwendig sind, um diese Produkte herzustellen, wird deutlich, dass dieses System kaputt ist. Auf *woollaa.com* hingegen werden nur Dinge ›on demand‹ hergestellt, die tatsächlich jemand haben will. Die Benutzer können dabei direkt Einfluss auf die Form und die Produktion nehmen. Wir suchen darüber hinaus nach dem umweltfreundlichsten Material, das sich industriell verarbeiten lässt und haben Pläne, wie auch andere Hersteller und Label unsere Technologie nutzen können.

All das ist in meinen Augen politisch. Und schön. Der Chemiker *Michael Braungart* hat den Begriff der »Total Beauty« geformt: Ästhetik ist die Summe aller Eigenschaften eines Produkts. Etwas, was anderen keine Freude macht und dessen Herstellung Menschen krank macht, kann nicht schön sein.

Wie definieren Sie Erfolg für Designer?
Meinen Erfolg definiere ich durch den Erfolg, den ich für andere erzeugen kann. Sind andere mit den Dingen, die ich gestaltet habe, erfolgreich, dann bin ich es auch. Scheitern sie, ist das auch mein Scheitern. Designwettbewerbe oder Rankings hingegen interessieren mich überhaupt nicht.

Wie bewerten Sie sich und Ihre Leistungen?
Ich frage mich zunächst einmal, was meine Leistung überhaupt ist. Gestalte ich beispielsweise ein Print-Magazin oder eine Plattform für einen produktiven Dialog mit Kunden? Diese Definition der Leistung am Beginn des Projektes verändert die Inhalte, die Form und die Bedeutung meiner Leistung für den Auftraggeber. Je höher die Bedeutung, desto höher die Bewertung.

Wie bewerten Sie den Nutzen Ihrer Leistungen?
Da unsere Leistungen sehr unterschiedlich sind, ist auch ihr Nutzen stark von dem jeweiligen Projekt abhängig. Oftmals ist der Nutzen aber nicht in Zahlen messbar. Umso wichtiger ist es, einen ständigen Dialog mit unseren Auftraggebern darüber zu führen, worin der Nutzen bestehen soll, ob er sich erfüllt hat und wie sich Strategien verbessern ließen. Aus diesen Gesprächen ergibt sich eine gemeinsame Bewertung.

Stefan Sagmeister arbeitet für Kunden wie die *Rolling Stones*, *HBO* und das *Guggenheim Museum*. Er gewann zwei *Grammys* und nahezu jeden wichtigen internationalen Designpreis. Er ist Autor des Buches *Things I have Learned in my Life so far*. Shows seiner Arbeit wurden weltweit gezeigt, mit über einer Viertelmillion Besucher. Er unterrichtet an der *School of Visual Art* in *New York* und hält weltweit Vorträge. Der gebürtige Österreicher erhielt sein MFA an der *Universität für Angewandte Kunst* in *Wien* und als *Fulbright* Schüler einen Masterabschluss des *Pratt Institute* in *New York*. Seit *Jessica Walsh* Partnerin seines Unternehmens ist, firmieren die beiden als *Sagmeister & Walsh*.

Interview mit Stefan Sagmeister New York (USA)

Warum ist Glück für Sie als Designer so wichtig?
Es gibt ein Zitat vom Französischen Mathematiker *Blaire Pascal*, der sagt: »Alles was wir tun, egal was es ist, wir tun es deshalb, weil wir die Möglichkeit sehen, glücklicher zu werden. Selbst der Selbstmörder bringt sich deshalb um, weil er denkt, im Tod glücklicher zu sein.« Das gilt auch für den Designer.

Was wäre, wenn Sie als Designer politisch wirken würden?
Wir wirken ab und zu politisch: Wir waren involviert in die Kampagne zur Reduzierung des Amerikanischen Militärbudgets, die auch wirklich erfolgreich war, das Militärbudget wurde gekürzt – allerdings bei weitem nicht nur wegen unserer Kampagne. Derzeit gestalten wir die Identity für ein Projekt in *Detroit*, wo vormals obdachlose Frauen Wintermäntel genäht haben. Und natürlich sind wir ein wenig in die »Anti-*Trump*«-Kampagne involviert.

Wie definieren Sie Erfolg für Designer?
Das Definieren von großen Begriffen wie »Design« oder »Erfolg« langweilt mich sehr.

Wie bewerten Sie sich und Ihre Leistungen?
Gar nicht. Das überlasse ich gerne Anderen.

Wie bewerten Sie den Nutzen Ihrer Leistungen?
Wenn ich etwas gestalten kann, das jemandem nützt oder jemanden entzückt, dann ist es sinnvoll.

Michael Söndermann ist Wirtschafts- und Sozialwissenschaftler und betreibt ein Büro für Kulturwirtschaftsforschung in *Köln*. Seit den 1990er-Jahren beobachtet und analysiert er die *Kultur- und Kreativwirtschafts*-Branchen und deren Akteure. Er ist Autor zahlreicher Studien für den Bund, einzelne Länder und Kommunen in *Deutschland* und darüber hinaus, wie zum Beispiel in der *Schweiz*. Ferner ist er Statistik-Berater des *Europarates ERICarts »Compendium Cultural Policies and Trends in Europe«* (*Strassborg / Bonn*) sowie Leiter für wissenschaftliche Analysen im *Kompetenzzentrum Kultur & Kreativwirtschaft des Bundes*.

Interview mit Michael Söndermann Köln (D)

Warum sind Spillover-Effekte für die Wertschätzung der Designer relevant?
Es geht hier zunächst darum, ein ganzheitliches Verständnis für die Leistung von Designern zu entwickeln. Neben der Individualisierung müssen alle Facetten an Ideen, Konzeptionen und Kontexten beleuchtet werden, da man diese oft nicht sehen, aber spüren kann und sie deshalb auch nicht so leicht zu vermitteln sind. Wie zum Beispiel der nichthaptische Aspekt der durch Interface-Designer entwickelten Anwendungen und deren Einfluss auf unseren Umgang mit Medien und Produkten. Die Rolle der Designer – alle Produkte in eine lebenswerte Form zu bringen, Fachwissen aus den unterschiedlichen Disziplinen zu bündeln, zurückhaltend zu sein (also nicht missionarisch wirken zu wollen) – ist die Grundlage der gesellschaftlichen und wirtschaftlichen Übertragungseffekte. Nur daraus kann ihre Arbeit für die Schaffung von Produkten und Dienstleistungen – für die Gestaltung im ganzheitlichen Sinne – legitimiert und wertgeschätzt werden.

Was wäre, wenn Designer politisch wirken würden?
Um gesellschaftlich ernst genommen zu werden, reicht es nicht aus, sich hinter einer Sache wie »Design« und einem allgemeinen Berufsbild wie »Designer« zu verstecken. Für Designer als die zuständigen Profis für die Gestaltung von Dingen und Prozessen ist es entscheidend, die Bedeutung ihrer Leistung als Brückenbauer zwischen Erlebnis und Hintergründen auch politisch zu artikulieren. Dazu gehört zum Beispiel auch zu sagen, wann Design spitze, mittelmäßig oder fastfood ist.

Wie definieren Sie Erfolg für Designer?
Wenn Designer Artefakte liefern, die lebenswert sind und auch zur Individualisierung des Auftraggebers / Kunden beitragen.

Wie bewerten Sie sich und Ihre Leistungen?
Aus meiner Sicht, als quasi Monopolist der Kulturwirtschaftsforschung, aus meinem intrinsischen Antrieb heraus, meinem moralischen Empfinden, meinen Beobachtungen, meiner sinnvollen und guten (Kärrner-)Arbeit für Künstler und Kreative sehr hoch und damit Zäune einreißend.

Wie bewerten Sie den Nutzen Ihrer Leistungen?
Ebenfalls hoch, da Orientierung bietend, fokussierend und verlässlich für Themen.

Interview mit Erik Spiekermann Berlin (D)

Prof. Dr. Erik Spiekermann ist Setzer, Drucker, Kunsthistoriker, Informationsdesigner, Schriftentwerfer und Fachautor. Er gründete MetaDesign '79 und den FontShop '89, erhielt den Bundespreis für das Lebenswerk 2011 et cetera. Heute ist er tätig in seinem mit Partnern geführten Unternehmen Edenspiekermann AG Berlin, Amsterdam, San Francisco, Los Angeles und in der galerie p98a, einer experimentellen Werkstatt für digital-analogen Buchdruck.

Warum ist die Diskussion über das Award-Business unter Designern von Neid und Missgunst geprägt?
Keine Ahnung. Wenn ich das positiv sehe, könnte ich das als Zeichen von Solidarität ansehen: Wir sitzen alle im gleichen Boot und niemand darf sich rauslehnen. Aber ich fürchte, es ist ein Überbleibsel der Zeit, als Grafik-Designer unbestritten Künstler waren. Und mit Kunst darf man kein Geld verdienen oder Erfolg haben, sonst verrät man sie und sich. Nicht meine Haltung, aber offensichtlich verbreitet. Und sicherlich kommt heute dazu, dass wir ja alle Konkurrenten sind. Ich sehe andere Gestalter in erster Linie als Kollegen, die ähnliche Probleme wie ich haben. Das ist in den *USA* übrigens die generelle Einstellung. Mein Freund und Kollege *Johannes Erler* hat immer gesagt, dass ein paar Promis in der Szene gut für alle sind, weil sie in der Öffentlichkeit auftauchen und unsere ganze Szene bekannter machen. Finde ich auch.

Was wäre, wenn Sie als Designer politisch wirken würden?
Tue ich doch. Sowohl über die Arbeit, wenn wir Dinge gestalten, die uns nützen, als auch in der Gesellschaft, wenn wir unser Talent nutzen, um auf Probleme aufmerksam zu machen.

Wie definieren Sie Erfolg für Designer?
Unseren Auftraggebern zum Erfolg zu verhelfen, dabei nicht gegen die guten Sitten zu verstoßen, ordentlich dafür bezahlt zu werden und vielleicht noch die Umwelt etwas angenehmer zu gestalten.

Wie bewerten Sie sich und Ihre Leistungen?
Ich habe Glück gehabt, gute Kollegen gefunden und mit ihnen zusammen einige wichtige Projekte gemacht, die sogar gesellschaftlich wichtig sind. Das Leitsystem für die *BVG* in *Berlin* gleich nach der Wende und das Erscheinungsbild der *Deutschen Bahn* tragen durchaus zum Erscheinungsbild der ganzen Republik bei. Fast alle ehemaligen Mitarbeiter (weit mehr als 600 seit 1979) sind heute gute und oft auch erfolgreiche Gestalter. Das ist mein größtes Verdienst: Alle kennen mich noch und wir reden miteinander.

Wie bewerten Sie den Nutzen Ihrer Leistungen?
Siehe oben: Erfolg für Auftraggeber und einen ästhetischen wie funktionellen Beitrag zum Leben der Menschen zu leisten (die das meistens nicht wissen, was ja gut ist).

Interview mit René Spitz, Designkritiker und Kurator, Köln (D)

Prof. Dr. René Spitz lehrt an der *RFH Köln* für Designwissenschaft und Kommunikationsmanagement. Er studierte Geschichte, Germanistik und Kommunikationswissenschaft in *München* und *Köln*, promovierte über die politische Geschichte der *HfG Ulm* und arbeitete zusammen mit *Otl Aicher* (1989–91). Zudem ist er seit 1996 Designkritiker des *WDR* mit mehr als 450 Sendungen, Vorsitzender des Fachbeirats des *IFG Ulm* (2004–07), Kurator internationaler Ausstellungen zum Design, Vortragsredner sowie Autor zahlreicher Publikationen.

Warum lassen sich Designer vom Design in den Hintergrund drängen?
Das sehe ich nicht so. »Das« Design nehme ich nicht als handelnden Akteur wahr. Der Fokus der öffentlichen Aufmerksamkeit gegenüber »dem« Design und »den« Designern erscheint mir meist unausgewogen: Entweder stehen Merkwürdigkeiten der Entwürfe im Rampenlicht oder die Personen werden als schrille Popstars inszeniert. Beide Extreme sichern offensichtlich eine kurzfristige Reichweite, werden aber der Berufswirklichkeit nicht gerecht. Insofern lautet meine Diagnose: Designer lassen sich zu oft vom Klischee über Design in den Hintergrund drängen. Über die Gründe lässt sich spekulieren. Ich vermute, dass es sich dabei im Wesentlichen um ein Phänomen der gegenwärtigen Mediengesellschaft handelt.

Was wäre, wenn Sie als Designer politisch wirken?
Jeder Designer wirkt immer auch politisch. Ob man sich von einem globalen Pharmaunternehmen oder einem lokalen Handwerker engagieren lässt, hat auch eine politische Dimension. Es ist eine Illusion, zu glauben, man könne sich ins Private zurückziehen und dadurch der Verantwortung fürs Politische entziehen. In der modernen westlichen Demokratie ist jeder Bürger zur politischen Teilhabe verpflichtet, alles andere verweist auf ein vormodernes Politikverständnis. Wer sich zum Beispiel nur mit der Dekoration von Repräsentationsräumen für Machthaber beschäftigt, um seiner künstlerischen Neigung nachzugeben und seinem Gespür für Farben und Materialien, für Harmonien und Proportionen freien Lauf zu lassen, dient damit der Verherrlichung der Macht. Das ist eine der Lehren aus dem NS-Regime, und deshalb wurde die *HfG Ulm* auch nicht gegründet, um ein ästhetisches Defizit zu beheben, sondern ein gesellschaftliches.

Wie definieren Sie Erfolg für Designer?
Erfolg hat unterschiedliche Anteile: Wirtschaftlicher Ertrag, Aufmerksamkeit in den Medien, langfristige Nachfrage und Zusammenarbeit, Einfluss auf die nachfolgenden Generationen. Die Wahl seiner Schwerpunkte bleibt jedem Designer überlassen.

Wie bewerten Sie sich und Ihre Leistungen?
Nach den oben genannten Aspekten, hinzu kommt noch der Anspruch an den Sinn der eigenen Arbeit.

Wie bewerten Sie den Nutzen Ihrer Leistungen?
Das hängt von den Zielen ab, die die Leistungen bewirken sollen. Diese Ziele werden vorab mit dem Auftraggeber geklärt, und der Maßstab für ihre Bewertung wird gemeinsam definiert.

Peter Vetter ist Designer, Partner und Creative Director von *Coande*, einem Studio für Identitäts- und Markenentwicklung, das er 1996 mit *Katharina Leuenberger* gründete. Er hat in *Italien*, *Deutschland*, *USA* und *Japan* gearbeitet, mit *Tomás Maldonado*, als Partner von *BBV* (*Baur, Baviera, Vetter*) und der Corporate Identity Agentur *Zintzmeyer & Lux AG* in *Zürich* sowie als Senior Vice-President von *Vignelli Associates* in *New York*. Er ist Senior Lecturer und Researcher an der *Zürcher Hochschule der Künste*, war Mitglied nationaler und internationaler Design Jurys, Präsident des *SGV* (*Schweizerischer Grafiker Verband*), ist Präsident des *netzhdk*, der Alumniorganisation und Beirat der *Zürcher Hochschule der Künste*.

Interview mit Peter Vetter Männedorf (CH)

Warum ist es für Designer oft nicht leicht, ihre Leistungen als Investition für ihre Auftraggeber / Kunden zu vermitteln?
Ich denke, das liegt in der Natur der Sache, denn vielfach sind die Effekte einer kommunikativen Maßnahme – und darum handelt es sich ja – nicht direkt messbar. Im Weiteren spielen bei solchen Maßnahmen vielfach auch noch andere Elemente (beispielsweise Inhalte, Angebote und so weiter) mit, die nicht trennscharf auseinandergehalten werden können.

Einen ganz anderen Aspekt stellen die Gestalter selber dar, denn vielfach interessieren sie sich nur marginal um die mittel- bis langfristigen Auswirkungen ihrer Arbeit. Dazu muss man sich nur einmal umsehen, was es so an Literatur zum Thema »Design und Wert, Ökonomie« und so weiter gibt.

In diesem Zusammenhang fällt auf, dass die ganze Gestaltungs- und Kommunikationsbranche nicht in Forschung und Entwicklung investiert, was man in jeder anderen Branche als Mindestforderung für die Zukunftsfähigkeit voraussetzt.

Was wäre, wenn Sie als Designer politisch wirken würden?
Gestalter in der Politik gibt oder gab es schon. So war zum Beispiel *Max Bill* einige Jahre im *Schweizer Parlament*. Es gibt sogar einen Vortrag über Gestaltung, den er im Parlament in Bezug auf die Umwelt gehalten hat.

Was ich allerdings sehe ist, dass die Gestalter/innen eher zum Individualismus neigen und dadurch, zumindest in der *Schweiz*, eine eigentliche Design-Lobby fehlt. Das habe ich in den *USA* anders erlebt. Ich erinnere mich an eine Diskussion mit *Ivan Chermayeff* (*Chermayeff and Geismar*), der meinte: »Wenn wir alle gut sind, dann bin ich auch besser.« Oder wenn wir nicht gemeinsam unsere Anliegen vertreten: »Wer soll das denn für uns tun?« In diesem Sinn tauschen sich amerikanische Gestalter viel offener aus und engagieren sich aktiv für ein positives Berufsbild.

Wie definieren Sie Erfolg für Designer?
In meinem Verständnis sind wir Berater und Dienstleister und das bedeutet, dass wir mit unseren Leistungen Kunden unterstützen und so zu deren Erfolg beitragen. Wie schon gesagt, kann man diesen Erfolg nicht alleine auf gestalterisch-kommunikative Maßnahmen zurückführen, sondern diese Leistungen werden fast ausschließlich »im Konzert« mit andern Beiträgen erbracht.

Wie bewerten Sie sich und Ihre Leistungen?
Wir versuchen, unseren Kunden unsere Sicht der Dinge zu vermitteln und dabei hinterfragen wir auch Aspekte, die über gestalterische Fragestellungen hinausgehen. Man kann sagen, es ist unser Anspruch, Unternehmen und Institutionen zu verstehen, zu verändern, voranzubringen und Voraussetzung für innovatives Denken zu vermitteln.

Wie bewerten Sie den Nutzen Ihrer Leistungen?
Wir verstehen uns als »Problemlöser« und insofern glauben wir an den Nutzen, andere Perspektiven in die Diskussion mit unseren Partnern einzubringen. Ein sehr wichtiger Bestandteil dieser Perspektiven ist die Tatsache, dass Gestalter/innen in Bildern denken. Diese Fähigkeit bringt es mit sich, dass der Diskurs neue und andere Aspekte berücksichtigt. Heute würden wir das »Design Thinking« nennen; diese Bezeichnungen mag ich allerdings nicht (das ist doch Marketing), denn unser Begriff »Gestaltung« impliziert all die Attribute (sozial, partizipativ und so weiter), die neuerdings amerikanische Designfirmen verwenden.

Interview mit Christian Zimmermann München (D)

Dr. Christian Zimmermann ist im Entwurfsbureau seiner Eltern aufgewachsen und wurde von den dort verkehrenden *Otl Aicher* und *Anton Stankowski* beeinflusst. Er studierte Geschichte, Philologie / Linguistik und Soziologie an der *Universität Hamburg* sowie parallel Industrial Design (Fachrichtung Technisches Design) an der *Hochschule für Bildende Künste HfBK* bei *Dieter Rams*. Tätigkeit als Designer und Typograph. Studium der Psychologie mit Schwerpunkt in Ingenieurpsychologie, analytischer Sozialpsychologie und Tiefenpsychologie. Beim Lehranalytiker *Walter F. Hiss* unterzog er sich seiner Psychoanalyse, wurde aufgenommen in das *Institut für politische Psychoanalyse* von *Thea Bauridl* und arbeitete an der *TU Braunschweig* am Institut von *Heiner Erke* (Angewandte Psychologie, Gestaltung und Visuelle Kommunikation). Er lehrt heute Psychologie an der *LMU München* und Industriedesign an der *HfG Schwäbisch Gmünd*.

Warum werden Designer in den Hochschulen für morgen ausgebildet, aber nicht für die Zukunft?
Bedauerlicherweise bilden die Hochschulen schon für den aktuellen, objektiven gesellschaftlichen Bedarf unzureichend aus. Denn in einer immer technisierteren Welt die mithin weitgehend technisierte Umwelt menschengerecht und unaufdringlich zu gestalten, ist die Kernaufgabe aller Gestaltung – und sie wird kaum mehr eingelöst. Indem sich die Gestaltungsdisziplinen zum ausführenden Organ der Interessen des Marketing machen ließen, gilt auch an vielen Hochschulen nicht länger das Paradigma der Richtigkeit, sondern das der Verkäuflichkeit. Das entspricht durchaus dem Entwicklungsstand unserer ökonomischen Struktur, nicht aber den objektiven gesellschaftlichen Erfordernissen. So degeneriert die Hochschulausbildung, angeblich den Gesetzen des Marktes gemäß, zur Brutstätte der vorauseilend Prostitutionswilligen. »Kreativität«, »Intuition«, »Innovation« und noch mehr solchen Vokabulars, bevorzugt Anglizismen als alter Wein in neuen Schläuchen: »Universal Design«, »Flat design«, »Design Thinking« et cetera – hinter vagen alten und neu-modischen Floskeln wird eine fundamentale Substanzlosigkeit verborgen, die aber Voraussetzung der späteren Tätigkeit ist: Um solchen Unsinn derart kenntnislos zu machen, ist das Nicht-Wissen Voraussetzung.

Die gesellschaftliche Aufgabe von Hochschulen ist Bildung, nicht Ausbildung – Bildungserwerb qualifiziert eben auch beruflich (die gesellschaftliche Institution der Ausbildung heißt Lehre und wird mit Lehrlingsgehalt vergütet). Bildung, ihre Gegenstände und Inhalte zeichnen sich gerade dadurch aus, dass sie auch für das

Unbekannte der Zukunft wappnen; heutige Ausbildung schielt auf den morgigen Gewinn.

Zukunft gestalten setzt aber nicht nur vermittelbares Können und Sachwissen voraus, den Eleven muss Strukturwissen internalisiert und die individuelle Positionierung zu Wertfragen abgefordert werden, also ihre Interpretationsfähigkeit herangebildet werden.

Designer können ihre Existenz rechtfertigen durch die systemische Perspektive, welche sie in den Entwicklungsprozess einzubringen in der Lage sein sollten. Dies wäre ihre gesellschaftlich wünschenswerte und sinnerfüllte Rolle, welche die Formationsgeschichte des Faches begleitet. Schon *Vitruv* spricht von der ενκυκλιος παιδεια (enkyklios paideia), einer umfassenden Bildung, welche für den Gestalter unabdingbar ist. Schroff dagegen steht die Verweigerung der Designsphäre, Kenntnisse der Wissenschaften adäquat – also auch hinreichend umfassend – und als konstituierenden Teil ihres Selbstverständnisses zu integrieren und zu reflektieren und sich somit fruchtbringend anzueignen. Das wird von allen anderen akademisierten Disziplinen ganz selbstverständlich erwartet (aber, sehr zum Schaden unserer Gesellschaften in der anglisierten Welt der Bachelorei, immer weniger geleistet).

Es gibt einen Kanon vermittelbaren Rüstzeuges auch für Gestalter; hier seien stellvertretend solide Kenntnisse aus den Bereichen der Ingenieurwissenschaften und der Psychologie, Soziologie und politischen Ökonomie genannt. Dieses Handwerkszeug muss so früh wie möglich beherrscht werden, zusammen mit einer reflektierten Haltung zum Gebrauch dieser Fähigkeiten. Beides geschieht, selbst gutmeinend betrachtet, nur sehr rudimentär an den Ausbildungsstätten für künftige Designer. Selbst unter den unheilvollen Bedingungen eines Bachelor-/Master-Systems bleibt man inakzeptabel unterhalb der Möglichkeiten.

Wünschenswerte Folgen des Gestaltungshandelns sind ein Maßstab gelingender Gestaltung. Diese Folgen als Gestalter stets zu antizipieren, müsste eine Selbstverständlichkeit der Ausbildung sein. Eigenes und fremdes Handeln in nahe und ferne Zukunft extrapolieren zu können: Dies müssten Hochschulen vermitteln. Die Realität an deutschen Designausbildungsstätten dagegen ist voll geschmäcklerischer Vorlieben, die sich als Beliebigkeit unter dem Etikett »Individualität« vom Dozenten auf die Studenten überträgt.

Damit Zukunft gestaltet werden kann, hilft dem Design – wie vielen anderen, krisenbehafteten akademischen Disziplinen – nur eine Rückbesinnung auf die klassischen Werte der humanistischen Bildung.

Was wäre, wenn Designer politisch wirken würden?
Design wirkt eminent politisch, indem es die emanzipatorischen Tendenzen der gesellschaftlichen und individuellen Entwicklung fördert; nicht zuletzt auch, indem es den soziopolitischen Wirkungen des Warenfetischismus entgegensteht. Design bietet dem Menschen im gelebten Alltag eine Praxis des Umgangs mit der dinglichen Umwelt, die seine Integrität wahrt und den Lebensvollzug klarer, anschaulicher und weniger aufwendig macht. Demgegenüber entspricht die Oberflächenkosmetik des Styling den herrschenden Verhältnissen und wirkt entsprechend konservierend auf das soziale und mentale Klima der Gesellschaft: Verlockung als Verkäuflichkeitsargument – gegen die objektiven Interessen des Einzelnen und der Menschen als Ganzes.

Die Wirkung von »Designern« hängt von ihrer individuellen Positionierung in diesem Spannungsfeld, mithin von ihren Werthaltungen ab.

Das als Essenzium des Designs postulierte (und so selten eingelöste) systemische Denken wäre ein Segen; ökologische und soziale Verantwortung sind besonders notwenige und wünschenswerte Kriterien allen Handelns.

Nimmt man die bestehenden Verhältnisse der Designstudierenden als Maßstab künftiger politischer Entwicklung, würde die Bemühung der Designer in eine gutgemeinte Bambi-Ökologie münden, die, wegen ihrer fundamentalen Verweigerung gegenüber komplexen Zusammenhängen, wirkungslos bliebe. Zudem wäre eine ebenso gutmeinende Sozialromantik Maßstab.

Fasst man die Frage nicht als Irrealis auf, stellte sich tatsächlich eine Wirkung durch Designer (im altverstandenem Sinn des Wortes) ein: Dann hätten wir eine notwendige und richtige Kraft hin zu einer gesellschaftlichen Veränderung.

Aber: Designer an die Macht? Jetzt, sofort? Schon in ihrem eigenen Tun zeichnen sich die heutigen »Designer«-Stylisten durch notorische Verweigerung gegenüber der Komplexität unserer Wirklichkeit aus; was wäre da in politischer Dimension zu erwarten?

Wie definieren Sie Erfolg für Designer?
Das Richtige durchsetzen, auch gegen Widerstände. Und sich um belastbare Kriterien für das »Richtige« bemühen. Sich nicht zu prostituieren. Und die Bereitschaft, dafür Nachteile in Kauf zu nehmen. Objektivierbare Kriterien gelungener Gestaltung zu vermitteln und im Produkt erfahrbar zu machen.

Wie bewerten Sie sich und Ihre Leistungen?
Die oben geäußerten Maßstäbe richten sich wertend immer auch auf das handelnde SELBST. Entsprechend bemühe ich mich mit Nachdruck, in meiner Lebenswirklichkeit und meinen sozialen Rollen diese Maßstäbe verbindlich zu machen.

Wie bewerten Sie den Nutzen Ihrer Leistungen?
Siehe »Erfolg für Designer«: Solche Haltungen möchte ich auch bei meiner sozialen Umwelt befördern.

Peter Zizka hat eine Ausbildung zum Restaurator und ein Studium der Visuellen Kommunikation absolviert. Er war viele Jahre Mitglied der Konzeptkunstgruppe *MEMORY* und ist Partner im Designbüro *Heine/Lenz/Zizka* in *Frankfurt* und *Berlin*. Er konzipierte diverse Ausstellungen zu aktuellen gesellschaftlichen Fragestellungen in *Rotterdam*, *Dresden*, *New York* und *Karlsruhe*, war Designpraxis-Stipendiat der *Villa Massimo* und arbeitet außerdem als Kurator im Designbereich.

Interview mit Peter Zizka Berlin / Frankfurt a. M. (D)

Warum fällt Designern der Umgang mit alltäglichen Unsicherheiten oft so schwer?
Designer erleben eine Vielzahl von Unsicherheiten und es ist gerade ein essentieller Bestandteil der Gestalter-DNA, diese immer wieder zu meistern. Designer können dem aus meiner Sicht »Gestalt geben« – das was klassische Unternehmensberater gerne jenseits des Ökonomisierens darstellen würden: Die gesellschaftlich orientierte Moderation eines Kommunikations-Prozesses. Dass Designer trotzdem und immer wieder als willfährige Arrangeure gesehen werden, ist ein Phänomen unserer Zeit. Schuld daran ist die geringe Teilhabe der Gestaltungswelt an relevanten gesellschaftlichen Diskursen. So gesehen ist derjenige »sicher-unsicher«, der sich als formaler Arrangeur versteht. Er macht sich zum Spielball geschmäcklerischer Entscheidungen und damit zum optimalen Opfer von volatilen Befindlichkeiten – auch Unsicherheiten genannt. Die zukunftsträchtige Devise ist nicht die rechtwinklige Verbeugung vor dem Kundenwunsch, sondern diskursive Kante zu zeigen.

Was wäre, wenn Sie als Designer politisch wirken würden?
Ich frage mich selbst, warum das so wenig passiert. Wahrscheinlich haben sich die Kreativen mit dem allgegenwärtigen Geniebild ein Ei ins Nest gelegt, denn ein politischer Diskurs erlaubt keine egozentristischen Denkmuster. Es gibt den Satz: Gestaltung ist nicht demokratisch – ich glaube, diese These ist von gestern – es könnte bei dieser autokratischen Aussage allenfalls noch um den bürgerlichen »Kunstbegriff« gehen. Wenn wir Dinge und Sachverhalte kommunizierbar und gebrauchbar machen, dann arbeiten wir selbstredend politisch. Ergonomie und Lesbarkeit sind Kategorien, die dem Gemeinwesen dienen sollen und damit den Anforderungen der Polis folgen.

Dienen und opportunistisch agieren wird dabei oft verwechselt. Es geht beim »dienen« um eine kritisch-produktive Teilhabe zum Wohl der Gemeinschaft. Dass unser Zusammenleben in der Regel dem Prinzip der individuellen Bereicherung und Kompetition folgt, macht die Versuchung groß, ein »gestalterisches Politikmodell« nur auf Gewinnmaximierung auszurichten. Die Orientierung der sogenannten Kreativindustrie an der Onlinewelt dokumentiert diesen Opportunismus im Dienste des perfekten Kundenprofils. Trotzdem: Designer könnten sich aufgrund einer gestalterisch-interdisziplinären Ausrichtung als diejenigen »mit dem Blick über den Tellerrand« positionieren.

Wie definieren Sie Erfolg für Designer?
Teilhabe am gesellschaftlichen Diskus und nicht als der / die mit einer prall gefüllten kommunikativen Schminkkiste gesehen zu werden. Das heißt, mit dem Gefühl in den Schlaf zu gleiten, dass man über den Tag etwas inhaltlich vorangebracht und im besten Falle zugleich sinnvoll und ästhetisch formulieren konnte. Wenn einen die Umwelt zudem als relevanten Meinungsbildner akzeptiert – das ist die Art von Erfolg, die automatisch auch Wertschätzung bedeutet.

Wie bewerten Sie sich und Ihre Leistungen?
Dito, nur dass ich die eigenen Traumatisierungen und Fehler mit in die Gleichung einbringe. Deshalb ist mir das stete Bemühen um Selbstdistanz so wichtig. Dazu brauche ich die permanente Auseinandersetzung mit anderen gestalterischen Positionen, um dem Ego einen Haken zu schlagen. Ähnliches gilt für die eigene Lebenssituation, die untrennbar mit der Arbeit verbunden ist, und das heißt, keinesfalls den Kontakt zur Welt und deren Kategorien außerhalb der ›Funktionselite Design‹ zu verlieren.

Wie bewerten Sie den Nutzen Ihrer Leistungen?
In der Regel positiv, ich bin sogar ein ums andere Mal stolz darauf. Dieser Stolz kann sehr pragmatisch begründet sein, indem man es geschafft hat, ein gutes und lesbares Buch zu machen, aber es kann auch die erfolgreiche Konzeption einer Großinstallation sein, die bei vielen Besuchern einen Denkprozess über gesellschaftliche Missstände in Gang gesetzt hat. Ästhetik und Inhalt erzeugen im Zusammenspiel für mich eine Art Durchschnittsnote, die Lust oder Frust bedeutet.

Autoren

Joachim Kobuss

1954 geboren, habe ich eine Ausbildung und Berufspraxis als Kaufmann in Handel und in der Industrie absolviert. Seit mehr als 15 Jahren bin ich als Autor, Coach, Dozent und Publizist aktiv. Ich betreibe unter meiner Marke *DesignersBusiness®* ein Büro für designökonomische Entwicklung und unter *©Unternehmen:Design* ein Institut für designpolitische Entwicklung.

Ich berate Designer aller Designbereiche (aus über 40 Jahren vielfältiger Erfahrungen mit ihnen) auf ihrem Weg in die Selbstständigkeit und bei ihrer persönlichen und unternehmerischen Entwicklung; Unternehmen in ihrer Zusammenarbeit mit Designern.

Ich bin in der Lehre an verschiedenen Design-Hochschulen tätig, gebe Studierenden Einblick und Orientierung in die beruflichen Perspektiven – moderiere zum Beispiel Fachmodule wie Markenführung und Marketing.

Ich bin in Netzwerken aktiv – als Mitbegründer von *KölnDesign* (und Moderator der dortigen *Gründer- und Profi-Tage*) sowie in *Berlin* in der Initiative *Umbruchgestalter*.

Ferner kooperiere ich mit Förderinstitutionen und engagiere mich als Experte für die Designwirtschaft im Rahmen der *Initiative Kultur- und Kreativwirtschaft* der *Bundesregierung* in *Deutschland*.

Ich lebe und arbeite in *Berlin* und *Köln*.

Alexander Bretz

1964 geboren, ist seit 1995 Rechtsanwalt in *Berlin* und spezialisiert auf die Beratung und Vertretung von Unternehmerinnen und Unternehmern der Bereiche Mode-, Produkt-, und Kommunikationsdesign sowie Visual Merchandising.

Seit vielen Jahren als Redner und Dozent tätig (zum Beispiel an der *Burg Giebichenstein Kunsthochschule Halle*, dem *Institut für Kultur- und Medienmanagement* der *Hochschule für Musik und Theater Hamburg* und der *Latvijas Mākslas Akadēmija – Kunstakademie* von *Lettland, Riga*). Seit 2014 ist er Verwaltungsdirektor der *MD.H Mediadesign Hochschule* am Standort *Berlin* und dort auch Dozent für Recht, Management und Ökonomie im Mode- und Medienbereich.

Er lebt und arbeitet in *Berlin*.

Dank

Nur durch die Mitarbeiter und Unterstützung vieler war es mir möglich, dieses Buch in die Welt zu bringen. Dafür möchte ich hiermit allen herzlich danken, besonders natürlich meinem Koautor und langjährigen Kooperationspartner *Alexander Bretz*.

Auch möchte ich *Axel Gottschall* herzlich danken, der in freundschaftlicher Verbindung und unzähligen Diskussionen seit Jahren ein wichtiger Gesprächspartner in allen designrelevanten Fragen für mich ist. Mein Dank gilt aber auch seiner Entwicklung eines neuen Covers für dieses und weitere neue Bücher sowie die gestalterische Weiterentwicklung des Innenlayouts.

Besonderer Dank auch an *Erik Spiekermann*. Er hat für die Buchreihe die Grundlagen entwickelt und war ganz zu Beginn ein hilfreicher Mentor bei der Kontaktaufnahme mit meinem Verlag.

Ein ganz spezieller Dank geht an meine Lektorin *Gudrun Martens-Gottschall*, die in ebenfalls freundschaftlicher Verbindung seit unserem letzten deutschen Titel *Designzukunft* alle unsere Bücher sowie meine Essays, Kritiken und Rezensionen sachkundig und sorgfältig überprüft und ihnen den sprachlichen Schliff verleiht.

Ferner möchte ich *Sven Schrape* danken, der bereits schon die letzten Titel und auch diesen in die Druckform bringt.

Meinem Verlag *Birkhäuser* danke ich für die nunmehr zehnjährige Zusammenarbeit, dort besonders *Ulrich Schmidt* für die konstruktiven Verhandlungen, *Lisa Schulze* für die freundliche Betreuung und *Heike Strempel* für die Produktion.

Danken möchte ich auch meinen Interviewpartnern: *Jan-Erik Baars*, *Michael Erlhoff*, *Gerald Jude*, *Uli Mayer-Johanssen*, *Florian Pfeffer*, *Stefan Sagmeister*, *Michael Söndermann*, *Erik Spiekermann*, *René Spitz*, *Peter Vetter*, *Christian Zimmermann* und *Peter Zizka*. Sie haben sich der Mühe unterzogen, meine Fragen zu beantworten und damit wichtige Perspektiven zu unserem Thema Wertung beigetragen.

Und schließlich – ohne meine Klienten und Studenten, die mir ihr Vertrauen geschenkt, ihre Ideen offenbart und viele Fragen gestellt haben, wäre dieses Buch nicht möglich gewesen. Auch zahlreiche Gesprächspartner aus der Politik, Institutionen und Unternehmen waren hilfreich bei der Analyse dieses Themas. Auch wenn sie hier namentlich nicht genannt sind, stecken sie doch in allen Seiten dieses Buches. Dafür gebührt ihnen allen mein Dank.

Joachim Kobuss, Berlin, Januar 2017

Literatur

Autoren	Titel / Verlag / ISBN
George A. Akerlof, Rachel E. Kranton	*Identity Economics – Warum wir anders ticken, als die meisten Ökonomen denken* Carl Hanser Verlag, München (2011) 978-3-446-42696-2
Hannah Arendt	*Vita active – oder Vom tätigen Leben* Piper Verlag, München (2002/2013) 978-3-492-23623-2
Albert Ballewski	*Die Calculation für Maschinenfabriken* Königliche Hofdruckerei von Carl Friese, Magdeburg (1877/1880)
Klaus Birkigt, Marinus M. Stadler, Hans Joachim Funk	*Corporate Identity – Grundlagen, Funktionen, Fallbeispiele* Verlag Moderne Industrie, München (1980/2002) 978-3-478-25540-6
Jorge Luis Borges	*Universalgeschichte der Niedertracht* Ullstein Verlag, München (1972) 3-548-02914-0
Pierre Bourdieu	*Praktische Vernunft – Zur Theorie des Handelns* Suhrkamp Verlag, Frankfurt am Main (1998) 978-3-518-11985-3
Bazon Brock	*Ästhetik als Vermittlung – Arbeitsbiographie eines Generalisten* DuMont Verlag, Köln (1977)
Lewis Carroll	*Sylvie and Bruno Concluded* Macmillan Publisher, London (1893)
Ad Catmull	*Die Kreativitäts-AG – Wie man die unsichtbaren Kräfte überwindet, die echter Inspiration im Wege stehen* Hanser Verlag, München (2014) 978-3-446-43672-5

Autoren	Titel / Verlag / ISBN
André Comte-Sponville	*Kann der Kapitalismus moralisch sein?* Diogenes Verlag, Zürich (2009) 978-3-257-06738-5
Gunter Dueck	*Professionelle Intelligenz – Worauf es morgen ankommt* Eichborn Verlag, Köln (2011) 978-3-8218-6550-8
Michael Erlhoff, Tim Marshall	*Wörterbuch Design – Begriffliche Perspektiven des Designs* Birkhäuser Verlag, Basel (2008) 978-3-7643-7738-0
Oliver Fiechter	*Die Wirtschaft sind wir! – Die Entstehung einer neuen Gesellschaftsordnung im Zeitalter der vernetzten Märkte* Stämpfli Verlag, Bern (2012) 978-3-7272-1354-0
Erich Fromm	*Die Furcht vor der Freiheit* Deutscher Taschenbuch Verlag, München (1990/2003) 978-3-423-35024-5
Juli Gudehus	*Das Lesikon der visuellen Kommunikation* Hermann Schmidt Verlag, Mainz (2010) 978-3-87439-799-5
Felix Hasler	*Neuromythologie – Eine Streitschrift gegen die Deutungsmacht der Hirnforschung* transcript Verlag, Bielefeld (2012/2013) 978-3-8376-1580-7
Marcel Hénaff	*Der Preis der Wahrheit – Gabe, Geld und Philosophie* Suhrkamp Verlag, Frankfurt a. M. (2009) 978-3-518-58518-4
John Heskett	*Design: A Very Short Introduction* Oxford University Press, Oxford (2005) 978-0-19-285446-9

Autoren	Titel / Verlag / ISBN
Dominik Hettich	*Design Value: Die Messung des Wertbeitrags von Design* Grin Verlag, Norderstedt (2013) 978-3-656-68235-6
Walter Isaacson	*Steve Jobs – Die autorisierte Biografie des Apple-Gründers* C. Bertelsmann Verlag, München (2011) 978-3-570-10124-7
Daniel Kahneman	*Schnelles Denken, Langsames Denken* Siedler Verlag, München (2012) 978-3-88680-886-1
Immanuel Kant	*Grundlegung zur Metaphysik der Sitten* Felix Meiner Verlag, Hamburg (1999) 978-3-7873-1443-0
Christoph Keese	*Silicon Valley – Was aus dem mächtigsten Tal der Welt auf uns zukommt* Knaus Verlag, München (2014) 978-3-8135-0556-6 *Silicon Germany – Wie wir die digitale Transformation schaffen* Knaus Verlag, München (2016) 978-3-8135-0734-8
David & Tom Kelley	*Creative Confidence – Unleashing the Creative Potential Within Us All* Harper Collins Publisher, London (2013) 978-0-00-751797-8 *Kreativität und Selbstvertrauen – Der Schlüssel zu Ihrem Kreativbewusstsein* Hermann Schmidt Verlag, Mainz (2014) 978-3-87439-859-6
Joachim Kobuss, Alexander Bretz	*Erfolgreich als Designer – Designbusiness gründen und entwickeln* Birkhäuser Verlag, Basel (2017/2010) 978-3-0356-0581-5 / 978-3-0346-0672-1

Autoren	Titel / Verlag / ISBN
Joachim Kobuss, Alexander Bretz	*Erfolgreich als Designer – Designrechte international schützen und managen* Birkhäuser Verlag, Basel (2009) 978-3-7643-9988-7
Joachim Kobuss, Alexander Bretz, Arian Hassani	*Become a Successful Designer – Protect and Manage Your Design Rights Internationally* Birkhäuser Verlag, Basel (2013) 978-3-0346-0101-6
Joachim Kobuss, Michael B. Hardt	*Erfolgreich als Designer – Designzukunft denken und gestalten* Birkhäuser Verlag, Basel (2012) 978-3-0346-0596-0
Bruno Latour	*Eine neue Soziologie für eine neue Gesellschaft – Einführung in die Akteur-Netzwerk-Theorie* Suhrkamp Verlag, Frankfurt a.M. (2007) 978-3-518-58488-0
Bruno Latour, Voncent Lépinay	*Die Ökonomie als Wissenschaft der leidenschaftlichen Interessen* Suhrkamp Verlag, Berlin (2010) 978-3-518-58556-6
Olaf Leu	*R/80* Spielbein Publishers, Wiesbaden (2016) 978-3-946718-00-0
Wolf Lotter	*Zivilkapitalismus – Wir können auch anders* Pantheon Verlag, München (2013) 978-3-570-55231-5
Claudia Mareis	*Theorie des Designs – zur Einführung* Junius Verlag, Hamburg (2014) 978-3-88506-086-4
Christoph Menke	*Kritik der Rechte* Suhrkamp Verlag, Berlin (2015) 978-3-518-58625-9

Autoren	Titel / Verlag / ISBN
Armin Nassehi	*Die letzte Stunde der Wahrheit* Murmann Verlag, Hamburg (2017) 978-3-946514-58-9
Friedrich Nietzsche	*Zur Genealogie der Moral – Götzen Dämmerung* Felix Meiner Verlag, Hanburg (2013) 978-3-7873-2426-2
Martha C. Nussbaum	*Die Grenzen der Gerechtigkeit – Behinderung, Nationalität und Spezieszugehörigkeit* Suhrkamp Verlag, Berlin (2010) 978-3-518-58554-2
Florian Pfeffer	*To Do: Die neue Rolle der Gestaltung in einer veränderten Welt – Strategien, Werkzeuge, Geschäftsmodelle* Hermann Schmidt Verlag, Mainz (2014) 978-3-87439-834-3
John Rawls	*Eine Theorie der Gerechtigkeit* Suhrkamp Verlag, Frankfurt a.M. (1979) 978-3-518-27871-0 *Gerechtigkeit als Fairneß – Ein Neuentwurf* Suhrkamp Verlag, Frankfurt a.M. (2006) 978-3-518-29404-8 *Geschichte der politischen Philosophie* Suhrkamp Verlag, Frankfurt a.M. (2008) 978-3-518-58508-5
Paul Riebel	*Einzelkosten- und Deckungsbeitragsrechnung* Gabler Verlag, Wiesbaden (1994) 978-3-322-96353-6
Peter Schellenbaum	*Das Nein in der Liebe – Abgrenzung und Hingabe in der erotischen Beziehung* Deutscher Taschenbuch Verlag, München (2009) 978-3-423-35023-5

Autoren	Titel / Verlag / ISBN
Brent Schlender & **Rick Tetzeli**	*Becoming Steve Jobs – Vom Abenteurer zum Visionär* Siedler Verlag, München (2015) 978-3-8275-0078-6
John R. Searle	*Wie wir die soziale Welt machen – Die Struktur der menschlichen Zivilisation* Suhrkamp Verlag, Berlin (2012) 978-3-518-58578-8
Richard Sennett	*Together. The Rituals, Pleasures and Politics of Cooperation* Penguin Books, London (2012) 978-0-713-99874-0
	Zusammenarbeit – Was unsere Gesellschaft zusammenhält Hanser Berlin Verlag, München (2012) 978-3-446-24035-3
Georg Simmel	*Philosophie des Geldes* Suhrkamp Verlag, Frankfurt a. M. (1989) 978-3-518-28406-3
Hermann Simon, **Martin Fassnacht**	*Preismanagement – Strategie – Analyse – Entscheidung – Umsetzung* Springer-Gabler Verlag, Wiesbaden (1982/2009) 978-3-409-39142-9
Hermann Simon	*Preisheiten – Alles was Sie über Preise wissen müssen* Campus Verlag, Frankfurt a. M. (2013) 978-3-593-39910-2
Adam Smith	*Theorie der ethischen Gefühle* Felix Meiner Verlag, Hamburg (2010) 978-3-7873-1936-7
	Der Wohlstand der Nationen – Eine Untersuchung seiner Natur und seiner Ursachen Deutscher Taschenbuch Verlag, München (1978/2005) 978-3-423-30149-7

Autoren	Titel / Verlag / ISBN
Gabriel Tarde	*Die Gesetze der Nachahmung* Suhrkamp Verlag, Frankfurt a. M. (2003) 978-3-518-58367-8
Gabriel Tarde	*Monadologie und Soziologie* Suhrkamp Verlag, Frankfurt a. M. (2009) 978-3-518-29484-0
Michael Tomasello	*Warum wir kooperieren* Suhrkamp Verlag, Berlin (2010) 978-3-518-26036-4
Peter Vetter, Katharina Leuenberger	*Design als Investition – Design und Kommunikation als Management Tool* Spielbein Publishers, Wiesbaden (2016) 978-3-946718-05-5
Friedrich von Borries, Jesko Fezer	*Weil Design die Welt verändert … Texte zur Gestaltung* Gestalten Verlag, Berlin (2013) 978-3-89955-475-5
Friedrich von Borries	*Weltentwerfen – Eine politische Designtheorie* Suhrkamp Verlag, Berlin (2016) 978-3-518-12734-6
Frank Wagner	*The Value of Design – Wirkung und Wert von Design im 21. Jahrhundert* Hermann Schmidt Verlag, Mainz (2015) 978-3-87439-857-2
Peter Zec, Burkhard Jacob	*Der Design-Wert – Eine neue Strategie der Unternehmensführung* red dot edition, Essen (2010) 978-3-89939-102-2

Personen-Index

Akerlof, George A. 28
Arendt, Hannah 59

Baars, Jan-Erik 301, 303, 333
Baecker, Dirk 68
Ballewski, Albert 254
Baurmann, Jana Gioia 192
Birkigt, Klaus 70
Borges, Jorge Luis 253
Bourdieu, Pierre 47, 54
Brock, Bazon 100

Carroll, Lewis 253
Catmull, Ed 50
Chanel, Coco 220
Comte-Sponville, André 55

Dahrendorf, Ralf 27
Dante 43
Diderot, Denis 58
Dueck, Gunter 75
Durkheim, Émile 35

Einstein, Albert 21, 25, 62, 105
Erlhoff, Michael 117, 301, 305, 333

Fassnacht, Martin 217
Fezer, Jesko 100
Fichte, Johann Gottlieb 58
Fiechter, Oliver 29
Filek, Severin 106
Ford, Henry 260
Foster, Norman 220
Fromm, Erich 80
Fuller, Buckminster 173
Funk, Hans Joachim 70

Gehry, Frank O. 220
Gottschall, Axel 333
Gudehus, Juli 117, 176, 182, 184

Hardt, Michael B. 13, 25
Hasler, Felix 223
Hassani, Arian 13
Hénaff, Marcel 57, 60
Henrion, F.H.K. 72
Heskett, John 275, 285, 286, 296, 298
Hettich, Dominik 158, 174
Horaz 256
Hyngar, Daniel 182, 184

Isaacson, Walter 50

Jacob, Burkhard 151
Jacobstein, Neil 202
Jobs, Steve 50
Jude, Gerald 301, 307, 333

Kahneman, Daniel 221
Kant, Immanuel 58, 68
Keese, Christoph 246
Kelley, David 78
Kelley, Tom 78
Kleber, Klaus 202
Kranton, Rachele E. 28

Lagerfeld, Karl 220
Latour, Bruno 35, 46, 100
Lépinay, Vincent 46
Leuenberger, Katharina 167, 174
Leu, Olaf 177, 184, 189, 200
Littlejohn, Deborah 172
Lotter, Wolf 30

Maaßen, Wolfgang 144
Mareis, Claudia 117
Marshall, Tim 117
Martens-Gottschall, Gudrun 333
Martenstein, Harald 81
Marx, Karl 58, 217
Maslow, Abraham 31
Mayer-Johanssen, Uli 301, 309, 333
Menke, Christoph 111

Nassehi, Armin 13
Nietzsche, Friedrich 111
Nomen, Eusebi 106
Nussbaum, Martha C. 121

Pfeffer, Florian 171, 174, 301, 313, 333
Platon 57
Pythagoras 45

Rawls, John 119
Riebel, Paul 261
Rudzio, Kolja 192

Sagmeister, Stefan 301, 315, 333
Schellenbaum, Peter 228
Schlender, Brent 50
Schmidt, Ulrich 333
Schrape, Sven 333
Schulze, Andreas 146
Schulze, Lisa 333
Schumpeter, Joseph 139
Schumpeter, Joseph Alois 49
Searle, John R. 122
Sennett, Richard 123
Simmel, Georg 35, 58
Simon, Herbert Alexander 217
Simon, Hermann 217, 219
Smith, Adam 53, 58
Söndermann, Michael 102, 301, 317, 333
Spiekermann, Erik 301, 319, 333
Spitz, René 302, 321, 333
Sprüngli, Rudolf K. 167

Stadler, Marinus M. 70
Starck, Philippe 220
Strempel, Heike 333

Tarde, Gabriel 35, 46, 60, 132, 139, 151, 158
Tetzeli, Rick 50
Tomasello, Michael 119
Tversky, Amos 221

Ustinov, Peter 66

van Noten, Dries 262
Vetter, Peter 167, 174, 302, 323, 333
von Borries, Friedrich 100, 249

Wagner, Frank 163, 174
Weber, Max 35

Zec, Peter 151
Zimmermann, Christian 302, 325, 333
Zizka, Peter 302, 329, 333

Sach-Index

Affektiv-motivationale Ziele 20
Akkumulation 43
Akquisition 17, 225
Akteur-Netzwerk-Theorie 36
Aktive Aktivitäten 113
Alleinstellungsmerkmal 79
Angebote für Angebote 233
Angebotsstrategien 234
Ankerpreiseffekt 221
Apple 46, 65
Arbeitsweise 64
Architektur-Designer 97
Artefakte 46, 66, 73
Auftraggeber-Werte 17
Award-Business 175

Becom a Successful Designer 19
Bedarfsfälle bedienen 230
Bedarfsfälle wecken 229
Bedürfnispyramide 31
Begehren 45
Behavioral Pricing 220
Beratung 89
Beratungs-/Planungsleistungen 276, 285
Berufliche Designer 133
Berufsverbände 134
Beziehungen 228
Briefing 90

Copyleft 30
Copyright 30
Corporate Behavior 70
Corporate Communication 70
Corporate Design 70
Corporate Identity 69, 286
Corporate Image 71
Crowd 17
Crowdworking 191

Deckungsbeitrag 258, 271
Delle im Universum 65
Design als Investition 167
Designbusiness 14
Designer 118
Designer als Weltentwerfer 249
Designer-Berufe 101
DesignersBusiness 332
Designer und Politik 109
Design(er)-Verbände 117
Designleistungen 14
Designpreis Deutschland 182
Designpreise 17
Designrechte 14
Design Rights 14
Design Value 158
Design-Wert 151
Designwirtschaft 62, 96
Designzukunft 14
Dialogik und Dialektik 123
Dienstleistungen 201
Dienstleistung / Produkt 64
Dienstleistungswert 92
Digitale Transformation 246
Dimension Ökologie 26
Dimension Ökonomie 26
Dimension Soziales 26
Dimension Wandel 27
Disziplin 79

Egoismus 68
Ehrbarer Kaufmann 27
Eigenschaften 81
Einzelkosten 255
Einzelkostenrechnung 260
Entdeckung 38
Entlohnung 58
Entwicklungsprozesse 87

Entwurfs-/Gestaltungsleistungen 275, 281
Erfindung 39
Erfolgreich als Designer 19
Ertragsnutzen 209
Etatplan 232
Ethik 66

Fähigkeiten 77
Fixkosten 257
Freiheit 80

Gebrauchsnutzen 209
Gebrauchswert 208
Gemeinkosten 255
Gerechter Preis 50
German Brand Award 182
Gestaltung 89
Gestaltungswettbewerb 24

Haltung 64
Homo Laborans 59
Homo Oeconomicus 48
Honorable Leistung 233
Honorabler Nutzen 233
Honorar 57
Honorarempfehlungen 137
Honorarordnung 137
Honorarordnung HOAI 289
Honorarsystem 145
Honorar- und Gehaltsreport 134
Honorar- und Kalkulations-Richtlinie 144
Honorarwerk 144

Identität 17, 61
Identitäts-Mix 70
Identitätswettbewerb 27, 62
Identity Economics 28
Imitation 44
Industrie-/Produkt-Designer 97
Infrastrukturen 295
Innovation 44
Innovations-Definitionen 107
Innovations-Förderpolitik 105

Innovations-Forschung 106
Innovationsrelevanz 105
Interpretationskompetenz 79

Kalkulation 18
Kalkulation in fünf Schritten 265
Kalkulationssystem 141
Kalkulationswert 15
Kalkulator 142
Kalkulatorischer Unternehmerlohn 268
Kammerbindung 289
Kapital 51
Kapitalismus 55
Kapitalsorten 47, 54
Kategorischer Imperativ 68
Kognitive Ziele 20
Kollegen 131
Kollegen-Konkurrenten 18
Kommunikation 281
Kommunikations-Designer 97
Kommunikationsnutzen 209
Kompetenzen 77
Kompromisse 66
Konkurrenz 125
Konkurrierende Vorurteile 133
Kontakt aufnehmen 226
Kontakt pflegen 228
Kontakt suchen 225
Kooperation 18, 40, 117
Kostenrechnung 253
Kostenstellenrechnung 256
Kultur- und Kreativwirtschaft 96

Leistungsangebote 231
Leistungsorientierung 207
Leistungswert 15, 90
Lose-Abwehr 244
Lose-Lose-Strategie 242
Lose-Taktiken 243

Macht und Anerkennung 112
Marketing 69
Mehrwert 155

Meinungen 18
Mental Accounting 222
Mentefakte 46, 66, 73
Misstrauen 68
Mitbewerber 131
Mitgliedschaft 126
Moral 67

Nachahmung 35
Nachhaltigkeit 25
Neoliberalismus 61
Neue Arbeitswelt 193
Neue Heimarbeiter 192
Neue Illusionen 195
Neue Ökonomie 193
Neue Realität 199
Neuro-Pricing 223
Nichtberufliche Designer 133
Nutzenarten 209
Nutzenorientierung 207
Nutzenwert 15
Nützlichkeitswert 46

Objekte 275
Objektplanung 289
Offene Dienst-/Werkleistungen 248
Offene Organisation 247
Ökonomie 3.0 29
Opportunitätskosten 91
Ordnungen 55

Partnerschaft 127
Passive Aktivitäten 110
Person 64
Personal Behavior 73
Personal Communication 73
Personal Design 73
Personal Identity 72
Persönlichkeitsbewertung 132
Persönlichkeitsprofil 82
Philosophie 18
Pitchs 17, 203
Planung 89

Politik 18
Positionierung 63
Preis der Wahrheit 59
Preiskriege 218
Preismanagement 217, 219
Preisuntergrenze 258, 271
Preiswettbewerb 23
Prestigeeffekt 220
Professionelle Intelligenz 75
Prospekttheorie 221
Prozesskostenrechnung 256
Prozessnutzen 209

Qualitätsindikator 221
Qualitätswettbewerb 24

Rebriefing 91
Rechnungswesen 254
Referenzen 64

Schönheitswert 46
Schöpferischer Akt 45
Schöpferischer Zerstörung 49
Schwächen 81
Schwarmintelligenz 44
Selbsteinschätzung 80
Selbstwert 15, 85
Service-Designer 97
Sklavenaufstand 111
Soziale Ziele 20
Sozio-Designer 97
Soziofakte 46, 66, 73
Soziologie 18
Stärken 81
Subjektivität 54
Substitution 43
Systeme 295

Target Pricing 218
Tauschwert 208
Teilkostenrechnung 257
To Do 171

Übertragungseffekte (Spillover) 102
Überzeugungen 45
Umwelt 289
Unique Active Position 63
Unique Benefit Proposition 63
Unique Buying Proposition 63
Unique Passive Position 63
Unique Selling Proposition 63
Unternehmen:Design 332
Urheber 37
Urheberrecht 58
Urteilsfähigkeit 79

Value of Design 163
Variable Kosten 257
Verarmung 62
Vergütung 57
Vergütungstarifvertrag 137
Verhaltensänderung 234
Verhandlungsstrategien 240
Vertrauen 68
Vollkostenrechnung 255

Wahrheitswert 46
Wahrheit und Geld 57
Wahrnehmung 41
Warum ... 301–329
Was wäre, wenn ... 303–329
Werkleistungen 201
Wertschätzung 69
Wertschöpfung 245
Wertschöpfungsmöglichkeiten 246
Wettbewerb 18
Wettbewerbsfolgen 25
Wettbewerbsvorteil 234
Wettbewerbszyklen 25
Wie ... 304–330
Win-Win-Strategie 240
Wirkungsbeispiele 177
Wirkungsinstrumente 186
Wirkungsqualität 176
Wirkungsquantität 175

Wirkungsrelevanz 184, 200
Wirkungsunschärfe 177
Wirtschaftszweigklassifikation 95
www.designersbusiness.de 14
www.unternehmendesign.de 14

Zielgruppe 64
Zielkostenrechnung 259
Zivilkapitalismus 30
Zusammenarbeit 39

Impressum

Cover und Layout: Axel Gottschall, Worms
Satz: Sven Schrape, Berlin
Lektorat: Gudrun Martens-Gottschall, Worms
Koordination: Lisa Schulze, Birkhäuser, Basel
Herstellung: Heike Strempel, Birkhäuser, Berlin

Papier: Munken Print White, 90 g/m^2
Schrift: Arnhem, Akkurat
Druck und Bindung: BELTZ Grafische Betriebe, Bad Langensalza

Library of Congress Cataloging-in-Publication data
A CIP catalog record for this book has been applied for at the Library of Congress.

Bibliografische Information der Deutschen Nationalbibliothek
Die Deutsche Nationalbibliothek verzeichnet diese Publikation in der Deutschen Nationalbibliografie; detaillierte bibliografische Daten sind im Internet über http://dnb.dnb.de abrufbar.

Dieses Werk ist urheberrechtlich geschützt.
Die dadurch begründeten Rechte, insbesondere die der Übersetzung, des Nachdrucks, des Vortrags, der Entnahme von Abbildungen und Tabellen, der Funksendung, der Mikroverfilmung oder der Vervielfältigung auf anderen Wegen und der Speicherung in Datenverarbeitungsanlagen, bleiben, auch bei nur auszugsweiser Verwertung, vorbehalten. Eine Vervielfältigung dieses Werkes oder von Teilen dieses Werkes ist auch im Einzelfall nur in den Grenzen der gesetzlichen Bestimmungen des Urheberrechtsgesetzes in der jeweils geltenden Fassung zulässig. Sie ist grundsätzlich vergütungspflichtig. Zuwiderhandlungen unterliegen den Strafbestimmungen des Urheberrechts.

© 2017 Birkhäuser Verlag GmbH, Basel
Postfach 44, 4009 Basel, Schweiz
Ein Unternehmen der Walter de Gruyter GmbH, Berlin / Boston

Gedruckt auf säurefreiem Papier, hergestellt aus chlorfrei gebleichtem Zellstoff. TCF ∞

Printed in Germany

ISBN 978-3-03821-991-0

9 8 7 6 5 4 3 2 1

www.birkhauser.com

Bereits in der Reihe **Erfolgreich als Designer** erschienen:

Joachim Kobuss, Michael Hardt
**Erfolgreich als Designer –
Designzukunft denken und gestalten**

SEITEN	352
ABB.	3 s/w
FORMAT	17,0 × 24,0 cm
PRINT BR.	EUR [D] 37,95 / USD 51.50 / GBP 28.99
	978-3-0346-0596-0 DE
EBOOK (PDF)	EUR [D] 37,95 / USD 51.50 / GBP 28.99
	978-3-0346-0877-0 DE
PRINT + EBOOK	EUR [D] 59,95 / USD 84.00 / GBP 44.99
	978-3-03821-071-9 DE

Der Beruf des Designers wird im 21. Jahrhundert einer der wichtigsten sein.

Dieses Buch zeigt systematisch auf, was sich alles ändern wird und wie man die Herausforderung kreativ meistern kann. Die Autoren erläutern, wie mit den gesellschaftlichen Veränderungen auch der Designer eine radikale Wandlung durchmachen wird. Ein besonderes Schwergewicht liegt dabei auch auf den Entwicklungen in internationaler Hinsicht, die durch die zunehmende Globalisierung und den Zwang zur Nachhaltigkeit gekennzeichnet sind. Dieser Zukunft-Ratgeber richtet sich an Designer/innen aller Bereiche, vor allem Kommunikations-, Grafik- und Computational-Design, aber auch Produkt-, Möbel-, Interior-, Mode- und Textil-Design.

BIRKHÄUSER

Ab Frühjahr 2017 in der Reihe **Erfolgreich als Designer** erhältlich:

Joachim Kobuss, Alexander Bretz

**Erfolgreich als Designer –
Designbusiness gründen
und entwickeln**

3., überarbeitete und erweiterte Auflage

SEITEN	368
FORMAT	17,0 × 24,0 cm
PRINT GEB.	EUR [D] 39,95 / USD 45.99 / GBP 32.99
	978-3-0356-0581-5 DE
EBOOK	EUR [D] 39,95 / USD 45.99 / GBP 32.99
	PDF 978-3-0356-0580-8 DE
	EPUB 978-3-0356-0583-9 DE
PRINT + EBOOK	EUR [D] 59,95 / USD 68.99 / GBP 49.99
	978-3-0356-0582-2 DE

Der Begleiter in die Selbständigkeit im Design

Designbusiness gründen und entwickeln – nun in dritter, überarbeiteter und erweiterter Auflage – gibt Orientierung in allen relevanten Fragen der Berufspraxis, Existenzgründung und Unternehmensentwicklung in der Designwirtschaft. Von der Selbständigkeit und Identität über Modelle und Pläne bis zu Rahmenbedingungen und Handlungsmöglichkeiten wird das Business im Design ausführlich beschrieben. Interviews mit Experten und Profis aus den Designbereichen und designrelevanten Disziplinen machen das Buch zu einem wertvollen Praxisratgeber, der durch nützliche Adressen, Literaturempfehlungen und Tabellen abgerundet wird.

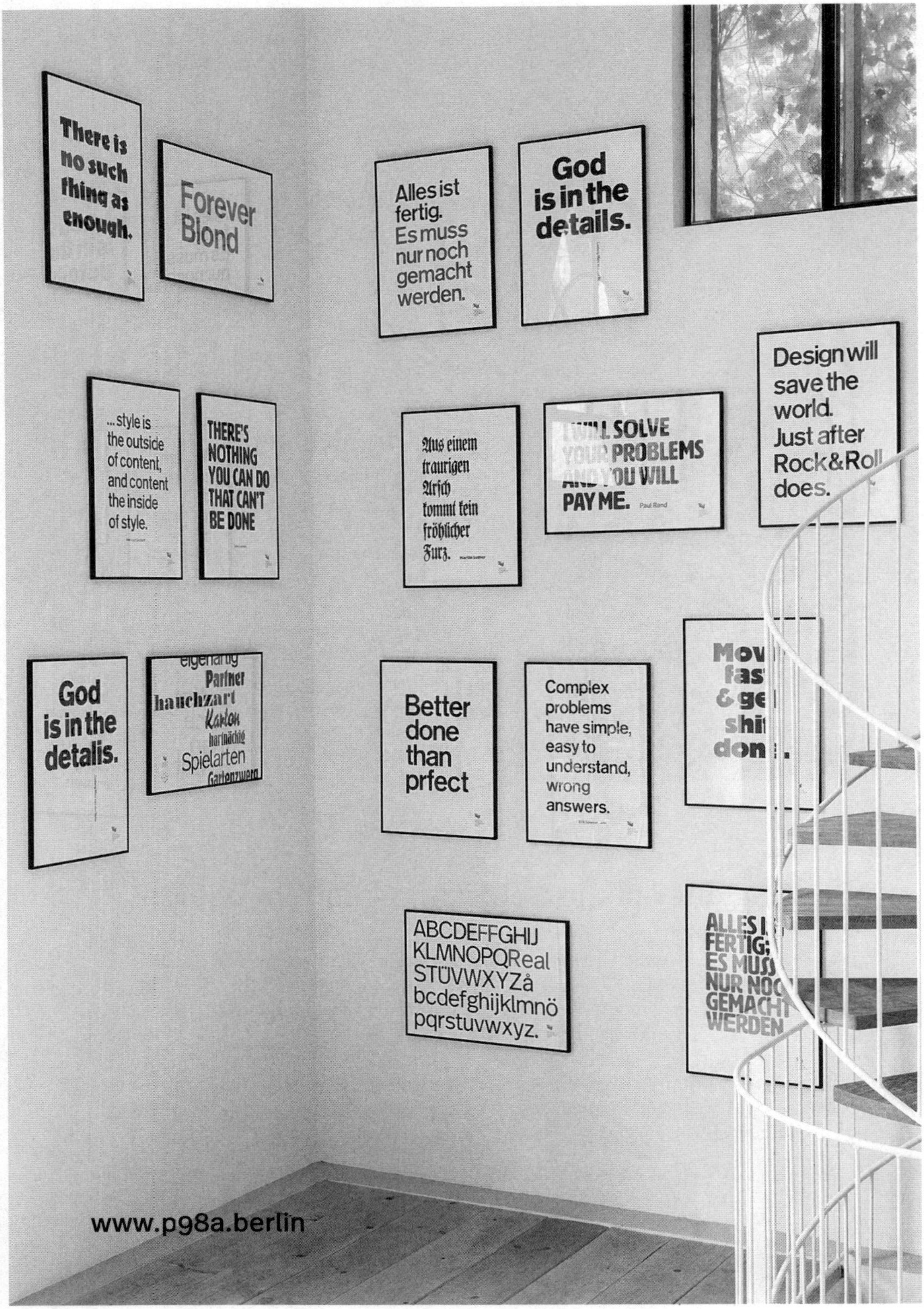
There is no such thing as enough.
Forever Blond
Alles ist fertig. Es muss nur noch gemacht werden.
God is in the details.
...style is the outside of content, and content the inside of style.
THERE'S NOTHING YOU CAN DO THAT CAN'T BE DONE
Aus einem traurigen Arsch kommt kein fröhlicher Furz.
I WILL SOLVE YOUR PROBLEMS AND YOU WILL PAY ME.
Paul Rand
Design will save the world. Just after Rock&Roll does.
God is in the detalis.
Partner
hauchzart
Karton
hartnäckig
Spielarten
Better done than prfect
Complex problems have simple, easy to understand, wrong answers.
ABCDEFFGHIJ
KLMNOPQReal
STÜVWXYZå
bcdefghijklmnö
pqrstuvwxyz.
www.p98a.berlin